무릇 지킬 만한 것보다 더욱 네 마음을 지키라
생명의 근원이 이에서 남이니라
(잠 4:23)

מִכָּל־מִשְׁמָר נְצֹר לִבֶּךָ כִּי־מִמֶּנּוּ תּוֹצְאוֹת חַיִּים
(משלי 4:23)

거룩한 삶의 실천을 위한
마음지킴

거룩한 삶의 실천 시리즈 1

목회자·신학생용

거룩한 삶의 실천을 위한
마음지킴

김남준

생명의말씀사

김남준 현 안양대학교의 전신인 대한신학교 신학과를 야학으로 마치고, 총신대학교에서 목회학 석사와 신학 석사 학위를 받았으며, 신학 박사 과정에서 공부했다. 안양대학교와 현 백석대학교에서 전임 강사와 조교수를 지냈다.

1993년 열린교회(www.yullin.org)를 개척하여 담임하고 있으며, 현재 총신대학교 신학과 조교수로도 재직하고 있다. 저자는 영국 퓨리턴들의 설교와 목회 사역의 모본을 따르고자 노력해 왔으며, 아우구스티누스를 비롯한 보편교회의 신학과 칼빈, 오웬, 조나단 에드워즈와 17세기 개신교 정통주의 신학에 천착하면서 조국교회에 신학적 깊이가 있는 개혁교회 목회가 뿌리내리기를 갈망하며 섬기고 있다.

주요 저서로는 **1997년도 기독교 출판문화상**을 수상한 『예배의 감격에 빠져라』와 **2003년도 기독교 출판문화상**을 수상한 『거룩한 삶의 실천을 위한 마음지킴』, **2005년도 기독교 출판문화상**을 수상한 『죄와 은혜의 지배』, **2015년도 기독교 출판문화상**을 수상한 『가슴 시리도록 그립다, 가족』을 비롯하여 『깊이 읽는 주기도문』, 『인간과 잘 사는 것』, 『영원 안에서 나를 찾다』, 『교회와 그리스도의 남은 고난』, 『신학공부, 나는 이렇게 해왔다 제1권』, 『기도 마스터』, 『내 인생의 목적, 하나님』 등 다수가 있다.

거룩한 삶의 실천을 위한 **마음지킴** (목회자·신학생용)

ⓒ **생명의말씀사** 2003, 2004

2003년 4월 25일 1판 1쇄 발행
2003년 10월 25일   4쇄 발행
2004년 2월 10일 2판 1쇄 발행
2019년 3월 8일   14쇄 발행

펴낸이 | 김재권
펴낸곳 | 생명의말씀사

등록 | 1962. 1. 10. No.300-1962-1
주소 | 서울시 종로구 경희궁1길 5-9(03176)
전화 | 02)738 6555(본사) 02)3159-7979(형업)
팩스 | 02)739-3824(본사) · 080-022-8585(영업)

지은이 | 김남준

기획편집 | 태현주
디자인 | 디자인집
인쇄 | 영진문원
제본 | 정문바인텍

ISBN 89-04-03078-1
    89-04-00108-0 (세트)

저작권자의 허락없이 이 책의 일부 또는 전체를
무단 복제, 전재, 발췌하면 저작권법에 의해 처벌을 받습니다.

책을 열며

　이 책을 통해서 저는 오늘날 잊혀진 가르침, 그러나 신약 성경의 시대로부터 신자의 거룩한 삶을 위한 원동력이 되었던 것을 소개하고자 합니다. 그것은 바로 '신자의 마음 지킴의 가르침' 입니다.
　이런 명칭이 정식으로 붙어서 전해 내려온 것은 아니지만, 교회 역사에서 이 가르침과 관련된 교리에 대한 관심은 면면히 유지되어 왔습니다. 그러나 불행히도 이 가르침들 중 많은 부분이 오늘날에 와서는 거의 잊혀졌습니다.
　역사적으로 이 소중한 가르침에 관심이 많았던 사람들은 거룩한 삶에 대하여 열심을 품었던 사람들이었습니다.

우리는 어거스틴$^{\text{Augustine of Hippo}}$이나 종교개혁자인 칼빈$^{\text{John Calvin}}$, 루터$^{\text{Martin Luther}}$ 등에게서 이 주제에 대한 관심을 엿볼 수 있습니다. 특히 신자의 거룩한 삶을 강조하던 청교도들에게 이 가르침과 관련된 교리는 중요한 설교 주제가 되었습니다.

저는 이 책에서 잠 4:23을 기초 본문으로 하여 성경의 진리들을 해석함으로써, 신자의 마음 지킴에 관련된 성경적 가르침들을 진술하고자 합니다. 그러나 저는 이 책 한 권으로 이 위대한 주제를 충분히 설명했다고 생각하지는 않습니다.

이 글은 단지 이 유서 깊은 가르침의 핵심을 소개하는 데 불과합니다. 경건하고 거룩한 삶을 실천하는 일에 열심을 품었던 신앙의 선조들에게, 이 주제와 관련된 교리들은 땀과 눈물과 피가 밴 가르침을 담은 거룩한 진리들이었습니다. 그래서 그들은 이 책에서 다루는 교리들 안에서 생각하고 자기를 살피고 행하기를 즐겨 했습니다. 거룩한 삶이 치열한 전쟁이었다면, 이 교리는 그들 손에 들린 좌우에 날선 검이었습니다.

여기에 적힌 글들은 거룩한 삶을 위한 저의 영적인 순례의 길에서 말할 수 없는 위로와 용기, 그리고 유혹을 피하는 지혜와 죄를 이기는 능력을 아울러 주던 진리들입니다. 청교도들을 비롯한 위대한 신앙의 선배들이 제게 건네 준 좋은 나무를 탐구와 실천의 칼로 다듬어 지팡이를 만들어서, 유혹과 죄가 가득한 순례의 길 어두운 골짜기에서 요긴하게 사용하였습니다. 정말 제게 이 진리들이 없었다면, 짐승 같은 모습으로 순례의 길에 엎드러졌을 것입니다. 이제는 일평생 이 진리의 지팡이 없이는 거룩하게 살 수 없을 것 같기에 주님께 빚진 심정으로 여러분에게 들려드립니다. 부디 온전하고 거룩한 길을 가는 참 신자가 되소서.

2003. 2. 17. 깊은 밤에
평촌 서재에서
그리스도의 노예 김남준

목차

책을 열며   5

제1부
거룩하게 되고 싶은 그대에게 : 마음 지킴의 의미

■ **제1장 인생은 커다란 배 같습니다 : 성화와 소명**   17

        인생은 커다란 배 같습니다   19
   1.1   인간의 마음   20
   1.1.1   마음의 중요성   20
   1.1.2   세 가지 마음   25
   1.1.2.1   타락 전, 인간의 마음   25
   1.1.2.2   타락 후, 인간의 마음   29
   1.1.2.3   중생 후, 인간의 마음   33
   1.2   신자의 본분으로서의 성화   39
        최고의 섬김은 참된 신자가 되는 것입니다   53

■ **제2장 아무도 바꿀 수 없는 항로입니다 : 성화와 마음**   57

        아무도 바꿀 수 없는 항로입니다   59
   1.1   마음 : 성화의 소명을 이루는 사령부   62
   1.1.1   마음과 성화의 작용   64
   1.1.2   마음 지킴의 중요성   70
   1.2   힘써 마음을 지켜야 할 이유   81
   1.2.1   마음을 노리는 대적들을 물리치기 위해   83
   1.2.2   하나님과의 연합을 위해   87
        그대의 마음을 새롭게 하십시오   90

■ 제3장 눈물 젖은 편지였습니다 : 마음을 지킨다는 뜻   93

      눈물 젖은 편지였습니다   95
      '마음을 지킨다' 는 의미   97
1.1   마음의 작은 움직임에도 유의하는 것   98
1.1.1   생각에 유의하라   106
1.1.2   보는 것에 유의하라   109
1.1.3   말하고 듣는 것에 유의하라   111
1.2   더러운 생각을 버림   117
1.2.1   첫 생각을 털어 버려라   119
1.2.2   의지적으로 순종하라   123
1.3   마음에 대한 통제력을 유지함   131
1.3.1   사랑의 정서로 재갈을 물리라   134
1.3.2   하나님의 판단에 대한 두려움으로 재갈을 물리라   141
1.3.3   마음의 미끄러짐이 몰고 올 불행을 생각함으로 재갈을 물리라   144
1.4   은혜를 강화할 기회를 활용함   147
1.5   샤마르와 나차르 : 그 일을 위하여 힘쓰는 것   152
      미완성의 아픔을 간직합니다   155

제2부
거룩하게 살고 싶은 그대에게 : 마음 지킴의 실천

■ **제4장 손가락으로 읽었습니다 : 지켜야 할 마음―부드러운 마음**   159

       손가락으로 읽었습니다   161
   1.1   거듭나지 못한 사람의 마음 : 완전히 굳은 마음   163
   1.1.1   영적인 어두움 때문에   164
   1.1.2   사단에 의한 지배 때문에   165
   1.1.3   허물과 죄로 인한 죽음 때문에   167
   1.1.4   의지적인 완고함 때문에   168
   1.2   거듭난 사람의 마음 : 완고함이 남은 마음   169
   1.2.1   지켜야 할 마음 : 부드러운 마음   171
   1.2.1.1   하나님의 생각에 예민한 마음   173
   1.2.1.2   하나님의 정서에 쉽게 흔들리는 마음   176
   1.2.1.3   하나님의 의지에 쉽게 굴복하는 마음   180
       부드러운 마음을 기다리십니다   182

■ **제5장 그 옛날 고무땅을 아시나요 : 부드러운 마음을 소유하는 방법**   185

       그 옛날 고무땅을 아시나요?   187
   1.1   어떻게 부드러운 마음을 가질 수 있을까? : 상하고 통회함으로써   188
   1.1.1   상한 마음 : 각성된 마음   189
   1.1.1.1   하나님의 율법을 통해서   194
   1.1.1.2   하나님의 엄위를 인식함으로   198
   1.1.1.3   자기의 무능을 자각함으로   201
   1.1.1.4   인생의 허무함을 직시함으로   204

	1.1.2	통회하는 마음 : 깨어진 마음	206
	1.1.2.1	자기의의 깨어짐	216
	1.1.2.2	죄에 대한 사랑의 깨어짐	220
		사랑은 깨뜨려진 마음 사이로 흐릅니다	226

제6장 가엾은 여인의 보따리였습니다 : 버려야 할 마음―강퍅한 마음　　229

		가엾은 여인의 보따리였습니다	231
1.1		강퍅한 마음	234
	1.1.1	진리에 대한 무감각	237
	1.1.2	하나님의 정서에 흔들리지 않음	241
	1.1.3	하나님의 의지에 불복종함	243
1.2		신자의 마음이 강퍅해지는 이유	248
	1.2.1	근본적인 이유	248
	1.2.1.1	내적 부패성 때문에	248
	1.2.1.2	은혜 아래 살지 아니하므로	252
	1.2.2	실제적인 이유	254
	1.2.2.1	범죄함으로	255
	1.2.2.2	마음을 지키지 못하므로	258
1.3		왜 신자의 마음이 강퍅해지도록 허락하실까?	262
	1.3.1	부주의와 패역을 고치시려고	264
	1.3.2	마음을 쇄신할 기회로 삼으시려고	267
	1.3.3	강퍅한 마음으로 사는 고통을 알게 하시려고	269
1.4		강퍅한 마음의 주범은 그대 자신이다	275

1.4.1	마귀의 탓이라 생각하지 말라	275
1.4.2	깨어지려는 마음을 깨뜨리신다	278
	십자가의 사랑이 마음을 녹입니다	282

제3부
거룩하게 죽고 싶은 그대에게 : 그 마음의 회복과 유지

제7장 금광보다 비싼 약수터입니다 : 부드러운 마음의 회복   287

	금광보다 비싼 약수터입니다	289
1.1	하반절의 해설	291
1.1.1	'생명의 샘들'의 이중적 의미	291
1.1.1.1	모든 삶의 근원으로서의 마음	292
1.1.1.2	거룩한 삶의 근원으로서의 마음	294
1.2	부드러운 마음을 회복하는 길 : 통회에 이르는 길	298
1.2.1	가슴을 따뜻하게 하라	300
1.2.2	머리는 차갑게 하라	304
1.2.3	허리를 굽히라	307
1.2.4	무릎을 꿇으라	308
	핏빛 슬픔을 아십니까?	310

제8장 만리장성이 말했습니다 : 부드러운 마음의 유지		313
	만리장성이 말했습니다	315
	부드러운 마음을 유지하는 길	316
1.1	두려워하라	320
1.1.1	강퍅의 가능성에 대하여	320
1.1.2	배신자가 될 가능성에 대하여	322
1.1.3	종말의 가능성에 대하여	324
1.2	주의하라	326
1.2.1	죄	326
1.2.2	염려와 세상 사랑	330
1.2.3	위선	336
1.3	힘쓰라	342
1.3.1	순종하기를 힘쓰라	342
1.3.2	정사(精査)의 실천을 힘쓰라	345
1.3.3	거룩한 교제를 유지하기를 힘쓰라	350
1.3.4	은혜의 방편에 참여하기를 힘쓰라	353
	신자의 소명은 거룩입니다	356

부록 1. 필독 추천 도서	359
부록 2. 참고 도서	361
부록 3. 성구 색인	366
부록 4. 주제별 색인	370

● 알려두기

1. 맨 처음 이 책을 읽을 때는 우선, 각주 따위에 신경 쓰지 마시고 본문만 쭉 읽어 가시기를 바랍니다. 그래야 전체적인 흐름이 파악됩니다.

2. 책을 읽으신 후에는 항상 자신의 마음과 관련된 기도 제목을 찾으시고 기도하심으로 깨달은 내용을 경험하시기 바랍니다.

3. 한번 더 정독하십시오. 그 때는 성경을 옆에 두시고 각주의 내용을 꼼꼼히 살피면서 읽으십시오. 성경 공부하는 마음으로 탐구하시면 감동이 깊은 지식으로 이어질 것입니다.

4. 이 책을 〈목회자 · 신학생용〉이라고 하는 것은 이 책의 〈평신도용〉판 주제를 좀더 성경적으로, 신학적으로 깊게 연구하시려는 분들을 염두에 두고 제작하였기 때문입니다.
목회자와 신학생들을 비롯한 보다 깊은 연구를 원하시는 분들에게 적합합니다. 영혼을 섬기는 자리에 있거나, 특별히 이 책으로 성경 공부를 가르치고자 하시는 분들은 반드시 이 책을 읽어 주십시오.

5. 이 책의 〈평신도용〉판으로 성경 공부를 하시는 경우, 인도하시는 분들은 이 책을 성경 공부 인도자용이라고 생각하고 사용하시기를 바랍니다.

6. 성경 본문의 원래 의미를 드러내기 위하여 희랍어와 히브리어 본문을 인용한 경우는 우리말 음역을 달아서 읽는 데 도움을 드렸습니다.

7. 좀더 깊은 연구를 위해서는 부록 1에 제시된 필독 추천 도서를 읽으시고, 본격적인 연구를 원하시는 분들은 부록 2의 참고 도서 목록을 활용하시기 바랍니다.

제1부
거룩하게 되고 싶은 그대에게 : 마음 지킴의 의미

무릇 지킬 만한 것보다 더욱 네 마음을 지키라 생명의 근원이 이에서 남이니라

1 인생은 커다란 배 같습니다
: 성화와 소명

인생은 커다란 배 같습니다

이 책을 읽는 분들 가운데는 조선소(造船所)에 가 본 경험이 있는 분이 계실 것입니다. 거기에 가면 우리는 두 번 놀랍니다. 첫 번째는 바다에 떠다닐 때에는 그렇게 작아 보이는 배가 가까이 가서 건조되는 모습을 지켜 보니 그 크기가 어마어마하다는 사실 때문이고, 두 번째는 그 큰 배의 진행 방향을 결정하는 키^{helm}의 크기 때문입니다.

지상에 있는 건물 몇 십 층의 높이는 되어 보이는 그 엄청난 배를 움직이는 키는 생각보다는 매우 작습니다. 수십 만 톤짜리 화물선인데도 그 배의 방향을 결정하는 키는 승용차 몇 대 정도의 크기밖에 되지 않습니다. 그리고 그 키를 한 사람의 항해사가 조종함으로써 그 큰 배가 이리 가기도 하고 저리 가기도 하는 것입니다.

인간의 삶도 이와 같습니다. 그의 삶을 움직이는 것은 작은 키, 곧 그 사람의 마음입니다. 그 마음에 하나님이 계시면 신자로서 거룩한 삶을 살아가고, 거기에 세상이 있으면 세상을 사랑하며 살아갑니다. 그가 신자이든지 불신자이든지 간에 그 마음을 지배하는 바 생각을 따라 살아가게 마련입니다.

1.1 인간의 마음

1.1.1 마음의 중요성

성경에서 인간의 마음처럼 중요한 관심사도 흔치 않습니다. 하나님께서 당신의 백성들에게 원하시는 가장 절실한 소망이 거룩이기 때문입니다. 구원받은 당신의 백성들이 거룩한 사람이 되고 거룩한 삶을 살아가는 것 없이는, 그들이 이 땅에서 하나님을 드러낼 수 없기 때문입니다. 이러한 하나님의 부르심은 성화聖化를 통해 성취됩니다.[1]

신자의 전 영혼을 부패와 불결로부터 순결하게 하시는 성령의 은혜로운 작용인 성화는 인간의 마음으로부터 시작됩니다. 왜냐하면

이 마음이 영혼과 가장 밀접한 기관이기 때문입니다. 일반적으로 영혼의 참된 변화는 마음의 변화와 함께 시작되고, 영혼 속에 일어난 변화는 마음에 영향을 미칩니다.

신자에게 죄가 들어올 때에도 마음을 통하여 들어오고, 거기에서

---

1 오늘날에 와서 기독교 신앙의 핵심을 이루는 이 중요한 가르침이 그리스도인들의 관심을 벗어나게 된 이유는 크게 세 가지 때문이다. 첫째는 구원받은 신자의 거룩한 삶을 위한 욕구의 부족 때문이며, 둘째는 신자의 삶에 있어서 인간의 마음의 중요성에 관한 성경의 강조를 공정하게 받아들이지 못하고 있기 때문이며, 셋째로는 성화에 관한 비성경적인 가르침이 널리 유포되어 있기 때문이다. 특히 케직(Keswick) 사경회를 중심으로 전파되어 온 완전주의의 성화관은 그리스도를 바라보는 내적 무저항을 성화의 수단이라고 보았다. 결국 성경과 종교개혁자들, 그리고 청교도들에 이르는 역동적인 성화관을 상실하고 내적 무저항을 통한 성화론을 주장함으로써 아주 관조적인 신앙을 갖게 하였다. 오늘날 거룩한 삶을 위한 분투를 가르치는 성경적인 성화관을 율법주의적인 주장으로 치부하고, 거룩하게 하시려는 성령께 내적 무저항으로 항복하기만 하면 성화에 이를 수 있다고 하는 사고 방식은 수도원적인 신비주의와 개혁교회 성화론의 혼합물이다. 제임스 패커(James I. Packer)는 성화의 관한 당시의 이런 종류의 가르침을 통하여 자기의 영혼이 얼마나 짓눌림을 경험하였는지를 회고하며 다음과 같이 술회하였다. "그는 지속적으로 죄를 이기는 상태에 대한 교사들의 묘사를 듣기도 하고 읽기도 했다. 그것은 평화와 능력의 상태로서 그러한 상태 속에 있는 성령 충만을 받은 신자들은 타락하지 않으며, 전에 할 수 없었던 바 하나님을 위한 일을 할 수 있다고 묘사되었다. 자신을 하나님께 복종시키고 헌신하는 것이 규정된 방법이었으며, '하나님께 맡기라'는 제목으로 행해지는 교회에서의 설교는 이러한 사실을 요약해 보여주는 것이었다. 그러나 이 학생이 그러한 교훈을 따르려고 노력하면서 겪은 경험은 마치 약물 중독 환자가 벽돌담을 걸으려고 필사적으로 애쓰는 것과 같았다……책벌레였던 그는 우연히 어떤 글을 읽게 되었다. 그 글은, 거룩한 삶을 위하여 존재하고 있는 그대로의 자신을 어떻게 다루어야 하는지를 가르쳐 주었고, 또한 그가 신비한 것으로서 찾고 있었던 그것을 있는 그대로 볼 수 있게 해주었다. 드디어 악몽은 사라지고 현실이 그에게 임했다. 그는 일찍이 그 어느 사람보다 영적 독서를 통하여 신속한 도움을 얻을 수 있었다. 그러나 불에 덴 아이가 불을 무서워하듯이 과열된 성화의 잔인함과 괴로움을 주는 비현실적인 교리에 대한 증오심은 오늘날까지 그의 마음에 남아 있다. 그 학생이 바로 나였으며, 내가 읽은 것은 청교도 존 오웬(John Owen)의 저작전집 중 제6권과 7권, 그리고 존 라일(John C. Ryle)이 쓴 〈거룩〉(Holiness)이었다." 라일의 책은 20개의 소논문으로 이루어져 있는데, 특히 1장부터 7장까지가 신학적으로 매우 유용하다. 라일은 당시 거룩한 삶을 위한 성화의 교리를 다루면서 믿음의 중요성만을 강조하는 소위 믿음주의(believism)를 공격하면서 그 신학적인 허구성을 지적한 후 다음과 같이 말한다. "나는 이제 자신이 더 이상 젊은 목회자가 아니

벗어날 때에도 마음을 통하여 나갑니다. 불신자에게 신앙이 들어갈 때에도 마음을 통하여 들어가고, 신자가 된 후에 신앙에서 미끄러져 불신앙으로 떨어질 때도 마음으로부터 시작이 되어서 하나님을 버리는 삶으로 갑니다. 그래서 이 마음은 하나님을 잘 믿고 따르는 신앙적인 삶과 하나님을 버리고 짐승처럼 살아가는 삶 중에서 그 어느 방향으로든지 움직임으로써 삶의 방향을 결정합니다.

하나님께서는 인간을 당신의 형상을 따라서 창조하셨습니다. 그리고 그것은 인간을 다른 모든 피조물과 구별 짓는 가장 중요한 특징이었습니다.[2] 그것은 피조물에게 있어서 상상할 수 없는 영광이었으며, 그 영광은 인간을 영광스럽게 하시기 위함이 아니라 하나님이신 그 분이, 우리 안에 주신 형상을 통하여 우리들과 교제하시

라는 사실을 알고 있다. 아마 내 정신이 굳어져서 쉽사리 새로운 교리를 받아들이지 못할 수도 있다. 그러나 나는 '옛것이 더 좋다.' 나 자신이 복음주의 신학이라는 옛 학파에 속한 사람이라고 생각하며, 따라서 리처드 십스(Richard Sibbes)와 토머스 맨턴(Thomas Manton)의 Life of Faith와 윌리엄 로메인(William Romain)의 책인 The Life, Walk and Triumph of Faith에서 발견하는 성화의 가르침에 만족한다." John C. Ryle, *Holiness: Its Nature, Hindrances, Difficulties, and Roots*, (Darlington; Evangelical Press, 1997 reprinting), p.27.

[2] "하나님이 가라사대 우리의 형상을 따라 우리의 모양대로 우리가 사람을 만들고 그로 바다의 고기와 공중의 새와 육축과 온 땅과 땅에 기는 모든 것을 다스리게 하자 하시고 하나님이 자기 형상 곧 하나님의 형상대로 사람을 창조하시되 남자와 여자를 창조하시고"(창 1:26-27). 여기서 '우리의 형상을 따라 우리의 모양대로 사람을 만들고' 의 히브리어 원문은 나아세 아담 베찰메누 키데무테누(נַעֲשֶׂה אָדָם בְּצַלְמֵנוּ כִּדְמוּתֵנוּ)인데, 여기서 주목할 것은 '형상' (첼렘, צֶלֶם)과 '모양' (데무트, דְּמוּת)이 각각 다른 단어로 쓰인 것과 동사 '만들자' (나아세, נַעֲשֶׂה)를 받는 두 단어의 전치사가 전자는 '안에, 안으로, 의하여, 함께, 대하여, 대항하여' (in, into, by, with, to, against)의 의미를 가진 베(בְּ)가 사용되고, 후자는 '처럼, 같이, 대하여, 따라서' (as, like, to, according to)의 의미를 가진 케(כְּ)가 사용된 것이다. 이에 대하여 주석가 C. F. 카일(C. F. Keil)은 두 단어가 거의 같은 의미로 사용되었으며, 두 단어 앞에 각각 다른 전치사가 온 것도 의미상 커다란 차이점을 말

기 위함이었습니다.

그러나 죄가 들어오자 하나님과의 친교는 깨어지고, 인간은 본래적인 하나님의 형상을 거의 상실하였고, 피조 세계 전체는 창조의 아름다운 광휘光輝를 잃어버렸습니다. 하나님을 경외하여야 할 인간들은 본성적으로 타락하여 하나님을 거스르고 그의 통치에 대적하는 자들이 되었으며, 오히려 자기의 영광을 위하여 사는 자들이 되어 버렸습니다. 오늘날 이 도시에 가득 찬 불순종의 죄악들, 이 시대의 타락상들은 바로 이러한 일의 결과입니다.

그런 재앙들이 어떻게 일어났습니까? 인류 최초의 사람들이던 아담과 하와의 불순종과 범죄로 들어온 죄가 처음에 두드린 것은 창

하는 것은 아니라고 본다. "……since it is no more possible to discover a sharp or well-defined distinction in the ordinary use of the words between צֶלֶם and דְּמוּת, than between בְּ and כְּ. צֶלֶם, from צֵל, lit. a shadow, hence sketch, outline, differs no more from דְּמוּת, likeness, portrait, copy, than the German words Umriss or Abriss(outline or sketch) from Bild or Abbild(likeness, copy). בְּ and כְּ are also equally interchangeable, as we may see from a comparison of this verse with chap. v. 1 and 3." C. F. Keil & F. Delitzsch, *Commentary on the Old Testament: The Pentateuch*, vol. 1, (Grand Rapids; William B. Eerdmans Publishing Company, 1983 reprinting), p.63. '형상'과 '모양'이라고 번역된 두 단어의 관계에 대하여 칼빈은 이렇게 말한다. "따라서 하나님의 형상이란 아담이 창조시에 받았던 그 완전함을 의미한다. 창조시 아담은 바른 이해력을 충분히 가지고 있었고, 감정은 이성에 종속되었으며 일체의 육신의 감각을 적절한 질서에 따라 조절할 수 있었다. 그 때 아담은 자신의 탁월함이 창조주께서 자기에게 주신 특별한 은사에서 비롯된 것이라고 여겼다. 하나님의 형상이 자리한 중요한 위치가 인간의 가슴 곧 마음, 혹은 영혼과 그 능력에 있다 할지라도 인간의 어느 부분에도, 심지어는 육체 자체에도 그 영광의 광채의 일부가 비치고 있다. 여기서 우리는 인간에게 하나님의 형상이 있다고 말할 때, 거기에는 인간을 다른 피조물 이상으로 높이는 것, 곧 인간을 범속과 구별하는 대조가 있다고 추측할 수 있다." John Calvin, *Institutes of Christian Religion*, vol. 1, (Grand Rapids; William B. Eerdmans Publishing Company, 1981 reprinting), p.163.

조 세계 전체가 아니라, 하와 한 사람의 마음이었습니다. 물이 바다를 덮음같이 죄가 온 세상에 가득하게 되기 전에 먼저 한 사람의 마음이 무너지는 일이 있었습니다.³

하나님 면전에서 살기를 기뻐하던 마음이 변하여 죄의 유혹을 받아들이기로 하자 하나님의 명령에 불순종하게 되었고, 그 불순종을 통하여 죄는 마치 홍수가 제방을 무너뜨리는 것처럼 온 인류와 피조 세계에 가득하게 되었던 것입니다.⁴ 모두 인간의 마음의 변화가 가져온 결과입니다.

---

3 하나님께서 에덴동산 한가운데 두신 선악과는 아담과 하와에게 먹지 말도록 지시된 나무였다. 이것은 최초의 인간 안에 하나님께만 순종하고자 하는 마음이 있는지를 확인하시려는 하나님의 방법이었다. 그러나 인간은 이 금지의 명령을 어기고 불순종함으로 죄는 물밀듯 들어와 온 세상에 창일하게 되었다. 그런데 그 시작은 하와의 마음의 문을 두드리는 유혹과 함께 시작되었다. 성경은 이 장면을 다음과 같이 보도한다. "여자가 그 나무를 본즉 먹음직도 하고 보암직도 하고 지혜롭게 할 만큼 탐스럽기도 한 나무인지라 여자가 그 실과를 따먹고 자기와 함께한 남편에게도 주매 그도 먹은지라"(창 3:6). 이 세상에 창일한 죄의 지배는 한 사람의 불순종을 통해서 들어왔고, 그의 불순종은 그의 마음을 죄의 소원에 무너지게 함으로써 이루어졌다. 그런 의미에서 아담의 마음은 온 인류 역사에 창일하게 된 죄의 해일에 무너진 제방과 같았다. 아담은 비록 그의 선한 상태에 있어서는 완전하였지만, 그 상태가 안전한 것은 아니었기 때문에 그에게는 타락의 가능성이 있었다. 따라서 죄에 대하여 마음이 흔들리자 하나님의 지엄한 계명은 아주 사소해 보이고 선악과를 먹음으로써 경험하게 될 것에 대한 기대는 매우 크고 중요한 것으로 마음에 자리 잡게 되었고, 결국 마음이 그 유혹에 굴복하자 범죄하게 된 것이다. 이 기사에 나타난 하와의 마음의 변화는 다음과 같이 추적된다. (1) 유혹자와 대화를 시작함(창 3:2): "여자가 뱀에게 말하되", (2) 마음으로 심판의 미실행을 기대함(창 3:3): "너희가 죽을까 하노라", (3) 유혹에 대하여 마음을 열어줌(창 3:6): "여자가 그 나무를 본즉", (4) 마음에 강렬한 욕망을 느낌(창 3:6): "먹음직도 하고 보암직도 하고 지혜롭게 할 만큼 탐스럽기도 한 나무인지라", (5) 마음이 욕망에 굴복함(창 3:6): "여자가 그 실과를 따먹고."

1.1.2 세 가지 마음

1.1.2.1 타락 전, 인간의 마음

하나님께서 창조하신 세상에 죄가 들어오기 전, 인간의 마음은 완전하였습니다. 물론, 그렇다고 그 마음의 상태가 죄와 타락에 대하여 완전히 안전한 것은 아니었습니다. 그러나 타락하기 전, 그 마음은 불안전하였지만 완전한 상태였습니다. 인간의 마음은 하나님께서 자기에게 지정해 주신 위치에 있는 것을 만족해 하였으며, 그 분과의 관계를 즐거워하였습니다. 이것은 크게 세 가지로 나누어

---

4 이 같은 사실은 이 세상이 사망에 의하여 지배당하게 된 원인을 설명하는 사도 바울에 의해서도 언급되었다. "이러므로 한 사람으로 말미암아 죄가 세상에 들어오고 죄로 말미암아 사망이 왔나니 이와 같이 모든 사람이 죄를 지었으므로 사망이 모든 사람에게 이르렀느니라"(롬 5:12). 여기서 '들어오고'(에이셀덴, εἰσῆλθεν)는 원어 의미상 이동의 의미를 가진 전치사 'εἰς'(에이스, into)와 'ἔρχομαι'(엘코마이, enter)의 합성어로서 '갑작스럽게 침략하다', '(무대 같은 곳에) 나타나다', '(법정에서 피고 같은 사람이) 등장하다', '(기근이나 홍수 같은 것이 온 땅을) 뒤덮다' 등의 의미를 갖는다. Liddell and Scott, *Liddell and Scott's Greek-English Lexicon*, eds. by Stuart Jones & Mckenzie, (Oxford; Clarendon Press, 1940), pp.494-495. 이것은 마르틴 루터(Martin Luther)가 말하는 바와 같이 아담 한 사람이 지은 자범죄(actual sin)로 말미암아 원죄(original sin)가 세상, 곧 세상에 사는 모든 사람들을 뒤덮는 것을 의미하는 것이다. 이들은 자기의 실제적인 행함 없이 원죄로 말미암아 모든 사람에게 이른 사망 아래 있게 된 것이다. Martin Luther, *Lectures on Romans in Luther's Works*, vol. 25, (Saint Louis; Concordia Publishing House, 1972), pp.45-46. 이어서 바울은 그리스도로 말미암아 하나님의 은혜의 통치가 이루어지게 된 원인을 같은 방식으로 설명한다. "한 사람의 범죄를 인하여 사망이 그 한 사람으로 말미암아 왕 노릇하였은즉 더욱 은혜와 의의 선물을 넘치게 받는 자들이 한 분 예수 그리스도로 말미암아 생명 안에서 왕 노릇하리로다"(롬 5:17). 아담으로 말미암은 범죄로 인한 원죄의 유입에 관하여, 롬 5:12과 관련된 청교도들의 견해는 다음 자료들을 참고하라. Hugh Binning, *Of Sin by Imputation and Propagation*, in *The Common Principles of the Christian Religion*,

설명할 수 있습니다.

첫째로, 그 지성은 완전한 이해력을 갖추고 있었습니다. 물론 타락하기 전이라도, 인간이 모든 것을 알고 있지는 않았습니다. 그러나 하나님께서 자기에게 계시해 주신 범위 안에서는 하나님 자신과 그 분의 뜻을 명료하게 이해하고 있었습니다. 또한 그에게 주신 계시의 빛 아래서 그 지식들을 이해하고 활용하고 적용하는 일에 있어서 완전하였습니다.5 그에게 있어서 계시에 대한 무지는 낯선 것이었습니다.

둘째로, 그 정서는 완전한 하나님의 정서를 소유하고 있었습니다. 그가 하나님의 모든 정서를 소유한 것은 아니었습니다. 그러나

---

pp.1-116; Thomas Boston, 'Of the Misery of Man's Natural State', in *An Illustration of the Doctrines of the Christian Religion*, in *The Works of Thomas Boston*, pp.293-301; Thomas Boston, 'Of the Fall of Our First Parents', in *An Illustration of the Doctrines of the Christian Religion*, in *The Works of Thomas Boston*, vol. 1, p.9-vol. 2, p.659; William Cunningham, *The Introduction and Consequences of Sin*, in *Sermons*, pp.72-88; Jonathan Dickinson, *A Discourse on Original Sin*, in *The True Scripture Doctrine concerning some Important Points of Christian Faith*, pp.70-136; John Wells, *The Fall of Man*, in *Puritan Sermons*, in *The Works of John Wells*, vol. 5, pp.104-115; Thomas Boston, 'Of the Imputation of Adam's First Sin to His Posterity', in *A View of Covenant Works*, vol. 11, pp.171-339; Thomas Boston, 'Of Our Fall in Adam', in *An Illustration of the Doctrines of the Christian Religion*, in *The Works of Thomas Boston*, vol. 1, vol. 2; Augustus Toplady, *A Short Essay on Original Sin*, pp. 409-416.

5 이 같은 사실은 아담이 하나님에 의하여 창조된 그 많은 동물들의 이름을 짓는 장면에 잘 나타나 있다. "여호와 하나님이 흙으로 각종 들짐승과 공중의 각종 새를 지으시고 아담이 어떻게 이름을 짓나 보시려고 그것들을 그에게로 이끌어 이르시니 아담이 각 생물을 일컫는 바가 곧 그 이름이라 아담이 모든 육축과 공중의 새와 들의 모든 짐승에게 이름을 주니라······"(창 2:19-20상). 존재하는 사물에 대한 이름은 그것의 특성을 가장 짧은 말로 나타내서, 이름을 부를 때 그 사물이 효과적으로 연상되는 명칭이어야 한다는 점에서 볼 때, 아담이 수행했던 '이름 붙이기'는 고도의 지성을 필요로 하는 작업이었다. 그리고 그의 '이름 붙이기' 작업을 통해서 이루어진 결과에 대하여 하

하나님과의 친교를 통하여, 그 분이 의지적으로 인간에게 전수하고 싶어하셨던 정서는 그의 마음에 충분히 영향을 주고 있었습니다. 하나님께서는 당신의 대리자인 인간을 통하여 창조 세계를 다스리고자 하셨고, 이러한 일의 성취를 위해서는 인간에게 당신의 정서를 갖게 하시는 것이 필수적이었습니다.[6] 타락하기 전, 인간의 마음 안에는 하나님의 정서를 반하는 악한 정서가 없었습니다. 무른 진흙 밭 위에 사람들의 발자국이 잘 찍히듯이 그의 마음에는 하나님

나님께서 만족하신 것이 암시된다(창 2:19). 이러한 아담의 탁월한 지성적 작용은 순전한 영혼의 상태와 밀접한 관계가 있다. 인격의 3요소인 지(知), 정(情), 의(意) 중 영혼의 상태와 변화에 대하여 가장 민감하게 영향을 받는 것이 지성이다. 존 오웬(John Owen)에 따르면 중생하지 못한 사람들의 상태는 세 가지로 요약될 수 있는데, (1) 생각(mind)의 어두움, (2) 의지(will)의 타락, (3) 영혼(soul)의 타락이 그것이다. '오류가 없고 효과적인 능력'(infallibly efficacious power)으로 중생케 하시는 성령의 역사로 일어난 영혼의 변화는 그의 생각(mind), 의지(will), 그리고 정서(affection)에 영향을 미치는데, 가장 즉각적으로 예민하게 영향을 받는 것이 인간의 지성이다. 이렇게 영혼의 변화가 그의 전 인격에 영향을 미침으로써 그를 진실로 사람 되게 하는데, 이는 창조시에 하나님께서 최초의 인간에게 기대하시던 바로 돌아가게 하는 것이다. Sinclair B. Ferguson, *John Owen on the Christian Life*, (Edinburgh; The Banner of Truth Trust, 1995 reprinting), p.43.

6 창세기에서 인류 최초의 조상 아담을 창조하신 목적과 관련하여 '다스리다'라는 구절이 세 번 나오는데 다음과 같다. "하나님이 가라사대 우리의 형상을 따라 우리의 모양대로 우리가 사람을 만들고 그로 바다의 고기와 공중의 새와 육축과 온 땅과 땅에 기는 모든 것을 다스리게(베이르두, וירדו) 하자 하시고"(창 1:26), "하나님이 그들에게 복을 주시며 그들에게 이르시되 생육하고 번성하여 땅에 충만하라, 땅을 정복하라, 바다의 고기와 공중의 새와 땅에 움직이는 모든 생물을 다스리라(우레두, ורדו) 하시니라"(창 1:28), "여호와 하나님이 그 사람을 이끌어 에덴동산에 두사 그것을 다스리며(레오브다흐, לעבדה) 지키게 하시고"(창 2:15). 하나님께서 인간을 창조하신 것은 당신을 대신해서 당신이 창조하신 세계를 '다스리게' 하시기 위함이었다. 그리고 인간이 하나님을 대신해서 피조 세계를 다스리기 위해서는 창조주이신 하나님의 마음이 필요하였다. 여기서 '다스리다'라고 번역된 부분의 히브리어는 창 1:26, 28에서는 라다(רדה)라는 단어가 사용되었고, 창 2:15에서는 아바드(עבד)가 사용되었다. 라다(רדה)는 '(발로 포도즙를 같은 것을) 밟다' (to tread), '복속시키다' (to subdue), '(왕 같은 사람들이 나라를) 다스리다' (to rule over), '(비유

의 정서가 고스란히 반영되었습니다.

셋째로, 그의 의지는 하나님의 뜻에 잘 굴복되어 있었습니다. 타락하기 전이라고 할지라도 인간은 언제든지 타락할 가능성을 가진 존재였습니다. 그러나 그 때에는 인간의 의지가 언제든지 하나님의 뜻에 잘 굴복할 준비가 되어 있었습니다. 그가 가진 육신적이고 열등한 욕구들은 하나님의 뜻에 잘 굴복하고 순종하는 위치에 있었습니다.7 오늘날 우리가 경험하는 것과 같이 우리의 의지로 죄를 이기지 못하는 의지의 무기력은 없었습니다.

타락하기 전 인간의 마음은 이러한 지知 · 정情 · 의意의 상태를 기

적으로)……에 대하여 (독점적) 소유권을 갖다' (to possess oneself of, to take possession of) 등의 의미인데, 렘 5:31에서 라다(הדר)는 시리아어적(Syriac) 의미로서 '가르치다' (to teach)라는 뜻으로 쓰였다. 이 의미에 동치(同値)되는 히브리어 동사는 라마드(למד)이다. 아바드(עבד)는 '노동하다, 일하다', '(사람, 하나님, 이방신 등을) 섬기다, (다른 사람을) 위하여 일하다', '예배하다'의 의미로 사용되었으며 '섬김, 노동, 예배' 등을 의미하는 명사 아보다(עבדה)와 '종' (servant)을 의미하는 에베드(עבד)의 어원이다. H. W. F. Gesenius, *Gesenius' Hebrew-Chaldee Lexicon to the Old Testament*, (Grand Rapids; Baker Book House, 1979), pp.758, 598-600. 따라서 여기서 인간에게 부여된 만물에 대한 '다스림'은 결코 압제적 폭군적 군림이 아니라, 창조주이신 하나님 아버지의 마음으로 다스리는 것을 의미한다. 그리고 그렇게 다스림의 소임을 다하기 위해서는 그 일을 위임하신 하나님의 마음이 필요하였으며, 타락하기 전 아담은 그런 마음을 가졌다. 게르하르트 폰 라트(Gerhard von Rad)의 설명처럼 여기서 말하는 '다스림'은 최초의 인간이 가장 잘 인식할 수 있는 섬김이었다. "Their 'ruling' is in reality the most sensible service to which as created objects they are commissioned by their creator's will." Gerhard von Rad, *Old Testament Library: Genesis*, trans. by John H. Mark, (London; SCM Press Ltd, 1981), p.55.

7 존 플라벨(John Flavel)은 타락하기 전 인간의 내적 탁월함에 대하여 이렇게 말한다. "창조시 인간의 영혼은 한결같고 통일된 틀과 뜻을 가지고 있어서 똑바르고 변덕스러움이 없는 성향을 견지하였다. 그의 어떤 생각이나 기능도 하나님께 반역하거나 무질서하지 않았으며, 그의 생각(mind)은 하나님의 의지를 알 수 있는 이해의 조명(illumination)을 가지고 있었으며, 그의 의지는 하나님의 의지에 완전히 복종된 상태였으며, 그의 민감한 욕구와 다른 열등한 욕망의 힘들은 하나

뻐하고 있었습니다. 이처럼 인간은 전 인격으로 하나님께서 지정해 주신 자기의 위치를 지키고 있었고, 그의 생각과 삶에서 어느 것도 무질서하지 않았으며, 욕망 때문에 자신의 분수를 잊어버리는 일도 없었습니다. 그리고 이러한 이해와 의지를 따라 사람의 마음에는 하나님의 마음이 흘러 들어왔습니다.

이처럼, 타락하기 전에 인간의 마음에는 계시의 빛을 타고 항상 하나님의 정서가 있었습니다. 하나님의 기쁨이 인간의 기쁨이었고, 당신이 창조하신 세계를 바라보시는 하나님의 애정이 바로 최초로 이 세상을 다스리도록 위임받은 인간의 마음속에 있었습니다.

1.1.2.2 타락 후, 인간의 마음

그러나 이러한 아름다운 특징들은 인간의 타락과 함께 모두 사라지고 맙니다. 인간의 불순종으로 죄가 들어오게 되자 인간 자신은 물론 자연계 속에 있던 하나님의 창조의 아름다운 광채마저 일시에 빛을 잃었습니다. 그리고 이러한 불행은 모두 인간의 마음으로부터 시작되었습니다. 그 후로부터 아담과 하와 자신은 물론, 모든 인간들은 본성적으로 하나님을 대적하고 창조의 질서를 따라 살아가는

님의 의지에 철저하게 순복하는 가운데 복종되어 있었다." John Flavel, 'What it is to keep the heart', *A Saint Indeed, or The Great Work of a Christian Explained and Applied*, in *The Works of John Flavel*, vol. 5, (Edinburgh: The Banner of Truth Trust, 1997 reprinting), p.425.

일을 고통스럽게 생각하게 되었습니다.

타락하기 전에 가지고 있었던 그 아름답고 경이로운 내면의 질서는 물론이거니와, 창조 세계의 아름다운 자연의 질서도 파괴되었습니다. 그들의 지성은 이제 불완전하게 되었고 하나님께서 똑바른 것을 알려 주셔도 그것을 잘 깨닫지 못하는 우둔한 마음이 되었으며, 그러면서도 자신의 지성에 대해서 스스로 교만해지고 오히려 하나님께서 주신 지성을 잘못 사용함으로써 스스로 모든 사상에 하나님이 없다고 고백하게 되었습니다.[8]

그들의 정서는 자기를 창조하신 하나님을 바르게 느끼지 못하는 불행한 상태가 되었습니다. 그 분이 사랑하셔도 그것을 받아들일 줄 모르고 분노하셔도 두려워할 줄 모르는 망가진 정서의 상태가 되었습니다. 마치 기억상실증에 걸린 환자처럼 아버지이신 하나님의 마음을 느끼지 못하는 불행한 처지가 되었습니다. 그러나 자기의 육체를 즐겁게 하고 세상을 사랑하는 것에는 영악하리만치 예민한 상태가 되었습니다.

뿐만 아니라, 그들의 의지는 철저하게 자기 중심적이 되었습니다. 타락하기 전 하나님을 위해서 복종되었던 의지는 방종한 가운데 누구에 대해서도 굴복하지 않게 되었고 오직 자신의 영광을 위

---

8 "악인은 그 마음의 소욕을 자랑하며 탐리하는 자는 여호와를 배반하여 멸시하나이다 악인은 그 교만한 얼굴로 말하기를 여호와께서 이를 감찰치 아니하신다 하며 그 모든 사상에 하나님이 없다 하나이다"(시 10:3-4).

하여 충성스러운 노예가 되었습니다. 그들의 생각은 자기를 창조하신 하나님의 뜻에 대해서는 낯선 상태가 되었고, 오히려 자기의 부패한 성품에서 쉽게 영향을 받게 되었습니다.

타락한 인간의 절망적인 상태는 그 마음의 상태만큼이나 심각합니다. 타락한 후 인간의 마음은 점점 더 절망적이리만치 부패하고 사악하게 되었습니다. 그래서 성경은 이렇게 말합니다. "만물보다 거짓되고 심히 부패한 것은 마음이라 누가 능히 이를 알리요마는 나 여호와는 심장을 살피며 폐부를 시험하고 각각 그 행위와 그 행실대로 보응하나니"(렘 17:9-10).9

결국 인간은 태어날 때부터 이렇게 절망적인 존재로 태어나게 되었습니다. 그의 마음에 어떤 강력한 변화가 일어나지 않는 한, 그는

---

9 존 뉴턴(John Newton)은 성경이 타락한 인간의 마음의 절망적인 상태를 불치의 질병으로 묘사한 것을 지적하면서 다음과 같이 말한다. "The word in the original אנוש, which we translated *desperately wicked*, signifies a mortal, incurable disease; a disease which, seizing on the vitals, affects and threatens the whole frame; and which no remedy can reach." John Newton, *On the Deceitfulness of the Heart*, in *The Works of John Newton*, vol. 2, (Edinburgh; The Banner of Truth Trust, 1988 reprinting), p.262. 계속해서 그는 인간의 마음의 절망적인 상태는 범죄함으로써 하나님을 떠난 결과임을 지적한다. "인간의 이러한 상황을 보면서 우리는 인류 최초의 범죄를 생각하게 된다. 최초의 인간은 그로 말미암아 영혼의 건강을 잃어버리고 이사야 선지자가 '온 머리는 병들었고' 라고 이사야 1장에서 묘사한 바와 같이 사물을 이해할 수 있는 모든 능력은 무질서하게 흐트러졌다; '마음은 피곤하였으며' 라고 기록된 바와 같이 인간이 하나님께 대하여 반응할 수 있는 종교적인 정서는 매우 쇠약해졌다; '발바닥에서 머리까지 성한 곳이 없이 상한 것과 터진 것과 새로 맞은 흔적뿐이어늘' 이라고 기록된 바와 같이 인간의 마음의 악은 점점 더 자라게 되었고, 그래서 결국은 '그것을 짜며 싸매며 기름으로 유하게 함을 받지 못하였도다' 라고 기록된 바와 같이 누구의 도움도 받지 못하는 절망적인 처지가 되었다. John Newton, *On the Deceitfulness of the Heart*, in *The Works of John Newton*, vol. 2, p.262.

일평생 자기의 존재의 근원이신 하나님을 알 수 없고, 그 분의 마음을 느낄 수 없으며, 그 분의 의지대로 살 수 없는 존재가 되어 버렸습니다. 그리고 타락한 인간의 마음의 이 절망적인 상태는 오직 허물과 죄로 죽은 영혼이 다시 삶으로써만 변화가 가능해지게 되었습니다.[10]

---

[10] 물론 인간이 타락한 후에도 그에게는 희미하나마 선천적으로 하나님을 아는 지식이 남아 있기는 하다. 이것은 타락한 인간 안에 잔존하는 '하나님의 형상'(Imago Dei)과 관계가 있는데, 이것을 신학적으로 하나님을 아는 지식에 있어서 후천적 지식과 구별되는 '생득적 지식'(innate knowledge)이라고 부른다(창 1:27). 주석가 C. F. 카일(C. F. Keil)은 창 1:27에서 '하나님의 형상'을 주석하는 가운데, 하나님의 형상은 단지 인간이 완전히 자유로운 자아(ego)를 가진, 자의식(自意識)적이고, 자결(自決)적인 존재로 태어난 데에만 있는 것이 아니라고 주장한다. 오히려 인간이 가진 하나님의 형상은, 본질에 있어서는 하나님과 같을 수 없으나, 단지 인간의 성품이 하나님의 모양(the divine likeness)의 기초와 형태라는 사실을 가리키는 것이라고 보았다. 하나님의 형상은 인간이 자의식적인 존재로 창조된 데에 있는 것이 아니라, 피조물로서 복되고 거룩한 하나님의 생명이 부분적으로나마 인간 안에 복제되었다는 데 있다고 보았다. 그리고 이것은 죄에 의하여 산산이 파괴되었으며 오직 그리스도로 말미암아 회복될 것이었다. "The image of God consists, therefore, in the spiritual personality of man, though not merely in unity of self-consciousness and self-determination, or in the fact that man was created a consciously free Ego: for personality is mere the basis and form of the divine likeness, not its real essence. This consists rather in the fact, that the man endowed with free self-conscious personality possesses, in his spiritual as well as corporeal nature, a creaturely copy of the holiness and blessedness of divine life. This concrete essence of the divine likeness was shattered by sin; and it is only through Christ, the brightness of the glory of God and the expression of His essence(Heb. i.3), that our nature is transformed into the image of God again(Col. iii.10, Eph. iv.24). C. F. Keil & F. Delitzsch, *Commentary on the Old Testament: The Pentateuch*, vol. 1, (Grand Rapids; William B. Eerdmans Publishing Company, 1983 reprinting), pp.63-64; 하나님의 형상을 토대로 창조주를 인식할 수 있고 그 창조주를 그리워하는 인간의 본성을 존 칼빈(John Calvin)은 '종교의 씨'(the seed of religion)라고 불렀다. 이것은 인간의 타락으로 말미암아 죽은 영혼의 상태에서 그리스도로 말미암아 구원의 길을 여시는 하나님의 구원 방법을 알기에 충분한 지식일 수는 없으며, 더우이 그것으로써 타고난 부패성을 극복하여 인간 창조시에 하나님께서 기대하셨던 인간의 본연의 삶을 살게 할 수는 없다.

1.1.2.3 중생 후, 인간의 마음

그런데 이제 우리가 생각해 보아야 할 또 한 종류의 사람의 마음이 있습니다. 그것은 거듭난 신자의 마음입니다. 이 사람들의 마음은 앞에서 언급한 두 종류의 사람들의 마음과는 매우 다릅니다. 왜냐하면 그들은 타락한 인간으로 태어났지만, 중생重生을 통하여 하나님의 생명이 그의 영혼 속에 심겨진 사람이기 때문입니다.

그의 영혼은 허물과 죄로 죽은 상태에서 은혜로 인하여 믿음으로 말미암아 하나님께 대하여 다시 살아났습니다. 그리고 그의 마음은 이렇게 다시 살아난 영혼에 의하여 변화되고 영향을 받는 마음입니다. 그리고 이러한 마음의 변화는 몇 가지 예외적인 경우를 제외하고는 대체로 회심의 경험과 함께 찾아옵니다.[11]

그럼에도 불구하고 칼빈은 인간을 사랑하는 것은 곧 그 사람 안에 있는 '하나님의 형상'을 사랑하는 것이며, 이는 곧 하나님을 향한 사랑이라고 말한다. "Love of neighbors may be natured in two ways. First, only after we acknowledge our talents and possessions to be 'free gifts of God,' can we truly be free to serve others. Then, rather than flatter ourselves by exalting in our abilities, we may practice good stewardship by employing our God-given talents in service to neighbors. Second, love of others should be based upon the image of God which is in them rather than upon their own intrinsic goodness……Thus, our love for neighbors ultimately arises out of our devotion to God." Randall C. Gleason, *John Calvin and John Owen on Mortification: A Comparative Study in Reformed Spirituality*, (New York: Peter Lang, 1995), pp.63-64.

11 이에 대하여 청교도 신학자 존 오웬(John Owen)은 중생 이전에도 영혼에 미치는 성령의 영향으로 말미암는 지성의 변화가 있을 수 있다는 것을 분명히 말한다. 성령으로 말미암는 중생의 역사에 앞서서 인간의 영혼에 일어나는 내면적이고 영적인 효과(internal and spiritual effect)를 세 가지로 설명하는데, (1) 성령의 내적 조명(illumination), (2) 죄에 대한 확신(conviction), (3) 삶의 개혁(reformation)이 그것이다. 그리고 이것은 선포되는 하나님의 말씀을 간접적인 원인으로

그는 죄에 대하여 참회하고 자기의 죄를 위하여 십자가에 못박히신 그리스도를 믿는 믿음의 경험을 통하여 죄의 근원이 자기의 마음에 있었다는 사실을 깨닫습니다. 그리고 오랫동안 익숙해져 온 옛 마음의 상태에 대한 혐오와 함께 하나님의 은혜로 부어지는 새 마음을 갖게 됩니다. 그래서 거듭난 사람들에게는 거듭난 마음이 있습니다.

하여 발생하는데, 통상적으로 이것은 중생보다 앞선다. 특별히 그는 중생과 관련하여, 성령의 내적 조명으로 말미암는 인간 지성의 변화를 강조한다. 이것은 중생 직전에 일어나는 내면적이고 영적인 효과이다. 이는 우리에게 계시된 진리를 알아보고, 인지하고, 이해하는 이성의 본래적인 능력을 부지런히 활용함으로써 얻게 되는데, 이는 다른 이들이 부주의함과 게으름, 그리고 자만심으로 인하여 알 수 없었던 지식들이다. 자연인들 중 아주 적은 수의 사람들만이 그러한 지식에 도달하는데, 이는 본성적으로 육욕적인 인간의 마음 안에 있는 하나님을 향한 적대감 때문이다. 인간의 마음에 하나님의 말씀으로 말미암는 성령의 특별한 역사인 지성의 조명도 있는데, 이는 히브리서에서 '한번 비췸을 받고 배교한 자'로 묘사된 이들의 지성의 상태이다. 이러한 지성의 조명은 순수하게 자연적인 지식, 또는 단지 우리의 자연적인 능력을 활용함으로써 얻게 된 지식에 덧붙여서 상당히 커다란 지식을 보태기도 한다. 그러나 거듭나지 않고도 그런 일은 있을 수 있다는 것이다. "Now, all the light which by any means we attain unto, or knowledge that we have in or about spiritual things, things of supernatural revelation, come under this denomination of illumination. And hereof there are three degrees:—(1) That which ariseth merely from an industrious application of the rational faculties of our souls to know, perceive, and understand the doctrines of truth as revealed unto us; for hereby much knowledge of divine truth may be obtained, which others, through their negligence, sloth, and pride, are unaquainted with. And this knowledge I refer unto illumination,—that is, a light superadded to the innate conceptions of men's minds, and beyond what of themselves they can extended unto—(2) There is an illumination which is an especial effect of the Holy Ghost by the word on the minds of men. With respect hereunto, some who fall totally from God and perish eternally are said to have been 'once enlightened,' Heb. vi.4. This light variously affects the mind, and makes a great addition unto what is purely natural, or attainable by the mere exercise of our natural abilities." John Owen, *Pneumatologia: or, A Discourse Concerning the Holy Spirit: wherein an account is given of his name, nature, personality, dispensation, operations, and effects; his whole work in the old and new creation is explained ; the doctrine concerning it vindicated*

그러면 영혼의 거듭남, 곧 중생은 신자의 마음에 어떤 변화를 가져올까요? 영혼의 거듭남은 신자의 마음에 놀라운 변화를 가져옵니다. 타락으로 말미암아 무질서해진 인간의 영혼은 중생에 의하여 그 기능을 바르게 회복합니다. 그리고 중생과 함께 시작되는 성화의 작용에 의하여 영혼의 성향은 더욱 바르게 제자리를 찾아가게 됩니다.12

그 변화는 최초의 인간이 타락하기 전에 가졌던 그 마음으로 돌아가는 것입니다. 이것은 허물과 죄로 죽었던 영혼이 다시 살아남

---

from oppositions and reproaches. The nature also and necessity of gospel holiness; the difference between grace and morality, or a spiritual life unto God in evangelical obedience and a course of moral virtues, are stated and declared, in *The Works of John Owen*, vol. 3, edited by William H. Goold, (Edinburgh: The Banner of Truth Trust, 1994 reprinting) pp.231-232.

12 중생과 성화 모두 인간의 영혼의 전 성질에 영향을 미치는 것이므로, 그것들을 통하여 인간의 본성이 전체적으로 새로워져 가고 이에 따라 인간의 마음도 창조시에 가졌던 자기의 자리를 찾아간다. 그러나 그렇게 자기의 자리를 찾아 정위(定位)되는 정도는 성화의 정도에 비례한다. 성화를 통하여 인간의 영혼이 변화되어 가야 할 필요에 대하여 성경은 다음과 같이 말한다. "하나님을 따라 의와 진리의 거룩함으로 지으심을 받은 새 사람을 입으라"(엡 4:24). 이미 그리스도 안에 있는 신자들에게, 사도가 이같이 명령한 것은 단지 중생이 저절로 그들을 새 사람 되게 하는 것이 아니라는 사실을 보여준다. 중생을 통하여 죽었던 영혼이 다시 살아났다는 점에서는 이미 새 사람이 된 것이지만, 아직 부패한 죄의 영향 아래 있기 때문에 성화의 작용을 통하여 거룩한 사람으로 새롭게 변화되어 가야 한다는 점에서는 아직도 새 사람이 되어가고 있는 중임을 보여주는 것이다. 이에 대하여 존 플라벨(John Flavel)은 이렇게 지적한다. "그러나 이렇게 무질서해진 인간의 영혼은 중생에 의하여 다시 바르게 회복됩니다. 성화는 인간의 성향을 고치고 바르게 하는 것이며 혹은, 성경이 엡 4:24에서 표현하는 바와 같이, 하나님의 형상을 따라 영혼이 개혁되는 것을 의미하므로 성화 안에서 믿음은 자기를 의지하는 것을 그만두게 합니다. 또한 이렇게 성화 과정에 있는 신자들은 하나님을 사랑함으로써 자기를 사랑하지 않게 되고, 하나님의 의지에 복종함으로써 자기 의지에 굴복하지 않게 되고, 자기를 부인함으로써 자기의 의를 추구하는 것을 그만두게 됩니다." John Flavel, 'What it is to keep the heart', *A Saint Indeed*, in *The Works of John Flavel*, vol. 5, (Edinburgh: The Banner of Truth Trust, 1997 reprinting), p.426.

으로써 겪게 되는 변화인데, 이 마음의 변화는 그 사람의 지식과 정서, 그리고 의지에 모두 영향을 미칩니다. 왜냐하면 그 마음의 변화는 그 사람의 영혼 안에 새롭게 심으신 생명의 원리로부터 비롯되는 것이기 때문입니다.

거듭나는 순간 그는 이전과는 달리 하나님의 성품을 잘 깨닫게 되고, 하나님의 뜻에 자기의 뜻을 굴복시키고자 하는 의지적인 성향을 갖게 됩니다. 그리고 이전에는 하나님의 마음과 전혀 상관이 없는 마음을 가지고 살던 사람이 하나님의 정서가 지배하는 것을 경험하게 됩니다.

그러나 우리가 중생을 통하여 경험하는 마음, 곧 지식과 정서 그리고 의지의 신적인 변화는 불행하게도 타락하기 전 아담과 하와가 가졌던 것처럼 그렇게 완전한 상태는 아닙니다. 그가 비록 거듭났어도 그 사람의 영혼 안에는 부패한 경향성이 남아 있기 때문입니다. 그리고 거듭난 사람 안에 있는 그 부패성은 그의 마음에 부패한 영향을 미칩니다.[13]

---

[13] 아담의 타락으로 말미암아 인간은 두 가지 점에서 절망적인 존재가 되었는데, 하나는 아담이 모든 인류를 대표한 언약의 머리로서 지은 원죄에 대하여 함께 죄책(罪責)을 지게 된 것이고, 또 하나는 육신적인 번식에 의하여 타락한 첫 조상으로부터 선천적이고 내적인 부패성(腐敗性)을 물려받게 된 것이다. 전자는 예수 그리스도를 믿는 순간에 우리를 의롭다 칭하시는 하나님의 칭의(稱義)에 의하여 해결되었지만, 후자는 구원받은 이후에 점진적인 성화(聖化)에 의하여 해결되어야 할 것이다. 칭의는 그리스도의 구속 행위를 기초로 믿음을 가진 죄인을 의롭다고 선언하시는 하나님의 일방적인 행위이지만, 성화는 죄인을 순결케 하시며, 죄인의 전 성질을 하나님의 형상으로 새롭게 하시며 죄인으로 하여금 선행을 행할 수 있도록 하시는 성령의 계속적이고 은혜로운 작용을 의미하는 것이다. 칭의는 죄인의 신분에 변동을 주지만, 성화는 죄인의 상태에 영향을 준다.

그래서 신자 안에는 영적 성품과 육적 성품이 공존합니다. 전자는 중생과 함께 하나님께서 신자의 영혼 안에 심으신 생명의 원리이고, 후자는 그 사람 안에 아직도 잔존하고 있는 죄에 대해 친화적 성격을 가진 부패성입니다.

그리고 영혼의 이러한 상태는 그 사람의 마음에 그대로 반영됩니다. 즉 신자의 마음 안에는 영적인 마음spiritual heart, 곧 신령한 마음과 육적인 마음fleshly heart, 곧 부패한 마음이 공존합니다.

이 사람의 영혼의 상태는 앞에서 말씀드린 바와 같이 타락하기 전의 인간, 그리고 타락한 후의 인간과는 전혀 다른 상태입니다. 그것은 다음과 같이 설명될 수 있습니다.

이 둘은 신자의 구원의 양면성을 보여주는 것으로서 결코 분리하여 이해할 수 없다. 따라서 신자는 한편으로는 그리스도의 의로 말미암아 주어진 취소될 수 없는 구원을 인하여 견고하며, 죄와 내적인 부패성을 이기며 살게 하시는 하나님의 생명의 원리가 심겨진 존재이나, 또 한편으로는 아직은 완전히 거룩해지지 않은 자신을 인하여 분투하며 살아야 할 위치에 있다. 이 후자가 바로 신자에게 주어진 성화의 소명이다. 전자의 구원에 대하여 성경은 이렇게 말한다. "그러므로 이제 그리스도 예수 안에 있는 자에게는 결코 정죄함이 없나니 이는 그리스도 예수 안에 있는 생명의 성령의 법이 죄와 사망의 법에서 너를 해방하였음이라"(롬 8:1-2). 후자의 구원에 관하여는 이렇게 말한다. "그러므로 나의 사랑하는 자들아 너희가 나 있을 때뿐 아니라 더욱 지금 나 없을 때에도 항상 복종하여 두렵고 떨림으로 너희 구원을 이루라 너희 안에서 행하시는 이는 하나님이시니 자기의 기쁘신 뜻을 위하여 너희로 소원을 두고 행하게 하시나니"(빌 2:12-13). "복음에는 하나님의 의가 나타나서 믿음으로 믿음에 이르게 하나니 기록된 바 오직 의인은 믿음으로 말미암아 살리라 함과 같으니라"(롬 1:17). 이 구절에서 '믿음으로 믿음에 이르게 하나니'라고 기록된 부분은 곧 중생과 칭의에 의한 즉각적인 구원을 통하여 성화를 통한 점진적인 구원으로 나아가는 것을 보여준다. 루이스 베르콥(Louis Berkhof)은 성화의 본질을 다음과 같이 네 가지로 설명한다. (1) 성화는 하나님께서 행하시는 초자연적인 사역이다, (2) 성화는 두 부분, 즉 한편으로는 그리스도와 함께 장사된 옛 사람을 죽이고, 또 한편으로는 그리스도와 함께 다시 살아난 새 사람을 살리는 것으로 이루어진다, (3) 성화는 신자의 전 존재에 영향을 미친다, (4) 성화는 하나님의 단독 사역이 아니라, 인간이 협력하여야 하는 하나님의 사역이다. Louis Berkhof, *Systematic Theology*, (Grand Rapids; William B. Eerdmans Publishing Company, 1996), pp.532-534.

거듭난 사람의 영혼의 상태는 인간이 타락하기 전에 가졌던 완전完全한 영혼의 상태에 비하면 너무나 불완전不完全합니다. 그러나 거듭나지 않은 사람들의 절망적인 영혼의 상태에 비하면 소망이 있습니다. 또한 거듭난 사람의 영혼은 다시 허물과 죄로 죽은 상태로 되돌아갈 수 없다는 점에서는 타락하기 전의 인간의 상태보다도 더 안전安全하다고 말할 수 있습니다.

거듭난 신자의 영혼의 이러한 상태는 마음에도 그대로 반영됩니다. 그의 마음은 비록 타락하기 전 인간의 마음과 같지 않지만, 타락한 후 인간의 절망적인 마음의 상태는 아닙니다. 그의 마음은 타락하기 전 인간의 그것처럼 완전하지는 않지만, 하나님을 알고 느끼고 따름에 있어서 놀라운 적응력을 가진 마음으로 변화되었습니다.

그럼에도 불구하고 아직도 그의 마음 안에는 거듭나기 전의 부패성이 남아 있습니다. 그가 하나님의 은혜 안에서 살면 신령한 마음이 우세하여 그로 죄를 이기는 삶을 살게 하고, 그가 죄 가운데 살면 부패한 마음이 우세하여 불순종의 삶을 살게 하는 것입니다.

죄도 성장하고 은혜도 성장합니다. 이 은혜는 그리스도 안에 있으며, 이 은혜의 성장은 죄 된 부패성에서 오는 마음의 굳어짐을 막고 부드러움을 유지하게 만들어 줍니다. 그래서 성경은 신자들에게 이 은혜에서 자라가도록 촉구합니다(딤후 2:1).[14]

신자의 마음과 삶은 서로 영향을 미치는 관계입니다. 즉, 신자의 마음이 은혜 아래 있으면 순종하는 삶을 살게 되고, 그렇게 하나님을 사랑하며 사는 삶의 기쁨은 즉시 그의 마음에 성결한 영향을 줍니다. 반대로 신자의 마음이 죄 아래 있으면 그는 불순종하는 삶을 살게 되고, 그렇게 하나님을 거역하며 사는 삶의 죄악들은 즉시 그 사람의 마음에 부패를 더합니다.15

1.2 신자의 본분으로서의 성화

신자가 죄 많은 세상에 살면서, 죄의 본성이 아직 부패한 성질로

---

14 "내 아들아 그러므로 네가 그리스도 예수 안에 있는 은혜 속에서 강하고"(딤후 2:1). "오직 우리 주 곧 구주 예수 그리스도의 은혜와 저를 아는 지식에서 자라가라 영광이 이제와 영원한 날까지 저에게 있을지어다"(벧후 3:18). 청교도 크리스토퍼 러브(Christopher Love)는 그의 책에서 은혜의 성장을 말하면서, 강한 은혜의 표로서 마음의 기쁨과 하나님 안에서의 소망을 지적한다. 신자 안에 있는 하나님의 은혜가 약할 때, 그는 큰 시험 가운데서는 하나님과의 관계를 의심하고 불신앙에 떨어진다고 말하면서, 신자는 자기 안에 있는 은혜의 크기만큼만 시험을 이길 수 있다는 점을 강조한다. Christopher Love, *Grace: The Truth, Growth, and Different Degree*, (Morgan; Soli Deo Gloria, 1997 reprinting), pp.66-67.

15 토머스 두리틀(Thomas Doolittle)은 신자 안에 그리스도를 향한 사랑이 역사할 때 나타나는 세 가지 인격적인 특성을 말한다. 기뻐하고(delighting), 갈망하고(desiring), 애통하는 것(mourning)이 바로 그것이다. 그는 신자의 그리스도를 향한 사랑은 성령에 의하여 역사하는 특별 은혜이며, 이로써 신자는 자기를 향한 그리스도의 선하심과 부요하심과 교통하심을 이해하게 되며, 그리스도가 최상의 가치라고 판단하게 되며, 최상의 애정을 그리스도께 바쳐서 모든 삶에 있어서 자신을 그리스도께 내어 드리게 된다고 주장한다. 그리스도를 향한 사랑의 세 가지 특성이 역사하는 방식에 대하여 다음과 같이 지적한다. "……delighting in him, if present; desiring after him, if absent; or mourning for him, if he cannot find him. This is the love you must have to Christ, if you would not be Anathema,-accursed when the Lord shall come." Thomas Doolittle, *Love to Christ: Necessity to Escape the Curse at His Coming*, (Pittsburgh; Soli Deo Gloria, 1994 reprinting), p.53.

남아 있음에도 불구하고 거룩해질 수 있는 것은 성화의 은혜 때문입니다. 하나님께서는 성화를 위한 은혜를 주시고 신자는 성화를 위하여 순종함으로 힘씀으로써 거룩해져 갑니다. 물론 그의 거룩해져 가는 일은 이 세상에서 완성되지 않습니다.

그러나 그렇게 거룩해져 가도록 성화의 삶을 살아가는 것이 구원받은 신자의 가장 커다란 소명이며, 이것 없이는 누구도 하나님께 영광을 돌리는 삶을 살 수 없습니다. 그리고 성령을 통하여 이루어지는 거룩한 성화의 작용은 인간의 마음에서 시작됩니다.

신자의 성화는 결코 저절로 성취되는 것이 아닙니다. 중생한 신자는 결코 범죄하지 않는다고 주장하거나, 성화를 위하여 신자가 할 수 있는 일은 아무 것도 없고 오직 성령께 자기를 맡기기만 하면 된다는 성화의 교리는 성화에 관한 성경의 일관된 가르침과는 어긋나는 것입니다.

이 문제와 관련한 성경의 가르침은 너무나 분명합니다. 구원받은 신자의 최대의 소명은 성화이며, 그 성화를 주도하시는 분은 성령이시지만, 이것은 신자가 자기 안에 잔존하고 있는 부패성과 분투하여 얻은 승리 가운데 이루어진다는 것입니다.

오늘날 이 같은 성경적인 성화의 교리가 율법주의로 이해되거나, 성화에 있어서 하나님께 순종하며 죄와 분투하는 인간의 역할을 강조하는 것이 마치 신자의 삶에 있어서 그리스도의 대속의 공로나 성령의 거룩하게 하시는 은혜를 덜 의지하는 것처럼 이해되고 있는 것은 실로 가슴 아픈 일이 아닐 수 없습니다. 이는 모두 성경과 교리에 대한 무지와 복음에 대한 부주의한 이해에서 비롯된 것입니다.

이 세상에서 그리스도인들은 성화되어 감으로써만 비로소 행복해질 수 있는 사람들입니다. 그래서 이러한 진리를 아는 신앙의 선배들은 '거룩함 없이 행복도 없다' No holiness, no happiness 고 단언하였던 것입니다. 신자는 끊임없이 자기 안에 있는 죄의 욕구들을 죽임으로써 신령한 은혜 아래 살아가는 행복을 느낄 수 있는 것입니다.

신자가 경험하는 하나님과의 영적인 연합의 경험도 알고 보면 이러한 성화의 추구를 통하여 얻게 되는 것입니다. 그리고 이러한 죄 죽임의 실천은 결국 신자가 하나님 앞에서 자기의 마음을 지키는 데서 비롯되는 것입니다.

그러면 이 책을 읽는 여러분들은 이렇게 질문하고 싶을 것입니다. "거룩한 성화 없이는 행복도 없다면 예수 믿으면서도 세상에 가서 신앙 생활 게을리 하고도 불편을 느끼지 못하고 살아가는 거듭난 신자들을 어떻게 이해해야 하는가?"

이에 대한 답은 다음과 같습니다. 거듭난 신자도 신앙을 버리고 세상을 사랑할 수 있습니다. 그러나 거듭난 사람들의 세상 사랑은 일시적인 반면, 주님을 닮아가며 살고자 하는 내적인 욕구는 항구적입니다. 물론 그렇다고 해서 모든 거듭난 신자가 꼭 같은 정도로 열렬하게 성화되기를 갈망한다는 의미는 아닙니다. 성화의 욕구는 마음에 반영되는 것이기 때문에 영혼의 상태와 밀접한 관계가 있습니다. 즉 영혼의 상태가 은혜 안에서 고양되어 있으면 성화의 욕구도 강해지고, 그렇지 못하면 성화의 욕구도 쇠퇴하는 것입니다.

그러나 거듭난 신자들에게는 반드시 성화의 욕구가 있으며, 이것은 세상을 사랑하는 욕망이 일시적인데 비해서 지속적으로 내재하는 욕망입니다. 이것은 마치 거듭나지 못한 사람이 영적 각성에 의하여 갖게 되는 거룩의 욕망이 일시적이고 육신과 세상을 사랑하는 욕망은 그의 마음에서 항구적인 것과 같습니다.

따라서 거듭난 신자가 세상을 사랑하는 일에 열중한다고 해서 그것을 곧 하나님께로부터 오는 참된 평안과 축복보다 더 가치 있는 것이라고 확신한다고 판단해서는 안 됩니다. 신자는 성화의 소명을 따라 살면서 거룩해지지 아니하고는 결코 하나님 앞에서 살아가는 행복을 누릴 수가 없습니다.

사도 요한은 이런 이치를 이렇게 설명합니다. "이 세상이나 세상에 있는 것들을 사랑치 말라 누구든지 세상을 사랑하면 아버지의 사랑이 그 속에 있지 아니하니 이는 세상에 있는 모든 것이 육신의 정욕과 안목의 정욕과 이 생의 자랑이니 다 아버지께로 좇아온 것이 아니요 세상으로 좇아온 것이라"(요일 2:15—16).

사도 바울 역시 그 같은 경험을, 성화를 위한 분투와 관련하여 이렇게 표현했습니다. "우리가 항상 예수 죽인 것을 몸에 짊어짐은 예수의 생명도 우리 몸에 나타나게 하려 함이라 우리 산 자가 항상 예수를 위하여 죽음에 넘기움은 예수의 생명이 또한 우리 죽을 육체에 나타나게 하려 함이니라"(고후 4:10-11).

신자가 중생 이후 아직도 잔존하는 내적 부패성과 불결로부터 순결하게 되어가는 성화는 그 영역이 두 방면으로 집약됩니다. 하나는 신자가 성품과 인격에 있어서 주님의 형상을 본받기까지 순결해져 가는 것이고, 또 하나는 신자가 모든 삶으로 하나님을 섬김에 있어서 완전해져 가는 것입니다.

하나님께서 성경을 주신 한 목적도 바로 이러한 성화의 목표와 일치합니다. "모든 성경은 하나님의 감동으로 된 것으로 교훈과 책망과 바르게 함과 의로 교육하기에 유익하니 이는 하나님의 사람으로 온전케 하며 모든 선한 일을 행하기에 온전케 하려 함이니라"(딤후 3:16-17).[16]

신자는 하나님 앞에서 아직까지도 자신의 본성 속에 남아 있는 부패와 죄의 실재를 인식하고 끊임없는 진리의 감화와 순종의 결단 속에서 새롭게 하시는 성령의 은혜를 의지하며 살아가면서, 점점 더 주님을 닮아갑니다. 이전에 부정직하고 거칠고 야비하며 포악하

---

[16] 하나님께서 우리에게 성경을 주신 목적은 크게 두 가지이다. 하나는 구원에 이르는 지혜를 주기 위함이고, 또 하나는 하나님의 사람의 온전함을 위해서이다. 이것은 불신자를 위한 복음 전도와 신자를 위한 성화를 겨냥한 것이다. 즉, 성경의 진리를 전파함으로 불신자들을 구원에 이르게 하고, 또한 신자들을 온전하게 하기 위함인데, 이 온전함은 두 가지로 이루어진다. 하나는 하나님의 사람 자체를 온전하게 하는 것이고, 또 하나는 그로 하여금 하나님을 섬기며 살아가는 일에 있어서 온전하게 하는 것이다. 이것은 또한 하나님께서 인간으로 타락 이전에 가지셨던 창조의 계획을 따라 살게 하시는 구체적인 실행이기도 하다. 여기서 우리는 성경이 모든 기독교 신앙과 삶

던 성격이 정직하고 온유하고 진실하고 자비로운 성품으로 변해 갑니다.

그리고 그러한 인격적인 변화는 성품의 변화에서 비롯되기 때문에 그의 삶을 거룩하게 만들어 갑니다. 삶의 모든 방면에서 자신의 사랑과 경배의 대상이신 하나님을 섬기며 살아가고자 힘쓸 뿐 아니라 그 일을 성취함에 있어서 점점 더 완전해져 갑니다. 세상과 사람들은 그러한 신자의 존재와 섬김을 통하여 그들 안에 계신 하나님이 어떤 분인지를 알아가게 되는 것입니다. 이것이 바로 성화의 궁

에 있어서 중심이라는 사실을 깨닫게 된다. 그러므로 교회는 이 세상 끝 날까지 신자를 신자 되게 세움으로써 교회를 교회 되게 하는 유일하고도 최상의 방편을 가졌으니 그것은 성경이다. 이것이 영원히 모든 신앙 교육의 원천이 되어야 한다. 존 오웬(John Owen)은 기독교 신앙에 있어서 성경의 중심성을 강조하면서 아울러 영혼의 유익을 위하여, 성경으로부터 유익을 얻게 하는 2차적인 수단들이 꼭 필요하다고 강조한다. 이것은 성경이 단지 객관적으로 존재하는 진리가 되는 것만으로는 결코 개인의 영혼에 유익이 될 수 없기 때문이다. 오웬이 주장하는 2차적인 수단들은 다음과 같다. ⑴ 성경을 이해하고자 하는 개인적인 노력, ⑵ 성도들 상호간의 가르침, ⑶ 교회의 말씀 사역. 오웬은 특히, 신자들이 성경을 통해 유익을 얻음에 있어서 교회의 말씀 사역의 기능의 중요성을 강조하면서 그 기능은 하나님께로부터 부여받은 사명이라는 것을 다음과 같이 지적한다. "성경은 단지 성령에 의한 내적 조명의 수단이지만, 그 조명은, 주로 말씀 사역을 통해서 각 사람들의 마음에 적용됨으로써 이루어진다(마 5:14-15, 고후 5:18-20, 엡 4:11-15, 딤전 3:15). 교회와 말씀 사역은 이런 목적을 위하여 하나님께서 정하신 것이다. 그 목적은 바로 말씀에 계시된 바와 같이 하나님의 생각과 의지를 당신의 자녀인 인간들에게 알리시기 위함이며, 인간을 이것을 통하여 깨달음을 얻게 된다. 이처럼 하나님의 말씀을 가르쳐 깨닫게 하는 것을 가장 주된 계획과 사역으로 삼지 않는 교회와 사역은 하나님께로부터 세움을 입은 것도 아니고 인정받지도 못한다. 어느 날 사람들은 공허한 이름을 신뢰함에 있어서 스스로 속은 것을 알게 될 것이다. 사람들을 하나님의 말씀으로 가르쳐 깨닫게 하는 일은 위로와 보상이 약속된 유일한 의무이다(단 12:3)." John Owen, *The Reason of Faith; or, An Answer unto that Inquiry*, "*Wherefore We Believe the Scripture to Be the Word of God;*" *with the causes and nature of that faith wherewith we do so: wherein the grounds whereon the holy scripture is believed to be the word of God with faith divine and supernatural are declared and vindicated*, vol. 4, (Edinburgh: The Banner of Truth Trust, 1988 reprinting), p.13.

극적인 목적입니다.

그러나 신자가 이처럼 성화의 과정의 진전에 따라 하나님과의 영적이고 인격적인 연합의 결속 안에서 살아가게 되는 것은 성화의 목적일 뿐 아니라 자연스러운 결과이기도 합니다. 신자에게 보이지 않는 하나님을 향한 끊임없는 애정이 없다면 그는 결코 자기 안에 있는 부패한 본성과 싸우며 성화를 위하여 애쓰지 않을 것이기 때문입니다.

그래서 경건하고 박식한 청교도 존 오웬^{John Owen}은 이렇게 말했습니다. "사람들은 하나님께 대한 사랑이 연합의 결과라고 생각하지만, 나는 오히려 반대라고 생각한다. 하나님께 대한 성도의 진실한 사랑이 그 분과의 연합을 가져오는 것이다." [17]

한 사람의 인격과 성품은 좀처럼 변하지 않습니다. 이것은 신자에게 있어서도 마찬가지입니다. 하나님의 은혜의 작용 아래 살아가는 기간 없이, 단지 거듭났다는 이유만으로 그의 성품과 인격이

---

[17] 하나님께서는 신자가 당신의 성품을 닮아 거룩해지기를 원하신다. "하나님이 미리 아신 자들로 또한 그 아들의 형상을 본받게 하기 위하여 미리 정하셨으니 이는 그로 많은 형제 중에서 맏아들이 되게 하려 하심이니라 또 미리 정하신 그들을 또한 부르시고 부르신 그들을 또한 의롭다 하시고 의롭다 하신 그들을 또한 영화롭게 하셨느니라"(롬 8:29-30). 신자의 성화를 향한 하나님의 열망이 복음 전도의 열망과 함께 목회자인 사도 바울의 마음에 전수된 것을 우리는 다음과 같은 고백을 통해서 알 수 있다. "나의 자녀들아 너희 속에 그리스도의 형상이 이루기까지 다시 너희를 위하여 해산하는 수고를 하노니 내가 이제라도 너희와 함께 있어 내 음성을 변하려 함은 너희를 대하여 의심이 있음이라"(갈 4:19-20). 이러한 사상은 베드로서신에서도 뚜렷이 나타난다. "이 모든 것이 이렇게 풀어지리니 너희가 어떠한 사람이 되어야 마땅하뇨 거룩한 행실과 경건함으로 하나님의 날이 임하기를 바라보고 간절히 사모하라"(벧후 3:11-12). "그러므로 사랑하는 자들아

거룩하게 변하는 것은 아닙니다.[18] 더욱이 일회적인 회심이나 간헐적인 은혜의 체험만을 가지고는 성화의 진보를 기대하기가 어렵습니다.

오래 전에 유명 인사들의 저택을 턴 절도죄로 장기간 복역하다가 출소한 한 죄수가 그리스도인이 된 사건을 신문 잡지가 대서 특필한 적이 있었습니다. 그리고 그를 소개하는 기사에는 항상 극적인 회심의 경험과 전도자로서 일생을 살 것에 대한 결심 등이 함께 소개되었습니다.

뿐만 아니라, 당시 자기와 비슷한 죄로 지명 수배되어 전국을 떠들썩하게 하다가 투옥된 죄수를 신앙적으로 교화하고 싶다는 포부까지 피력하여 독자들의 눈길을 끌었습니다. 그는 여러 교회와 사

너희가 이것을 바라보나니 주 앞에서 점도 없고 흠도 없이 평강 가운데서 나타나기를 힘쓰라"(벧후 3:14). 신자가 성화되어야 할 필요는 하나님께서 당신의 백성들을 선택하신 사건과 밀접한 관련을 가지고 나타난다. "나는 너희의 하나님이 되려고 너희를 애굽 땅에서 인도하여 낸 여호와라 내가 거룩하니 너희도 거룩할지어다"(레 11:45). 신자가 성화를 통하여 하나님의 성품을 닮아가고 그래서 하나님을 섬기는 삶에 있어서 온전해질 때에, 그것은 삶의 외관을 고치는 것이 아니라 부패한 본성을 고치는 것이다. 그러므로 신자는 성화를 통해서 죄인의 전 성질의 변화를 통하여 새로운 존재가 되어간다. 그러한 내적인 변화를 통해서 신자는 이 세상에서 자신의 현존(presence)을 통하여 하나님을 보여주게 되는 것이다. 즉, 현존을 통한 선포로 자기 안에 계시는 하나님을 보여줄 수 있는 것이다. 그것이 또한 구원하신 우리를 이 세상에 두신 목적이기도 하다(마 5:13-16).

18 때로는 강력한 회심의 경험도 그의 성품과 인격을 바꾸는 데 있어서 큰 영향을 미치지 못하는 것을 보면서 우리는 은혜의 경험 자체에 대하여 회의를 갖기도 한다. 신자의 성화에 있어서 분명한 회심, 혹은 강력한 은혜의 경험은 가치와 한계가 공정하게 인식되어야 한다. 그러한 체험이 신자로 하여금 특정한 죄로부터 돌이키게 하는 계기가 될 수 있고 성화를 위한 삶의 전환점이 될 수 있지만, 신자의 성화는 강력한 일회적인 회심이나, 뜨거운 은혜의 경험만으로는 성취될 수 없다. 신자가 지속적으로 복음 진리의 빛 아래서 은혜를 받으며 내면의 부패성과 싸우는 지속적인 분투와 실천 없이는 성화의 진전이 없기 때문이다. 그러므로 자신의 성화의 진보가 부진한 것이 단지 강력한 회심의 경험이 없는 과거에 원인이 있다고 생각하는 것은 성경적인 견해가 아니다.

회 단체의 간증 집회에도 자주 초빙되곤 하였습니다. 그러나 얼마 후 그 전도자는 일본에서 절도죄 현행범으로 체포되었습니다. 그리고 지금은 복역 중입니다.

그 사람의 재범을 보고 그의 회심이나 간증을 의심하고 싶은 마음은 없습니다. 단지 회심을 경험했다고 하더라도 신자가 마음을 지키는 것은 이처럼 어려운 일임을 깨달을 뿐입니다. 인간의 현재는 과거에 묶이는 법이며, 이것은 신자의 삶에 있어서도 어느 정도는 사실입니다.

그러나 신자에게 있어서 그러한 연결의 고리는 필연적인 것일 수 없습니다. 신자에게는 자신의 성품과 삶에 있어서 예전의 부패한 삶으로 되돌아가지 않을 수 있는 두 가지 방법이 있기 때문입니다. 첫째로 그것은 하나님을 깊이 만나서 영혼에 참된 변화를 받는 것이고, 둘째는 그 이후로도 계속해서 하나님의 은혜 안에서 살아가는 것입니다. 그리고 그렇게 지속적으로 은혜 안에 살기 위해서는 끊임없이 자신의 변화된 마음의 성향을 지키는 일이 필수적입니다.[19]

---

[19] 인간의 영혼의 변화를 주도하시는 분은 하나님이시다. 그리고 그것은 인간의 마음의 변화를 통해서 이루어지고, 영혼의 변화는 또한 마음의 변화를 가져온다. 따라서 신자가 지속적으로 성화의 은혜 아래 있기 위해서는 끊임없는 영혼의 변화를 경험하고 자신의 마음을 잘 지켜서 은혜 아래 살기를 힘써야 한다. 이처럼 영혼의 변화는 신자의 마음에 거룩해지고자 하는 소원을 불러일으킴으로 성화의 동기를 회복시켜 준다. 오늘날 신자들 가운데는 성화에 있어서 워낙 현저한 진보를 보임으로써 변화받기 전과는 완전히 다른 사람으로서 살아가는 것처럼 여겨지는 사람들이 있다. 그것은 성화의 은혜가 그를 얼마나 본질적으로 변화시켜 놓는지를 보여준다. 한 신자의 성화의 정도는 그가 얼마나 오랫동안 진리의 빛 아래서 은혜 가운데 살았는가와 깊은 관계가 있으며, 또한 그가 경험한 하나님의 은혜의 깊이가 어느 정도였는지에 달려 있다. 반짝이는 모든 것

그렇습니다. 그가 신자이든지 불신자이든지, 한 사람의 마음이 하나님을 향하여 크게 바뀌기 위해서는 그 배후에 영혼의 강력한 변화가 있어야 합니다.[20]

우리가 자신의 인격적인 특징이 되는 마음의 본성을 고칠 수 있습니까? 일정한 상황과 사물을 향하여 늘 갖게 되는 마음의 일정한 경향을 우리가 바꿀 수 있습니까? 여러분은 '마음을 고쳐 먹는다'는 것이 얼마나 어려운 일인지 이미 알고 계실 것입니다.

구약성경에 나타난 이스라엘 백성들의 역사를 보십시오. 그들의

이 금이라고 할지라도 그 순도에 따라 천차만별인 것처럼, 신자의 영혼을 어루만지는 하나님의 은혜에도 정도와 깊이가 천차만별이다. 이것이 모두 신자의 성화의 깊이와 진보에 영향을 미친다. 이 문제와 관련하여, 청교도 크리스토퍼 러브(Christopher Love)는 신자 안에 있는 은혜를 측정할 수 있는 최소한의 기준 네 가지를 제시한다. (1) 악(evil)과 죄(sin)의 해악스러운 본질을 직시할 수 있는 영혼의 빛, (2) 죄로부터 떠나고 하나님께 연합되어 살려고 하는 정해진 뜻과 고정된 마음, (3) 자기 안에 있는 하나님의 은혜의 결핍에 대하여 괴로워함, (4) 보다 더 많이 하나님의 은혜 안에서 살고자 하는 끊임없는 갈망이 그것이다. Christopher Love, *Grace: The Truth, Growth, and Different Degree*, (Morgan; Soli Deo Gloria, 1997 reprinting), pp.33-35.

20 인간의 영혼의 변화는 곧 그의 전 인격 즉, 지성과 정서와 의지에 영향을 미친다. 그리고 그러한 영향은 곧 마음에 영향을 미친다. 그래서 마음은 영혼의 변화로 가는 출입구이고, 또한 영혼의 변화가 흘러나오는 출구이기도 하다. 그리고 생각은 그 마음의 출입구로 가는 앞뜰과 같다. 왜냐하면 생각을 통하여 마음이 지배되기 때문이다. 이에 대하여 존 오웬(John Owen)은 생각이 신자의 마음의 징서를 만족시키고자 하는 성질이 있다는 사실과 마음의 죄를 내버려두면 머지않아 곧 활동을 시작하여 영혼의 활기를 앗아간다는 사실을 강조한다. "It(sin) fills the thoughts with contrivances about it. Thoughts are the great purveyors of the soul to bring in provision to satisfy its affections; and if sin remain unmortified in the heart, they must ever and anon be making provision for the flesh, to fulfill the lusts thereof. They must glaze, adorn, and dress the objects of the flesh, and bring them home to give satisfaction; and this they are able to do, in the service of a defiled imagination, beyond all expression." John Owen, *Of the Mortification of Sin in Believers; the necessity, nature, and means of it: with a resolution of sundry cases of conscience thereunto belonging*, in *The Works*

마음이 변화되었더라면 하나님의 심판을 면할 수도 있었습니다. 그러나 그들은 자신들의 마음을 바꾸지 않았습니다. 정확하게 말하면 그들에게 그것은 불가능한 일이었습니다. 불순종과 죄악으로 굳어진 패역한 마음의 완고함이 아침 구름같이 이따금 솟아나는 하나님을 향한 경외의 마음의 힘을 능가하였기 때문입니다.[21]

하나님을 향하여, 거룩한 삶의 소명을 향하여 변화된 마음 이면에는 변화된 영혼이 있습니다. 그리고 그러한 영혼의 변화는 하나님의 거룩으로부터 영향을 받은 것입니다. 하나님의 성품을 따라

---

of John Owen, vol. 6, edited by William H. Goold, (Edinburgh: The Banner of Truth Trust, 1991 reprinting), p.22.

21 호세아 선지자가 탄핵하고 있는 완고한 이스라엘 백성들의 마음속에 하나님을 향한 사랑의 마음이 전혀 없었던 것은 아니다. 그러나 그 사랑의 마음은 너무나 간헐적이고 단속적(斷續的)이어서 그들의 마음을 지배하고 있는 완고함을 변화시킬 수 없었다. "에브라임아 내가 네게 어떻게 하랴 유다야 내가 네게 어떻게 하랴 너희의 인애(하스데켐, חַסְדְּכֶם)가 아침 구름(아난 보케르, עֲנַן־בֹּקֶר)이나 쉬 없어지는 이슬 같도다 그러므로 내가 선지자들로 저희를 치고 내 입의 말로 저희를 죽였노니 내 심판은 발하는 빛과 같으니라 나는 인애를 원하고 제사를 원치 아니하며 번제보다 하나님을 아는 것을 원하노라"(호 6:4-6). 여기에서 '너희의 인애가 아침 구름이나 쉬 없어지는 이슬 같도다'의 히브리어 원문은 다음과 같다. 베하스데켐 카아난 보케르 베카탈 마스킴 호레크(וְחַסְדְּכֶם כַּעֲנַן־בֹּקֶר וְכַטַּל מַשְׁכִּים הֹלֵךְ). 이것을 직역하면, '그리고 너희의 사랑은 마치 아침 구름 같고, 또 사라지는 그 이슬 같다' 이다. '아침 구름'은 안개에 가까운 구름으로서 아침에 햇살이 퍼지면서 사라지는 얇은 구름을 의미하는데, '이슬'과 함께 하나님께 대한, 이스라엘의 지속적이지 못한 사랑, 언약 공동체의 백성들에 대한 견고하지 못한 자비로운 행동들을 가리킨다. 우리말 개역 성경에서 '인애'라고 번역된 단어는 헤세드(חֶסֶד)인데, 이는 구약 히브리어 성경의 희랍어 번역본인 70인역(the Septuagint)에서는 엘레오스(ἔλεος)로 나온다. 이는 '동정'(pity), '자비'(mercy), '긍휼'(compassion)의 의미를 가진 단어로서, 신약에서 '사랑'이라고 번역된 아가페(ἀγάπη) 사상의 배경이 된다. 이 엘레오스(ἔλεος)가 구약성경의 라틴어 번역본인 벌게이트역(the Vulgate)에서는 미제리코르디아(misericordia)로 번역되었는데, 이는 '비참'(wretchedness), '불행'(unhappiness), '고통'(affliction)을 의미하는 단어 미제리아(miseria)와 '마음'(heart)을 뜻하는 코르(cor)가 합쳐진 것이다. Liddell and Scott, *An Intermediate Greek-English Lexicon*, (Oxford: The Clarendon Press, 1975 impression), p.249; D. P. Simpson

그리스도로 옷 입기를 원하는 성도로 거룩해지고자 하는 마음은 이러한 영적 변화의 결과입니다. 그리고 이러한 영적인 변화는 반드시 구원받은 성도의 최고의 소명인 성화를 따라 살고자 하는 강력한 마음을 갖게 만들어 줍니다. 신자는, 그렇게 변화된 마음을 지키면서 하나님의 은혜의 영향력 안에서 계속 살아가야 합니다.

그러므로 마음에 관한 교리는 곧 영혼의 변화의 교리와 깊은 관계를 갖습니다.

따라서 성도의 거룩한 삶을 위해서는 영혼의 변화를 통하여 마음의 변화를 확보하고, 그 마음을 지킴으로 변화된 영혼의 은혜로운 상태를 유지하는 것이 관건입니다. 하나님의 은혜의 통치 아래 살아가는 것이 필요하다는 것입니다.

그러면 우리가 그렇게까지 해서 마음을 지키고 긴장 속에서 변화된 영혼의 은혜로운 상태를 유지해야 할 이유가 무엇입니까? 무엇 때문에 우리가 그렇게 해야 합니까? 그것은 참된 신자[real christian]가 되는 것이 우리 생애 최고의 부르심이며 섬김이기 때문입니다.

제가 아주 좋아하는 과일 가운데 하나가 황도입니다. 대부분의

---

ed., *Cassell's Latin Dictionary*, (New York; A Simpson & Schuster Macmillan Company, 1977), pp.153, 375; Alfred Rahlfs ed., *Septuaginta, vol. Ⅱ, Libri poetici et prophetici*, (Stuttgart; Württembergische Bibelanstalt, 1935), p.495. 히브리어 헤세드(חֶסֶד)는 하나님의 주도적인 사랑의 베품과 함께 언약의 백성들이 하나님의 백성으로서 언약 공동체의 백성들에 대해 행할 자비의 의무를 포함한다. 이 단어의 성경 신학적인 의미와 연구사(研究史)에 대해서는 다음 자료가 유용하니 참고하라. R. Laird Harris, Gleason L. Archer, Jr. and Bruce K. Waltke, *Theological Wordbook of the Old Testament*, vol. 1, (Chicago; Moody Press, 1980), pp.305-307.

복숭아가 그 속살이 하얀색인데 반해서 이 황도는 속살이 황색이어서 황도라고 부릅니다. 대부분의 과일이 그렇듯이 황도 역시 크고 잘 익은 것이 맛있습니다.

늦여름에 잠시 출하되는 이 과일은 같은 무게의 상자라고 할지라도 그 속에 포장된 과일의 크기에 따라서 값이 많이 차이 납니다. 아주 좋은 것은 3킬로그램 한 상자에 7-8개 정도밖에 담기지 않습니다. 뚜껑을 열어 보면, 흠집 하나 없이 농익은 커다란 황도가 상하지 않도록 하나하나 정성스럽게 담겨 있습니다. 그리고 그 하나하나마다 작고 흠집이 있는 과일에는 없는 금색 딱지가 붙어 있습니다. 그 농장에서 출하되는 황도 중 최고의 품질임을 알리는 골드마크입니다. 제가 다른 과일을 살 때는 몰라도, 황도를 살 때는 반드시 비싸도 골드마크가 붙은 것을 삽니다. 세 개 먹을 것을 하나로 먹더라도 특상품의 황도가 복숭아의 참 맛을 느끼게 해주기 때문입니다.[22]

---

[22] 하나님의 백성들을 향한 최고의 부르심이 성화라고 하는 가르침은 성경 어디에서나 두드러지게 나타난다. 다음의 성경 구절을 연구하라. "자기 앞에 영광스러운 교회로 세우사 티나 주름잡힌 것이나 이런 것들이 없이 거룩하고 흠이 없게 하려 하심이니라"(엡 5:27). "이는 너희가 흠이 없고 순전하여 어그러지고 거스리는 세대 가운데서 하나님의 흠 없는 자녀로 세상에서 그들 가운데 빛들로 나타내며"(빌 2:15). "이제는 그의 육체의 죽음으로 말미암아 화목케 하사 너희를 거룩하고 흠 없고 책망할 것이 없는 자로 그 앞에 세우고자 하셨으니"(골 1:22). "너희 마음을 굳게 하시고 우리 주 예수께서 그의 모든 성도와 함께 강림하실 때에 하나님 우리 아버지 앞에서 거룩함에 흠이 없게 하시기를 원하노라"(살전 3:13). "평강의 하나님이 친히 너희로 온전히 거룩하게 하시고 또 너희 온 영과 혼과 몸이 우리 주 예수 그리스도 강림하실 때에 흠 없게 보전되기를 원하노라"(살전 5:23). "그러므로 사랑하는 자들아 너희가 이것을 바라보니 주 앞에서 점도 없고 흠도 없이 평강 가운데서 나타나기를 힘쓰라"(벧후 3:14).

제가 말씀드리고 싶은 것은 이것입니다. 신자들은 모두 하나님께는 이 세상의 나무에 달린 실과와 같습니다. 구원받아서 지옥 가지 않으면 충분하다고 생각하는 사람들은 마치 그것이 무엇이든지 나뭇가지에 매달린 열매면 충분하다고 생각하는 것과 같습니다.

시골에서 길가에 열린 돌배나 풀섶의 개똥참외를 사람들이 거들떠봅니까? 더욱이 그것들을 따다가 시장에 내다 파는 상인들을 보셨습니까? 시장에서는 그것을 파는 이도 없고 사려는 사람도 없습니다. 열매로서의 가치가 없기 때문입니다. 지나던 걸인들조차도, 하도 배가 고파 돌배나 개똥참외를 따서 한입 베어 물어 보고는 퉤 뱉어 버리고 이렇게 말합니다. "역시 돌배는 돌배야", "역시, 개똥참외라더니 맛도 이름과 같구먼……."

여러분이 구원받고 성화를 위하여 힘쓰지 않더라도, 여러분은 하나님의 자녀입니다. 성도임에 틀림이 없습니다. 그러나 성도라고 해서 모두 같은 성도는 아닙니다. 믿는다고는 하나 짐승같이 살아서 개똥참외 같은 교인도 있고, 거룩하게 변화되어서 골드마크를 붙여 주고 싶은 성도도 있습니다. 극상품의 열매가 되는 이들도 있고, 시장에서 상인들이 떨이로 주어 버리는 부실한 열매가 되는 이들도 있습니다. 이 모두 성화의 결과의 차이가 빚어 낸 결과입니다.[23]

---

23 하나님께서 이스라엘 백성들을 '극상품 포도나무'로 삼고자 하신 것은 하나님 혼자만의 열심으로 이루실 수 있는 일이 아니었다. 하나님께서 그 일을 하실 수 없었던 것이 아니라 하나님께서 그 일을 혼자 하지 않으려고 작정하신 것이다. 다시 말해서 그들이 자신들을 거룩하게 하시려

최고의 섬김은 참된 신자가 되는 것입니다

하나님을 떠난 우리를 그리스도의 피로 구속하신 이유에 대하여 성경은 이렇게 말합니다.

"찬송하리로다 하나님 곧 우리 주 예수 그리스도의 아버지께서 그리스도 안에서 하늘에 속한 모든 신령한 복으로 우리에게 복 주시되 곧 창세 전에 그리스도 안에서 우리를 택하사 우리로 사랑 안에서 그 앞에 거룩하고 흠이 없게 하시려고 그 기쁘신 뜻대로 우리를 예정하사 예수 그리스도로 말미암아 자기의 아들들이 되게 하셨으니 이는 그의 사랑하시는 자 안에서 우리에게 거저 주시는 바 그의 은혜의 영광을 찬미하게 하려는 것이라"(엡 1:3—6).

구원받은 백성들을 향한 하나님의 이러한 소원은 이미 이스라엘 백성들에 대한 선지자의 애절한 호소의 원인이 되기도 하였습니다.

"내가 나의 사랑하는 자를 위하여 노래하되 나의 사랑하는 자의 포도원을 노래하리라 나의 사랑하는 자에게 포도원이 있음이여 심

는 하나님의 마음을 공유하며 힘씀으로 이루기를 원하셨던 것이다. 따라서 이스라엘 백성들은 하나님의 말씀을 따라 순종하며 살아야 했으며, 하나님을 사랑하는 자신들의 마음의 순전함을 지켜야 했다. 당신의 백성이 거룩해지기를 원하시는 하나님의 열망은 강력하고 무한한 것이어서, 이스라엘 백성들이 아무리 영적으로 고양될 때에도 더 이상 거룩해질 필요가 없을 정도로 거룩해진 적은 없었다. 그렇게 하심으로써 그들을 통하여 하나님 자신의 존재와 성품을 알리시려는 선교의 계획이 성취될 수 있었기 때문이다. 이것이 바로 하나님께서 신자의 성화를 간절히 바라시는 이유이다.

히 기름진 산에로다 땅을 파서 돌을 제하고 극상품 포도나무를 심었었도다 그 중에 망대를 세웠고 그 안에 술틀을 팠었도다 좋은 포도 맺기를 바랐더니 들 포도를 맺혔도다 예루살렘 거민과 유다 사람들아 구하노니 이제 나와 내 포도원 사이에 판단하라"(사 5:1-3).[24]

우리를 이처럼 온전히 당신을 닮은 자녀로 삼고자 하시는 하나님의 소원을 이루어 드리기 위해서는 끊임없이 성화되어야 하고, 그렇게 우리를 거룩하게 하시려는 하나님의 은혜로운 작용에 참여하기 위해서는 지속적으로 자기의 마음을 지키며 살아가야 합니다.

---

[24] 하나님의 자기의 백성들을 향한 기대는 이사야 선지자의 선포에도 잘 나타나 있다. "내가 나의 사랑하는 자를 위하여 노래하되 나의 사랑하는 자의 포도원을 노래하리라 나의 사랑하는 자에게 포도원이 있음이여 심히 기름진 산에로다 땅을 파서 돌을 제하고 극상품 포도나무(쇼레크, שרק)를 심었었도다 그 중에 망대를 세웠고 그 안에 술틀을 팠었도다 좋은 포도 맺기를 바랐더니 들 포도를 맺혔도다"(사 5:1-2). 여기서 '극상품 포도나무'는 히브리어 원문에서 쇼레크(שרק)를 번역한 것인데, 이는 '특별히 좋은 품종의 포도나무'(specially a nobler kind of vine)를 뜻한다(렘 2:21). 시리아에서 자라고 오늘날 모로코에서 '셰르키'(Serki)라고 불리는 포도나무로서 작고 둥글고, 짙은 빛깔의 열매를 맺는 나무를 가리킨다. 특별히 이 단어는 '빛깔에 있어서 최고의 열매를 맺는 포도나무'(choice grapes of special color)를 가리킨다. H. W. F. Gesenius, *Gesenius' Hebrew-Chaldee Lexicon to the Old Testament*, (Grand Rapids: Baker Book House, 1979), p.796; William L. Holladay, *A Concise Hebrew and Aramaic Lexicon of the Old Testament*, (Grand Rapids: William B. Eerdmans Publishing Company, 1971), p. 355. 유능한 구약학자 에드워드 영(Edward J. Young)에 따르면, 지금도 팔레스타인에 쇼렉 골짜기라는 지명이 남아 있을 정도로 '쇼레크'라 불리는 이 포도나무는 크기와 질에 있어서 뛰어났다고 한다. 이는 하나님께서 선택하신 이스라엘 백성을 가나안에 정착하게 하셨을 때에 그들이 얼마나 하나님의 은혜로 거룩해진 백성이었는지를 말해 준다. Edward J. Young, *The Book of Isaiah*, vol. 1, (Grand Rapids: William B. Eerdmans Publishing Company, 1996), p.196. 하나님께서 자기 백성들이 하나님의 말씀을 따라 최상의 사람들이 되기를 원하시는 것은 곧 그들의 거룩함에 대한 기대이다. 왜냐하면 그들이 온전히 거룩해짐으로써 그들 가운데 계시는 하나님이 가장 잘 드러나실 수 있기 때문이다. 이것은 곧 신약에서, 하나님께서 신자들을 향해 가지고 계신 성화의 소원과 일치하는 것이다. 그리고 이러한 거룩함의 신자는 지속적으로 하나님과의 인격적인 교제로 은혜 안에 살아가야 한다. 이에 대하여 성경은 다음과 같이 말한다. "이는 너희가 흠이

우리가 언제나 하나님을 사랑하는 은혜로운 정서를 유지하며 우리를 당신의 마음에 맞게 다듬으시고 고치시는 그 분의 손길을 기쁨으로 받아들일 수 있도록 말입니다.

없고 순전하여 어그러지고 거스리는 세대 가운데서 하나님의 흠 없는 자녀로 세상에서 그들 가운데 빛들로 나타내며 생명의 말씀을 밝혀 나의 달음질도 헛되지 아니하고 수고도 헛되지 아니함으로 그리스도의 날에 나로 자랑할 것이 있게 하려 함이라"(빌 2:15-16). 하나님의 이러한 소원은 교회를 향해서나 신자 개인을 향해서나 일관된 것이다(엡 5:27, 골 1:22, 살전 3:13, 5:23, 히 9:14, 벧후 3:14, 유 1:24, 계 14:5).

무릇 지킬 만한 것보다 더욱 네 마음을 지키라 생명의 근원이 이에서 남이니라

2 아무도 바꿀 수 없는 항로입니다
: 성화와 마음

아무도 바꿀 수 없는 항로입니다

바다에는 우리가 상상할 수 없으리만치 큰 배들이 떠다닙니다. 그 중에는 축구장보다 넓은 갑판을 가진 배도 있고, 몇 십만 톤의 원유나 원목을 한번에 싣고 대륙을 오갈 수 있는 배도 있습니다. 웬만한 풍랑에는 끄떡도 하지 않고 파도를 가르며 유유히 항해하는 화물선을 생각해 보십시오. 어마어마한 크기의 배가 대양을 가로질러 빠른 속도로 항진할 때에 무엇으로 그 항로를 바꿀 수 있을까요? 어떻게 하면 그 뱃머리를 돌릴 수 있겠습니까? 많은 사람이 그 배 앞머리에 붙어서 열심히 밀면 가능할까요? 갑판에 줄을 걸고 수백 명의 사람들이 당기면 항로를 바꿀 수 있을까요?

하지만 그 모든 노력들이 아무 소용이 없을 것입니다. 외부적인 힘으로 항진하고 있는 배의 방향을 바꾸려면, 바다를 가르며 도도히 항해하는 배의 무게와 거기서 나오는 가속도를 능가하는 엄청난 크기의 힘이 필요한데, 앞서 말씀드린 방법으로는 그 힘의 방향을 돌릴 수 없기 때문입니다. 그러면 과연 어떻게 해야 그 배의 항로를 바꿀 수 있을까요?

방법은 오직 하나입니다. 그 배의 조종실을 찾아내서 점령하는 것입니다. 그래서 그 배를 운행하는 키^{helm} 를 붙잡기만 하면 자기가 원하는 방향으로 배를 몰 수 있습니다.

앞 장에서 우리는 타락 전의 인간의 마음과 타락 후의 인간의 마음 그리고 거듭난 후의 인간의 마음은 어떻게 다른지와 거듭난 사람의 소명인 성화에 대해 살펴보았습니다.

신자에 있어서 대치할 수 없는 소명은 거룩입니다. 그리고 그것이 실제로 구체화되는 것은 성화의 소명을 통해서입니다. 진정한 신자는 복음 때문에 이 땅에서 행복해지기를 바라는 사람이 아니라, 거룩해지고 싶어하는 사람들인 것입니다.

그러면 이제 성화의 중요성을 깨달은 우리에게 한 가지 문제가 남습니다. 그러면, 성화의 삶을 위해 우리가 구체적으로 무엇을 하여야 하는가입니다.

우리의 삶은 마치 바다를 도도히 항진하는 커다란 배와 같습니다. 많은 사람들이 자신의 삶을 바꾸고 싶어하지만, 그것은 마치 큰 배의 뱃머리에서 그 항로를 바꾸려는 시도처럼 힘들게만 느껴질 뿐입니다.

말하자면, 우리의 삶은 우리의 신앙적인 의지와는 상관없이 커다란 힘으로 항진하는 배와 같아서, 은혜를 받아 삶을 고치고픈 의지를 품게 되었다 하더라도 좀처럼 바뀌지 않습니다.

무엇 때문일까요? 왜 그렇게 우리의 삶을 고치기가 힘들까요? 그것은 마음을 적절히 다루지 못한 채 삶을 고치려고 하기 때문입니다.

인간의 모든 행동은 마음에서 비롯됩니다. 마음에서 우러나오지 아니한 행동은 우발적이고 일관성이 없지만, 마음에서 우러나오는 행동은 항상 그의 성품을 반영하고 일관성이 있습니다. 신자가 마음을 적절히 다루지 아니하고 곧바로 삶을 고치고자 하는 것은 마치 도도히 항진하는 수십만 톤의 배의 항로를 바꾸기 위해서 뱃머리에 매달리는 것과 같습니다. 인간에게는 그럴 수 있는 능력이 없습니다.

그래서 지혜로운 신앙의 선조들은 삶을 고치기 전에 마음을 하나님의 은혜 가운데 거하게 하고 그것을 지키는 일이 급선무임을 가르쳤습니다. 하나님의 은혜가 그 마음을 지배하는 일 없이 그가 하나님께서 기뻐하시는 삶을 산다는 것은 불가능하기 때문입니다. 삶 전체를 당장 고치는 것보다는 그 마음을 고치는 일이 그래도 덜 힘듭니다. 더욱이 마음을 고치는 일은 그 주도권이 하나님께 속해 있기 때문에 우리에게 소망이 생깁니다.

1.1. 마음 : 성화의 소명을 이루는 사령부

사도 시대 이래로 참된 신앙을 가진 모든 성도들의 마음에 활화산처럼 타올랐던 열망은 바로 이 성화의 부르심이었습니다. 그것을 통하여 그들은 죄 많은 이 세상에서 하나님을 향한 자신의 진실한 사랑을 입증하고, 죄악 된 세상에 주님의 나라가 오도록 섬겼습니다. 그러나 이제 우리는 이러한 유산을 잃어버린 채 외적인 성공과 껍질뿐인 교회 생활을 대단한 것으로 여기며 살아가고 있습니다.

성화의 삶만이 우리를 하나님께 기쁨이 되는 소중한 자녀로 살아갈 수 있게 만듭니다.[25] 구원받은 성도는 성화의 삶을 살아감으로써만 하나님을 계속 사랑할 수 있고, 더욱 아름다운 연합 속에서 행복해질 수 있습니다.

그리고 신자의 도덕적인 삶은 이처럼 하나님의 성품을 따라 참

---

[25] 기독교 신앙의 궁극적인 목표는 하나님 앞에서 살아가는 '참된 경배자'가 되는 것이다. 그러므로 기독교 신앙을 통하여 복(福)을 받겠다는 욕망을 가지고 신앙의 원리를 영적으로 변화되지 않은 사람들의 세속적인 가치관에 입각한 복으로 설명하려고 들면 문제가 복잡해진다. 그러한 희망적인 선입관을 가지고 성경을 대할 때 성경에서 말하는 진정한 신앙이 파악될 수 없기 때문이다. 복음의 교리에 입각해서 구축되는 성경적인 신앙관이 설 수 없기 때문이다.

신자가 되고 참 신자로서 살아가는 성화의 과정에서 흘러나오는 부산물입니다.

다시 말하면 신자의 삶은 도덕적이지만, 도덕을 목표로 살아왔기 때문에 도덕적이 된 것이 아니라, 거룩을 추구한 결과라는 것입니다. 한 사람이 도덕적이 되는 것은 사람을 향한 배려와 인간의 도리에 대한 자각으로도 이루어질 수 있지만, 신자의 거룩은 하나님 자신에 대한 추구 없이는 불가능합니다. 도덕의 추구는 이념을 겨냥하지만, 거룩의 추구는 자신의 존재를 통하여 하나님께 영광을 돌리는 것을 목표로 합니다. 그리고 그것은 하나님을 향한 인격적이고 진실한 사랑 없이는 불가능한 것입니다.

오늘 우리는 하나님의 거룩에 대하여 거의 알지 못하거나 지극히 적은 부분밖에 이해하지 못하고 있습니다. 조국교회와 그리스도인들이 이 세상에서의 성공을 구하는 대신 하나님의 거룩과 신자에게 주신 거룩의 소명들에 대하여 조금 더 깊이 묵상한다면, 세상을 대하여 좀더 교회 될 수 있을 텐데 말입니다.

하나님께서 원하시는 이 땅에서의 하나님의 나라의 완성은 궁극적으로 거룩의 나라입니다. 선교의 궁극적인 목표가 이 세상 사람들을 진정한 경배자로 만드는 것이라면, 이러한 목표는 하나님의 백성들이 좀더 온전한 성화에 이름으로써 가능해지는 것입니다.

그러면 이제, 이 일의 성취를 위하여 마음의 역할이 강조되어야 하는 이유를 살펴볼 차례가 되었습니다. 이에 대하여 결론부터 말씀드린다면, 신자의 마음은 성화 작용의 사령부라는 사실입니다.

성화에 있어서 신자가 의지적으로 협력한다고 할지라도 여전히 주도적인 역할은 성령께 있다는 사실은 부인할 수 없는 성경적인 진리입니다. 그러나 신자의 성화를 위하여 일하시는 성령의 강력한 역사도 신자의 마음을 통하지 않고서는 이루어지지 않습니다.

다시 말씀드려서 거룩해지고자 하는 마음을 가진 성도들의 순종을 통해서 성령께서는 성화의 작용을 이루어 가신다는 것입니다. 그리고 우리를 거룩하게 하고자 하시는 하나님의 뜻에 대한 순종은 신자가 자신의 마음을 지키는 일 없이는 불가능한 것입니다.

1.1.1 마음과 성화의 작용

그러면 먼저, 마음에서 비롯된 성화의 작용은 구체적으로 어떻게 드러날까요?

첫째로, 마음에서 비롯된 성화의 작용은 신자의 성품 안에서 나타납니다.

신자는 비록 구원받았다 할지라도 여전히 부패한 성품이 잔존하고 있는 존재입니다. 끊임없는 자기 부인과 하나님 앞에 깨뜨려지는 진실한 참회와 부어 주시는 성령의 은혜를 통해서만 성도다운 거룩한 성품을 가진 사람들로 변화되어 갈 수 있는 것입니다.[26] 물론 우리 안에는 여전히 부패한 우리를 그렇게 거룩한 사람으로 변화시켜 갈 능력이나 원천이 존재하지 않습니다. 오직 하나님의 은혜를 통해서만 가능합니다.

하나님께서 진리와 성령으로써 스스로를 보게 하시고 자기 안에 있는 죄와 그 죄의 비참한 결과에 대하여 눈뜨게 하실 때에 사람들은 자신의 조잡한 인격이나 황폐한 성품에 대해서 회의를 느끼게 됩니다. 그래서 참회하게 되고 하나님의 빚으심에 자신을 맡기게 됩니다.

그러나 하나님께서는 언제나 이 일을 강압적으로 하지 않으시고, 이미 하나님께서 우리 안에 심어 놓으신 인격적인 질서를 통해서 하십니다. 그리고 그렇게 우리를 거룩하게 하고자 하실 때에 제일 먼저 발을 들여놓으시는 곳이 바로 우리의 마음입니다. 세상과 육욕에 지배되고 있던 우리의 마음을 탈환하시고 은혜로 지배하심으로써 우리를 거룩하게 하시는 역사를 시작하십니다.

성화에 있어서 주도권은 하나님께서 가지고 계시지만, 하나님께

---

26 성화에 있어서 자기 깨어짐은 아무리 강조해도 지나침이 없다. 진정한 참회를 통한 자기 깨어짐을 강조하는 것이 성화에 있어서 성령의 주도적인 은혜를 부정하는 것이 아니라는 사실을 잊지 말아야 한다. 자기 깨어짐을 통하여 죄에 대한 사랑을 끊고 자기의(自己義)에 대하여 깨어지는 것 자체가 성령의 은혜이다. 그래서 바울도 신자의 마음속에 내재하는 죄를 죽이는 것은 오직 성령으로써만 가능함을 강조하였다(롬 8:13). 그러나 하나님의 거룩하심을 깨닫고 자기의 불결을 인식하며 하나님의 은혜를 구하여야 할 책임은 자신에게 있는 것이다. 특별히 다음 구절은 사도 바울이 오직 믿음으로 말미암아 구원을 받는 이신칭의(以信稱義)의 교리와 그리스도와의 신비한 연합의 교리를 설명한 직후에 언급한 것이어서 이러한 사실을 잘 말해 준다. "그러므로 너희는 죄로 너희 죽을 몸에 왕 노릇하지 못하게 하여 몸의 사욕을 순종치 말고 또한 너희 지체를 불의의 병기로 죄에게 드리지 말고 오직 너희 자신을 죽은 자 가운데서 다시 산 자같이 하나님께 드리며 너희 지체를 의의 병기로 하나님께 드리라"(롬 6:12-13).

서는 혼자 이 일을 하지 아니하시고 우리의 순종하는 반응, 우리의 마음을 어거禦**하고자 하는 우리의 신앙적인 태도를 사용해서 이 일을 하십니다. 하나님께서 우리를 변화시켜 성화의 소명을 따라 살게 하시고 싶어서 우리의 마음을 두드리실 때 우리의 반응은 무엇입니까?

만약 그 때에 우리가 "하나님, 내버려두십시오. 이대로 살다가 죽겠습니다"라고 한다면 우리의 마음은 각성될 수 없을 것이며 진정한 영적 변화에 이르기 쉽지 않을 것입니다.

그러나 주님께서 하나님의 말씀으로 우리에게 잊고 살아가던 거룩의 소명을 일깨우실 때에 만약 우리가 "하나님, 저를 변화시켜 주십시오. 거룩한 삶을 살고 싶습니다. 주님과 더욱 연합된 가운데 사랑하며 살고 싶습니다"라고 한다면, 성령께서는 쉽게 우리의 마음을 탈환하실 것이고, 우리는 영혼의 참된 변화를 경험할 것입니다.

그의 마음에 와 닿은 하나님의 진리는 작은 파문이 되어 그의 심령을 두드릴 것이고, 그 두드림은 커다란 함성이 되어 오랫동안 죄와 불순종으로 굳어진 그의 견고한 마음을 상하게 할 것입니다. 그리고 급기야는 상한 마음을 깨뜨리셔서 하나님 앞에서 참회하게 하실 것입니다. 하나님께서는 이렇게 새로운 성향을 그의 영혼 안에 심으실 것이며 새 마음을 그에게 주실 것입니다.

둘째로, 마음에서 시작된 성화의 작용은 우리의 삶을 통해 나타납니다. 그것은 인격적인 성화의 이면이라고도 할 수 있습니다. 신

자의 성품, 곧 인격의 성화와 삶의 성화는 동전의 앞뒷면과 같아서 분리하여 생각할 수 없습니다.[27]

지속적인 하나님의 은혜는 신자의 성품을 변화시키고, 성품의 변화를 통하여 인격적으로 바뀌고 나면 그는 새로운 삶을 살아갑니다. 아이들이 키가 훌쩍 커 버리거나 비만이던 사람이 몸무게를 많이 줄이고 나면 이전의 옷들이 모두 몸에 맞지 아니하여 새 옷을 찾게 되듯이, 신자의 성품의 변화와 삶의 변화와의 관계도 이와 같습니다. 새 사람은 옛 삶을 혐오하고, 옛 사람은 새 삶을 두려워합니다.

그가 하나님을 인격적으로 만나 성품에 변화가 일어나고 거룩에 대한 사모함을 갖게 될 때, 그는 이제껏 가책 없이 살아오던 자신의 삶에 대하여 심각하고 진지한 자세를 갖게 됩니다. 그에게는 습관

---

[27] 이러한 사상은 예수님의 가르침에도 잘 나타나 있다. "선한 사람은 마음의 쌓은 선에서 선을 내고 악한 자는 그 쌓은 악에서 악을 내나니 이는 마음의 가득한 것을 입으로 말함이라"(눅 6:45), "입에서 나오는 것들은 마음에서 나오나니 이것이야말로 사람을 더럽게 하느니라 마음에서 나오는 것은 악한 생각과 살인과 간음과 음란과 도적질과 거짓 증거와 훼방이니 이런 것들이 사람을 더럽게 하는 것이요 씻지 않은 손으로 먹는 것은 사람을 더럽게 하지 못하느니라"(마 15:18-20), "나무도 좋고 실과도 좋다 하든지 나무도 좋지 않고 실과도 좋지 않다 하든지 하라 그 실과로 나무를 아느니라 독사의 자식들아 너희는 악하니 어떻게 선한 말을 할 수 있느냐 이는 마음에 가득한 것을 입으로 말함이라"(마 12:33-34). "이와 같이 좋은 나무마다 아름다운 열매를 맺고 못된 나무가 나쁜 열매를 맺나니 좋은 나무가 나쁜 열매를 맺을 수 없고 못된 나무가 아름다운 열매를 맺을 수 없느니라"(마 7:17-18). 이와 같은 예수님의 가르침을 통하여 알 수 있는 바는 사람의 존재 그 자체와 그의 열매인 삶이 분리될 수 없다는 것이다. 그러므로 산상수훈에 나오는 예수 그리스도의 가르침은 단순히 천국 백성에게 어떻게 살라는 윤리적인 표준을 제시하는 것이 아니라, 하나님의 은혜로 그의 존재 자체가 변하여야 한다는 것을 가르치시는 것이었다. 이처럼 영혼의 진실한 변화를 통해 나타나는 삶의 변화는 곧 중생을 통한 즉각적인 변화와 성화를 통한 점진적인 변화를 모두 포괄하는 것으로서, 이것은 도덕의 추구가 가져온 열매라기보다는 거룩의 추구가 가져온 열매이다.

적으로 하나님을 거스르며 살아오던 불순종의 삶들이 있을 것입니다. 자신의 우월한 지위를 이용해서 사람들에게 지속적으로 뇌물을 받는다든지, 회사를 경영하면서 상습적인 탈세를 위하여 이중장부를 쓴다든지, 학교에 다니면서 시험 때마다 스스로 공부는 안하고 지속적으로 부정 행위를 한다든지 하는 생활 같은 것 말입니다.

특히 요즘에는 젊은이들뿐 아니라, 나이든 사람들까지도 인터넷에 중독이 되어 건강한 삶을 스스로 파괴하는 경우가 있습니다. 쓸데없는 컴퓨터 게임에 빠져서 생활이 문란해지거나, 인터넷을 통해 전파되는 음란 문화에 중독이 되거나, 채팅을 통하여 습관적으로 간음의 죄를 짓는 사람들까지 생겨나고 있습니다. 신자들 중에서도 말입니다.

하나님의 은혜로부터 멀어진 신자들에게는 이러한 허망한 습관에 대하여 저항할 힘이 별로 없습니다. 그들의 마음이 이미 하나님의 은혜에 의하여 지배받기를 거절하고 사악한 마음의 소원에 대하여 개방되었기 때문입니다.

부패한 마음이 부패한 행동을 낳고, 그 행동의 반복은 부패한 습관을 몸에 배게 합니다. 그리고 부패한 습관은 그의 성품과 인격을 부패하게 해 그를 부패한 사람으로 만듭니다. 그리고 그렇게 부패한 사람 안에는 부패한 마음이 있습니다.

이러한 끊임없는 부패의 순환고리를 끊고 습관적인 불순종과 죄악 된 삶을 고침에 있어서 자신이 얼마나 무능한지를 뼈저리게 경험하지 못한 사람은 거룩을 아는 사람이 아닙니다. 거룩이 무엇인지를 안 사람들은 모두 자신에 대하여 절망하였습니다. 열심히 성화의 삶을 살면서 분투한 사람들은 자신의 더러움과 무가치함을 깊이 통감한 사람들입니다.

따라서 신자의 교만함은 그의 성화의 정도의 저급함을 입증하는 징표입니다. 사도 바울의 다음 탄식도 이러한 절망감에서 우러나온 것입니다.

"형제들아 내가 그리스도 예수 우리 주 안에서 가진 바 너희에게 대한 나의 자랑을 두고 단언하노니 나는 날마다 죽노라"(고전 15:31).

"그러므로 내가 한 법을 깨달았노니 곧 선을 행하기 원하는 나에게 악이 함께 있는 것이로다 내 속 사람으로는 하나님의 법을 즐거워하되 내 지체 속에서 한 다른 법이 내 마음의 법과 싸워 내 지체 속에 있는 죄의 법 아래로 나를 사로잡아 오는 것을 보는도다 오호라 나는 곤고한 사람이로다 이 사망의 몸에서 누가 나를 건져내랴 우리 주 예수 그리스도로 말미암아 하나님께 감사하리로다 그런즉 내 자신이 마음으로는 하나님의 법을, 육신으로는 죄의 법을 섬기노라"(롬 7:21-25).

그러나 하나님께서는 우리를 고치십니다. 하나님의 은혜는 지금도 도저히 우리 스스로는 고칠 수 없는 우리의 성품과 삶을 고쳐 줍니다.

지금 여러분의 주위를 돌아보십시오. 여러분 주위에는 이전에 소문났던 난봉꾼들도 있고, 알코올 중독자들도 있습니다. 가정을 팽개치고 가출하였거나, 수시로 폭력을 휘둘러 자녀들과 아내의 가슴에 못박던 야비한 인간들도 있습니다. 거짓말을 밥 먹듯 하고 사람들 사이에 신의를 지킬 줄 모르던 사람들도 있습니다.

그러나 지금은 변화되었습니다. 진실한 신자가 되었고, 세상보다 하나님을 더 사랑하는 신자가 되었습니다. 가정에 충실하고 아내와 자녀들을 사랑하는 사람들로 고쳐졌습니다. 세상에서 성공하고 행복해지기보다는 진실하고 거룩한 신자가 되기를 원하는 사람들로 바뀌었습니다.

그들의 삶이 바뀌고 인격이 고쳐졌습니다. 하나님의 은혜가 그렇게 만든 것입니다. 교회가 바로 이러한 일을 위하여 있는 것이 아닙니까?

그러나 그들이 그렇게 변화된 삶을 지속하기 위해서는 변화된 마음을 유지하여야 합니다. 성도의 거룩한 생활은 영원히 안전한 것이 아닙니다.

1.1.2 마음 지킴의 중요성

성화는 끊임없이 하나님께 자신의 마음을 드리고, 하나님께 대한 진실한 사랑과 거룩한 은혜의 신령한 영향력 아래 마음을 둠으로써만 가능해지는 것입니다. 아무리 거룩한 신자라고 할지라도 영원히 결별한 죄라는 것은 있을 수 없습니다.[28]

언제든지 마음이 거룩한 은혜의 영향력으로부터 멀어지기만 하면 죄의 소원은 성큼 다가옵니다.[29] 신자가 가장 힘써야 할 의무가 '마음을 지키는 것'이라고, 제가 강조하는 것도 바로 이 때문입니다. 이것은 단지 성화에 관한 저의 독특한 견해가 아니라 성경의 일관된 주장입니다.

오늘날 그리스도인들이 그리스도께서 신자들에게 약속하신 풍성한 삶을 살아가지 못하는 커다란 이유는 바로 우리에게 죄와 싸워 이기는 승리가 현저히 드물기 때문입니다. 그리고 신자가 죄에 대하여 승리하지 못하는 데에는 최소한 두 가지 이유가 있습니다. 첫째는 죄의 심각성에 대하여 깨닫지 못하기 때문이고, 둘째는 은혜

---

[28] 이것은 중생 후에도 남아 있는, 신자 안에 내재하는 죄 된 부패성에서 찾을 수 있다. 그것은 성화를 통해서도 완전히 사라질 수 없다. 신자가 마음을 지키며 내면의 죄를 죽이는 것은 내면의 부패성으로 말미암는 죄의 소욕을 완전히 죽이고자 함이 아니라–그것은 불가능하다–죄에 종 노릇하지 아니하기 위함이다(롬 6:12). 이러한 상태를 유지하기 위해서 신자는 지속적으로 하나님의 은혜 아래서 살아가면서 죄의 영향력보다 월등히 강한 성령의 영향력 아래 살지 아니하면 안 된다. 그렇지 아니하면, 아무리 구원받은 성도라고 할지라도 정도의 차이는 있지만, 얼마든지 옛 사람의 죄악으로 돌아가게 된다. 이러한 사실은 고린도 교회의 죄를 지적한 사도 바울의 가르침에도 나타난다. 고린도 교회는 사도 바울이 아덴에서의 선교적인 실패를 경험한 후에 "약하며 두려워하며 심히 떨리는"(고전 2:3) 마음으로 "예수 그리스도와 그의 십자가에 못박히신 것 외에는 아무 것도 알지 아니하기로 작정한"(고전 2:23) 가운데 선교를 시작한 곳이다. 그는 거기서 "성령의 나타남과 능력으로"(고전 2:4) 복음 전하기를 원했고, 그러한 복음의 능력을 경험한 가운데 고린도 교회가 세워졌다. 고린도 교회는 항구 도시인 고린도 시에 있는 "하나님의 교회"(the church of God)였는데, 그 도시의 정신은 크게 세 가지로 대변되었다. 첫째는 자기편을 가르는 파당 정신이 있으며, 둘째는 물질에 대한 탐욕적인 사랑이었고, 셋째는 성적인 문란함이었다. 고린도 교회가 하나님의 은혜를 잃어버리자, 교인들 중 많은 사람들이 다시 옛 삶으로 돌아갔다. 다음 구절은 위

안에 살아가도록 자기의 마음을 지키지 못하기 때문입니다.[30]

신자 안에 이루어지는 하나님의 나라의 통치나 죄의 강력한 지배, 이 모든 것은 항상 사람의 마음으로부터 시작됩니다.

이 같은 사실은 예수님께서 친히 가르쳐 주신 씨 뿌리는 비유에 잘 나타나 있습니다. 농부가 뿌린 씨는 길가, 돌짝밭, 가시떨기 사이, 그리고 옥토에 떨어졌습니다. 그 씨는 하나님의 말씀으로서 하나님의 나라가 이루어질 씨입니다. 네 밭에 떨어진 씨는 모두 같은 씨앗이었습니다.

에 언급한 도시의 정신에 의하여 잠식된 교회의 상태를 보여준다. (1) 첫째에 대하여는, "내 형제들아 글로에의 집 편으로서 너희에게 대한 말이 내게 들리니 곧 너희 가운데 분쟁이 있다는 것이라 이는 다름이 아니라 너희가 각각 이르되 나는 바울에게, 나는 아볼로에게, 나는 게바에게, 나는 그리스도에게 속한 자라 하는 것이니"(고전 1:11-12), (2) 둘째에 대하여는, "형제들아 하나님께서 마게도냐 교회들에게 주신 은혜를 우리가 너희에게 알게 하노니 환난의 많은 시련 가운데서 저희 넘치는 기쁨과 극한 가난이 저희로 풍성한 연보를 넘치도록 하게 하였느니라"(고후 8:1-2), "각각 그 마음에 정한 대로 할 것이요 인색함으로나 억지로 하지 말지니 하나님은 즐겨 내는 자를 사랑하시느니라"(고후 9:7), 그리고 (3) 셋째에 대하여는 "너희 중에 심지어 음행이 있다 함을 들으니 이런 음행은 이방인 중에라도 없는 것이라 누가 그 아비의 아내를 취하였다 하는도다 그리하고도 너희가 오히려 교만하여져서 어찌하여 통한히 여기지 아니하고 그 일 행한 자를 너희 중에서 물리치지 아니하였느냐"(고전 5:1-2)라고 지적함으로써 다시 이전의 죄의 습성으로 돌아간 것을 보여준다.

29 "네가 선을 행하면 어찌 낯을 들지 못하겠느냐 선을 행치 아니하면 죄가 문에 엎드리느니라 죄의 소원은 네게 있으나 너는 죄를 다스릴지니라"(창 4:7).

30 요즘 동성애자의 자기 선언(coming out)을 통해 이슈가 되고 있는 트랜스젠더(transgender)의 문제도 역시 이러한 맥락에서 생각해 볼 수 있다. 동성애자들은 불신자들 가운데도 있고 신자들 가운데도 있다. 동성애에 대한 집착은 결국 한 사람이 자기 안에 내재하는 역성적(易性的) 경향에 길들여지다가—물론 일부 동성애자는 성적인 행위에 있어서만 역성하고자 하는 것이 아니라, 삶 자체에 대한 역성을 기대하기도 하지만—고착된 성적인 패역이다. 트랜스젠더인 하리수씨는 자기의 자서전 〈이브가 된 아담〉에서 '자신은 태어나서 한번도 자신이 남자라는 생각을 해본 적이 없다'는 고백을 했다. 이 책을 읽은 어떤 사람은 다음과 같이 말하였다. "하나님이 실수하셨다." 그러나 그것은 잘못된 생각이다. 인간은 누구나 남성성과 여성성을 동시에 지니고 있다. 이

그러나 그 결과는 너무나 달랐습니다. 길가에 떨어진 씨앗은 새가 먹어 버렸고, 옥토에 떨어진 씨는 결실하여 백 배, 육십 배, 삼십 배가 되었습니다. 어떻게 그렇게 되었습니까?

예수님 자신의 설명에 의하면, 그렇게 많은 열매를 낳은 옥토는 '말씀을 듣고 깨달음'이 있는 신자의 마음에 견줄 수 있다는 것입니다. 예수님께서 말씀하십니다. "좋은 땅에 뿌리웠다는 것은 말씀을 듣고 깨닫는 자니 결실하여 혹 백 배, 혹 육십 배, 혹 삼십 배가 되느니라 하시더라"(마 13:23).

하나님께서 인간의 마음을 움직이시지만 여전히 인간은 그 주도권을 행사함에 있어서 배제되지 않습니다. 신자가 은혜의 영향력 아래 있지 못하고, 죄 아래 있을 때는 더욱 그렇습니다.[31] 따라서 우

것은 마치 하나님 안에서 우리가 부성과 함께 모성을 느끼는 것과 유사하다. 다만 여성에게는 여성성이, 남성에게는 남성성이 다른 한편과 비교될 수 없을 정도로 뛰어나기 때문에 성의 정체성을 유지하고 살아가는 것이다. 그러나 인간이 타락한 후 이러한 성적인 정체성은 크게 흔들리게 되었다. 이것은 크게 두 가지 때문이었다. 첫째는 인간의 심성이 하나님과의 관계에서 비롯된 조화와 균정(均整)의 상태를 잃어버리자 성적인 정체성을 유지하도록 자기 안에 있는 역성적 경향을 통제하지 못하는 사람들이 생겨나게 되었기 때문이고, 둘째는 하나님과의 교제에서 오는 행복을 잃어버린 인간들의 쾌락을 추구하는 악한 경향성 때문이었다. 이러한 사실은 이미 창세기에서도 나타난다. 소돔과 고모라를 심판하기 위하여 롯의 집을 방문한 천사들을 내어 달라고 항의하는 소돔과 고모라 사람들의 말에도 나타난다. "그들의 눕기 전에 그 성 사람(베아느세 하이르, וְאַנְשֵׁי הָעִיר, 곧 소돔 백성들(아느세 세돔, אַנְשֵׁי סְדֹם)이 무론 노소하고 사방에서 다 모여 그 집을 에워싸고 롯을 부르고 그에게 이르되 이 저녁에 네게 온 사람이 어디 있느냐 이끌어내라 우리가 그들을 상관하리라(베네데아 오탐, וְנֵדְעָה אֹתָם)"(창 19:4-5). 여기서 '그 성 사람 곧 소돔 백성들'은 모두 남성복수이고, '우리가 그들을 상관하리라'는 히브리어 문법상 소원 혹은 강한 욕망을 나타내는 원망형(願望形)의 동사가 사용되었다. 그리고 그 의미는 '우리가 그들과 성교(性交)하리라'이다. 이미 이 때에 성을 넘나드는 역성적인 성관계가 보편화된 것을 보여준다. 그렇게 보면, 결국 트랜스젠더는 자기 안에 있는 역성적인 경향을 거스르며 자기의 성적인 정체성을 지키려는 마음의 노력을 포기한 데서 시작되어, 질병적 상태로 발전하게 된 것이다. 그리고 그 위에 역성적

리는 우리의 마음이 선하게 변화되었을 때에는 하나님의 주도권을 인정해야 하지만, 악한 방향으로 움직였을 때에는 인간의 주도권을 말하여야 합니다.

오랫동안 죄 가운데 굳어진 마음이 은혜에 대하여 상한 마음이 되고 깨뜨려졌을 때엔 우리는 우리가 스스로의 마음을 고쳐 먹기 위하여 기울였던 노력들에 대하여 많이 기억하지 말아야 합니다. 오히려 우리의 마음을 바꾸셨던 하나님의 은혜로운 간섭과 역사에 대하여 말하여야 합니다.

삶뿐 아니라, 역성적 성적 탐닉의 경향까지 우세하게 되어 그의 성품을 지배하게 된 것이다. 신자의 경우는 물론 불신자의 경우에도 이러한 경향은, 초기에는 자기의 마음을 지킴으로써 극복될 수 있는 것이었다. 그러나 이러한 트랜스젠더로서의 삶이 오래도록 지속되어 버리면, 역성적인 경향은 더욱 굳어지게 되고 신자의 경우에조차도 다시 본래의 성적 정체성을 회복하는 것은 쉽지 않다. 모두 마음으로부터 시작되는 것이다. 이 같은 사실은 성경에 의하여 강력히 입증된다. "그러므로 하나님께서 저희를 마음의 정욕대로 더러움에 내어 버려두사 저희 몸을 서로 욕되게 하셨으니……이를 인하여 하나님께서 저희를 부끄러운 욕심에 내어 버려두셨으니 곧 저희 여인들도 순리대로 쓸 것을 바꾸어 역리로 쓰며 이와 같이 남자들도 순리대로 여인 쓰기를 버리고 서로 향하여 음욕이 불일듯하매 남자가 남자로 더불어 부끄러운 일을 행하여 저희의 그릇됨에 상당한 보응을 그 자신에 받았느니라"(롬 1:24, 26-27).

31 이것은 신자가 은혜 아래 있을 때에는 성화를 주도하시는 성령의 은혜에 순응적이지만, 죄 아래 있을 때에는 성화를 위한 성령의 은혜의 작용을 거스르는 일에 있어서 인간의 의지가 주도권을 갖게 된다는 사실을 가리키는 것이다. 그러므로 불순종은 인간의 마음을 더욱 완고하게 하지만, 은혜 아래 있을 때 신자의 마음은 하나님에 의하여 쉽게 주장된다. 다음 성경 구절을 살펴보라. "하나님을 알되 하나님으로 영화롭게도 아니하며 감사치도 아니하고 오히려 그 생각이 허망하여지며 미련한 마음이 어두워졌나니 스스로 지혜 있다 하나 우준하게 되어 썩어지지 아니하는 하나님의 영광을 썩어질 사람과 금수와 버러지 형상의 우상으로 바꾸었느니라"(롬 1:21-23). "너희 안에서 행하시는 이는 하나님이시니 자기의 기쁘신 뜻을 위하여 너희로 소원을 두고 행하게 하시나니 모든 일을 원망과 시비가 없이 하라"(빌 2:13). "아무 것도 염려하지 말고 오직 모든 일에 기도와 간구로 너희 구할 것을 감사함으로 하나님께 아뢰라 그리하면 모든 지각에 뛰어난 하나님의 평강이 그리스도 예수 안에서 너희 마음과 생각을 지키시리라"(빌 4:6-7).

그리고 우리는 그것을 은혜라고 부릅니다.[32]

그런데 반대의 경우에는 우리는 그렇게 말해서는 안 됩니다. 신자의 마음이 강퍅해지고 하나님께 불순종하고 대적하게 되었을 때에는 하나님께서 우리 마음을 그렇게 하셨다고 말해서는 안 됩니다.

죄인이 스스로 자기의 마음에 주도권을 가지고 악한 마음이 된 것입니다. 비록 성경에 '하나님께서 강퍅하게 하신다' 는 표현이 등장한다 할지라도 그것은, 정확히 말하면 하나님께서 그렇게 하신 것이 아니라 하나님께서 그들을 내버려두시는 것뿐이기 때문입니다.

신자의 삶을 성에 비유한다면, 마음은 마치 성문과도 같습니다. 아군이 목숨을 걸고 지키려 하는 것도 성문이고, 적군이 다수의 군사를 희생시키면서라도 얻고자 하는 것 역시 성문입니다. 성은 그 문을 점령한 자의 것이기 때문입니다.

그 문을 굳건히 지키며 적들이 성벽을 넘는 것만 효과적으로 막는다면, 혹시 몇 명의 적군이 성벽을 넘더라도 금새 그들을 둘러싸

---

[32] 성화에 있어서 하나님의 은혜를 강조하는 것이 인간의 노력의 필요성을 축출하지 않는다는 것은 분명하다. 성령께서 주체이시지만, 우리 안에 있는 죄의 소욕을 죽이심에 있어서와 마찬가지로 우리 없이 일하시는 것이 아니라 우리 안에서 우리와 함께 일하신다. "He doth not so work our mortification in us as not to keep it still an act of our *obedience*. The Holy Ghost works in us and upon us, as we are fit to be wrought in and upon; that is, so as to preserve our own liberty and free obedience. He works upon our understandings, wills, consciences, and affections, agreeably to their own nature; he works *in us* and *with us*, not *against us* or *without us*." John Owen, *Of the Mortification of Sin in Believers; the necessity, nature, and means of it: with a resolution of sundry cases of conscience thereunto belonging*, in The Works of John Owen, vol. 6, edited by William H. Goold, (Edinburgh: The Banner of Truth Trust, 1994 reprinting), p.20.

격퇴할 수 있습니다. 그러나 성문이 탈취당하면 적군은 일시에 노도와 같이 성 안에 밀려들어 올 것이고 아군은 그들의 침공을 막지 못할 것입니다.[33] 기억하십시오. 성문을 지키기만 하면 지금은 조금 밀리는 듯해도, 언젠가는 아군을 그 문으로 질풍과 같이 내보내어 적을 단숨에 기습할 수도 있습니다.

저는 개인적으로 영적 생활의 진보에 있어서 청교도들의 저작들을 통하여 발견하게 된 '죄 죽임의 가르침' Of the Mortification of Sin 의 도움을 많이 받았습니다.

그전까지는 하나님의 은혜를 경험했으면서도 은혜 생활에서 자주 미끄러지는 여러 지체들과 저 자신을 발견하면서, 그러한 실패는 이미 받은 바 은혜가 강력하지 않기 때문이라고 생각하였습니다. 그래서 더욱 큰 은혜를 구하는 것밖에 대안이 없다고 생각했습니다. 그러나 죄 죽임의 가르침을 접하고 보니 저의 생각이 얼마나 단견이었는지를 알게 되었습니다.

그 가르침은 청교도들에게 널리 알려진 교리들이었으나, 알고 보면 이미 성경에 나타나는 경건한 인물들의 보편적인 영적 경험 속에서 널리 알려진 가르침이었으며, 경건한 교부들과 종교개혁자들의 가르침에서도 강조되던 것이었습니다. 다시 말하면 오랜 기독교

---

33 "가라사대 여호와께서 이르시기를 내가 나를 가리켜 맹세하노니 네가 이같이 행하여 네 아들 네 독자를 아끼지 아니하였은즉 내가 네게 큰 복을 주고 네 씨로 크게 성하여 하늘의 별과 같고 바닷가의 모래와 같게 하리니 네 씨가 그 대적의 문을 얻으리라"(창 22:16-17).

의 전통 속에서 계승되어 오던 가르침인데 오늘날은 잊혀진 것이었습니다.[34]

신자의 능력 있는 삶의 지속은 단번에 주어지는 커다란 능력이나 은사에 의하여 좌우되기보다는 매일 매일 자기 안에 있는 죄와 부패성들을 성령의 은혜로 죽이는 꾸준한 실천을 통해서 이루어진다는 그 가르침을 접하면서 저는 커다란 충격을 받았습니다.

더욱이 죄의 본질과 신자 안에 남아 있는 그것의 영향력, 죄의 파괴적 성격과 그것을 멸할 수 있도록 주신 성령의 능력 등을 입체적

---

[34] '죄 죽임의 가르침'은 곧 '신자 안에 내재하는 죄 죽임에 관한 가르침'(Of the mortification of indwelling sin in believers)이다. 신자의 성화는 소극적인 측면과 적극적인 측면 두 가지를 가지고 있는데, 전자는 신자가 근본적인 의미에서 있어서 죄와 결별하는 것을 의미하고, 후자는 신자가 하나님의 형상을 회복해 가는 것을 의미한다. 성화는 두 가지 요소로 구성되는데, 하나는 성령의 은혜로운 작용으로 말미암아 인간 본성이 점진적으로 갱신되는 것이며, 또 하나는 신자의 순종하는 삶에 있어서 성령의 도우심이 그것이다. 성화 교리의 가장 큰 전제는 그리스도인이 되는 동시에 죄의 지배(the dominion of sin)는 종결된다는 것이다. 본질상 죄는 인간의 능동적인 선택이라기보다는 죄를 짓게 하는 외부적인 세력이 인간의 영혼을 장악한 결과라는 측면이 훨씬 더 강하기 때문이다. 그래서 존 오웬(John Owen)은 죄를 단순히 인간의 행위 현상이라고 보지 않고, 오히려 인간의 삶을 지배하는 힘을 가진 실재라고 본다. 인간의 죄성(罪性)은 원죄의 죄책(guilty)과 오염(corruption)으로 구성된다. 인간이 거듭나면, 원죄는 칭의에 의하여 해결되지만, 오염은 거듭난 인간 안에 여전히 부패성으로 잔존한다. 그리고 거듭남을 통하여 죄의 지배를 파하고 성령으로 말미암은 새 생명의 원리가 인간 안에 심겨진다. 죄의 지배(the dominion of sin)는 종식되었으나, 부패한 성품에서 비롯되는 죄의 영향력(the influence of sin)은 여전히 역사하고 있는데, 이것은 성화를 통해서 점진적으로 극복되는 것이다. 성화의 작용의 선도권은 성령께서 가지고 계시나, 성령께서는 거룩해지고자 분투하는 신자의 순종을 통해서 역사하신다. 죄 죽임은 곧 신자 안에 있는 정욕과 같은 죄성을 죽이는 것이다. 즉 성화의 작용을 통하여 신자 내면에 대한 죄의 영향력을 소멸시켜 가는 것이다. 이 세상에서 완전히 내면적인 죄의 영향력으로부터 자유로울 수는 없지만, 그것의 영향력을 경건의 능력으로 소멸하여 신자의 거룩한 삶의 진전에 거의 영향을 끼치지 못하게 하는 데까지 나아갈 수는 있다. 이 상태를 가리켜서 성화에 있어서 '죄 죽임의 상태'라고 말하며, 이런 영혼의 상태에 있는 신자를 '죄 죽임의 상태에 있는 그리스도인'(a mortified Christian)이라고 부른다. Sinclair B. Ferguson, 'Conflict with Sin', in *John Owen on the*

으로 탐구하면서, 부분적으로만 알고 있던 내용들에 대해 체계적인 이해를 갖게 되었습니다.

그 후 저는 이러한 탐구를 통하여 깨닫게 된 진리들을 교회 안에서 세미나를 열어 지체들에게 가르쳐 주었습니다. 세 시간 가량 계속된 '죄 죽임의 가르침' 세미나는 참석한 이들에게 감동이라기보다는 커다란 충격을 주었습니다. 그들의 반응은 제가 그 가르침을 처음 접하면서 보인 것과 거의 같은 반응이었습니다. 거기에 참석했던 여러 지체들은 세미나가 끝난 후 충격과 감동으로 가슴 벅차는 것을 느끼면서 이렇게 말했습니다. "아, 죄! 너는 이제 나의 삶에서 끝났다."

물론 그들 중에 어떤 사람들은 그 가르침에 담긴 교리들을 터득함으로써 능력 있는 경건 생활의 놀라운 진보를 이룰 수 있었습니다. 그러나 그 지체들이 모두 죄를 이기는 생활에서 괄목할 만한 진보를 이룬 것은 아닙니다.

여러분들은 궁금해 하실 것입니다. 죄의 정체와 그것을 이기는

Christian Life, (Edinburgh; The Banner of Truth Trust, 1995 reprinting), pp.125-130. 이 주제에 관해서는 다음 자료들을 참고하라. John Owen, *Of the Mortification of Sin in Believers; the necessity, nature, and means of it: with a resolution of sundry cases of conscience thereunto belonging*, in *The Works of John Owen*, vol. 6, (Edinburgh; The Banner of Truth Trust, 1988 reprinting); Christopher Love, *The Mortified Christian: a treatise on mortification of sin*, (Morgan; Soli Deo Gloria, 1998); Thomas Goodwin, *The Works of Thomas Goodwin*, vol. 7, (Eureka; Tanski Publication, 1996 reprinting); Randall C. Gleason, *John Calvin and John Owen on Mortification: A Comparative Study in Reformed Spirituality*, (New York; Peter Lang, 1995).

방법에 대하여 그토록 자세하게 깨달았는데도 왜 그들 중 어떤 사람들은 그 가르침을 붙들고 쓰러졌던 영적 상태에서 일어서고, 어떤 사람들은 잠시 이기는 듯 싶다가 다시 물러나 은혜에서 미끄러지게 되었는지 말입니다.

성경은 그 답을 신자의 마음에서 찾습니다. 어떤 지식을 습득할 때에 깊은 감동을 받으며 습득하고, 또 의지적으로 그 지식을 따라 살기로 결심하였다고 할지라도, 마음은 언제나 가변적이기 때문입니다. 지식은 한번 인식한 정보로서 뇌리에 남아 있을지라도 그것을 최초로 받아들일 때의 마음이 언제나 동일하게 유지되는 것은 아니기 때문입니다. 그래서 제가 깊이 깨달은 것은 그 훌륭한 '죄 죽임의 가르침'도 '마음 지킴의 가르침' 위에 서지 아니하면 아무 것도 아니라는 사실이었습니다.

역사적으로 신자의 성화를 강조하던 강단에서 동일하게 인간의 마음에 대한 설교들이 많이 행해진 것도 바로 이 때문입니다. 사도 바울을 비롯한 성경의 인물들은 물론, 영적으로 풍부한 삶을 살았던 교부들이나 종교개혁자들, 그리고 청교도들은 마음에 대해서 많이 연구를 했습니다.

왜냐하면 설교자가 아무리 강단에서 신자들로 하여금 거룩에 이르는 길을 깨닫도록 잘 가르쳐 준다고 할지라도 그들이 자신들의 마음을 하나님의 은혜 안에서 지키지 않는다면 그대로 살 수 없다는 사실을 잘 알았기 때문입니다.

그래서 종교개혁자 칼빈^{John Calvin}도 이렇게 말했습니다. "우리의 가장 큰 대적은 세상도 아니고, 마귀도 아닙니다. 우리가 싸워야 할 가장 큰 대적은 바로 우리 자신입니다."[35]

신자가 자신의 마음을 잘 지키지 아니하면, 그에게 전해 주는 많은 신앙적인 지식들은 마치 적과 싸울 의지가 없는 군인에게 주어지는 병기와 같습니다. 맨주먹 붉은 피밖에 없어도 나라 사랑하는 애국심 하나가 있다면 싸울 수 있지만, 수많은 병기로 무장하였다 할지라도 애국심이 없다면 전투할 수 없는 것입니다.

신자가 되었다 할지라도 그가 하나님의 은혜 안에서 사느냐, 죄 아래 사느냐에 따라 커다란 차이가 나타납니다. 구원받은 하나님의 자녀임에도, "오호라 나는 곤고한 사람이로다 이 사망의 몸에서 누가 나를 건져내랴" 하고 탄식할 수 있으며[36], 아직 자기 안에 범죄의 가능성과 부패를 가지고 있음에도 불구하고 "내가 그리스도와 함께 십자가에 못박혔나니 그런즉 이제는 내가 산 것이 아니요 오직 내 안에 그리스도께서 사신 것이라 이제 내가 육체 가운데 사는 것

---

[35] 성화에 있어서 이러한 원리를 칼빈은 자기 부인(self-denial)과 관련하여 말한다. 왜냐하면 자기 부인은 곧 자기 사랑(self-love)에 대한 부인을 의미하는 것이기 때문이다. "The denial of 'self-love' does not imply we should maintain a morbid estimation of oneself, but rather that we should reject a prideful opinion of one's own pre-eminence and superiority over others. Such attitude, according to Calvin, demand drastic measures to overcome. 'There is no other remedy than to tear out from our inward parts this most dreadly pestilence of love of strife and love of self, even as it is plucked out by scriptural teaching.'" Randall C. Gleason, *John Calvin and John Owen on Mortification: A Comparative Study in Reformed Spirituality*, (New York; Peter Lang, 1995), p.63.

[36] 롬 7:24.

은 나를 사랑하사 나를 위하여 자기 몸을 버리신 하나님의 아들을 믿는 믿음 안에서 사는 것이라" 라고 말할 수도 있는 것입니다.[37]

그리고 이 두 가지 삶의 비교할 수 없이 큰 격차는 우리를 거룩하게 하시려는 성령의 성화의 작용에 신앙으로 순종하며 반응한 마음의 차이가 빚어 낸 결과입니다.[38]

1.2 힘써 마음을 지켜야 할 이유

그런데 한번 생각해 보십시오. 여러분 자신이 수없이 많은 은혜를 받고 하나님 앞에서 진실한 신자가 되어 보려고 애를 썼지만, 성화에 있어서 진보는 부진합니다.

신앙 생활을 하면서 자아가 뒤집어지는 것 같은 충격적인 영혼의 변화를 여러 번 경험하였다고 할지라도 거룩한 생활의 열매는 전혀

---

[37] 갈 2:20.
[38] 신자의 거룩한 삶은 성화를 통하여 이루어지는데, 이를 위해서는 그의 마음이 거룩한 은혜의 영향력 아래 있어야 하며, 끊임없는 자기 부인과 분투 속에서 마음을 지켜야 한다. 신자의 자기 부인과 분투가 성화를 가져오는 것이 아니라, 이것을 당신께 대한 순종이라고 보시는 하나님께서 이것을 사용해서 성령의 주도적인 역사를 통하여 성화를 이루신다. 그러므로 신자는 자기 안에 거룩해지고자 하는 소원이 있는 한, 두 삶 사이에서 투쟁하며 살아가게 된다. 다음 성경 구절들을 살펴보라. "형제들아 내가 그리스도 예수 우리 주 안에서 가진 바 너희에게 대한 나의 자랑을 두고 단언하노니 나는 날마다 죽노라"(고전 15:31). "나의 간절한 기대와 소망을 따라 아무 일에든지 부끄럽지 아니하고 오직 전과 같이 이제도 온전히 담대하여 살든지 죽든지 내 몸에서 그리스도가 존귀하게 되게 하려 하나니 이는 내게 사는 것이 그리스도니 죽는 것도 유익함이니라"(빌 1:20-21).

충격적인 수확이 되지 못하였습니다. 이 모두 한번 하나님의 은혜에 의하여 점령당한 자기의 마음을 지키지 못한 데에서 비롯된 결과입니다.

그래서 성경은 이렇게 말합니다. "무릇 지킬 만한 것보다 더욱 네 마음을 지키라 생명의 근원이 이에서 남이니라"(잠 4:23).

여기서 '지키라'는 군인들이 성을 파수하는 것처럼 '힘을 다하여 파수하라'는 의미입니다. 지켜야 할 모든 것보다, 더욱 지켜야 할 가치가 있는 것이 우리의 마음이라는 것입니다.[39]

상상해 보십시오. 전쟁은 벌어졌고 적군은 아군이 있는 성으로 노도와 같이 밀려옵니다. 아군은 필사적으로 그 성을 지킵니다. 성문을 굳게 잠그고 성벽 위에는 멀리서 다가오는 적군에게 퍼부을 화약과 근거리까지 접근한 적을 저격할 수 있는 활을 가진 궁사들이 수없이 배치되었고, 성벽을 오르는 적군들에게 떨어뜨릴 바위들과 펄펄 끓는 뜨거운 물이 준비되었습니다. 적군이 성을 공격하였을 때 성 안에 있는 군사들은 혼신의 힘을 다하여 성을 파수할 것입니다.

그 날 성에서는 성을 지키는 것보다 더 가치 있는 일은 없습니다. 존재하는 모든 것들 중에 성을 지키는 싸움에 바쳐지기에 너무 소

---

39 존 플라벨(John Flavel)은 신자가 마음을 지키며 살아야 할 이유를 여섯 가지로 제시한다. 첫째, 하나님의 명예를 위하여, 둘째, 신앙 고백의 신실성을 지키기 위하여, 셋째, 이 세상에서의 우리의 처신(conversation)의 아름다움을 위하여, 넷째, 우리의 영혼의 위로를 위하여, 다섯째, 우리 안에 있는 은혜를 북돋우기 위하여, 여섯째, 유혹의 때에 우리 자신의 안전을 위하여 등이 그것

중한 것은 없습니다.

'지키라'는 하나님의 명령을 통해서 알 수 있는 것은 바로 이것입니다. 우리 마음은 중립 지대가 아니라는 사실입니다. 마음 하나를 놓고 수많은 대적들이 공격을 합니다. 우리의 마음에는 하나님의 은혜도 역사하고 죄도 역사합니다. 유혹도 신앙도 마음을 통하여 들어옵니다. 정욕도 역사하고 하나님의 말씀의 감화도 일어납니다. 이처럼 신자의 마음은 아주 치열한 전쟁터입니다.

1.2.1 마음을 노리는 대적들을 물리치기 위해

우리의 삶을 자기의 지배 아래 두고 싶어하는 것이 둘 있습니다. 그것은 바로 세상과 마귀입니다. 그러나 세상도 마귀도 우리의 마음을 지배하지 아니하고는 그 목적을 성취할 수 없습니다.

그 둘이 아무리 우리를 유혹한다고 할지라도 마음의 주인인 우리의 동의 없이는 우리의 삶을 차지할 수 없습니다. 그리고 지배할 수도 없습니다.

물론 신자도 이 세상을 살아가면서 유혹을 받습니다. 그러나 그

이다. 특별히 하나님의 영광과 관련하여서는 마음의 악은 곧 하나님께 대항하는 악이라고 규정한다.("The Glory of God is much concerned therein; heart-evils are very provoking evils to the Lord."). 그러면서 그는 이것이 신자들이 하나님의 명예를 실추시키며 사는 궁극적인 원인이 된다고 지적한다. John Flavel, 'What it is to keep the heart', *A Saint Indeed*, in *The Works of John Flavel*, vol. 5, (Edinburgh; The Banner of Truth Trust, 1997 reprinting), p.425.

유혹받는 것 자체가 죄일 수는 없습니다.[40]

그것이 우리의 마음을 차지하지 못하면, 그것은 마치 우리 마음 밭에 떨어졌으나 바람에 날려간 죄의 씨앗과 같습니다. 그것은 우리 삶에서 결실할 수 없습니다. 그 씨앗을 우리 마음에 뿌린 마귀의 시도는 실패한 것입니다.

그러나 일단 우리 마음에 떠오른 죄악 된 생각이 우리 마음에 받아들여지면 그것은 빠른 속도로 우리의 마음 밭에 착상됩니다. 그리고 어찌하든지 뿌리를 내리려 합니다. 처음 유혹받을 때에는 단지 생각이었던 것이 마음에 뿌리를 내리게 되면 시간이 지나면서 단지 생각이 아니라 마음이 됩니다. 그리고 그것은 마치 태반에 붙어서 자라나는 태아처럼 자라기 시작합니다. 그래서 언젠가는 마음의 원하는 죄악 된 행동을 낳게 됩니다. 성경은 말합니다. "욕심이 잉태한즉 죄를 낳고 죄가 장성한즉 사망을 낳느니라"(약 1:15).

이 얼마나 놀라운 통찰입니까? 신자가 죄를 짓기 전에 먼저 그 죄에 대한 소원을 마음에 품는 일이 있었고, 죄에 대한 소원을 품기 전

---

40 어떤 사람들은 자기가 유혹을 받는 것은 죄가 많기 때문이라고 생각한다. 그러나 그것은 전적으로 타당한 판단은 아니다. 유혹받는 것 자체가 죄라면 예수님께서 경험하셨던 광야의 시험은 어떻게 생각해야 하는가?(마 4:1-11) 그러나 성경은 예수님께 대하여 다음과 같이 말한다. "우리에게 있는 대제사장은 우리 연약함을 체휼하지 아니하는 자가 아니요 모든 일에 우리와 한결같이 시험을 받은 자로되 죄는 없으시니라"(히 4:15). 유혹을 받는 것은 죄가 아니다. 다만, 유혹에 굴복하는 것이 죄인데, 이에 대한 친화적인 반응의 정도는 그의 마음이 은혜 아래 있는 정도에 따라 다르다. 신자의 마음이 죄 아래 있으면 그만큼 유혹에 대한 저항력이 약해지고, 은혜 아래 있으면 강하게 저항하는 것이다. 신자가 은혜 안에서 견고하여져 갈수록 죄와의 싸움이 쉽게 느껴지고, 죄 아래 있을수록 그것이 힘겹게 느껴지는 것도 바로 이 때문이다. 유혹에 관하여는 다음의 청교도

에 죄에 대한 생각이 있었습니다. 그 죄의 결국은 하나님의 심판입니다.

생각 속에 스쳐 가는 유혹은 한번의 다짐으로 고개를 흔들며 떨어 버릴 수 있지만, 그것을 마음에 품으면 점점 떼어내기 어려워집니다. 그리고 그것이 행동으로 나타나면 범죄가 이루어지게 되고 그로 인하여 마음은 더욱 어두워져서 죄의 지배를 받게 됩니다.

또한 반복적인 범죄는 동일한 죄에 대하여 항거할 수 있는 마음의 저항력들을 송두리째 빼앗아 갈 뿐 아니라, 그 죄를 짓지 아니하고는 살 수 없도록 패역을 가져옵니다. 그리고 그렇게 될 때, 그의 삶에는 더 이상 하나님이 없습니다.

여기서 우리가 이 문제와 관련하여 또 하나 생각하여야 할 것이 있는데, 그것은 신자의 마음에 내재하는 부패성입니다.

자료들을 참고하라. John Owen, *Of the Mortification of Sin in Believers; the necessity, nature, and means of it: with a resolution of sundry cases of conscience thereunto belonging*, in *The Works of John Owen*, vol. 6, pp.87-151; Thomas Boston, *The Sixth Petition*, in *The Works of Thomas Boston*, vol. 2, pp.619-638; Thomas Boston, *An Illustration of the Doctrines of the Christian Religion*, in *The Works of Thomas Boston*, vol. 1, p.9-vol. 2, p.629; William Bridge, *On Temptation: Satan's Power to Tempt, and Christ's Love to and Care of His People under Temptation*, in *The Works of William Bridge*, vol. 1, pp.87-127; Thomas Charles, *God Affording Seasonable Help*, in *Spiritual Counsel*, pp.105-108; Robert L. Dabney, *The Sin of the Temper*, in *The Works of Robert L. Dabney*, vol. 1, pp.626-642; Jonathan Edwards, *Temptation and Deliverance*, in *The Works of Jonathan Edwards*, vol. 2, pp.226-233; Andrew Fuller, *Satan's Temptation*, in *The Works of Andrew Fuller*, vol. 3, pp.784-785; John Newton, *On Temptation*, in *The Works of John Newton*, vol. 1, pp.226-235; Edwards Payson, *Sin Avoided by Consideration's of God*, in *The Works of Edwards Payson*, vol. 3, pp.395-404.

마음을 지키는 것이 힘든 이유는 단지 객관적으로 자신의 마음을 파수하는 일이 힘들기 때문만은 아닙니다. 신자의 마음 안에 내재하는 부패한 성품이 밖으로부터 들어오는 유혹에 대하여 친근하게 반응하기 때문입니다.

예수님은 이러한 내재하는 부패성이 없는 분이십니다. 비록 사람의 몸을 입어 인간의 형체로 이 세상에 오셨지만, 그 분은 하나님이신 동시에 순결한 사람이셨기에 죄인들 안에 내재하는 부패성이 없는 분이셨습니다. 그래서 우리와 다름없이 유혹을 받으셨고 시험도 당하셨지만, 그 유혹에 자신의 마음을 내주시는 일도 없었고 시험에 굴복하여 마음을 빼앗기시는 일도 없었습니다.

그러나 우리는 거듭나서 하나님의 자녀가 되었다고 할지라도, 우리 안에 하나님의 생명과 함께 밖으로부터 오는 유혹에 쉽게 굴복하는 부패성도 가지고 있습니다. 우리가 마음을 지키는 것이 병사들이 성을 지키는 일보다 힘든 것은 적어도 성 안에는 적군이 없기 때문입니다. 군인들이 성을 지킬 때는 단지 성 밖의 대적들과 맞서면 되지만, 마음을 지키는 일은 밖의 대적과 그 대적에 화합하려는 우리 안의 또 다른 대적과 동시에 맞서야 하는 일입니다.

신자의 마음 안에는 늘 아군과 함께, 신자의 마음을 노리는 대적들이 공존합니다.[41]

제 아무리 마귀의 능력이 강하고 세상의 유혹이 불길 같다고 할지라도 단지 그들의 힘만으로는 우리의 마음과 삶을 정복할 수 없습니다. 그들이 아무리 우리를 꾀어도 우리 안에 있는 부패한 자아가 화합하지 아니하면 결코 우리의 마음은 그들에게 지배될 수 없습니다.

좀더 경건한 그리스도인이 될수록, 좀더 주님을 위하여 섬길수록 우리는 더 많이 유혹받게 됩니다. 그러나 우리를 넘어뜨리는 것은 많은 유혹이 아니라 그 유혹에 화합하는 마음의 부패성입니다.

그래서 우리가 성화의 부르심을 따라 살기 위해서는, 한편으로는 유혹받는 환경에 자신을 두지 말아야 하지만, 또 한편으로는 유혹에 대하여 쉽게 굴복하는 우리 안에 내재하는 부패성들을 끊임없이 하나님의 은혜로 죽여 가는 생활을 계속하여야 합니다. 우리의 생명이 다하는 날까지······.

1.2.2 하나님과의 연합을 위해

생각해 보십시오. 우리들은 이제껏 하나님께서 베풀어 주신 많은 은혜와 사랑을 경험하면서 살아왔습니다. 감당할 수 없는 십자가의 사랑 앞에 눈물을 흘리며 참회하기도 하였고, 햇살처럼 쏟아지는

---

41 다음 성경 구절을 살펴보라. "노하기를 더디하는 자는 용사보다 낫고 자기의 마음을 다스리는 자는 성을 빼앗는 자보다 나으니라"(잠 16:32). "무릇 지킬 만한 것보다 더욱 네 마음을 지키라 생명의 근원이 이에서 남이니라"(잠 4:23). "교만은 패망의 선봉이요 거만한 마음은 넘어짐의 앞잡이니라"(잠 16:18). "자기의 마음을 제어하지 아니하는 자는 성읍이 무너지고 성벽이 없는 것 같으니라"(잠 25:28). 그러므로 신자는 항상 자기의 마음을 객관적으로 성찰할 수 있는 안목을 지녀야 하는데, 그것은 오직 하나님의 말씀에 대한 지식을 소유함으로써 가능해진다.

은혜의 교제 안에서 생명이 다하는 날까지 주님을 위하여 살겠노라 다짐하기도 하였습니다.

　유혹에 넘어져서 범죄하였을 때에도 우리는 죄보다는 하나님을 더 사랑하였고, 그래서 결국은 하나님께로 돌아와 사죄의 은혜를 간구하였습니다. 죄 가운데 살면서도 진정한 안식이 거기에 없다는 것을 알았고, 그래서 하나님의 품에서 참된 쉼을 누리기까지는 우리의 마음에 안식이 없었습니다. 우리 모두에게는 이런 착한 소원이 있습니다.

　유혹에 넘어져서 세상으로 달려가고 자신을 범죄함에 내어 줄 때에는 하나님을 버린 자 같기도 하지만, 그러나 하나님의 자녀들의 내면 한구석에는 '주님 없이 살 수 없다'는 변함없는 고백이 있습니다.

　우리가 얼마나 많은 날 동안 하나님과 함께 살아왔습니까? 얼마나 많은 날들을 하나님 때문에 슬퍼하고 기뻐하였습니까? 얼마나 자주 하나님의 사랑을 맛보며 그 분의 명예를 위하여 살겠노라고 다짐하였습니까? 우리의 눈물 젖은 찬송가와 손때 묻은 성경책이 이것을 말해 주지 않습니까? 사랑스러운 지체들과 교제 속에서 지낸 날은 얼마나 많았으며 또 얼마나 우리에게 많은 위로가 되었습니까? 자기 부인에 마음 아파하고 주체할 수 없는 깨어짐 속에서 가슴 저려 하던 날들이 얼마나 많았습니까? 우리가 교회를 떠나 산 적이 있었습니까? 적어도 우리가 삶의 형식에 있어서 하나님을 떠나

본적이 있었습니까?

　그럼에도 불구하고 우리가 믿음을 지키며 살지 못했던 것은 무엇 때문입니까? 우리가 계속해서 하나님의 은혜 안에 살지 못하고, 변함없이 주님을 사랑하지 못했던 이유가 무엇입니까? 그렇게 하나님을 떠나지 못했으면서도 또한 하나님과의 온전한 연합 속에서 온전하고 거룩한 삶을 살아오지 못한 것은 무엇 때문입니까?

　그렇습니다. 질문은 많아도 대답은 오직 하나입니다.

　그것은 우리가 우리의 마음을 지키는 일에 실패했기 때문입니다.

　하나님께서 만지고 지나가신 부드러운 마음, 주의 은혜에 잠기게 하셨던 어린아이 같은 순전한 마음을 지키지 못하였기 때문입니다. 그래서 우리가 성화의 소명을 따라 살지 못하였던 것입니다. 구원 받았으면서도 거룩한 인격의 진보가 없고, 주님을 섬기며 살아가야 할 거룩한 생활에 있어서도 열매가 없는 삶을 계속 살 수밖에 없었던 것도 바로 그 때문이었습니다.

　사랑하는 독자들이여, 여러분은 앞으로도 계속해서 이 가르침의 빛을 받을 것이지만, 오늘 그 첫 부분을 대하면서 하나님 앞에 깊이 인정하지 않으면 안 될 부분이 있습니다. 여러분들이 하나님 앞에 많은 은혜의 경험을 가지고 있음에도 불구하고 여전히 성화의 삶에 있어서 진전이 없고 신령함에 진보가 없다면, 여러분들의 마음을 점검해 보시기 바랍니다.

　여러분의 마음이 이전의 그 마음입니까? 하나님의 말씀 앞에서 어린아이처럼 회개하고 떨며 주님의 사랑을 받아들이던 그 마음입니까? 참회의 눈물로 깨끗이 씻어 새 삶을 결단하게 하신 그 마음입니까? 엄마의 젖을 찾아 가슴팍을 파고드는 갓난아이처럼 신령한 진리를 사모하고, 자신의 무지 때문에 조금이라도 하나님을 거스르며 살지 않기 위해 조금이라도 더 깨닫고자 열망하였던 그 마음이 아직도 여러분 안에 있습니까? 살을 에는 자기 깨어짐의 아픔 속에서도 하나님의 뜻에 합한 사람으로 변화되기 위하여 은혜의 보좌 앞에 나아가던 그 가난한 마음이 아직도 여러분 안에 있습니까?

그대의 마음을 새롭게 하십니다

하나님 앞에서의 온전한 참회는 우리의 마음에 착상되는 수많은 죄들을 떨어냅니다. 영혼 깊은 곳에서 우러나오는 진실한 회개는 왕성하던 마음의 부패의 세력을 꺾고 하나님을 향한 순수한 사랑을 회복시켜 줍니다.

자신의 죄를 보여주는 하나님의 말씀 앞에서 뉘우치는 영혼 안에 역사하시는 성령의 은혜는 우리의 마음을 정결하게 하여 다시금 우리가 생명을 걸고 지킬 가치가 있는 순결한 마음으로 고쳐 주십니다.

허탄한 욕망에 지배되던 마음을 다시 하나님을 향한 사랑과 신령한 교제로 채워 순결하고 거룩한 삶을 위한 동력의 원천이 되게 하십니다. 이것이 바로 신자의 마음에 베푸시는 하나님의 은혜입니다.

그렇습니다. 여러분들의 마음이 지금 죄와 불순종, 불경건한 욕망으로 더러운 걸레처럼 되었다 할지라도, 여러분을 거룩하게 하시려는 하나님의 열심은 끝난 것이 아닙니다.

날 거룩하게 하려고 주 작정하신 일
그 누가 반대하리요 곧 이뤄 주시리

지금 이 시간도 얼마나 많은 사람들이 그 더러운 마음을 십자가의 샘에서 씻고 다시 정결하고 거룩한 삶을 살아가는지 생각해 보십시오.

하나님께서 신자들을 위하여 항상 하시는 일은 그들의 마음을 새롭게 하시는 일입니다. 그래서 하나님께서는 참회하는 마음으로 당신 앞에 나오는 자들을 혼자 내버려두시는 법이 없으십니다. 그들 자신도 포기한 그들의 인생을 하나님께서는 그들의 마음을 고치심으로 새롭게 하십니다.

헤아릴 수 없이 많은 죄인들이 하나님의 은혜 앞에서 눈물로 자기의 마음의 더러움과 죄악을 씻어 버리고 다시 성화의 소명을 따라 살게 되었습니다. 하나님께서는 그들을 정결한 마음으로 돌아가게 하셔서 옛 길을 버리고 새 길을 걸어갈 희망을 주셨습니다. 언제나 그러했던 것처럼 오늘도 하나님께서는 당신의 진리를 통하여 넘어진 영혼들을 일으켜 세우십니다.⁴² 이번에도 이 가르침에 담긴 진리의 빛으로 여러분들을 일으켜 세우실 것입니다. 여러분들의 마음을 지키게 하심으로······. 지푸김음

---

⁴² 이러한 회복에의 갈망을 시인은 다음과 같이 고백한다. "내 영혼이 진토에 붙었사오니 주의 말씀대로 나를 소성케 하소서 내가 나의 행위를 고하매 주께서 내게 응답하셨으니 주의 율례를 내게 가르치소서 나로 주의 법도의 길을 깨닫게 하소서 그리하시면 내가 주의 기사를 묵상하리이다"(시 119:25-27). 또한 다음 구절을 살펴보라. "나로 주의 계명의 첩경으로 행케 하소서 내가 이를 즐거워함이니이다 내 마음을 주의 증거로 향하게 하시고 탐욕으로 향치 말게 하소서 내 눈을 돌이켜 허탄한 것을 보지 말게 하시고 주의 도에 나를 소성케 하소서"(시 119:35-37).

거룩한 삶의 실천을 위한 **마음 지킴**

무릇 지킬 만한 것보다 더욱 네 마음을 지키라 생명의 근원이 이에서 남이니라

3 눈물 젖은 편지였습니다
: 마음을 지킨다는 뜻

눈물 젖은 편지였습니다

"저는 당신의 양들을 지키는 일에 최선을 다했습니다. 밤낮을 가리지 않고 양들을 돌보았습니다. 당신의 양들을 훔쳐 가려고 넘보는 도적들을 인하여 낮에는 졸지 않았고, 밤에는 뜬눈으로 지새웠습니다. 낮이면 뜨거운 태양볕이 내리쬐어도 그 더위를 무릅써야 했고, 밤이면 온몸이 떨리는 추위 속에서도 견뎌야 했습니다. 이 모두 당신의 양들을 지키기 위함이었습니다. 날이면 날마다, 들짐승의 공격이라도 받아서 당신의 양들이 상할까봐 전전긍긍하였고, 저녁마다 양들의 수를 헤아리며 하루의 안전을 확인하고서야 양떼 곁에서 쉴 수 있었습니다. 혹시라도 어쩔 수 없이 양들이 죽은 날이면, 저는 제 돈으로 당신의 양을 위하여 배상하였으며 내가 지키지 못해서 죽어 가던 양만큼이나 아픈 마음으로 피곤에 찌든 두 눈을 비벼야 했습니다."

이상의 글은 야곱이 외삼촌 라반의 양을 지키며 겪었던 고충을 현대적 표현의 편지로 고쳐 본 것입니다. 그만큼 소중한 것을 지킨다는 것은 우리의 전존재적 헌신을 요구한다는 것입니다.

앞 장에서의 논의를 통하여 우리는 우리의 성화의 삶에 있어서 마음이 얼마나 중요한지에 대하여 깊이 깨닫게 되었습니다. 거듭난 신자라고 할지라도, 그 마음이 늘 하나님의 은혜를 풍성히 누리며 부드러운 상태로 유지되는 것은 아닙니다. 인간의 마음의 상태는 완전하지 않기 때문입니다.

그러므로 신자는 무엇보다 우선 자신의 마음을 아는 일에 열심을 내어야 합니다. 마음에 관한 진리, 마음의 여러 가지 속성들, 그리고 마음이 작용하는 원리들에 관하여 성경이 가르치고 있는 진리들을 풍부하게 알아가야 합니다. 마음에 관한 풍부한 지식 그 자체가 마음을 어떻게 하는 것은 아니지만, 그것을 바탕으로 신자는 자신의 마음을 효과적으로 제어할 수 있는 비결을 터득하게 됩니다.

이 세상에 완벽하게 자신의 마음을 제어할 수 있는 사람은 없습니다. 그러나 완벽하게 마음을 지킬 수 없다고 해서 아예 마음에 대한 통제를 포기하는 것은 어리석은 일입니다. 마음에 대한 통제력을 유지하고 있는 사람의 삶과 그것을 잃은 사람의 삶 사이에는 인간과 짐승의 차이만큼이나 현저한 차이가 존재하기 때문입니다. 그리고 그러한 마음의 통제는 우리의 마음이 하나님의 은혜 안에 있는 동안에만 가능합니다.

'마음을 지킨다'는 의미

그러면 도대체 '마음을 지킨다'는 것은 무슨 뜻일까요? 이 장에서 바로 그 문제를 다룸으로써 조금은 추상적으로 보이는 '마음 지킴'을 실천하는 구체적인 방법에 대하여 말씀드리고자 합니다. 저는 이것을 크게 다섯 가지 내용으로 설명을 하고 필요에 따라 그것을 다시 세분하여 말씀드리려고 합니다.

첫째는 마음의 작은 동작에도 유의하는 것을 의미하고, 둘째는 마음속에 일어나는 더러운 생각들을 버리는 것을 의미하고, 셋째는 마음에 대한 통제력을 유지하는 것을 의미하고, 넷째는 하나님의 은혜를 통해서 새로워질 수 있는 수단들을 부지런히 활용하는 것을 의미합니다. 그리고 마지막 다섯째는 이상의 일들을 위하여 성실하게 힘쓰는 것을 의미합니다.

1.1. 마음의 작은 움직임에도 유의하는 것

첫째로, '마음을 지킨다' 는 것은 '신자가 마음의 작은 동작에도 유의하는 것' 을 의미합니다.

우리의 마음을 지배하는 것이 무엇이든지 간에 그것은 안전하지 않습니다. 다른 것들에 의하여 침략될 가능성이 얼마든지 있는 것입니다. 완고한 마음을 가진 채 죄 가운데 살아가는 신자에게도 하나님의 은혜에 의하여 침노될 가능성이 있고, 거룩한 삶을 살아가는 진실한 성도에게도 그 마음이 죄를 짓고자 하는 욕망에 침노될 개연성이 남아 있습니다.

그리고 마음을 겨누는 그러한 침노는 항상 커다란 충격이 아니라 작은 움직임으로부터 시작됩니다. 혹시 여러분은 아주 노골적인 성행위를 묘사한 영화의 장면이나 잔인한 살인 광경을 찍은 사진 같은 것을 보신 적이 있는지요?

그러한 장면들은 우리의 마음에 혐오감을 불러일으키고, 때로는 구토할 것 같은 역겨움을 느끼게 하기도 합니다. 그것은 모두 일상적으로 우리의 마음이 감당할 수 있는 분량을 넘어선 충격적인 장면이기 때문에 우리의 마음이 그런 역한 반응을 보이는 것입니다.[43]

그러나 우리가 그런 반응을 보인다고 할지라도, 우리의 마음속에 성적인 범죄에 떨어질 위험이나 살인의 죄를 지을 가능성이 전혀 존재하지 않는다고 말할 수는 없습니다.

비록 그런 충격적인 성적 타락과 살인의 장면에는 마음을 닫았지만, 그와 다른 종류의 성적 유혹에는 마음이 끌릴 수도 있기 때문입니다. 엽기적인 살인 행각에는 구토감을 느끼지만, 사랑해야 할 사람을 쉽게 미워하는 일에는 얼마나 익숙해져 있는지를 생각해 보십시오. 그리고 그러한 마음이 궁극적으로 우리를 데려가고자 하는 것이 살인이라고 하신 예수님의 가르침을 생각해 보십시오.[44]

우리의 마음은 이러한 충격적인 도전을 통해서는 쉽게 침노되지 않습니다. 오히려 보다 일반적인 경우는, 악하지만 사람들이 흔히 경험할 수 있는 생각들에 대하여 마음이 호의적인 반응을 보이는 것으로 침노되기 시작합니다. 그리고 그러한 마음의 움직임은 어떤 때에는 너무나 미세해서, 하나님의 말씀의 밝은 탐조등을 비추고 주의를 기울여 조심스럽게 살피지 아니하면 탐색해 낼 수 없는 경우도 많습니다.

---

[43] 오늘날 서구에서 각광받는 영화의 장르 가운데 스너프(snuff)라는 것이 있는데, 이것은 노골적인 성행위 장면과 엽기적인 살인을 비롯한 잔인한 가학 장면을 뒤섞은 영화이다. 이런 장르들이 일부에서 각광받는 것을 문화적으로 어떻게 설명해야 하는가? 두 가지 방향으로 설명될 수 있을 것이다. 한편으로, 이것은 마약과 같은 약물 복용과 더불어 극단적 쾌락 추구의 결과이다. 그리고 또 한편으로, 이것은 마음의 공허함을 채우지 못하는 인간들이 하나님 없이 살아가는 영혼의 고통을 잊기 위한 몸부림의 한 표현이다. 따라서 인간들이 쾌락을 추구하는 현상을 질병적인 관점에서 보아야 하는 이유도 바로 이것 때문이다. 이러한 일은 마지막 때가 가까울수록 더욱 심해질 것이다. 그리고 신자들도 이러한 위험으로부터 자유롭지 못하다. 자기의 마음을 지키며 거룩한 은혜의 영향력 아래서 살아가지 않는다면, 신자가 타락하는 끝은 불신자의 그것과 거의 다름이 없다.

[44] "옛 사람에게 말한 바 살인치 말라 누구든지 살인하면 심판을 받게 되리라 하였다는 것을 너희가 들었으나 나는 너희에게 이르노니 형제에게 노하는 자마다 심판을 받게 되고 형제를 대하여 라가라 하는 자는 공회에 잡히게 되고 미련한 놈이라 하는 자는 지옥불에 들어가게 되리라"(마 5:21-22).

마음을 지킨다는 것은 바로 이처럼 어떤 생각에 반응하는 마음의 움직임, 최초의 작은 움직임에 유의하는 것입니다. 그리고 그에 적절한 대책을 세워 악한 생각에 자신의 마음이 더 이상 침노당하지 않도록 지키는 것을 말합니다. 즉, 악한 생각에 마음이 공격을 받기는 해도, 아예 그 공격에 자신의 마음을 내어 주지는 않는 것을 의미합니다. 다시 말해서, 악한 생각에 잠시 마음이 공격을 받을지언정, 그 공격에 마음의 일부라도 내어 줌으로써 그것으로 마음 전체를 공략할 수 있는 교두보를 삼도록 허락하지 않는 것을 뜻합니다.

따라서 신자가 마음을 지킨다는 것은 자기 자신의 마음을 오가는 무수한 생각들, 언젠가는 마음 밭에 떨어져서 영향을 끼칠지도 모르는 생각들에 반응하는 자신의 마음의 작은 움직임이라도 예의 주시하는 것을 의미합니다. 자신의 집착이나 이기적인 사랑, 혹은 거기에서 비롯되는 자기 합리화에 매이지 아니하고 자신의 마음을 주시하는 객관적인 성찰이 없이 마음을 지키는 것은 불가능합니다.

그러나 우리 자신을 돌아보십시오. 정말 우리가 정직하게 자기를 성찰하는 시간이 얼마나 됩니까? 우리가 우리 자신의 마음을 살피며 살아가는 것이 신앙의 의무라고 생각이나 하고 있습니까? 더욱이 최초로 시작되는 마음의 작은 반응에 대하여도 심각하게 생각하고 하나님을 향한 경건하고 순결한 마음을 양보하지 않으려고 애쓰고 있습니까?

그리스도인을 나무라고 본다면, 성화는 그 나무의 성장과도 같습니다. 지금은 비록 묘목과 같아도 자라면 거목이 되듯이, 지금은 비록 어린아이 같은 신앙이라도 성화의 과정을 통하여 자라나기만 하면 그는 영적인 거인처럼 될 수 있습니다. 그러나 나무가 적절하게 자라지 아니하고 세월만 흐르면 분재가 되는 것과 같이, 신자도 영적 성장이 그치고 병적인 유아 상태로 들어가게 되면, 아주 쓸모 없는 그리스도인이 됩니다.

제가 잘 아는 성도 중에 나무를 연구하는 사람이 있습니다. 그와 대화를 나누던 중 우연히 옆에 있는 큰 소나무를 가리키며 이 정도 자라려면 몇 년이나 걸리는지 물었습니다. 그러자 그는 알 수 없다고 대답하였습니다. 나무의 성장 환경이나 종류에 따라 그 성장의 정도가 천차만별이기 때문에 나무의 크기만 보고는 나이를 알 수 없다는 것입니다. 수백 년을 자라도 어른 키를 넘지 않는 나무가 있는가 하면, 불과 몇 십 년 자랐는데 벌써 거목처럼 보이는 나무가 있을 수 있기 때문이라는 것입니다.

신자가 나무라면 성화는 그 나무가 거목이 되어가는 작용이라고 할 수 있습니다. 그리고 신자의 성화는 자신이 거룩해지고자 하는 욕구 없이는 이루어지지 않습니다. 또한 거룩해지고자 하는 소원은 마음에 담기는 것입니다. 따라서 신자가 자신의 마음을 지키고자 그것을 살피는 것은 당연한 의무입니다. 방치된 마음으로 살 수 있는 삶은 하나님 없는 삶뿐입니다.[45]

하늘을 가르고 임하는 신령한 체험 하나로 신령한 그리스도인이 될 수 있다고 생각하는 것은 어리석은 환상입니다. 은사는 어느 순간에 그렇게 주어질 수도 있습니다. 그러나 은사는 우리를 새로운 존재로 다시 태어나게 할 수 없습니다.

하나님의 교회를 교회 되게 하기 위하여 영적인 은사는 너무나 소중합니다. 우리는 그것 없이는 하나님을 제대로 섬길 수가 없습니다.

은사는 이처럼 우리를 하나님을 섬기기에 적합하도록 준비시켜 줍니다. 그러나 성화는 우리를 거룩의 사람으로 만들어 갑니다. 그리고 하늘에 계신 하나님을 이 땅에서 경험하며 살도록 만들어 줍니다. 죄 많은 세상에 살면서도 천국을 누리게 만들어 줍니다. 성화의 길을 가는 그리스도인들이 세상을 사랑하지 않고 하나님을 사

---

45 하나님께서 한 시대를 심판하실 때마다 그 시대의 사람들의 마음을 지적하셨다는 사실을 생각해 보라. 세상에 관영하여 하나님의 심판을 불러왔던 죄악들도 알고 보면 사람의 마음에서 시작되었음을 알 수 있다. 첫째로, 노아의 홍수로 말미암는 심판에 대하여는, "여호와께서 그 향기를 흠향하시고 그 중심에 이르시되 내가 다시는 사람으로 인하여 땅을 저주하지 아니하리니 이는 사람의 마음의 계획하는 바가 어려서부터 악함이라 내가 전에 행한 것같이 모든 생물을 멸하지 아니하리니"(창 8:21). 둘째로, 애굽의 열 재앙을 통한 심판에 대하여는, "애굽 술객들도 자기 술법으로 그와 같이 행하므로 바로의 마음이 완강하여 그들을 듣지 아니하니 여호와의 말씀과 같더라"(출 7:22), "그러나 바로가 숨을 통할 수 있음을 볼 때에 그 마음을 완강케 하여 그들을 듣지 아니하였으니 여호와의 말씀과 같더라"(출 8:15). 셋째로, 바벨론에 의한 유다의 멸망에 대해서는, "예루살렘아 네 마음의 악을 씻어 버리라 그리하면 구원을 얻으리라 네 악한 생각이 네 속에 얼마나 오래 머물겠느냐 단에서 소리를 선포하며 에브라임산에서 재앙을 공포하는도다 너희는 열방에 고하며 또 예루살렘에 알게 하기를 에워싸고 치는 자들이 먼 땅에서부터 와서 유다 성읍들을 향하여 소리를 지른다 하라"(렘 4:14–16). 넷째로, 로마에 의한 예루살렘의 멸망에 대해서는, "화 있을진저 외식하는 서기관과 바리새인들이여 너희는 선지자들의 무덤을 쌓고 의인들의 비석을 꾸미며 가로되……예루살렘아 예루살렘아 선지자들을 죽이고 네게 파송된 자들을 돌로 치는 자여 암탉이 그 새끼를 날개 아래 모음같이 내가 네 자녀를 모으려 한 일이 몇 번이냐 그러나 너희가 원치 아니하였도다 보라 너희 집이 황폐하여 버린 바 되리라"(마 23:29, 37–38). 예수님께서 지적하신 바리새

랑하게 되는 것도 바로 이 때문입니다.46

성도가 거룩한 생활에서 미끄러져 범죄하게 되는 것은 마음의 무너짐에서 비롯되는 것이며, 그 마음의 무너짐은 생각의 공격을 받은 온전한 마음의 균열에서 시작되는 것입니다. 그래서 마음을 지킨다는 말의 첫 번째 의미는 신자가 자기의 마음의 작은 움직임, 특히 은혜에서 멀어지려는 최초의 움직임에 유의한다는 것입니다.

그런데 우리가 여기서 고려하지 않으면 안 될 사항이 둘이 있습니다. 첫째는 아무리 은혜 아래 있는 신자의 마음이라도 불경건한 생각의 공격을 받는다는 사실입니다. 그리고 둘째는 이러한 생각들이 마음을 점령함으로 야기될 궁극적인 결과들을 아는 통찰력 없이는 마음 지킴을 위하여 마음 살핌의 의무를 다할 수 없다는 것입니다.

특별히 신자가 하나님의 말씀으로 말미암은 이해의 빛 아래서 자

인들의 외식(外飾)은 겉으로 드러난 종교적인 삶이 마음에서 비롯되지 않은 것을 가리킨다. 결국 종교 지도자들의 마음이 없는 섬김은 하나님 앞에서 진실해질 수 있는 기회를 잃게 하였고 이것이 그들로 하여금 진정한 회개를 통해 하나님 앞에 돌이키지 못하게 하였다. 다섯째로, 마지막 주의 심판에 대해서, 예수님께서는 마음을 지키는 것이 곧 신앙을 지키는 것임을 강조하시면서 다음과 같이 말씀하셨다. "너희는 스스로 조심하라 그렇지 않으면 방탕함과 술 취함과 생활의 염려로 마음이 둔하여지고 뜻밖에 그 날이 덫과 같이 너희에게 임하리라 이 날은 온 지구상에 거하는 모든 사람에게 임하리라"(눅 21:34-35).

46 오늘날 조국교회에는 구원받은 신자로서의 가장 영광스러운 소명이 성화를 통하여 참된 신자가 되는 것이라는 사실을 모르는 그리스도인들이 얼마나 많은가? 교회가 사회적 책임을 다하는 것보다 시급한 것은 성경이 가르치는 교회의 정체성을 회복하는 것이다. 그리고 그것은 교회 안의 신자들이 성화를 통하여 거룩함을 회복함으로 참된 신자가 되지 아니하고는 결코 성취될 수 없다. 신자들이 자신의 마음이 하나님의 은혜의 영향력 아래 있도록 스스로 지키며 살아가야 할 이유가 여기에 있는 것이다. 왜냐하면 신자가 자신을 거룩하게 하시는 성령의 은혜로운 작용에 참여하는 것은 자기의 마음을 통해만 가능하기 때문이다. 아, 오늘도 자기의 마음을 값싼 물건처럼 방치

기의 마음의 정체를 아는 지식이 없이 자기의 마음을 살피는 것은 적은 유익밖에 얻지 못합니다.

한 사람의 영적인 성숙도는 죄를 아는 지식과 비례합니다. 한 사람의 영성은 죄와 그것이 신자의 마음 안에서 잉태되기까지 생각이 어떻게 영향을 미치는지에 대해 아는 명민함에 의하여 입증됩니다. 신령한 사람은 능력 많은 사람이 아니라 죄를 잘 아는 사람입니다.

왜냐하면 진정한 영성은 하나님과의 거룩한 연합을 갈망하는 거룩의 추구를 통하여 형성되는 것이기 때문입니다. 그리고 거룩해지기를 사모하지 않는 사람은 죄를 사랑할 뿐 죄의 정체에 대하여 알

하는 조국교회의 지체들이, 성경이 가르치는 이 명백한 가르침, 경건한 우리의 믿음의 선조들로 풍성한 영적 생명을 누리게 하였던 고전적인 교리들에 대하여 깊이 깨닫는다면 얼마나 좋을까? 자신의 마음을 방치함으로써 내적인 은혜의 고갈과 외적인 죄악의 영향력에서 벗어날 수 없는 신자들이 자기 만족적인 은혜를 구하는 간헐적인 몸부림만으로 거룩하고 풍성한 삶을 살 수 없다는 것은 얼마나 명백한 일인가? 그래서 많은 그리스도인들이 하나님 앞에서 사는 즐거움이 무엇인지를 모르는 채 살아간다. 영혼의 곤고함도 싫고, 자신의 마음을 지키기 위하여 분투하는 삶도 기뻐하지 않기 때문에 육신에 속한 그리스도인들로서 살아간다. 그리스도인 가운데 팽배한 세상 사랑과 육체의 자랑도 궁극적으로 이러한 영혼의 상태에 원인이 있는 것이다. 이따금 곤고한 영적 생활에 회의를 느끼고 깊이 고민하다 자기의 죄에 대하여 각성하게 되고 애통한다고 할지라도, 지속적인 은혜의 지배의 원리를 따라 살아가지 않는다면 그것은 단지 그의 마음과 삶을 장악하고 있는 죄의 영향력이 잠시 움츠러든 것일 뿐이지 결코 죄를 죽인 것이 아니다. "When it hath had some sad eruption, to the disturbance of his peace, terror of his conscience, dread of scandal, and evident provocation of God. This awakens and stirs up all that is in the man, and amazes him." fills him with abhorrency of sin, and himself for it; sends him to God, makes him cry out as for life to abhor his lust as hell, and to set himself against it. The whole man, spiritual and natural, being now awakened, sin shrinks in its head, appears not, but lies as dead before him." John Owen, *Of the Mortification of Sin in Believers; the necessity, nature, and means of it: with a resolution of sundry cases of conscience thereunto belonging*, in *The Works of John Owen*, vol. 6, edited by William H. Goold, (Edinburgh; The Banner of Truth Trust, 1991 reprinting), p. 26.

수 없기 때문입니다.

　죄를 아는 사람들은 그 죄가 어떻게 신자의 마음에서 시작되는지도 압니다. 신자의 마음에 스쳐 가던 어떤 생각이 마음에 착상할 때에 미세하지만, 항구적인 세력을 형성할 수도 있는 분명한 변화가 그의 마음에 일어납니다.

　신자는 마땅히 진리의 빛 아래 살아감으로 이러한 최초의 변화에 민감하여야 하고, 또 자신의 마음을 판단함에 있어서 정직하여야 합니다. 그리고 그 때가 신자가 마음의 죄를 물리치기에 가장 쉬운 때입니다.[47]

　이처럼 신자가 자기의 마음에 오가는 생각들, 특히 악한 생각에 영향을 받는 최초의 움직임에 유의하는 것이 바로 마음을 지킨다는 것의 첫 번째 의미입니다.

　그리고 마음을 움직이는 생각들은 아래와 같은 자극들에 의하여

---

[47] 이에 대하여 사도 바울은 빌립보 교회 교인들에게 보내는 편지에서 다음과 같이 분명히 말한다. "내가 예수 그리스도의 심장으로 너희 무리를 얼마나 사모하는지 하나님이 내 증인이시니라 내가 기도하노라 너희 사랑을 지식과 모든 총명으로 점점 더 풍성하게 하사 너희로 지극히 선한 것을 분별하며 또 진실하여 허물없이 그리스도의 날까지 이르고 예수 그리스도로 말미암아 의의 열매가 가득하여 하나님의 영광과 찬송이 되게 하시기를 구하노라"(빌 1:8-11). 사도 바울은 빌립보 교인들을 생명처럼 여기는 목회자로서의 사랑을 그들이 온전히 성화되기를 기대하는 바람에 모았다. 빌립보 교인들이 그리스도를 사랑하고 있었으나 사도 바울은 그 사랑이 온전해지기 위해서는 '지식과 총명', 그리고 '선한 것을 분별할 수 있는 지혜'가 필요하다는 사실을 알고 있었다. 그 지식과 총명, 그리고 지혜는 사랑의 불을 논리의 물로 끄는 것이 아니라 오히려 그리스도를 향한 사랑을 더 풍성하게 하는 것이었다. 우리는 여기서 성화에 있어서 지식의 중요성과, 주님을 향한 사랑이 지식을 통하여 더 온전해지고 풍성해진다는 사실을 알 수 있다. 또한 성화의 결과가 주님을 향한 진실하고 풍성한 사랑이라는 사실도 알게 된다. 이렇게 함으로써 사랑이 거룩한 영성의 가장 고상한 증거가 되는 것이다. 기독교 신앙의 세계에는 어리석으면서도 거룩한 신자는 존재

유발되거나 마음에 영향을 미칠 힘을 갖추게 됩니다.

1.1.1 생각에 유의하라

　마음의 움직임은 항상 어떤 생각으로부터 시작됩니다. 그래서 신자는 자기의 마음에 오가는 생각들을 객관적으로 대할 줄 알아야 합니다.

　마음에 스쳐 가는 생각들이 모두 마음에 품어도 되는 생각인 것처럼 마음을 개방해서는 결코 경건하고 거룩한 삶을 이어갈 수 없습니다. 내적인 생명의 풍성함을 유지할 수 없으며 거룩하신 하나님과의 생생한 교통을 유지할 수 없습니다.

　반복적으로 떠오르는 생각은 마음에 착상될 가능성도 높습니다. 그래서 신자는 어떤 생각이 하나님의 의를 이루는 것이면 그것을 반복적으로 떠오르게 하여 마음에 착상되게 하여야 하지만, 그것이 악하고 불의한 생각일 경우에는 그것이 마음에 착상하지 못하도록 즉시 적절히 물리쳐야 합니다.

　왜냐하면 아무리 커다란 악에 대한 생각이라고 할지라도 그것이 마음을 떠도는 중일 때에는 물리치기가 쉽지만, 그것이 일단 마음

하지 않으며, 악한 세상과 부패한 내면의 죄와 싸우며 성령의 은혜로 거룩해져 가기 위해서는 비둘기처럼 순결할 뿐 아니라 뱀같이 지혜로워야 한다. 그리고 이러한 지식과 총명으로 자기의 마음을 살피는 일에 있어서 단호하고 정확할 때 성화는 촉진되는 것이다.

에 뿌리를 내리고 나면 퇴치하기가 점점 어려워지기 때문입니다. 그리고 마음에 착상되어서 자라는 악한 생각은 진실한 참회와 자기 깨어짐을 통하여 그 착상된 뿌리를 도려내지 않는다면, 실제로 악한 행동으로 옮겨질 가능성이 매우 높기 때문입니다.

저는 인터넷의 음란 사이트에 중독이 되어서 영적 생활이 황폐해진 지체들을 돌본 적이 있습니다. 그리고 인터넷을 통한 유혹에 우리들이 생각하는 것보다 많은 지체들이 넘어지고 있다는 사실을 알게 되었습니다.[48]

그들은 결심을 하고 그런 불행한 상황으로 뛰어들어간 것이 아닙니다. 그들 중 대부분은 아주 작은 생각을 통하여 그런 상황에 이르게 되었습니다.

그 중 한 젊은이가 털어놓은 경험담은 이러합니다. 그는 인터넷을

---

[48] 저자는 그들 중 어떤 이들과는 직접 상담을 하기도 하였고, 이메일을 통해서 상담을 하기도 하였다. 그들 중에 어떤 지체들은 관음(觀姦) 중독증에 빠지거나, 습관적인 자위 행위를 통한 죄책감에 빠지거나, 심지어는 엽기적인 살인과 행음이 결합된 스너프(snuff)에 중독되거나, 동성애에 대한 동경 혹은 수간(獸姦)에 대한 호기심을 느끼기까지 미끄러지기도 하였다. 이러한 실패는 일반적으로 다음과 같은 과정을 거쳐 경험된다. (1) 음란한 자극-(2) 그런 생각이 자주 떠오름-(3) 퇴치하지 못하고 마음에 착상하도록 허락함-(4) 그 생각에 마음을 많이 빼앗기다가 급기야 마음 전부를 내어 줌-(5) 음행을 저지름-(6) 범죄에 대한 절망감이 생기고 죄에 대한 저항력이 약해짐-(7) 성적인 욕구가 강렬해지고 은혜의 저항력은 거의 사라져서 반복적으로 죄에 빠짐-(8) 시간이 흐르면서 죄의식이 급격히 약화되고 죄에 익숙해짐, 이 때 그릇된 은혜의 교리를 택하게 됨-(9) 죄는 더욱 쉽게 저질러지고, 이로 말미암아 패역한 마음이 더욱 굳어지고 거룩한 영혼의 은혜가 없는 신앙 생활에 익숙해짐-(10) 참된 회개가 매우 어려워지고, 사죄의 위로를 얻지 못하는 가운데, 굳은 마음에 의하여 생각이 지배당함-(11) 은혜 베푸시기 위하여 죄를 지적하시는 하나님과 그의 말씀에 대하여 반항하는 마음을 갖게 되어 복음적인 거룩으로부터 멀어지고, 결국 배교에 가까운 삶을 살게 됨. 이렇게 죄가 고착되어 마음을 점령하고 인격을 지배하게 되면, 그 올무에서 벗어나

이용하다가 호기심에 한두 번 그런 사이트에 접속하였습니다. 그리고 난잡한 성적 행위를 담은 영상물들을 보았습니다. 처음에 그것은 생각에 불과하였습니다. 그러나 한두 번의 자극적인 경험은 그의 생각을 즉시 마음에 뿌리 내리게 만들었고, 그 다음부터는 매일 그런 사이트에 접속하지 않고는 견딜 수 없는 상황이 되었습니다.

그리고 그런 경험의 반복은 그에게 실제로 그런 일을 실행에 옮겨 보고자 하는 욕망을 부추겼고, 결국 타락하게 되었습니다. 그는 성적으로 타락하기 직전의 자신의 상태를 이렇게 말했습니다. "거리에 나가면 모든 여자들이 온통 먹이감으로 보였습니다. 머리를 흔들어도 그런 생각은 떠나지 않았고, 심지어 예배 시간에도 그 생각을 하며 설교를 들었습니다."

따라서 신자가 자기의 마음을 지키기 위해서는 반드시 자기 속에 오는 생각들과 그것에 반응하는 마음의 상태를 감찰하여야 합니다. 그리고 신자가 그러한 의지를 가지고 실행하지 아니하면 결국 호미로 막을 수 있는 죄를 가래로도 막지 못하는 재앙의 상황을 맞게 됩니다.

는 것은 점점 어려워진다. 신자가 자기를 지키기 가장 좋은 때는 아직 죄가 마음에 생각으로 스쳐 갈 때이다. 그래서 이러한 공식을 얻게 된다. "신자가 자기 안에 있는 죄를 발견한 그 날이 그 죄를 처치하기에 가장 쉬운 날이다."

1.1.2 보는 것에 유의하라

마음을 스쳐 지나가는 생각들은 대개 보고 듣는 것을 통하여 발생합니다. 생각은 대개 연상을 통하여 마음에 도입됩니다. 자극이 없는데도 일정한 생각이 반복적으로 떠오르는 경우는 거의 없습니다.

그러므로 신자가 무엇을 보거나 들음으로써 마음에 내재하는 어떤 경향들은 자극을 받게 됩니다. 그러한 자극은 떠오른 생각들이 마음에 뿌리를 내리도록 돕습니다.

따라서 신자가 마음을 지키기 위해서는 경건한 환경 가운데 자기를 두는 것이 필요합니다. 물론 우리는 도무지 유혹받을 만한 환경과 결별하고 살 수는 없을 것입니다.

오늘날처럼 불경건한 세상에서 그렇게 하려면 어쩌면 깊은 산 속 수도원에라도 들어가서 살아야 할 것입니다. 무엇보다 하나님께서는 오히려 우리들을 그런 세상에 두심으로써 세상을 변화시키는 도구로 삼고 싶어하십니다.

그럼에도 불구하고 그리스도인이 아무 환경에나 자기를 방치하는 것은 옳지 않습니다. 저는 성인이 된 여러분들이 성적으로 야한 영화를 한 편 보았다고 해서 그것을 큰 죄라고는 생각하지 않습니다. 친구를 따라 술집이나 나이트 클럽에 한번 들어간 것이 큰 범죄가 아닐 수는 있습니다.

그러나 그것은 좋지 않습니다. 왜냐하면 반복적으로 그런 환경에 접하도록 자신을 쉽게 개방하면 마음을 불경건한 생각에 내어 주기 때문입니다. 그리고 그러한 생각의 반복은 마음을 더럽히고 정욕에 사로잡히게 만들기 때문입니다.[49]

신자가 그러한 환경이 주는 즐거움에 탐닉하면, 그 결과가 어떻게 되겠습니까? 불경건한 친구들과 술집이나 드나들고 나이트 클럽 같은 데서 술에 취해 몸을 가누지 못하는 남녀들과 함께 어울리면서 그가 무엇을 생각하겠습니까?

한 신자가 진정한 영적 생활을 추구하고 있다면, 그는 죄에 대하여 많은 것을 배우게 됩니다. 영적으로 깊이가 있다는 것은 곧 마음에 일어나는 작은 변화를 지켜 보면서 그 움직임이 결국 자신의 마음 전체와 영혼, 그리고 실제의 삶을 어디로 몰고 갈 것인지를 미리 예견함에 있어서 뛰어나다는 말과 같습니다.

어리석은 사람들은 그런 장소를 드나드는 것이 죄인지 아닌지를 따지지만, 지혜로운 사람은 그러한 환경이 자기의 마음에 가져올

---

[49] 중요한 것은 그것이 죄인지 아닌지의 판단 여부가 아니라, 마음에 어떠한 영향을 주는가이다. 그 행위 자체로 죄의 경중을 말하기보다는 그러한 행위를 반복할 때에 나타날 결과까지 염두에 두면서 그것이 옳은지를 판단하여야 한다. 자위 행위 같은 것도 마찬가지이다. 복음주의적인 학자들 중에서도 많은 사람들은 자위 행위, 즉 고성(孤性) 행위를 전체적으로 죄로 보지 않는다. 일정한 조건하에서는 그것이 죄가 되지 않는다고 본다. 물론 일정한 상황에서 신자들이 이 일로 인하여 분량에 지나치는 죄책감으로 사단의 올무에 빠지는 것을 방지한다는 점에서는 그러한 논쟁이 의미 없는 것은 아니지만, 실제적인 문제는 다른 데 있다고 본다. 즉, 반복되는 자위 행위의 욕구가 그러한 문화와의 접촉을 촉진하고 경건한 환경에 부적응하게 하여 결국은 좀더 자극적인 성적인 쾌락을 추구하게 한다는 것이다. 결과적으로 일정한 조건 아래서 그러한 자위 행위가 죄가 되지 않는다고 할지라도 그것이 가져올 결과를 두고 생각해 본다면 절제를 가르쳐야 한다는 사실을 알 수 있다.

변화를 직시합니다. 그리고 죄지을 만한 환경에 자기를 두지 않으려고 노력하는 것입니다.[50]

1.1.3 말하고 듣는 것에 유의하라

우리의 마음을 움직이는 것은 다만 눈으로 보는 것만이 아닙니다. 우리의 마음에는 우리 자신의 말하는 것과 듣는 것을 통해서도 여러 생각이 떠오릅니다. 그리고 떠오른 어떤 생각들은 우리의 마음에 영향을 끼치고 마지막에는 우리 마음 전체를 지배해 버릴 수도 있습니다.

어떤 심리학자에 의하면 우리 인간의 마음에는 하루에 약 십만 번의 생각이 스쳐 간다고 합니다. 엄청난 양의 생각들이 스쳐 지나갑니다. 그 생각들 중 대부분은 스쳐 가기만 할 뿐 우리의 마음에

---

[50] 여기서 우리는 요셉의 경우와 다윗의 경우를 비교해 볼 필요가 있다. 먼저 유혹받는 요셉의 상황에 대하여 성경은 이렇게 보도한다. "그 후에 그 주인의 처가 요셉에게 눈짓하다가 동침하기를 청하니 요셉이 거절하며 자기 주인의 처에게 이르되 나의 주인이 가중 제반 소유를 간섭지 아니하고 다 내 손에 위임하였으니……금한 것은 당신뿐이니 당신은 자기 아내임이라 그런즉 내가 어찌 이 큰 악을 행하여 하나님께 득죄하리이까 여인이 날마다 요셉에게 청하였으나 요셉이 듣지 아니하여 동침하지 아니할 뿐더러 함께 있지도 아니하니라 그러할 때에 요셉이 시무하러 그 집에 들어갔더니 그 집 사람은 하나도 거기 없었더라 그 여인이 그 옷을 잡고 가로되 나와 동침하자 요셉이 자기 옷을 그 손에 버리고 도망하여 나가매"(창 39:7-12). 이어서 다윗의 경우를 보라. "저녁 때에 다윗이 그 침상에서 일어나 왕궁 지붕 위에서 거닐다가 그 곳에서 보니 한 여인이 목욕을 하는데 심히 아름다워 보이는지라 다윗이 보내어 그 여인을 알아보게 하였더니 고하되 그는 엘리암의 딸이요 헷사람 우리아의 아내 밧세바가 아니니이까 다윗이 사자를 보내어 저를 자기에게로 데려오게 하고 저가 그 부정함을 깨끗하게 하였으므로 더불어 동침하매 저가 자기 집으로 돌아가니라 여인이 잉태하매 보내어 다윗에게 고하여 가로되 내가 잉태하였나이다 하니라"(삼하 11:2-5).

뿌리를 내리지는 않습니다. 그러나 그 중에 어떤 생각은 우리의 마음에 안착합니다.

마치 여자의 몸 안에 수정란이 착상되어 아이로 자라듯이, 우리의 마음이 붙잡은 어떤 생각은 우리의 마음에 착상하여 그 마음을 태반으로 해서 자라납니다. 그리고 전에는 단지 생각으로서 마음에 영향을 끼쳤지만, 이번에는 그 생각이 어떤 마음으로 변하여 다른 생각에 영향을 끼칩니다.

그러므로 신자가 하나님께서 주신 부드러운 마음을 지키기 위해서는 이미 마음에 일어난 생각들도 잘 다스려야 하겠지만, 말하고 듣는 것을 통해서 하나님의 마음에 합당하지 않은 생각들이 마음에 유발되지 않도록 유의하여야 합니다.

한 사람의 삶은 그 사람의 마음이 그린 궤적입니다. 한 사람의 마음은 곧 그의 인격이고 사람됨이며, 그것들은 그의 마음에 뿌려진 생각들의 결국입니다. 더욱이 하나님의 자녀들은 죄악 된 세상에서 자신의 내면의 세계의 부패성과 더불어 싸우면서 거룩해져 가도록 부름을 받은 사람들입니다.

따라서 미래의 자신의 인생을 염려하는 것만큼 현재 자신의 마음을 살피는 일에 주의를 기울여야 합니다. 그러나 오늘 우리들의 삶의 모습을 보십시오. 우리가 얼마나 아무렇게나 살고 있습니까?

우리는 마음이 무디어진 나머지 마음을 오가는 생각을 살피기는커녕 이미 지은 악한 행동조차도 후회할 줄 모르는 뻔뻔스러움으로 살아가고 있지 않습니까?

　오늘날 우리 시대의 교회는 영적인 무감각을 지나서 도덕적인 무감각 시대를 지나고 있는 것 같습니다. 그리스도인들의 자기를 살피는 내적 성찰이 매우 부족하고, 교회는 그것을 일깨움에 있어서 현저히 무능한 시대를 살아가고 있습니다.

　저마다 자기의 의를 따라서 신앙 생활하는 가운데, 신자들의 내적 생명은 점점 더 고갈되고, 교회는 일에 분주하지만 자기의 지체들의 마음을 변화시키는 일에 대하여 점점 덜 고민하는 것 같습니다.

　아아, 우리는 왜 이렇게 살아갈까요? 어떻게 우리의 형식주의적인 종교 생활이 참된 영적 생활을 대신할 수 있겠으며, 우리가 의지하는 자기의가 어떻게 주님 앞에서 깨어진 영혼의 아름다움을 대치할 수 있겠습니까?

　우리 주님께서 무엇을 기뻐하실까요? 천천의 숫양으로 드리는 번제보다도, 만만의 강수와 같은 기름으로 드리는 제사보다도 우리의 온 마음을 전부 가지는 것을 기뻐하시지 않을까요?[51]

---

[51] 이 같은 사상은 이스라엘 백성들과 쟁론하던 미가 선지자의 탄식 속에 잘 나타나 있다. 미가 선지자는 마음으로 하나님을 떠나 율법에 입각한 삶을 버린 이스라엘 백성들의 제사와 제물, 그리고 헌신에 관한 고민을 조소적으로 묘사하면서 하나님께서 진정으로 기뻐하시는 것이 하나님과 함께하는 내면의 삶으로부터 흘러나오는 하나님의 성품에 부합한 삶임을 강조하고 있다. "내가 무엇을 가지고 여호와 앞에 나아가며 높으신 하나님께 경배할까 내가 번제물 일년 된 송아지를 가지고 그 앞에 나아갈까 여호와께서 천천의 숫양이나 만만의 강수 같은 기름을 기뻐하실까 내 허물을 위하여 내 맏아들을, 내 영혼의 죄를 인하여 내 몸의 열매를 드릴까 사람아 주께서 선한 것이 무엇임을 네게 보이셨나니 여호와께서 네게 구하시는 것이 오직 공의를 행하며 인자를 사랑하며 겸손히 네 하나님과 함께 행하는 것이 아니냐"(미 6:6-8).

그런데도 우리 그리스도인들은 자신의 마음을 살피는 일에 있어서 꼼꼼하고 지속적이지를 않습니다. 대부분의 그리스도인들에게 있어서 아직 행동으로 드러나지 않는 것은 없는 것과 마찬가지로 취급되고 있습니다.

자신의 작은 행동들은 물론이거니와, 아직 드러나지 않고 마음에 떨어지는 생각들까지 유의하면서 그것이 마음을 지배하게 될 때 몰고 올 결과에 대하여 살피는 사람들은 너무나 소수입니다. 그리고 생각 없이 살아가는 많은 그리스도인들은 그러한 주의 깊은 그리스도인의 거룩하고 경건한 삶의 실천에 대하여 율법주의라고 얕잡아 보거나 그리스도 안에 있는 자유를 누릴 줄 모르는 그리스도인이라고 말하며 불쌍하게 생각합니다. 그러나 막 사는 사람들의 자유와 거룩한 삶을 살아가는 사람들의 자유는 같은 것이 아닙니다. 전자의 자유 속에는 단지 자기가 하고 싶은 대로 하는 자유가 있을 뿐이지만, 후자의 자유 속에는 자유케 하시는 그리스도가 계십니다. 그분과의 거룩한 교통이 있고 그리스도를 닮아가는 성화와 영적 성장이 있습니다. 52

---

52 여기서 우리는 성화의 삶이 주는 긴장과 위로를 생각할 필요가 있다. 신자가 이 세상에서 누리는 참된 위로는 오직 하나님께로부터 오는 위로이다. 그것이 무엇이든지, 어떤 방식으로 오든지, 신자는 하나님과의 인격적인 교통을 통해서만 참된 안식이 있는 위로를 얻는다. 그리고 이러한 하나님의 위로는 그 분의 형상을 닮고, 거룩한 삶을 이어가려고 분투하는 신자들에게 베푸시는 보상이다. 자신의 성화를 위하여 죄와의 싸움 속에서 분투하지만, 진전이 없는 것처럼 보이는 때가 있다 할지라도 낙심하지 말라. 당장 하나님의 신령한 위로가 없다 할지라도 죄와 싸우고, 자신의 마음을 지키기 위한 분투를 그치지 말라. 왜냐하면 은밀히 보시는 하나님께서 그대의 외로운

그러므로 우리는 신자의 삶을 움직이는 사령탑으로서의 마음을 지키는 일에 열심을 내어야 합니다. 마치 노도와 같이 밀려드는 적의 침입 앞에서 죽을 힘을 다하여 진지를 파수하는 충성스럽고 용감한 군사와 같이 그렇게 자신의 마음을 지키는 일에 최선을 다하여야 합니다. 그렇지 않으면 마음을 지배하게 된 악한 생각들이 나중에는 우리의 삶을 그릇된 방향으로 이끌어 갈 것입니다. 그 때에

분투를 어떠한 식으로든지 보상하실 것이기 때문이다. 그대가 그 하나님을 느끼든지 못 느끼든지 하나님께서는 그러한 싸움을 당신을 향한 사랑과 충성으로 보실 것이다. 자기를 거룩한 성도로 부르신 하나님의 부르심에 합당하게 살고자 분투하는 신자들은 이러한 소명을 따라 살기에 부족한 자신을 절감하지만, 그래서 신자가 때로는 '육신을 떠나서 그리스도와 함께 있을 욕망을 가진 것이 더욱 좋게' 여겨지지만, 하나님께서는 신자가 그 자신에게 없는 것을 가지고 싸우기를 원하시는 것이 아니라 이미 주신 은혜로 분투하기를 원하신다. 하나님께서는 그렇게 성화의 삶을 위하여 분투하는 이들에게 죄를 이길 성령의 은혜를 주시고, 자기의 마음을 지키고 싶어하는 이들의 마음을 보호하신다. 아, 거룩해지기를 사모하되 이 세상의 모든 보물을 얻기보다 간절히 원하며 죄와 싸우는 신자들은 얼마나 복된 사람들인가? 신자의 행복이 무엇인가? 그 분이 이미 우리 안에 이루신 그리스도와의 연합을 온전히 누려되, 그리스도께서 우리 안에 풍성히 계셔서, 그 분이 되게 하고 싶은 사람이 되고, 그 분이 살고 싶으신 삶을 사는 것이 아닌가? 그래서 그 분이 우리 안에 우리가 그 분 안에 사는 것이 아닌가? 우리의 마음이 그 분의 것이 되고, 그 분의 마음이 우리의 것이 되는 것이 아닌가? 존 오웬(John Owen)은 신자가 끊임없이 마음을 지키며 죄와 싸우고자 하여도 즉각적이고 충분한 보상이 주어지지 않을 수 있다는 사실을 지적하며 시편 88편의 기자의 경험을 예로 들었다. 그는 시편 88편에서 시인은 끊임없이 마음을 지키고 죄를 죽이기 위하여 하나님 앞에 몸부림치는 삶을 살았으나 평화와 위안과는 거리가 먼 고통의 연속 가운데서 산 삶이었으며, 그러나 하나님께서는 당신이 사랑하는 그를 이후로 고난 가운데 있는 신자들의 본을 삼으셨다는 사실을 지적하였다. "A man may be carried on in a constant course of mortification all his days; and yet perhaps never enjoy a good day of peace and consolation. So it was with Heman, Ps. lxxxviii.; his life was a life of perpetual mortification and walking with God, yet terrors and wounds were his portion all his days. But God singled out Heman, a choice of friend, to make him an example to them that afterward should be in distress." John Owen, *Of the Mortification of Sin in Believers; the necessity, nature, and means of it: with a resolution of sundry cases of conscience thereunto belonging*, in *The Works of John Owen*, vol. 6, edited by William H. Goold, (Edinburgh; The Banner of Truth Trust, 1991 reprinting), p.21.

우리가 잘못된 삶의 방향을 되돌려놓는 것은 거의 불가능한 일입니다.[53]

그러므로 신자가 자신의 마음속에 오고 가는 생각을 살피는 것은 순종하는 삶과 거룩한 실천을 위하여 필수적인 의무입니다. 하나님을 향한 진실한 사랑을 품고 일생을 살기 위해서는 단지 한 순간의 결단이나 충동적인 헌신의 다짐만으로는 충분하지 않습니다.

우리가 영적으로 '깨어 있다'라고 할 때에 그 말의 가장 우선적인 의미는 자신의 마음과 삶의 상황에 대한 경계를 늦추지 않는 것입니다. 그러므로 우리는 늘 자기의 마음을 오가는 생각이 어떤 것인지, 그리고 자기의 마음에 떨어져서 착상되고 있는 생각이 몰고 올 마지막 결과에 대하여 진지하게 살펴야 합니다.

이 때에 어떤 악한 생각의 결과에 대한 판단은 신속할수록 마음을 지키는 데 유리합니다. 이것은 두 가지 이유 때문인데, 하나는 판단이 빠를수록 악한 생각에 마음이 받는 영향을 줄일 수 있기 때문이고, 또 하나는 악한 생각은 처음 떠올랐을 때가 가장 쉽게 물리칠 수 있기 때문입니다.

그러므로 신자의 거룩한 삶의 추구는 곧, 부단한 자기 성찰과 죄와 은혜 사이의 결단의 연속입니다. 물론 이러한 결단들은 결코 쉬

---

53 가능성이 있다면, 그것은 강력한 회심을 통하여 죄에 대하여 급격히 돌아서고, 그 이후로도 죄에 의하여 영향을 받았던 날보다 더 오래도록 하나님의 은혜 아래 살아서 그의 내면 세계가 본질적으로 변화되는 것이다. 그러나 죄가 깊다고 해서 반드시 그러한 회심이 찾아오는 것은 아니다.

운 일이 아닙니다.

하지만 일단 삶 속에서 악한 생각을 물리치는 결단을 실천하다 보면 연속적으로 그러한 삶이 가능하게 되는데, 이것은 그렇게 죄와 은혜 사이에서 은혜를 택하는 결단을 통해서 하나님께서는 영광을 받으시고 신자는 죄와 유혹을 이긴 자들에게 주시는 넘치는 위로와 평강을 누리게 되기 때문입니다. 하나님으로부터 받는 위로와 사랑이 잠시 죄의 낙을 누리는 것보다 더 견고하고 아름다운 경험임을 알게 되는 것입니다.

1.2 더러운 생각을 버림

둘째로, '마음을 지킨다'는 것은 '더러운 생각을 버리는 것'입니다.

우리가 생각해 보고 있는 마음 지킴의 가르침에서 언급하는 지켜야 할 마음은 하나님께 불순종하는 완고한 마음이나 죄악 된 심령이 아닙니다. 하나님 앞에서 마음을 지킨다는 것은 곧 그 분이 기뻐하시는 마음에 합당하지 않은 생각을 버리는 것입니다. 마음에 품어서 자라면, 지금 지키고 있는 마음을 더럽힐 생각들을 분별해 내어서 의식적으로 떨쳐 버리는 것입니다.

한 신자가 성화의 은혜 안에서 자라갈 때, 작은 생각들이 자신의 마음에 몰고 올 이후의 결과에 대하여 정확히 예견할 수 있는 능력도 함께 자라갑니다. 그래서 선악을 따지기에는 너무나 사소해 보이는 생각들의 기원과 본질에 대하여 성숙한 판단력을 갖게 됩니다.

마음에 착상하려는 어떤 생각들이 어디서 비롯되었고, 마음에 떨어져서 어떻게 성장하려고 하는지에 대한 분별력이 많아질수록 자신을 더럽힐 생각을 마음에 자리하지 못하도록 떨어내는 일에 유능해집니다. 그리고 이러한 분별력과 판단력은 성화의 과정에서 복음과 경건의 비밀을 알아가는 가운데 은혜로 받은 '총명'에 힘입는바 큽니다.[54]

그렇습니다. 신자가 마음을 지킨다는 것은 하나님께서 원하시는 일정한 상태의 마음을 유지하려고 애를 쓰는 것을 가리킵니다. 하나님께서 기뻐하시는 마음, 곧 신자의 성화를 위해서 그들 가운데 두고 싶어하시는 마음을 지키기 위해서는 필수적으로 그 마음을 오염시키는 더러운 생각들을 털어 버리려는 끊임없는 노력이 있어야 합니다. 그것이 바로 마음을 지킨다는 말의 또 다른 의미입니다.

---

[54] 이 '총명'(understanding)은 사도 바울이 신자들을 위하여 잊지 않고 간구하였던 기도 제목 가운데 하나였다. "이는 그가 모든 지혜와 총명으로 우리에게 넘치게 하사"(엡 1:8), "저희 총명이 어두워지고 저희 가운데 있는 무지함과 저희 마음이 굳어짐으로 말미암아 하나님의 생명에서 떠나 있도다"(엡 4:18), "내가 기도하노라 너희 사랑을 지식과 모든 총명으로 점점 더 풍성하게 하사"(빌 1:9), "이로써 우리도 들던 날부터 너희를 위하여 기도하기를 그치지 아니하고 구하노니 너희로 하여금 모든 신령한 지혜와 총명에 하나님의 뜻을 아는 것으로 채우게 하시고"(골 1:9), "내 말하는 것을 생각하라 주께서 범사에 네게 총명을 주시리라"(딤후 2:7).

이것을 좀더 상세히 살펴보기 위해서는 두 가지를 언급하고 넘어갈 필요가 있습니다. 첫째는 생각과 마음과의 관계이고, 둘째는 성화와 순종의 문제입니다.

1.2.1 첫 생각을 털어 버려라

여기서 우리가 생각해 보아야 할 것은 생각과 마음의 관계입니다. 이 둘은 밀접한 관계가 있으면서도 분명히 구분됩니다.

생각은 마음으로부터 흘러나오기도 하고, 또 밖에서 떠오른 생각들이 마음에 영향을 미치기도 합니다. 신자의 마음이 덜 성화되었을 때에는 온갖 더러운 생각들을 잘 받아들이지만, 상당한 성화의 진전이 있고 나면 마음 자체가 그런 더러운 생각에 대하여 거부감을 갖게 되는 것은, 바로 마음이 생각에 미치는 영향이 얼마나 큰지를 보여주는 것입니다.

물론 생각은 아직 주관적으로 마음에 받아들여지지 않은 상태의 지적 사고입니다. 그래서 생각은 마치 마음의 밭 위에 흩날리는 씨앗과 같습니다.[55] 그래서 어떤 사물이나 일들에 대하여 단지 생각이 떠오를 때는 아직 쉽게 떨쳐 버릴 수 있습니다.

---

[55] 여기서 우리는 예수님께서 가르치신 씨 뿌리는 비유를 생각하게 된다. "그런즉 씨 뿌리는 비유를 들으라 아무나 천국 말씀을 듣고 깨닫지 못할 때는 악한 자가 와서 그 마음에 뿌리운 것을 빼앗나니 이는 곧 길가에 뿌리운 자요 돌밭에 뿌리웠다는 것은 말씀을 듣고 즉시 기쁨으로 받되 그 속에 뿌리가 없어 잠시 견디다가 말씀을 인하여 환난이나 핍박이 일어나는 때에는 곧 넘어지는 자

그렇지만 그 생각이 마음에 떨어져서 주관적으로 받아들여지고 나면, 그 생각은 마음에 영향을 미치고 마음의 경향성까지 지배하게 되는 데까지 발전할 수 있습니다.

악한 마음을 가진 사람은 스쳐 가는 악한 생각들을 강렬하게 붙들고 거기에 반응합니다. 그래서 악한 마음은 힘을 얻게 되고 그 마음은 그로 하여금 악한 행동을 하게 합니다.

하나님 앞에서 선한 마음은 거룩한 은혜에 잠긴 마음입니다. 그리고 은혜에 잠긴 사람의 마음에도 수시로 악한 생각이 떠다닙니다. 그러나 그런 사람들이 악한 생각을 떨쳐 내는 것은 비교적 쉽습니다.

그러나 마음에서 하나님의 은혜가 떠나고 강퍅해지기 시작하면 그런 악한 생각을 털어내는 것이 힘들어지기 시작합니다. 선한 마음을 가진 사람이라고 해서 악한 생각이 전혀 그 마음에 착상할 수 없는 것은 아니지만, 전자의 사람처럼 스쳐 가는 악한 생각들을 강렬하게 붙들지는 않을 것입니다.[56] 왜냐하면 그의 마음에 스쳐 가

요 가시떨기에 뿌리웠다는 것은 말씀을 들으나 세상의 염려와 재리의 유혹에 말씀이 막혀 결실치 못하는 자요 좋은 땅에 뿌리웠다는 것은 말씀을 듣고 깨닫는 자니 결실하여 혹 백 배, 혹 육십 배, 혹 삼십 배가 되느니라 하시더라"(마 13:18-23). 사람의 마음에 하나님의 말씀이 떨어져서 믿음이 자라는 것과 악한 생각이 떨어져서 죄를 짓게 되는 것은 비슷한 과정을 거친다. 신학적으로 인간에게 있어서 신앙의 자리와 죄의 자리는 모두 마음이기 때문이다. 하나님의 은혜의 영향력도 마음을 통하여 들어오고, 죄의 영향력도 마음을 통하여 자라게 된다. 따라서 죄를 짓는 과정과 회개하는 과정이 동일하다. (1) 죄를 짓는 과정은, 죄를 생각함(知)-죄를 사랑함(情)-그것을 선택함(意)이고, (2) 회개하는 과정도, 죄를 깨달음(知)-죄를 슬퍼함(情)-죄에서 돌이킴(意)이기 때문이다. 그리고 이렇게 죄를 짓거나 회개하는 과정이 지(知), 정(情), 의(意)의 세 과정을 모두 거치는 것은 범죄와 회개 모두 신자의 인격적인 참여를 통하여 이루어진다는 것을 보여준다.

는 악한 생각들의 성격이 그의 마음의 경향과 너무 다르기 때문입니다.

이처럼 생각과 마음은 아주 밀접한 유기적인 관계에 있습니다. 생각을 통해서 마음이 지배되고 동시에 그 마음이 생각을 지배합니다.

따라서 하나님께 순수하게 영향을 받는 마음의 상태를 유지하기 위해서는, 신자가 그 마음에 날아가는 많은 생각 가운데 악하고 더러운 생각들을 수시로 털어내지 않으면 안 됩니다.

만약 우리가 어떤 특정한 더러운 생각을 떨쳐 버리는 일이 힘겹게 느껴지면, 그것은 이미 우리의 마음의 정서가 그 더러운 경향성에 기울고 있음을 입증하는 것입니다. 이럴 때 그 더러운 생각을 통한 유혹은 특별히 기승을 부릴 힘을 얻게 됩니다.[57]

물이 흐르지 않는 개울에서 일어나는 일을 생각해 보는 것은 이

---

[56] 선한 사람의 마음에도 악한 생각이 스쳐 가고, 악한 사람의 마음에도 선한 생각이 스쳐 간다. 선한 사람의 마음은 대체로 선에 대하여 우호적이고 선한 것을 많이 생각하게 되지만, 악한 사람은 대체로 악에 대하여 친화적이고 악한 것을 많이 생각한다. 그러나 마음은 자기 안에 있는 지배적인 경향과 합치하는 생각을 보다 더 쉽게 붙들며, 상치된 생각은 떠올라도 상대적으로 마음에 덜 쉽게 착상된다. 따라서 신자가 지속적으로 효과적으로 성화의 길을 가기 위해서는 자기 안의 지배적인 경향이 경건하고 진실하게 변화되어야 한다. 그리고 그러한 내적 변화는 영적 변화 없이는 불가능한 것이다.

[57] 신자가 일생을 영적으로 성장하는 가운데 거룩해져 가기 위해서는 매일 맞닥뜨리는 죄와 씨름하고 그것을 이기는 것이 급선무이지만, 더 중요한 것은 그러한 분투를 통하여 자기 내면에서 죄의 경향성을 죽이고 복음적인 거룩함을 추구하는 경향성이 지배적이 되도록 하여야 한다. 그러므로 거룩한 삶을 살아가게 하는 신자 내면의 참된 변화는, 거듭난 후에도 지속적인 '죄 죽임'(the mortification of sin)과 하나님의 은혜가 우리 안에서 역사하는 것을 통해서만 가능하다.

러한 이치를 이해하는 데 도움을 줍니다.

우리 나라도 예전처럼 강수량이 풍부하지 않습니다. 더욱이 부족한 수자원을 활용하기 위하여 저수지를 많이 만들다 보니 장마철을 제외하고는 물이 흐르지 않는 무수천無水川들이 많이 생겨나게 되었습니다.

개울에 물이 없으면 생태계가 모두 파괴되어서 황폐하게 될 것 같은데, 사실은 그렇지 않습니다. 물이 흐르지 않는데도 신기하게 개천 바닥과 주변에는 많은 풀들이 돋아나고 나름대로 무수천의 상황에 적합한 생태계가 형성됩니다. 물론 그것들은 맑은 물이 흐르는 개울이 있던 때에 형성되었던 생태계와는 전혀 다른 것들임에 틀림없습니다.

사람의 마음도 그러합니다. 신자의 마음이 하나님의 은혜에 잠길 때에 마음 밭에 잘 착상하여 무성하게 자라는 생각들이 있고, 신자의 마음이 강퍅해질 때에 마음에 잘 착상하여 자라는 생각들이 있습니다.[58]

신자가 하나님의 은혜 안에 살 때에는 하나님의 사랑 없이는 살

---

[58] 이와 같이 마음 밭이 강퍅하게 될 때에 잘 착상되는 생각의 씨앗이 있고, 부드러울 때에 잘 착상되는 생각의 씨앗이 있다. 전자는 범죄하고자 하는 인간의 악한 생각이고, 후자는 하나님의 은혜의 영향력을 가져다 주는 경건한 생각이다. 생장 환경이 다르면 같은 장소일지라도 다른 생태계가 형성되듯이, 마음의 상태에 따라 마음에 잘 받아들여지는 생각이 있고 그렇지 않은 생각이 있다. 그러므로 마음의 상태는 어떤 생각의 생성과 흡수를 좌우하고, 어떤 생각의 빈발은 그 마음의 상태에 영향을 미친다. 그러므로 마음 지킴을 위한 신자의 싸움은 두 가지 방향으로 집약되어야 하다. 하나는 영혼의 참된 변화를 통하여 마음의 변화를 경험하는 것이고, 또 하나는 은혜 안에 있는 마음의 상태에 영향을 미칠 악한 생각의 공격으로부터 마음의 순전함을 보존하는 것이다.

수 없을 것 같지만, 막상 하나님의 은혜로부터 멀어지고 악한 상태의 마음이 되면 하나님의 사랑 없이도 살아가는 존재의 질서가 정착하게 됩니다. 그리고 그러한 삶을 통해서 온갖 죄의 열매를 맺으며 고통스러운 삶을 살아가는 것입니다. 하나님 없이 살아가는 인생이 되는 것입니다.

따라서 생각에 대한 마음의 반응은 신자의 마음의 건강함을 측정하는 중요한 시금석이 됩니다. 신자의 마음에 더러운 생각들이 떠오른다고 해서 그것이 곧 그 사람의 악함을 입증하는 것은 아닙니다. 그런 생각을 쉽게 떨쳐 버릴 수 있는 한, 그의 마음에 아무리 많이 악한 생각들이 떠오른다고 할지라도 그는 아직 건강한 신자입니다.

그러나 이따금 떠오른 악한 생각이라고 할지라도 그것을 신자의 마음이 강렬하게 붙들고 놓지 않으려고 한다면, 그는 이미 범죄의 위험한 벼랑 끝에 있는 것입니다.

1.2.2 의지적으로 순종하라

문제는 누가 생각의 주체인가 하는 것입니다. 물론 사단이 사람의 마음에 어떤 생각을 넣어 주기도 하고, 성령께서 그렇게 하시기도 합니다. 그리고 다양한 환경들에 기인하여 그런 일이 일어날 수 있습니다. 그러나 그렇다고 하더라도 생각의 주체가 인간이라는 사실은 부인할 수 없습니다.

신자의 성화에 있어서 주도권은 성령께 있지만, 인간 또한 성화에 있어서 엄연한 주체로 참여합니다. 하나님께서 그를 거룩하게 하고자 하시는 성화의 열심에 인간은 순종함으로 참여합니다. 하나님께서는 모든 사람을 성화시켜 나가시지만, 성화되고자 하는 사람들의 순종을 통해서 이 일을 이루어 가십니다.[59]

신자가 마음에 떠오르는 더러운 생각들을 털어내는 것은 곧 성화에 있어서 의지적 순종의 발로입니다. 성화의 초기 단계에서는, 우리가 주도권을 쥐고 있는 것처럼 생각합니다만, 더 깊은 은혜를 경험할수록 우리를 거룩하게 하시기 위하여 포기하지 않는 열정을 가지고 우리 안에서 일하시는 하나님을 봅니다.

이러한 사실은 빌립보 교회 교인들이 성화되어 가는 모습을 지켜보던 사도 바울의 고백 속에서도 나타납니다. "그러므로 나의 사랑하는 자들아 너희가 나 있을 때뿐 아니라 더욱 지금 나 없을 때에도

---

[59] 성화에 있어서 가장 고전적인 교리 중 하나는 이것이다. "성화에 관한 한, 하나님께서는 거룩해시고자 하는 성도들을 거룩하게 하신다." 많은 사람들은 점진적인 성화도 즉각적인 구원과 마찬가지로, 인간의 책임을 강조하는 것은 하나님의 은혜의 역할을 약화하는 것이라고 논쟁하기도 한다. 그러나 그것은 성화의 특성에 관한 성경의 교리를 바르게 이해하지 못한 데서 오는 논쟁이다. 존 오웬(John Owen)의 지적과 같이 성화에 있어서 하나님께서는 우리 안에서 우리와 함께 일하시지 우리를 거슬러서 우리 없이 역사하지 않으신다. John Owen, *Of the Mortification of Sin in Believers; the necessity, nature, and means of it: with a resolution of sundry cases of conscience thereunto belonging*, in *The Works of John Owen*, vol. 6, edited by William H. Goold, (Edinburgh; The Banner of Truth Trust, 1991 reprinting), p.20. 종교개혁 이래 청교도들에 이르기까지, 교리를 세우는 신학적인 작업 중 무시될 수 없는 요소는 그 교리를 세움에 있어서 체험적인 검증의 요소이다. 즉 청교도들은 단지 성경의 본문을 객관적으로 연구

항상 복종하여 두렵고 떨림으로 너희 구원을 이루라 너희 안에서 행하시는 이는 하나님이시니 자기의 기쁘신 뜻을 위하여 너희로 소원을 두고 행하게 하시나니"(빌 2:12-13).

하나님께서는 거룩해지려는 사람들을 거룩하게 하십니다. 그들의 노력이 그들을 거룩하게 하는 것이 아닙니다. 오직 진리를 사용하시는 성령의 새롭게 하심으로 거룩해집니다. 이 일을 위하여 하나님께서는 우리가 당신과 같은 뜻을 품기를 원하십니다.

하거나, 다른 사람들의 신학 이론을 답습함으로써 교리를 세운 것이 아니다. 그들은 교리를 세움에 있어서 세우고자 하는 교리가 성경의 진리에 부합한지, 다른 교리와 충돌하지는 않는지, 논리적으로 모순이 없는지를 확인했을 뿐 아니라, 자신의 삶 속에서 그 교리가 진리인지를 경험적으로 검증하는 것을 중요시하였다. 종교개혁자들이 거의 예외 없이 그러하였다. 마르틴 루터(Martin Luther)의 이신칭의 교리는 '믿음으로 의롭다 함을 얻는다'는 진리를 깨닫기까지 고뇌하고 투쟁했던 그의 신앙의 체험을 통하여 입증된 교리가 아닌가? 존 칼빈(John Calvin)의 '하나님의 영광'에 관한 교리가 파리에서 경험한 그의 영적 경험과 어떻게 따로 떼어놓고 설명될 수 있겠는가? 칼빈으로 하여금 성경으로 돌아가게 하였던 신학적인 감화의 한 원천이었던 히포의 감독 어거스틴(Augustine of Hippo)의 위대한 '은총의 신학'이 그의 타락과 용서의 경험을 통하여 세워진 교리라는 것을 누가 부인할 수 있는가? 교리를 세움에 있어서 객관적인 성경의 진리와 그것이 진리임을 경험하는 것은 필수적인 요소이다. 그런데 오늘날에 와서는 이러한 신학함 내지는 교리 세움에 있어서 체험적인 측면들이 경시되고 있는데, 이것은 교회의 영적인 상태와 밀접한 관계가 있다. 성화에 있어서 인간의 책임에 대한 강조가 하나님의 은혜를 배척하는 것이 아니라는 것은 아무리 강조되어도 지나침이 없다. 거룩한 삶을 위한 분투를 경험해 본 신자는 거룩해지고자 애씀에 있어서 자신의 힘을 다하지만, 그의 마음은 전폭적인 하나님의 은혜를 바라본다. 그 분투에서 일시적인 승리를 거두었을 때에도 그것이 자신의 투쟁의 노획물이 아니라 하나님의 은혜라고 생각하는 것도 바로 이 같은 은혜에 대한 갈망 때문이다. 사도 바울의 다음 경험도 이를 입증한다. 인간의 책임에 관하여는, "그런즉 사랑하는 자들아 이 약속을 가진 우리가 하나님을 두려워하는 가운데서 거룩함을 온전히 이루어 육과 영의 온갖 더러운 것에서 자신을 깨끗게 하자"(고후 7:1), 그리고 하나님의 은혜에 대하여는, "그러나 나의 나 된 것은 하나님의 은혜로 된 것이니 내게 주신 그의 은혜가 헛되지 아니하여 내가 모든 사도보다 더 많이 수고하였으나 내가 아니요 오직 나와 함께하신 하나님의 은혜로라"(고전 15:10). 따라서 신자는 성화의 삶을 구현함에 있어서, 마치 자신이 거룩해지려고 분투하지 않으면 거룩하게 하시려는 하나님의 은혜를 헛되게 할지도 모른다는 긴장감 속에서 주체적으로 순종하며 이 일에 참여하여야 한다.

우리를 거룩하게 하시려는 하나님의 뜻에 순종하면 순종할수록 우리는 우리가 거룩의 주체가 아니라는 것을 절실히 느끼게 됩니다. 자신은 도저히 거룩해질 수 없는 존재인데, 어찌할 수 없는 죄인을 하나님께서 거룩하게 하심을 경험하게 됩니다. 그래서 신자 중 누구도 자기의 성화의 진보에 대하여 자신의 공로를 자랑할 수 없는 것입니다.[60]

그래서 여기에서 화두로 떠오르는 것은 '순종' 입니다.[61] 우리는 순종과 축복을 연결시키기 좋아합니다. 마치 일상적으로 살면 신자

---

[60] 여기서 우리는 극단을 조심해야 한다. 첫째는, 오직 자신의 노력으로써만 거룩해질 수 있다는 수도주의적 경향이다. 이 같은 경향을 따르는 사람들은 오직 성령만이 죄를 죽이시는 주체가 된다는 성경의 명백한 증언을 무시함으로써 실제적으로는 죄 죽임도 없이 성화를 위하여 노력하는 자기의(自己義)를 쌓아가게 된다. 둘째는, 하나님께 자신을 맡기기만 하면 성화가 이루어진다는 견해가 그것이다. 이에 대하여 존 라일(John C. Ryle)은 신자들에게는 하나님께서 중생을 통하여 죄를 이기며 성화의 진보로 나아갈 수 있도록 생명의 원리와 은혜의 생명을 유업으로 주셨음을 강조하면서도, 성화에 있어서 신자의 책임을 다음과 같이 강조한다. "성화를 위한 책임은 모든 신자들에게 있다. 나는 여러분들이 이 말을 오해하지 않기를 바란다. 나는 마지막 날에 이 세상의 모든 사람들은 자신의 성화의 정도에 대해 하나님께 책임 있는 해명을 해야 하며, 버림받은 사람들은 아무 핑계도 대지 못할 것이라고 확신한다. ……신자들은 다른 사람들처럼 눈멀고 중생하지 못하고 죽은 사람이 아니다. 그들은 하나님께 대하여 살아 있으며 자기 안에 빛과 지식의 새로운 원리를 소유하고 있다. 만일 그들이 거룩한 사람이 되지 않는다면 그것은 누구의 잘못인가? 그들 자신의 잘못이 아닌가? ……자신을 스스로 참 신자라고 고백하면서도 아무 것도 하지 않고 가만히 앉아 저급한 수준의 성화에 만족하며 자신은 아무 것도 할 수 없다고 말한다면, 그것은 참으로 불쌍한 모습이며 무지한 사람이라 아닐 수 없다. 우리는 이러한 미혹에 빠지지 않도록 깨어 있어야 한다. 하나님의 말씀은 항상 성화에 관하여 책임 있는 존재인 신자들에게 교훈을 준다. 성령으로 말미암아 우리를 부르시고 중생의 은혜를 주신 구세주께서는 우리가 잠들지 아니하고 이미 주신 은혜를 성화를 위하여 사용하기를 원하신다. 많은 신자들이 성령을 근심하게 만들며, 쓸모 없고 평안을 모르는 그리스도인이 되는 것은 바로 이 같은 진리를 망각하기 때문이다." J. C. Ryle, *Holiness: Its Nature, Hindrances, Difficulties, and Roots*, (Darlington; Evangelical Press, 1997 reprinting), p.19.

로서 기본적인 삶이 가능하고, 그 위에 순종을 하면 추가적인 축복을 받는 것처럼 말입니다.[62] 그래서 순종은 곧 축복의 원리이고 수단이라고 생각합니다.

그러나 순종이 성화의 영역에서만큼 절실하게 필요한 경우도 없습니다. 순종 없이는 성화의 어떠한 진전도 없습니다. 신자의 마음 안에 있는 죄를 죽이기 위해서는, 하나님의 말씀에 대한 총체적이고 기꺼운 순종이 필요합니다.

따라서 신자는 마땅히 마음으로 악한 생각을 붙드는 것을 죄로 여겨야 합니다. 마음 전체가 하나님 앞에 바쳐지기를 갈망하며 살아야 합니다. 온 세상에서 자기의 마음이 하나님에 의하여 독점되지 아니하면 금세 불결하고 더럽게 될 것처럼 말입니다.[63]

---

[61] 그래서 여기에서 이제 화두로 떠오르는 것은 '순종'이다. 우리는 흔히 순종을 축복의 비결로 이해하고 싶어한다. 그러나 순종은 복음이 이 세상에 전파되는 궁극적인 이유이다. 이에 대하여 성경은 말한다. "그로 말미암아 우리가 은혜와 사도의 직분을 받아 그 이름을 위하여 모든 이방인 중에서 믿어 순종케 하니 너희도 그들 중에 있어 예수 그리스도의 것으로 부르심을 입은 자니라"(롬 1:5-6), "이제는 나타내신 바 되었으며 영원하신 하나님의 명을 좇아 선지자들의 글로 말미암아 모든 민족으로 믿어 순종케 하시려고 알게 하신 바 그 비밀의 계시를 좇아 된 것이니 이 복음으로 너희를 능히 견고케 하실 지혜로우신 하나님께 예수 그리스도로 말미암아 영광이 세세무궁토록 있을지어다 아멘"(롬 16:26-27). 사도 바울이 열심히 복음을 전파하며 헌신적으로 살면서 꿈꾼 것은 인간들의 하나님께 대한 순종이었다. 순종은 완성된 하나님 나라의 모습인 동시에 죄가 들어오기 전 세상의 회복이기도 하다.

[62] 구약에서 축복이 강조되고 있는 것처럼 보이는 것은, 크게 두 가지로 설명할 수 있다. 하나는 하나님께서 이스라엘 백성들 가운데 초기 야훼 신앙을 심으시는 과정에서 나타난 과도기적인 경륜이며, 또 하나는 그러한 축복은 그 자체에 대한 기대를 심어 주기 위한 것이라기보다는, 이스라엘 백성들에게 있어서 하나님과의 관계가 얼마나 생명적인지를 보여주는 것이다. 특별히 전자는 하나님께서 이스라엘 백성들에게 구약 종교의 영적인 측면을 보여주시는 과정과 관련이 있다. 즉 하나님께서 이스라엘 백성들을 역사 속에서 다루시면서, 초기에는 단순한 신앙의 구조 속에서

만약 신자가 이렇게 중심으로부터 순종하지 아니하면 마음에 떨어진 악한 생각은 자라기 시작하고 장성하면서 그 마음을 점점 굳게 할 것입니다. 그리고 순종하기보다는 불순종하기에 적합한 마음이 되게 할 것입니다.

급기야 신자는 악한 마음에 굴복하고 범죄하게 될 것이며 반복적인 범죄는 그를 패역으로 이끌 것입니다. 그리고 그러한 패역은 신

순종의 요구와 축복의 약속을 보여주시고, 후기에 접어들수록 종교의 영적인 측면을 보여주신 사실에서 알 수 있다. 때로는 이러한 영적인 특성의 계시가 기존의 제사 제도에 대한 부정처럼 보이는 것도 바로 이스라엘 백성의 신앙을 점진적으로 다루시는 하나님의 경륜에 기인한 것이다. 다음 구절들을 참고하라. "주는 제사를 즐겨 아니하시나니 그렇지 않으면 내가 드렸을 것이라 주는 번제를 기뻐 아니하시나이다 하나님의 구하시는 제사는 상한 심령이라 하나님이여 상하고 통회하는 마음을 주께서 멸시치 아니하시리이다"(시 51:16-17), "여호와께서 말씀하시되 너희의 무수한 제물이 내게 무엇이 유익하뇨 나는 숫양의 번제와 살진 짐승의 기름에 배불렀고 나는 수송아지나 어린 양이나 숫염소의 피를 기뻐하지 아니하노라 너희가 내 앞에 보이러 오니 그것을 누가 너희에게 요구하였느뇨 내 마당만 밟을 뿐이라 헛된 제물을 다시 가져오지 말라 분향은 나의 가증히 여기는 바요 월삭과 안식일과 대회로 모이는 것도 그러하니 성회와 아울러 악을 행하는 것을 내가 견디지 못하겠노라"(사 1:11-13), "유다인과 예루살렘 거민들아 너희는 스스로 할례를 행하여 너희 마음 가죽을 베고 나 여호와께 속하라 그렇지 아니하면 너희 행악을 인하여 나의 분노가 불같이 발하여 사르리니 그것을 끌 자가 없으리라"(렘 4:4).

63 "그 자손으로 백성 중에서 더럽히지 말지니 나는 그를 거룩하게 하는 여호와임이니라"(레 21:15), "누구든지 하나님의 성전을 더럽히면 하나님이 그 사람을 멸하시리라 하나님의 성전은 거룩하니 너희도 그러하니라"(고전 3:17). 도덕적인 불결로부터 우리를 보호하시려는 하나님의 계획은 우리를 당신의 성품을 따라 거룩하게 하심으로써 성취된다. 이렇게 신자들인 우리를 향한 거룩에의 부르심은 우리와 더불어 친교를 누리시려는 하나님의 열망을 대변하는 것이다. 그리고 이러한 친교를 통하여 즉 거룩을 통하여 하나님의 백성들은 그들만의 신앙적인 정체성을 유지할 수 있으며, 이것 없이는 하나님의 선교적인 의도가 이루어질 수 없다. 그래서 신약성경은 이러한 온전한 거룩으로 신자들을 부르시는 하나님의 요구와 초청으로 가득 차 있다. 다음 성경 구절을 참고하라. "이제는 그의 육체의 죽음으로 말미암아 화목케 하사 너희를 거룩하고 흠 없고 책망할 것이 없는 자로 그 앞에 세우고자 하셨으니"(골 1:22), "우리가 너희 믿는 자들을 향하여 어떻게 거룩하고 옳고 흠 없이 행한 것에 대하여 너희가 증인이요 하나님도 그러하시도다"(살전 2:10), "곧 창세 전에 그리스도 안에서 우리를 택하사 우리로 사랑 안에서 그 앞에 거룩하고 흠이 없게 하시려

자로 하여금 부드러운 마음으로 돌아갈 수 없게 만듭니다. 성화 없이 천국은 없고, 순종 없이 성화는 없습니다. 죄는 처음 마음에 생각으로 떠오르는 때가 가장 물리치기 쉽습니다. 시간이 흘러 그 생각이 마음에 착상되어 뿌리를 깊이 내리면 자신의 힘으로 물리치는 것은 절대로 불가능합니다.

이런 상황이 되면, 신자의 마음을 지키는 일은 점점 더 어려워지게 됩니다.

마음이 그의 경건한 통제에서 벗어나기 때문입니다. 죄의 세력은 왕성해지고, 거룩의 능력은 힘을 상실하게 되어 그는 영적으로 죽은 자와 방불한 상태로 들어가게 됩니다.

사도 바울의 다음 고백은 바로 이러한 상태에서 우러나온 탄식입니다.

"내 지체 속에서 한 다른 법이 내 마음의 법과 싸워 내 지체 속에 있는 죄의 법 아래로 나를 사로잡아 오는 것을 보는도다 오호라 나는 곤고한 사람이로다 이 사망의 몸에서 누가 나를 건져내랴"(롬 7:23-24).

고"(엡 1:4). "자기 앞에 영광스러운 교회로 세우사 티나 주름잡힌 것이나 이런 것들이 없이 거룩하고 흠이 없게 하려 하심이니라"(엡 5:27). "이는 너희가 흠이 없고 순전하여 어그러지고 거스리는 세대 가운데서 하나님의 흠 없는 자녀로 세상에서 그들 가운데 빛들로 나타내며"(빌 2:15). "너희 마음을 굳게 하시고 우리 주 예수께서 그의 모든 성도와 함께 강림하실 때에 하나님 우리 아버지 앞에서 거룩함에 흠이 없게 하시기를 원하노라"(살전 3:13). "평강의 하나님이 친히 너희로 온전히 거룩하게 하시고 또 너희 온 영과 혼과 몸이 우리 주 예수 그리스도 강림하실 때에 흠 없게 보전되기를 원하노라"(살전 5:23). "그러므로 사랑하는 자들아 너희가 이것을 바라보나니 주 앞에서 점도 없고 흠도 없이 평강 가운데서 나타나기를 힘쓰라"(벧후 3:14).

그는 부활하신 그리스도를 직접 빛으로 만난 사람이었습니다. 삼층천을 두루 보았고, 커다란 능력을 받은 사람이었습니다. 그렇게 은혜받은 사람이었음에도 불구하고 통곡하듯이 탄식합니다. "오호라 나는 곤고한 사람이로다."

그는 사망에 이르도록 운명지어진 자신의 육신으로부터 자기의 영혼을 구출할 이가 누구냐고 물으며 탄식합니다. 결국 그는 지금 자신도 어찌할 수 없는, 자신을 지배하고 있는 마음의 죄와 함께 씨름하며 고통하고 있는 것입니다.

여러분의 마음 안에 하나님을 거스르는 악한 본성이 지배력을 행사할 때에, 여러분의 삶은 하나님을 거스르는 도도한 항해를 계속할 것입니다. 무엇으로 하나님을 거스르는 삶의 항해를 막을 수 있겠습니까?

일주일에 몇 번씩 형식적으로 참석하는 예배나 의례적인 성찬, 마음을 온전히 바치지 아니한 분주한 섬김 같은 것으로 거대한 배처럼 항진하는 하나님 없는 삶을 막을 수는 없습니다. 하나님 앞에 깊이 깨뜨려지는 자기 깨어짐의 참회와 지속적인 은혜 안에서 살아가는 영적인 회복의 과정이 없다면, 그러한 삶은 그의 운명과 같을 것입니다.

이 모든 엄청난 일의 시작은 마음이 악한 생각에 지배됨으로써 이루어지는 것입니다. 그리고 그것은 악한 생각을 떨쳐 버리지 못하는 의지적인 불순종으로부터 시작되었습니다. 그 마음이 하나님의 은혜의 영향력으로부터 멀어지면서 죄에 가까워진 것입니다. 이 같은 사실을 통해 우리는 육체가 질병에 가까워지는 것과 영혼이 죄에 가까워지는 것 사이에 미묘한 일치가 있음을 발견하게 됩니다. 즉, 인간의 육체는 자연으로부터 멀어질수록 질병에 가깝고, 그의 영혼은 은혜로부터 멀어질수록 죄악에 가까운 것입니다.

1.3 마음에 대한 통제력을 유지함

셋째로, '마음을 지킨다'는 것은 '마음에 대한 통제력을 유지하는 것' 입니다. 즉, 스스로 마음을 쉽게 통제할 수 있도록 재갈을 물리는 것을 의미합니다.

제가 언젠가 시골에 머무는 동안에 경험한 일입니다. 제가 머물던 집에 송아지가 한 마리 있었는데, 마침 코를 뚫으러 가려던 참이었습니다. 겨울철에 바쁜 일 때문에 송아지 코 뚫을 시기를 한두 달 미루어서 가게 된 것입니다.

그 집의 아버지와 아들이 송아지를 데리고 집을 나섰습니다. 아직 코를 뚫지 못한 송아지니 할 수 없이 고삐 대신 목에 줄을 매어 끌고 갈 수밖에 없었습니다. 그런데 집을 나서자마자 이 송아지가 길로 가지를 않고 산으로 올라가는 것이 아닙니까? 장정 두 사람이

밧줄을 붙잡고 길 아래로 끌어내리려 했지만, 송아지는 한사코 산으로 올라가려고 했습니다. 밧줄을 붙잡은 두 사람이 안간힘을 썼지만, 오히려 산으로 딸려 올라갈 뿐이었습니다. 그 때에 아들과 함께 송아지를 끌고 가던 아버지가 중얼거렸습니다. "코 뚫지 않은 송아지 세 부자가 감당을 못한다더니……."

힘차게 달리는 말을 누가 멈출 수가 있겠습니까? 아무도 그를 멈추게 할 수 없지만, 말고삐를 잡고 있는 사람은 한 손의 까딱거림으로도 그 말을 멈추게 할 수 있습니다. 신자가 마음을 지킨다는 것은 이처럼 마음에 대한 통제력을 유지하고 있는 것을 의미합니다.

이처럼 사람의 마음은 마치 짐승과 같습니다. 잘 길들여지거나 안전하게 가두고 있을 때는 사람들에게 안전하지만, 그렇지 못하면 어느 순간에 야수의 본성을 드러내어 사람을 해치거나 우리에서 뛰쳐나갈지 모릅니다.

비록 그가 지금은 경건하고 거룩한 삶을 이어가는 신자라 할지라도 그의 내면의 세계 안에는 짐승처럼 살고자 하는 욕구가 내재합니다. 그가 은혜 안에 살면서 자기의 마음을 지키는 동안에는 삶이 그러한 욕구에 굴복하지 않지만, 그렇지 못할 때에는 언제든지 야수와 방불한 삶으로 나아갈 수 있습니다.

다윗을 생각해 보십시오. 그는 '하나님의 마음에 합한 자'로 인정되었고, 그의 삶은 그 이후 열왕들이 어떠한 사람들인지를 재는 척도가 되었습니다.[64] 그의 삶은 하나님의 마음을 닮은 그의 마음이 빚어 낸 작품이었습니다.

어떻게 보면, 다윗이 살았다기보다는 하나님께서 다윗 안에 오셔서 당신이 살게 하고 싶으셨던 그 삶을 살아가셨다고 말할 수 있습니다.

사무엘하 11장을 보기 전 그의 순결한 삶 속에서 누가 그의 마음 안의 야수성을 말할 수 있겠습니까? 그러나 우리아의 아내 밧세바를 범하고 자신의 범죄를 은폐하기 위하여 그녀의 남편을 살해하는 일련의 과정을 통하여 우리는 그가 충분히 짐승에 가까운 사람이 된 것을 봅니다. 그 사이에 무슨 변화가 일어났습니까?

그것은 단지 그가 야인으로서 고난에 찬 생활을 하다가 제왕으로서 영화를 누리는 왕궁 생활을 하게 됨으로써 저절로 일어난 것이 아닙니다. 엄격히 말하면 그것은 환경의 소산이 아니라, 다윗 자신이 이제껏 하나님 앞에 살아오던 자신의 마음에 대한 통제력을 잃어버렸기 때문입니다.[65]

그러므로 신자가 자기 안에 있는 이러한 악한 잠재력을 누르고

---

[64] "다윗을 왕으로 세우시고 증거하여 가라사대 내가 이새의 아들 다윗을 만나니 내 마음에 합한 사람이라 내 뜻을 다 이루게 하리라 하시더니"(행 13:22). 그의 삶은 이스라엘 열왕들의 신앙적인 삶의 평가 기준이 되었다. "여호와 보시기에 정직히 행하여 그 조상 다윗의 길로 행하여 좌우로 치우치지 아니하고"(대하 34:2).

[65] 그렇게 하나님의 마음에 합하였던 다윗이 우리아의 아내를 범하고 그녀의 남편을 죽인 것에 대한 하나님의 평가는 다음과 같다. "그 장사를 마치매 다윗이 보내어 저를 궁으로 데려오니 저가 그 처가 되어 아들을 낳으니라 다윗의 소위가 여호와 보시기에 악하였더라"(삼하 11:27). 다윗의 이러한 범죄는 우발적인 것처럼 보이지만, 사실은 안락한 왕궁 생활로 그의 마음이 예전의 은혜의 영향력을 잃어버리고 오히려 악한 욕망의 지배를 받고 있었던 사실을 보여준다. 하나님 앞에서 살았던 경건한 삶이나 부패하고 타락한 삶 모두 그의 현재적인 마음의 발로였음을 입증한다.

진실하고 거룩한 삶을 살기 위해서는 두 가지가 필수적입니다. 하나는 그의 마음이 신령한 욕구로 늘 불타는 것이고, 또 하나는 자신의 마음에 재갈을 물리는 것입니다. 재갈을 물린 커다란 말은 어린 아이의 작은 손에 잡은 고삐로도 통제할 수 있습니다. 우리의 마음도 경건의 통제력 아래 있을 때가 안전합니다.

그러면 신자의 마음은 무엇으로 재갈을 물릴 수 있을까요? 저는 이것을 세 가지로 말씀드리고자 합니다. 첫째로, 사랑의 정서입니다. 둘째로, 하나님의 심판에 대한 생각입니다. 그리고 셋째로는, 악한 마음이 몰고 올 결과에 대한 진지한 예측입니다. 이것들을 통해서 신자는 자신의 마음이 방종에 흐르지 않도록 경건한 통제력을 유지할 수가 있는 것입니다.

1.3.1 사랑의 정서로 재갈을 물리라

첫째로, 하나님 사랑의 정서가 필요합니다.[66] 즉, 신자가 하나님의 사랑을 느끼고 그 분을 사랑하는 정서 안에 있을 때 악한 생각에 대하여 마음의 통제력을 유지할 수 있습니다.

---

[66] 여기서 '하나님 사랑의 정서'(the affection of God)라고 하는 것은 신자가 하나님께로부터 받는 사랑의 정서(the affection of believers being loved by God)와 하나님을 사랑하는 신자들의 정서(the affection of believers loving God)를 모두 가리키는 말이다. 신자 안에 있는 하나님 사랑의 정서는 이 두 가지를 모두 포함한다. 하나님의 사랑을 경험하는 것과 하나님을 사랑하는 것은 불가분의 관계이다. 이에 대하여 요한은 이렇게 말한다. "이 세상이나 세상에 있는 것들을 사랑치 말라 누구든지 세상을 사랑하면 아버지의 사랑이 그 속에 있지 아니하니"(요일 2:15).

신자가 거룩한 정서 안에서 사는 것은 곧 그가 하나님의 은혜 안에 살고 있는 증거입니다. 조나단 에드워즈Jonathan Edwards의 지적과 같이 신령한 은혜의 체험은 항상 거룩한 정서를 동반하기 때문입니다.

그리고 신령한 은혜 체험에서 비롯되는 거룩한 정서의 핵심은 하나님을 향한 순전한 사랑이며, 신자가 하나님의 사랑을 느끼는 것과 하나님을 사랑하는 것은 한 정서 안에서 일어나는 일입니다.

또한 이러한 아가페 사랑의 정서는 신자로 하여금 더욱 순결해지고 싶어하게 만듭니다. 왜냐하면 하나님의 사랑을 느낄수록 신자는 더욱 그 분과의 풍부한 교통을 갈망하게 되며, 이러한 갈망을 실현하는 데 유일한 장애물이 곧 자신의 죄와 불결이라는 것을 알게 되기 때문입니다.[67]

그러므로 하나님을 사랑하는 것은 신자의 모든 영적 경험의 핵심

---

[67] 신자의 마음이 죄에 대하여 가장 예민하여 쉽게 참회하고 말씀 앞에서 자기 깨어짐을 자주 깊이 경험하는 때는 하나님 사랑의 정서가 풍부할 때이다. 그것은 바로 하나님 사랑의 정서가 신자로 하여금 순결의 욕구를 자극하기 때문이다. 신자가 하나님 사랑의 정서 안에 있을 때에 이처럼 순결의 욕구가 강해지는 것은 영적인 교통의 욕구와 관계가 있다. 즉, 신자가 하나님 사랑의 정서 안에 있을 때에 그의 마음은 그리스도와의 보다 완전하고 실효적인 연합을 갈망하기 때문이다. 중생을 통하여 원리적으로 그리스도와의 연합은 이루어졌으나, 그 연합을 누리며 살아가는 것은 사랑의 정서에 달린 것이다. 영적 생활에 있어서 순결이라는 것도 결국은 신자의 마음이 하나님 사랑의 정서로 가득 차는 것이다. 그러므로 하나님을 사랑하는 거룩한 정서 없이는 누구도 순결해질 수 없다. 죄 많은 세상에서 살아가고 내적인 부패성에 영향을 받으며 살아가는 신자가 이러한 사랑의 정서를 유지하는 것은 날마다의 자기 깨어짐과 죄에 대한 참회 없이는 불가능하다는 것은 자명한 이치이다. "신앙의 세계에서 순결은 건강한 영성이 깃들이는 보금자리입니다. 그리고 진정한 순결은 그 마음이 그리스도 예수에 의해서만 지배당하기를 즐거워하고 다른 모든 것들에 대해서는 접근을 거절하는 배타적인 사랑의 상태를 유지하는 것입니다. 그리고 우리는 이것을 가리

입니다.[68] 따라서 영적 생활에 있어서 순발력은 곧 하나님께 대한 사랑의 정서를 회복하는 순발력이라고 말해도 무방합니다.

신자가 하나님 사랑의 정서를 회복하는 가장 좋은 길은 십자가를 통해 나타난 하나님의 사랑을 묵상하는 것입니다. 십자가 사건이야말로 인간을 향한 하나님의 사랑을 가장 극명하게 보여주는 증거이기 때문입니다.

하나님께서는 다른 것을 통해서도 우리를 향한 당신의 사랑을 보여주셨지만, 그것들은 단지 십자가를 통해서 나타날 하나님의 사랑의 그림자에 불과합니다. 십자가를 통한 하나님의 사랑의 나타남이 찬란한 정오의 햇살이라면, 그것들은 단지 희미한 촛불에 불과합니다.

제가 가장 좋아하고 즐겨 부르는 찬송가 가운데 하나가 147장, '주 달려 죽은 십자가' 입니다.

십자가를 노래한 이 간증은 언제나 제게 하나님의 사랑이 무엇이며 제가 어떻게 그 사랑을 받은 존재인지를 보여줍니다. 그리고 그런 사랑을 받은 자로서 어떻게 무엇을 위하여 살아야 하는지를 다시 자각하도록 도와줍니다.

켜서 경건이라고 부릅니다. 하나님의 교회를 향해 하나님이 원하시는 바는 언제나 정결한 상태로 교회가 당신께 바쳐지는 것입니다. 청결하지 않은 곳에는 하나님과의 교제도 없습니다." 김남준, 〈하나님의 깊은 사랑을 경험하라〉, (서울; 생명의 말씀사, 2001), p.30.

[68] 이 점에 대한 상세한 논의는 필자의 〈고린도전서 13장 강해 시리즈〉, (열린교회 문서선교부), 1번과 2번 테이프를 참고하라.

주 달려 죽은 십자가

우리가 생각할 때에

세상에 속한 욕심을

헛된 줄 알고 버리네

저는 이 찬송을 부르면 잠깐 동안에 마음이 맑아지는 것을 경험합니다. 하나님 사랑의 정서가 밀려오기 때문입니다. 즉, 내가 하나님께 사랑을 받은 존재라는 사실과 내가 하나님을 사랑하지 않을 수 없다는 사실이 사랑의 정서로서 밀려오기 때문입니다.

그리고 이렇게 마음이 신령한 사랑의 정서에 지배되면 그 마음이 곧 지성의 작용과 의지의 작용에도 영향을 미치게 됩니다. 따라서 십자가의 은혜에 잠겨 찬송을 부르면서, 생각으로 범죄하고 손으로 악을 행하는 것은 불가능합니다. 인격의 세 요소인 지知, 정情, 의意 중에서 마음에 가장 강력하고도 신속한 영향을 끼치는 것은 정情, 곧 정서입니다. 그러므로 신자가 마음 안에 하나님 사랑의 정서를 품고 언제나 그 정서가 마음 전체를 지배하도록 하는 일이 신자가 자기의 마음을 효과적으로 지키는 가장 좋은 방법입니다.[69]

---

[69] 조나단 에드워즈(Jonathan Edwards)는 신앙에 있어서 정서의 움직임 없이는 하나님의 말씀을 들어도 아무 결실도 맺을 수 없다는 사실을 강조하면서, 다음과 같이 말한다. "나는 다음 사실을 담대히 말할 수 있다. 즉, 어떤 사람이 신앙에 대하여 아무리 많이 읽고, 듣고, 보았다고 하더라도 그것들에 의하여 그의 정서가 감동받지 않았다면 그런 일들을 통해서 그의 마음이나 일상적인 행동거지에 어떤 변화도 일어나지 않을 것이라는 사실이다. 그는 자신의 구원을 추구하기 위하여 애쓰지 않을 것이며, 신앙의 지혜를 얻기 위하여 부르짖는 마음으로 찾지 않을 것이며, 영적 총

신자의 마음이 십자가 사건을 묵상하며 그를 통해 나타난 하나님의 사랑에 감격하는 것을, 우리는 십자가 사건의 현재적인 경험이라고 부릅니다.

　그 경험의 핵심은 자신이 구원받을 만한 가치가 전혀 없는 더러운 죄인이라는 사실과 그리스도께서 자기와 같이 쓸모 없는 죄인을 위하여 고난을 당하고 죽으셨다는 사실의 현재적인 체험입니다. 그리고 그 두 가지 사실에 대한 경험은 곧 우리를 하나님의 사랑 앞에서 무한한 부채 의식을 느끼게 하고, 그 부채 의식은 거룩하고 순결한 삶을 살고자 하는 경건한 욕구로 이어집니다.[70]

　앞에서 인용한 찬송의 작사자인 아이작 왓츠[Issac Watts]의 고백도 바로 그것입니다. 우리가 잠시 하나님의 사랑을 잊고 마음이 부요해지면 세상에 있는 것들에 대한 헛된 욕망들이 생겨나지만, 주 달려 죽은 십자가를 생각할 때에 세상에 속한 욕심이 헛된 것임을 자각

명을 구하기 위하여 소리쳐 찾지 않을 것이다. 또한 기도 가운데 하나님의 긍휼을 구하며 씨름하지 않을 것이다. 그럼에도 불구하고 성경적으로 죄인들에게 신앙을 촉구함에 있어서 곧바로 정서에 호소하는 것은 위험하다 못해 이교적인 것이다. 왜냐하면 신자의 영적 경험에 있어서 은혜로운 정서는 신령한 체험의 반영이고 그러한 체험의 유일한 유효인(有效因, efficient cause)은 오직 성령이시기 때문이다." Jonathan Edwards, *The Religious Affections*, (Edinburgh; The Banner of Truth Trust, 1986 reprinting), pp.30-31.

70 신자가 하나님의 사랑을 경험하는 정서 안에 있을 때에 경건하고 거룩한 삶을 살고자 하는 신령한 욕구가 왕성하게 되는데, 이것이 결국은 중생할 때에 신자 안에 두신 성화(聖化)의 욕구이다. 따라서 이러한 하나님 사랑의 정서로 말미암아 신자가 헌신되고 거룩한 삶을 살고자 하는 것은 단순히 부채 의식에서 비롯된 것만은 아니다. 주님을 위하여 헌신적으로 살고 싶어하는 것도 성화의 영역 안에 있는 신자의 삶이기 때문이다. 한 신자의 도덕적인 성숙은 영적인 성숙에서 오는 것이다. 그러므로 신자의 영혼의 상태에 대한 적절한 진단과 보살핌이 없이 도덕적인 사람이 되도록 휘몰아 가는 것은 그리스도인을 주님의 사람이 아니라 도덕주의라는 이념의 머슴으로 만

하고 그리스도만을 사랑하여야 하는 자기의 본분을 되찾게 된다는 의미입니다.[71]

여기서 우리가 반드시 짚고 넘어가야 할 것은 신자 안에 있는 하나님 사랑의 정서의 반복의 필요성입니다.

비록 그것이 하나님을 사랑하고 그 분의 사랑을 받는 거룩한 정서라고 할지라도 그것이 우리의 마음에 작용하고 있다는 점에서는 다른 세속적인 욕구와 마찬가지입니다. 따라서 유혹과 정욕에 의하여 수시로 우리 안에 있는 이런 거룩의 정서들이 마음으로부터 축출되거나 쇠약해지듯이, 우리 안에 새롭게 불러일으켜지는 거룩한 사랑의 정서로 인하여 우리의 세속적인 욕구와 더러운 정욕들이 죽임을 당하는 것은 자명한 이치입니다. 그리고 우리의 마음 안에는

드는 것과 다를 바 없다. 하나님과의 참된 만남은 그로 하여금 거룩하신 그 분의 성품을 따라 살려는 성화(聖化)의 열망을 불러일으킨다. 그리고 도덕적으로 온전한 삶은 바로 그러한 거룩의 추구가 가져온 결과이다. 하나님 사랑의 정서의 경험이 신자로 하여금 헌신적인 삶을 살게 만드는 원동력이 되는 것에 대하여 사도 바울은 다음과 같이 고백한다. "우리가 만일 미쳤어도 하나님을 위한 것이요 만일 정신이 온전하여도 너희를 위한 것이니 그리스도의 사랑이 우리를 강권하시는도다 우리가 생각건대 한 사람이 모든 사람을 대신하여 죽었은즉 모든 사람이 죽은 것이라"(고후 5:13-14).

[71] 이처럼 하나님 사랑의 정서는 불순종하는 우리의 삶에 통제력을 행사한다. 생각 없이 행하던 죄와 불순종의 심각성을 인식하게 한다. 그리고 죄가 주는 일시적인 기쁨보다는 그로 말미암아 상실하는 하나님과의 교제의 달콤함을 더 중요하게 생각하도록 만들어 준다. 하나님 사랑의 정서는 범죄의 즐거움보다는 그 비참한 결과와 영혼에 미치는 황폐함을 느끼도록 만들어 준다. 그 사랑의 정서 안에 성령께서 계시기 때문이다. 교리적으로, 죄인들로 하여금 죄와 죄가 가져오는 비참한 결과를 인식하게 하는 것은 성령께서 하시는 가장 중요한 일이다. 우리의 마음을 공략하는 유혹과 시험의 부단함을 생각하면 이러한 하나님 사랑의 정서는 날마다 우리 안에 새롭게 반복되어야 할 필요가 있다. 이러한 하나님 사랑의 정서를 새롭게 경험하고 그것을 유지하며 사는 것은 신자의 마음 지킴의 실천과 깊은 관계가 있다. 사랑의 정서라는 것은 결국 마음에서 일어나는 작

이러한 두 가지 방향의 요구들이 항상 싸우고 있습니다. 아무리 경건한 신자라도 말입니다.

그러므로 신자는 수시로 하나님의 진리를 깨닫고 그 앞에서 깨뜨려짐으로써 자기 안에 하나님 사랑의 정서를 회복할 수 있습니다.[72] 간헐적인 참회를 통하여 이따금 경험하는 하나님 사랑의 정서로는 일관되고 꿋꿋하게 자기의 마음을 재갈 먹일 수 없습니다.

항상 자신과 같이 쓸모 없는 인간을 구원하기 위해서 하나님의 아들이 몸소 사람의 몸을 입으시고 이 세상에 오신 것과 우리가 마음을 지키지 못하여 범한, 그리고 범하고자 하는 모든 죄를 위하여 그 분이 죽으셨다는 사실을 깨닫고, 그런 용서의 사랑을 받은 자신이 얼마나 무익한 존재인가를 뼈저리게 느껴야 됩니다.[73] 이러한 사랑의 정서 안에서 살아갈 때에 신자의 마음은 그의 통제 안에 있는 것입니다.

용이기 때문이다. 그러므로 신앙의 정절을 지키는 순결하고 아름다운 삶은 마음 지킴의 의무에 충실히 헌신하지 않고는 불가능한 것이다.

[72] 진실한 참회를 통하여 경험하는 자기 깨어짐과 하나님 사랑의 정서를 회복하는 과정은 다음과 같다. (1) 진리를 통하여 죄를 깨달음–(2) 마음으로 잘못을 느끼고 아파함–(3) 자신의 죄와 그로 말미암는 비참함으로 인하여 절망함–(4) 십자가에서 나타난 대속의 은혜를 바라봄–(5) 하나님으로부터 오는 용서의 경험과 함께 사랑에 대한 부채의식을 느낌–(6) 세속적인 욕망과 정욕이 쇠하여짐–(7) 죄에 대한 혐오감이 생김–(8) 하나님과의 평화를 회복하고 사랑의 정서를 회복함–(9) 하나님과의 교제의 달콤함 속에서 다시 성화의 삶을 살아감.

[73] 거룩하신 하나님 앞에서 자신의 무가치함을 느끼는 것은 아침마다 새롭고 늘 새로운 하나님의 사랑을 경험하는 데 있어서 가장 중요한 요소 가운데 하나이다. 왜냐하면 하나님께서는 당신의 사랑에 목마른 사람들에게 그 사랑을 보이시기 때문이다.

1.3.2 하나님의 판단에 대한 두려움으로 재갈을 물리라

둘째로, 하나님의 심판에 대한 두려움이 필요합니다. 하나님의 엄위와 심판에 대한 정당한 두려움은 신자로 하여금 자신의 마음에 통제력을 유지하게 하는 비결입니다.

거듭난 신자 안에는 하나님께 대한 사랑과 경건한 두려움이 공존합니다. 그리고 우리는 이것을 하나님께 대한 경외심이라고 부릅니다.

하나님을 향한 두려움이 없는 경배는 없습니다. 하나님을 향한 진실한 사랑은 항상 그 분의 엄위에 대한 두려움을 동반합니다. 하나님 앞에 건강하지 못한 영적 상태를 가진 신자들일수록 하나님의 이 두 성품에 대하여 치우치는 반응을 보이기 쉽습니다. 즉, 하나님의 엄위 앞에서 두려움으로 절망하거나, 하나님의 사랑의 성품을 생각하면서 정직하게 자기의 죄를 뉘우치지 않는 것입니다.

자기의 마음을 지키지 못한 신자가 유혹 앞에 굴복하여 악을 행하기까지는, 악한 생각을 향해서 자기의 마음을 충분히 개방하는 일이 먼저 있게 마련입니다. 그리고 범죄하고자 하는 유혹 앞에서 그것을 받아들이기 전에 먼저 필연적으로, 그 죄가 큰 것이 아니며, 죄를 범한다고 하더라도 하나님의 사랑이 그 죄로 말미암는 비참으로부터 자기를 구할 것이라는 반복적인 자기 암시가 있게 마련입니다. 죄 가운데 있는 사람들일수록 하나님의 사랑의 교리에 집착하는 것도 바로 이 때문입니다.

그리고 이러한 비정상적인 집착들은 유혹을 받아들이고 범죄함으로 얻을 육체의 만족이 죄짓지 아니함으로 하나님 앞에서 유지하게 되는 관계가 주는 영혼의 만족과 비교하여 훨씬 클 것이라는 거짓된 확신에서 비롯되는 것입니다.[74]

그러나 하나님의 성품에 대한 이러한 왜곡된 이해는 그 사람의 영적 생활을 핍절하게 만듭니다. 건강한 영적 생활과 풍성한 삶에 대하여 가장 커다란 장애물은 하나님의 성품에 대한 무지와 오해입니다.

더욱이 자신의 악한 삶을 정당화하기 위한 수단으로써, 성경에 정직하게 계시된 하나님의 성품을 받아들이는 대신 그것을 의도적으로 곡해하여 받아들이려고 하는 것은 사신邪神 우상을 섬기는 것에 다름이 아닙니다. 이런 사람들은 자기의 마음을 지킬 수 없습니다.[75]

---

[74] 그래서 신자는 유혹을 받아 시험에 떨어지면 자신의 욕망을 가장 중요한 것으로 생각하게 된다. 그러나 일단 범죄함으로써 영적 어두움이 찾아오게 되면, 비로소 하나님 면전에서 사는 것이 얼마나 커다란 행복인지를 깨닫게 되고, 욕망을 따라 사는 것이 얼마나 허탄한 것인지를 알게 된다. 이러한 사실은 다윗의 실패의 경험에서도 잘 나타난다. "나로 즐겁고 기쁜 소리를 듣게 하사 주께서 꺾으신 뼈로 즐거워하게 하소서 주의 얼굴을 내 죄에서 돌이키시고 내 모든 죄악을 도말하소서 하나님이여 내 속에 정한 마음을 창조하시고 내 안에 정직한 영을 새롭게 하소서 나를 주 앞에서 쫓아내지 마시며 주의 성신을 내게서 거두지 마소서 주의 구원의 즐거움을 내게 회복시키시고 자원하는 심령을 주사 나를 붙드소서"(시 51:8-12).

[75] 신자들이 자기의 마음을 지키는 일에 태만한 것은 악한 생각에 지배를 당하는 마음이 몰고 올 결과에 대하여 진지하게 생각하지 않기 때문이며, 또한 그렇게 이루어질 결과인 악에 대하여 보일 하나님의 반응을 하찮게 생각하기 때문이다. 악한 생각에 지배당한 마음이 몰고 올 범죄가

우리가 하나님을 사랑이라는 교리의 창살에 가두어서 우리가 범죄할지라도 단지 그 창살을 붙들고 눈물만 흘리실 수밖에 없는 하나님으로 상정(想定)함으로써 우리가 얻을 수 있는 것은 아무 것도 없습니다.

하나님의 판단을 두려워하는 마음은, 모든 시대 모든 성도들로 하여금 하나님 앞에서 옷깃을 여미며 섬기게 하던 경외와 충성을 다하던 삶의 수단이었습니다.

자기의 아들을 내어 주시기까지 우리를 한없이 사랑하신 분이지만, 지금도 당신께 은총을 구하는 자의 흐느낌을 멸시하지 않으시는 분이지만, 지금도 죄인 중의 괴수와 같은 사람들에게조차 거룩한 교통을 허락하시는 분이지만, 하나님은 우리를 지으신 지존하신 창조주이시며 우리는 단지 그 분 앞에 엎드려야 할 비천한 피조물일 따름이라는 고백이 필요합니다. 우리가 하나님을 사랑하며 섬기되 두려움과 떨림으로 그리하여야 합니다.

아아, 그 분의 엄위는 얼마나 놀랍습니까? 그 분의 위엄은 그 분의

큰 죄가 아니라고 느끼거나, 죄라고 할지라도 하나님의 용서가 쉽게 주어질 것이라는 안일한 생각은 하나님의 성품을 공정하게 인식하지 않은 결과이다. 그리고 하나님의 성품을 공정하게 인식하지 않는 것은 죄를 짓고자 하는 신자들에게는 자연스럽게 일어나는 하나님 성품에 대한 곡해의 경향이다. 이 때 신자들이 자주 마음에 떠올리는 것이 하나님 사랑의 성품인데, 이것은 신자가 진정으로 하나님 사랑의 정서를 체험하고 있기 때문에 떠올리는 것이 아니라, 범죄에 대한 담대함을 제공받기 위한 사악한 욕구에서 비롯되는 것이다. 따라서 하나님을 잠시 후에라도 악을 행하게 될 자신을 심판하실 수도 없고 책망하실 수도 없는 하나님으로 만들어 사랑의 교리의 창살에 가두어 버리려는 심리이다. 그것은 이미 악한 생각에 마음을 엶으로써 양심의 정죄를 받고 있는 자신의 사악한 마음을 속이기 위한 심리적인 간교함의 결과이다.

사랑만큼이나 우리의 마음을 뛰게 만들지 않습니까? 우리가 눈물로 기도하여도 돌이킬 줄 모르는 세상과 하나님을 대적하는 것이 자기들의 업이라도 되는 것처럼 그 분의 영광을 훼방하는 자들이 궁극적으로 받게 될 두려운 심판의 결국을 생각해 보십시오.

우리가 전능하신 하나님의 진노를 묵상하는 것은 사랑에 대한 묵상을 온전하게 하는 힘이 있습니다. 우리는 이 두 성품을 정직하게 인식하면서, 자신의 죄악을 보면서도 영원히 버림받지 아니하리라는 소망을 갖게 되고, 자신의 거룩한 삶의 실천을 보면서도 그것이 영원히 안전한 상태가 아닐 것이라는 경건한 두려움을 갖게 됩니다. 그리고 그것이 신자에게는 마음의 통제력을 유지하는 재갈이 됩니다.

1.3.3 마음의 미끄러짐이 몰고 올 불행을 생각함으로 재갈을 물리라

셋째로, 마음의 미끄러짐이 몰고 올 불행한 결과를 미리 생각하는 것이 필요합니다.

신자가 자신의 마음에 대한 통제력을 유지하기 위해서는, 마음에 찾아오는 어떤 악한 생각들이 궁극적으로 가져오게 될 불행한 결과를 미리 내다보는 것이 필수적입니다. 이렇게 함으로써 신자는 자기의 마음을 쉽게 다스릴 수 있게 됩니다.

믿음의 사람 요셉의 경우를 생각해 보십시오. 젊은 청년 요셉이 보디발의 아내와 함께 그 집 내실에 잠시 머물렀습니다. 그 자체가 죄는 아닙니다. 그러나 그녀로부터 동침하자는 유혹을 받았을 때에 그는 겉옷을 벗어둔 채 도망치듯이 그 방을 뛰쳐나왔습니다. 그것은 단지 유혹이었지만 그 유혹에 마음으로 굴복하게 되면 궁극적으로 나타날 결과들을 너무나 잘 알았기 때문입니다.

가끔 어떤 청년들은 제게 묻습니다. 노래방에 가는 것이 죄가 되냐고 말입니다. 그러면서 한마디 더 보탭니다. "거기 가서 복음송가만 부른다면 괜찮지 않을까요?" 그것은 마치 단란주점에 가는 청년이 이렇게 묻는 것과 같습니다. "가서 콜라만 마실 텐데 괜찮지 않을까요?" 그것이 무슨 죄가 되겠습니까? 그러나 분명한 것은 그러한 환경이 유혹에 대한 저항력을 약화시키고, 죄에 쉽게 이끌리게 할 수 있다는 것입니다.

신자가 자신의 마음에 대한 통제력을 유지하기 위해서는 이처럼 어떤 생각이 궁극적으로 몰고 오게 될 악한 결과에 대하여 미리 생각하는 것이 습관화되어야 합니다. 다가올 악하거나 허무한 결과를 직시하는 것은 신자가 자기 마음의 통제력을 유지하는 일에 큰 도움이 됩니다. 누가복음 12장의 어리석은 부자의 비유를 생각해 보십시오. 그는 큰 부자였고, 그 해에도 풍년이 들어 엄청나게 많은 곡식들을 거두어들였습니다. 그래서 그는 그 많은 곡식을 도저히 자신의 창고에 다 보관할 수 없을 것 같아서, 새로운 창고를 짓기로 하였습니다. 그는 자신의 영혼에게 말하였습니다. "······영혼아 여러 해 쓸 물건을 많이 쌓아 두었으니 평안히 쉬고 먹고 마시고 즐거워하자······." 하지만 하나님께서는 이렇게 이르셨습니다. "어리석은 자여 오늘 밤에 네 영혼을 도로 찾으리니 그러면 네 예비한 것이 뉘 것이 되겠느냐."

그가 만약 이 세상의 물질적인 번영과 세속적인 생각에 빠져 자신의 영혼을 돌볼 여유가 없이 살아가는 분주한 삶의 마지막이 무엇인지 알았더라면 자기의 영혼에게 그렇게 말할 수 없었을 것입니다.

잠시 악한 생각에 마음을 내어 준다고 해도 미래에 일어날 불행한 일들에 대한 두려움은 현재 악한 생각에 굴복함으로 얻는 즐거움을 급격히 감퇴시켜서 유혹으로부터 마음을 지키게 합니다.

여러분은 흡연의 해악을 잘 아실 것입니다. 흡연의 습관을 끊지 못하는 사람들을 위하여 운영되고 있는 금연학교에서 그들을 어떻게 돕는지 생각해 보십시오. 거기서 제일 먼저 보여주는 것은 바로 습관적인 흡연이 몰고 올 비참한 결과입니다.

건강한 사람의 폐와 수십 년을 흡연한 사람의 폐를 비교해서 보여주면서 폐암으로 죽어 가는 말기 환자들의 비참한 모습을 담은 비디오를 시청하게 합니다. 그렇게 하면서 금연학교에서 노리는 효과는 지금 당장 강제적으로 담배를 못 피우게 하는 것이 아니라, 이제껏 피우던 흡연이 궁극적으로 몰고 올 비참한 결과들에 대하여 인식하게 하는 것입니다. 그래서 다가올 미래의 비참한 결과에 대한 생각이 지금 흡연을 통해 맛보는 즐거움을 축출하도록 유도하는 것입니다.

그렇습니다. 신자가 악한 생각이 떠오를 때에 자기의 마음을 통제할 수 있기 위해서는 그것이 몰고 올 불행한 결과를 미리 느낄 수 있어야 합니다.

오히려 그러한 악한 생각을 뿌리칠 때에 얻게 될 하나님과의 평화와 죄의 유혹을 이긴 자에게 주시는 위로 같은 것을 미리 느끼면서 자신의 마음을 다스릴 수 있어야 하는 것입니다. 이것이 바로 신자가 자기의 마음에 대한 통제력을 유지하는 세 번째 방법입니다.

1.4 은혜를 강화할 기회를 활용함

넷째로, '마음을 지킨다' 는 것은 곧 자신 안에 남은 은혜를 강화할 기회를 적극적으로 활용하는 것입니다.

여기서 '은혜' 라고 하는 것은 신자의 마음에 있는 하나님 사랑의 정서입니다. 하나님과의 영적 교제와 친교에서 오는 신령한 정서입니다.[76]

---

[76] 성경에서 '은혜' 를 주관적으로 말할 때에는 '하나님과의 신령한 교제에서 오는 은혜로운 정서를 유지한 상태' 를 의미한다(빌 1:2, 벧후 3:18). 신자가 이러한 상태 안에 있을 때에 하나님의

영적으로 풍성한 생명을 누리는 신자들에게는 많은 분량의 은혜가 있고, 그렇지 못한 신자들에게는 매우 적은 분량의 은혜가 있습니다. 그러나 거듭난 신자들에게는 그 영혼이 아무리 핍절하고 죄의 영향력이 거세다고 할지라도 은혜는 남아 있습니다.

이러한 사실은 주님께서 사데 교회에 하신 말씀을 상기하면 잘 알 수 있습니다. "사데 교회의 사자에게 편지하기를 하나님의 일곱 영과 일곱 별을 가진 이가 가라사대 내가 네 행위를 아노니 네가 살았다 하는 이름은 가졌으나 죽은 자로다 너는 일깨워 그 남은 바 죽게 된 것을 굳게 하라 내 하나님 앞에 네 행위의 온전한 것을 찾지 못하였노니 그러므로 네가 어떻게 받았으며 어떻게 들었는지 생각하고 지키어 회개하라……"(계 3:1-3).[77]

신자들 안에 있는 이 은혜는 적절한 수단에 의하여 강화되기도 하고 죄와 불순종 혹은 게으름으로 약화되기도 합니다. 특별히 신자들 안에 있는 은혜는 하나님의 정하신 은혜의 방편에 의하여 강

말씀에 쉽게 영향을 받으며 어린아이와 같은 마음으로 그 분의 마음을 전수받게 된다. 또한 세상의 유혹이나 육신의 유혹에 대하여 둔감하게 된다.

[77] '남은 바 죽게 된 것'(타 로이파 하 에멜론 아포다네인, τὰ λοιπὰ ἃ ἔμελλον ἀποθανεῖν)은 곧 희랍어 원문의 의미로 '죽으려고 하는 남아 있는 것들'(the things remaining which were about to die)을 의미하는데, 이는 하나님께서 '교회 안의 신자들에게 남겨두신 은혜'를 의미하는 것이다. '살았다 하는 이름은 가졌으나 죽은 자'라고 일컬어지던 사데 교회에도 이러한 은혜가 남아 있었던 사실은 신자 안에 두신 거룩의 은혜는 죄를 통해서도 완전히 없어질 수 없음을 보여주는 것이다. 그것은 신자 안에 있는 하나님의 생명을 사단이 없이할 수 없는 것과 동일한 이치이다. 아무리 강퍅한 죄인이라 할지라도 여전히 그 사람 안에 은혜의 불씨가 남아 있음을 기억하여야 한다. 이러한 교리적인 사실들은 우리로 하여금 가장 사악한 죄에 빠진 신자들조차도 포기하지 않고 사랑으로 교화하여야 할 필요를 느끼게 한다.

화됩니다. 즉 하나님의 말씀을 깨닫는 일과 기도하는 일, 성례에 참여하는 것을 통하여 강화됩니다.[78]

물론 그러한 은혜의 수단에 참여하는 것 자체가 그들 안에 있는 은혜를 강화하는 것은 아닙니다. 거기에 믿음으로 참여하고 성령께서 그 수단에 참여하는 자들을 축복하심으로써, 그들 안에 있는 은혜는 강화되고 마음은 쇄신을 경험하게 됩니다.

그러므로 신자가 이러한 은혜의 수단을 통하여 은혜를 받지 못하는 것은 나쁜 것입니다. 그러나 그것은 은혜받지 못함으로써 앞으로 그의 영혼에 다가오게 될 보다 나쁜 결과에 비하면 예고편에 불과합니다.

따라서 우리에게는 하나님의 은혜에 대한 갈망이 필요합니다. 자기 안에 남아 있는 하나님의 은혜를 인하여 부요해지지 아니하고 날마다 새로운 은혜를 부어 주시기를 전심으로 갈구하여야 합니다.

단 하루도 하늘을 열고 부어 주시는 하나님의 은혜 없이는 신자답게 살 수 없다는 절대 의존적인 고백 속에서 어린아이와 같이 하나님의 은혜 부어 주심을 갈망하여야 합니다.

---

[78] 여기서 그리스도인의 교제가 은혜의 방편이 되는지에 대한 의문이 생긴다. 왜냐하면 우리의 경험에 따르면 경건한 그리스도인들과의 따뜻한 교제가 우리 안에 있는 은혜를 강화하는 데 도움을 주기 때문이다. 이에 대한 답은 이렇다. 기도와 말씀과 성례는 그 자체가 하나님의 은혜의 방편이지만, 그리스도인의 교제는 그 자체가 은혜의 방편이 아니라, 그 교제 안에 있는 은혜의 요소들 때문에 그러한 은혜의 효과를 가져온다. 그러므로 은혜 안에 있는 신자들과의 교제는 우리 안에 있는 잠재된 은혜를 드러내고 강화하지만, 은혜가 고갈된 신자들과의 교제는 이런 경건한 효과를 기대하기 어렵다.

주 예수여 은혜를 내려 주사

곧 충만케 하옵소서

이 주리고 목마른 나의 맘에

주 성령을 부으소서

하나님의 은혜가 무엇인지를 경험한 경건한 성도들이 어떻게 이 은혜를 갈망했는지를 생각해 보십시오. 그들은 세상 사람들이 금이나 은을 구하는 것보다도 더 간절히 하나님을 찾았습니다. 그 분의 은혜를 갈망했습니다.

시편을 넘겨 보십시오. 어디서든지 하나님의 은혜에 목말라 하는 영혼의 탄식 어린 흐느낌을 들을 수 있습니다. 불의한 시대를 맞서던 선지자들이 고요히 물러가 하나님을 대면하면서 구하던 바가 무엇이었습니까? 하나님의 은혜, 자기의 영혼에 부어 주셔서 부르심을 따라 살게 하시는 은혜였습니다.

이는 모두 그렇게 부어 주시는 하나님의 은혜를 통해서만 그들이 하나님께서 자기를 불러 주신 최초의 부르심에 부합하게 살 수 있다고 믿었기 때문입니다.

지금도 마찬가지입니다. 신자가 자신의 마음에 대한 통제력을 유지하기 위해서는 수시로 약해지는 자신 안에 있는 은혜를 강화하기를 힘써야 합니다. 진리의 말씀을 선포하는 설교에 귀를 기울이고, 성경의 진리를 탐구하고 자신의 삶에 적용하기 위하여 열심을 내어야 합니다. 끊임없이 자기 안에 있는 게으름의 욕구를 누르고 은혜의 보좌 앞으로 나아가 간구하기를 힘써야 합니다.

기도할 수 있을 때는 기도할 수 있으므로 더욱 열심히 기도하여야 하고 기도할 수 없을 때에는 기도할 수 없는 상태가 더 이상 지속되지 않도록 매달려야 합니다.

여기에서 요구되는 기도의 태도는 두 가지로 집약되는데, 하나는 지속적인 기도 생활이고, 또 하나는 마음으로부터 우러나오는 기도의 실천입니다. 이러한 기도 생활은 죄가 깃들이기에 적합하지 않은 틀을 마음에 형성하게 함으로써 죄를 이기고 마음을 지키게 만들어 줍니다.

때마다 준비된 마음으로 성찬을 비롯한 성례에 참여하며, 거기서 십자가에서 죽으신 주님의 죽으심과 부활의 의미가 자기 안에 현재적으로 다시 경험되기를 믿음을 갈망하여야 합니다.

가장 흉악한 죄인들조차 용납하시는 하나님의 은혜와 십자가 사건을 묵상함으로 현재적으로 경험하는 일이 절실하게 필요합니다. 그러므로 여러분들이 하나님의 말씀에 대한 깨달음도 없고, 간절한 마음으로 기도하기를 힘쓰지도 않고, 믿음으로 성찬에 참여하지도 않는다면, 여러분 자신의 마음에 대한 통제력을 곧 잃어버리게 될 것입니다.

여러분을 향하여 죄와 유혹은 안팎에서 기승을 부릴 것이고 여러분 안에 있는 하나님의 은혜는 급속히 쇠약해질 것이며, 결국은 죄가 여러분들을 이기고 말 것입니다.

그러므로 우리에게 주신 은혜의 방편에 열심히 참여하는 것이 필요합니다. 그렇게 함으로써 자기 안에 있는 죄의 영향력들은 약화시키고 은혜의 영향력들을 강화하여 마음에 대한 경건한 통제력을 유지하게 되는 것입니다.

1.5 샤마르와 나차르 : 그 일을 위하여 힘쓰는 것

다섯째로, '마음을 지킨다' 는 것은 그 일을 위하여 힘쓰는 것을 의미합니다.

그렇습니다. 신자가 '마음을 지킨다' 는 것은 단지 자기의 마음을 살피는 것만을 의미하는 것이 아닙니다. 그래서 우리말 성경은 이렇게 기록하고 있습니다. "무릇 지킬 만한 것보다 더욱 네 마음을 지키라"(잠 4:23). 여기서 '더욱 네 마음을 지키라' 를 낳은 영어 성경에서 '부지런함으로 지키라' Keep your heart with diligence 라고 번역하였습니다. 79 이것은 우리의 표현 대로라면 '힘써 마음을 지키라' 정도의 의미입니다.

---

79 잠 4:23에 대한 다음 영역본들을 비교하여 보라. "Above all else, guard your heart, for it is the wellspring of life"(*NIV*), "Keep your heart with all vigilance, for from it flow the

그런데 실제로 히브리어 성경 원문에는 '힘써'라고 번역할 만한 단어가 없습니다. '지키라'는 단어 자체에 이미 이런 강한 의미가 포함되어 있기 때문입니다.

앞에 나오는 '지킬 만한 것'에서 '지킨다'에 쓰인 히브리어 단어는 동사 '샤마르'에서 온 것이고, 뒤에 나오는 '지키라'는 동사 '나차르'에서 온 것입니다. 전자가 '망을 보다', '파수하다', '준수하다'를 의미한다면 후자는 '(공격적으로) 지키다'를 의미합니다.[80]

마치 적군으로부터 공격을 받는 성을 군인들이 성벽 위에서 파수하듯이 지키는 것을 의미합니다. 영어 성경에서 '힘써'with diligence를 추가한 것도 바로 이 때문입니다.

---

springs of life"(NRSV), "Keep your heart with all diligence, for out of it spring the issues of life"(NKJV), "Keep thy heart with all diligence; for out of it are the issues of life"(KJV).

[80] 우리말 개역 성경에서, "무릇 지킬 만한 것보다 더욱 네 마음을 지키라 생명의 근원이 이에서 남이니라"(잠 4:23)라고 번역된 본문의 히브리어 원문과 이에 대한 직역은 다음과 같다. 믹콜 미쉬마르 내초르 립베카 키 밈메누 토체오트 하임(מִכָּל־מִשְׁמָר נְצֹר לִבֶּךָ כִּי־מִמֶּנּוּ תּוֹצְאוֹת חַיִּים). 이것을 직역하면 다음과 같다. "지키는 것(watching) 모두 중에서 너의 마음을 파수하라 왜냐하면 생명의 샘들이 거기로부터이기 때문이다." 우리말 개역 성경에서 '지킬 만한 것'이라고 번역된 부분은 히브리어로 미쉬마르(מִשְׁמָר)인데, 이는 '감금 장소, 감옥, 경계, 보호' 등을 뜻하는 단어로서 '지키다'(to watch)의 의미를 가진 동사 샤마르(שָׁמַר)에서 온 명사이다. 정확한 의미는 '지키는 것'(watching)이다. 우리말 개역 성경에서 '지키라'로 번역된 부분은 내초르(נְצֹר)인데, 동사 나차르(נָצַר)에서 왔으며 의미는 역시 '지키다'이다. 그러나 같은 의미를 가진 샤마르(שָׁמַר)보다는 다소 강한 의미를 가진 동사이다. 그래서 나 2:1—히브리어 성경에는 2:2로 되어 있음—에서는 군인들이 외적의 침입으로부터 성을 지키는 것을 의미할 때에 이 단어를 사용하였다. "파괴하는 자가 너를 치러 올라왔나니 너는 산성을 지키며(나초르, נָצוֹר) 길을 파수하며 네 허리를 견고히 묶고 네 힘을 크게 굳게 할지어다." 다음 영어 번역본들을 비교하라. "He that dasheth in pieces is come up before thy face: keep the munition, watch the way, make thy loins strong, fortify thy power mightily"(KJV). "He who scatters has come up before your face. Man the fort! Watch the road! Strengthen your flanks! Fortify your power mightily"(NKJV). "A shatterer has come up against you. Guard the ramparts; watch the road; gird your loins; collect all

따라서 본문의 의미는 이것입니다. 신자가 마음을 지킨다는 것은 단지 막연한 믿음으로 자신의 마음의 미래의 상태를 낙관하는 것이 아니라, 자신이 전투적인 결의를 가지고 은혜의 영향 아래 있는 마음의 상태를 파수하는 것입니다.

악한 생각에 도전받는 자신의 마음을 부주의하게 판단하거나 경솔하게 다루거나 혹은 진지하게 성찰하지 않고 게으르게 취급하면서, '모든 것이 잘 되겠지. 하나님께서 내 마음을 지켜 주실 거야. 나는 그렇게 되리라고 믿어. 하나님께서는 믿는 것을 기뻐하시니까 믿음대로 될 거야' 라고 생각하는 것은 결코 힘써 마음을 지키는 것이 아닙니다.

그것은 '마음을 지키는 것' 이라기보다는 '마음의 미래의 상태에 대한 부주의한 낙관' 에 지나지 않습니다. 그리고 이런 식의 막연한 자세의 소극적인 방어로는 노도와 같이 밀려오는 유혹과 염려로부터 마음을 지킬 수 없습니다.[81]

---

your strength"(NRSV). "An attacker advances against you, Nineveh. Guard the fortress, watch the road, brace yourselves, marshal all your strength!"(NIV).

[81] 신자의 성화의 의무는 소극적인 의무와 적극적인 의무가 그것이다. 소극적으로는 자기 안에 있는 죄의 경향을 죽이는 것이고, 적극적으로는 자기 안에 있는 하나님의 은혜를 더욱 풍성하게 되도록 힘쓰는 것이다. 이것을 존 칼빈(John Calvin)은 '죄 죽임'(mortification of sin)과 '은혜 살림'(vivication of grace)이라고 불렀는데, 이것들 없이는 성화에 있어서 어떠한 진보도 없다. 따라서 신자는 단지 우리를 거룩하게 하시려는 하나님의 손길을 받아들일 뿐 아니라, 거룩해지고자 하는 열망을 가지고 그 일에 힘써야 한다. 그리고 신자가 마음을 지키는 것은 이 모든 일을 성취하는 교두보이다. 그래서 마귀와 세상, 그리고 신자 안에 내재하는 부패한 성향은 신자가 맞서 싸워야 할 대상이다. 왜냐하면 그것들은 신자의 마음을 점령하고자 쉬지 않고 애쓰기 때문이다. 마음 지킴 없이는 순결도 없다는 것은 명백하다. 따라서 무지와 태만, 부주의함은 이 일을 효과적으로 수행하는 데 있어서 가장 큰 장애물이다.

수시로 침탈할 대적들의 위협을 알면서 성문 앞에다가 단지 '적들은 들어오지 마시기 바랍니다' 라는 팻말 하나 써서 붙이는 것으로 충분할 리가 없습니다.

성을 지키기 위하여 성 주위를 환하게 밝히는 것은 물론, 예상되는 침투 경로를 파악하고 현장에 척후대를 보내 침투 조짐을 살피는 일과 수비대를 배치하여 필살의 의지로 그 곳을 지키게 하는 것이 필요합니다.

성 안에 있는 모든 기능을 성을 지키는 일에 효과적으로 기여하도록 조직하고 배치하여, 적군이 침투한다면 모든 역량을 동원하며 퇴치할 것이라는 결의를 가지고 지키는 것이 진정한 의미에서 성을 지키는 것이라고 할 수 있습니다.

그래서 침투를 노리는 적들로 하여금 그들이 공격하면 엄청난 저항을 받을 것이며 커다란 희생을 지불하고 공격한다고 할지라도 그 성을 얻기 힘들 것이라는 예상을 하게 만들 때, 그 성은 안전하게 파수되고 있는 것입니다. 이것이 바로 '지키라' 의 의미입니다.

미완성의 아픔을 간직합니다

하나님께서는 우리가 마음을 이렇게 지키며 살아가기를 원하십니다. 우리가 매일 매일의 삶 속에서 거룩한 지식의 등불을 밝혀 스쳐 가는 악한 생각들을 밝히고 마음에 착상하려는 악한 가라지와 같은 생각들을 색출해 내며 마음을 관리하는 이 일이 어떻게 쉽게 이루어지겠습니까? 그래서 신자가 마음을 지키며 살기 위해서는 부지런함과 헌신이 필요합니다.

  참된 성화의 삶을 살고자 하는 신자들에게 가장 커다란 대적은 태만입니다. 항상 경건한 긴장 속에서 이렇게 고백하며 살아야 합니다. "내가 이미 얻었다 함도 아니요 온전히 이루었다 함도 아니라 오직 내가 그리스도 예수께 잡힌 바 된 그것을 잡으려고 좇아가노라"(빌 3:12).

  오늘의 승리가 내일의 승리에 대한 자동적인 보증이 아님을 기억하면서, 날마다 완성을 향해 나아가면서도 언제나 미완성의 아픔을 간직하며 겸손하게 하루하루를 살아가야 합니다. 마음을 지키면서……

제2부
거룩하게 살고 싶은 그대에게 : 마음 지킴의 실천

무릇 지킬 만한 것보다 더욱 네 마음을 지키라 생명의 근원이 이에서 남이니라

4 손가락으로 읽었습니다
: 지켜야 할 마음—부드러운 마음

손가락으로 읽었습니다

아는 분 가운데 앞을 보지 못하는 분이 있었습니다. 어릴 때 폭발물 사고로 눈을 다쳐서 실명한 분이었습니다. 비록 앞을 못 보았지만, 나름대로 열심히 책을 읽던 분이었습니다. 지금은 녹음기를 비롯해서 콤팩트 디스크 플레이어나, 심지어 쓰여진 글을 읽어 주는 컴퓨터 프로그램에 이르기까지 많은 재생 매체들이 있지만, 그 때만 해도 앞을 보지 못하는 분들이 접할 수 있는 정보 전달 수단은 점자책이 거의 전부였습니다.

그 분이 며칠에 한번씩, 저녁 식사가 끝나고 한가한 시간이 되면 늘 반복하는 일이 있었습니다. 그것은 얇은 샌드페이퍼砂布로 오른손

가운데 두 손가락의 굳은살을 벗겨내는 일이었습니다. 저는 왜 며칠에 한번씩 그렇게 손가락 끝의 굳은살을 문질러 벗겨내야 하는지 궁금했습니다. 그래서 그 이유를 물었더니 그렇게 해야지만 점자책이 잘 읽힌다는 것이었습니다.

인간의 마음도 그렇습니다. 특히 거듭난 신자의 부드러운 마음은 계속해서 은혜 아래 있지 아니하면 곧 굳은살이 생겨서 딱딱한 각질로 변해 갑니다.

따라서 그러한 굳어짐을 면하도록 마음을 세심하게 보살피면서 신령한 은혜의 영향 아래 두어야 합니다.

누구나 동의할 수 있는 사실이지만, 사람의 마음은 모두 같지 않습니다. 오히려 성경은 사람들의 마음의 다양성에 대하여 풍부한 증거를 가지고 있습니다. 그럼에도 불구하고 사람들의 마음을 크게 분류할 때에 두 가지로 대별되는데, 하나는 거듭나지 못한 자연인의 마음이고, 또 하나는 거듭난 신자의 마음입니다.

첫째로, 거듭나지 못한 불신자의 마음은 완전히 굳은 마음입니다. 아주 견고하고 하나님 앞에 깨어져 본 적이 없는 굳은 마음입니다. 둘째로, 거듭난 신자의 마음은 완고함이 남아 있는 부드러운 마음입니다. 하나님 앞에 깨어진 적이 있고 지금도 깨어지고 있지만 여전히 완고함이 남아 있는 마음입니다.

저는 이 장에서 이 문제를 크게 두 부분으로 나누어서 다루고자 합니다. 첫째로는 인간의 마음 중에서 자연인의 마음과 중생한 사람의 마음을 비교하고, 둘째로는 강퍅한 마음과 부드러운 마음을 비교하면서 우리들이 지켜야 할 마음이 어떤 마음인지를 논증하고자 합니다.

1.1 거듭나지 못한 사람의 마음 : 완전히 굳은 마음

아직 거듭나지 못한 자연인의 마음은 하나님의 은혜에 대하여 견고하고 신령한 것들에 대해서 부서져 본 적이 없는 완전히 굳은 마음입니다.[82]

그렇다고 해서 거듭나지 못한 사람들의 마음에 어떤 감수성이 없다는 것은 아닙니다. 그들도 아름다운 이야기를 들으면서 감동받을 수 있고, 감명 깊은 영화를 보면서 눈물을 펑펑 흘릴 수도 있습니다. 그러나 그러한 마음의 예민함은 모두 세상과 속된 것에 대한 마음의 부드러움입니다. 본질적으로 거듭나지 못한 자연인의 마음은

---

[82] 여기에서 '견고하다', '부서져 본 적이 없다' 라는 말의 의미는 자연적인 사물이나 이 세상의 지식에 대하여 그러하다는 의미가 아니라, 하나님에 관한 지식과 신령한 것들에 대하여 그러하다는 것이다. 인간이 이 세상의 사물을 새롭게 알게 되는 사건이나 새로 습득하게 된 세상의 지식으로 말미암아, 기존의 확신이 깨어지고 새로운 사고 방식을 갖게 되는 일은 얼마든지 일어날 수 있다. 이것은 이제껏 견지해 온 인생관에 많은 변화를 줄 수도 있고, 이제껏 살아온 삶에 변화를 줄 수도 있다. 그러나 그러한 지적 깨어짐은 영혼의 변화와는 무관한 것이고, 따라서 본질적으로 하나님을 거스르며 살아가려고 하는 그의 삶의 방향을 근본적으로 바꿀 수 없다. 그러므로 하나님과 신령한 것들을 향한 그의 마음의 경향도 바꿀 수 없다.

하나님을 향해 견고하고 신령한 것들에 대해서 부서져 본 적이 없는 완전히 딱딱한 마음입니다.

이처럼 거듭나지 못한 사람들의 마음이 완전히 굳은 마음인 이유는 무엇일까요? 이에 대하여 크게 네 가지 이유를 들 수 있는데, 첫째는 영적 어두움 때문이고, 둘째는 사단 때문이고, 셋째는 허물과 죄로 말미암는 죽음 때문이고, 넷째는 완악함 때문입니다.

1.1.1 영적인 어두움 때문에

첫째로, 그들의 완고한 마음은 영적인 어두움 때문입니다.

그들의 마음은 어떠한 영적 빛도 없이 어두움 속에 처해 있습니다.[83] 그들은 자기를 창조하신 하나님을 알지 못하고 눈에 보이는 세계의 근원을 알지 못합니다. 그들은 하나님을 모르는 것만큼 자신들이 죄인이라는 사실을 알지 못합니다. 그리고 지금 하나님 없이 짐승처럼 살아가는 삶이 아닌 다른 경건한 삶이 있을 수 있다는 것도 알지 못합니다.

그리스도께서 죄인들을 위하여 이 세상에 오신 것과 그들의 죄를 위하여 십자가에 못박히신 것도 알지 못합니다. 더욱이 하나님 없

---

83 하나님을 멀리 떠난 교회와 그리스도인들의 특징은 영적인 어두움이다. 그리고 이러한 영적인 어두움은 하나님의 말씀을 통한 은혜의 각성으로 걷혀진다. 라오디게아 교회에 대한 예수님의 다음 지적은 이러한 사실을 잘 보여준다. "네가 말하기를 나는 부자라 부요하여 부족한 것이 없다 하나 네 곤고한 것과 가련한 것과 가난한 것과 눈먼 것과 벌거벗은 것을 알지 못하도다"(계 3:17).

이 살아가는 인간들 앞에 놓인 무서운 심판과 형벌에 대하여도 알지 못합니다. 그들은 하나님을 향해 자신들의 삶을 바꿀 수 있는 어떤 지식도 없이 영적인 무지 속에서 살아가고 있습니다. 그 어두움 속에서 그들의 마음은 하나님을 향해 완전히 굳어져 있습니다.

1.1.2 사단에 의한 지배 때문에

둘째로, 그들의 완고한 마음은 사단의 지배 때문입니다.[84]

이 세상의 신이 그들의 마음을 가려서 복음의 빛이 비치지 못하게 함으로 그들의 마음은 완전히 굳어 있습니다. 사단이 그들의 마음을 지배하고 있는 것입니다. 그래서 그들의 마음은 하나님의 은혜의 영향력으로부터 멀리 있고, 그 대신 사단이 기뻐하는 죄에 대하여 친화력을 갖고 있습니다.

그러므로 거듭나지 못한 자연인의 마음은 하나님께 대하여 적대적인 대신 죄에 대하여는 우호적입니다.

---

[84] 고린도후서에서 사도 바울은 이렇게 말합니다. "만일 우리 복음이 가리웠으면 망하는 자들에게 가리운 것이라 그 중에 이 세상 신이 믿지 아니하는 자들의 마음을 혼미케 하여 그리스도의 영광의 광채가 비취지 못하게 함이니 그리스도는 하나님의 형상이니라"(고후 4:3-4). 거듭나지 않은 자연인의 마음에 대하여 존 칼빈(John Calvin)은 사람이 마귀의 종으로 매여 사는 자연인의 때에는 자기의 뜻보다는 마귀의 뜻에 따라 움직이는 마음의 상태라고 보면서, 의지의 노예 상태에 대한 어거스틴(Augustine of Hippo)의 비유를 상기시킨다. 즉 사람의 의지를 기수(騎手)의 명령을 기다리는 말과 비교하며 이렇게 인용한다. "만일 하나님께서 타신다면 온건하고 숙련된 기수이시기 때문에 올바르게 인도하신다. 느릴 때에는 빨리 달리도록 채찍질을 가하시며, 너무 빠르게 달리면 고삐를 당기시고, 말이 너무 거칠게 혹은 광기 어리게 행동하면 억제시키시며, 더 이상 달

영적으로 선한 일을 행하는 데는 전적으로 무능한 마음이지만, 육체의 일을 도모하는 데는 현저하게 유능한 마음입니다.

거듭나지 못한 사람들의 마음에도 선과 악에 대한 관념과 참과 거짓에 대한 판단들이 남아 있지만, 그것이 곧 그들이 영적으로 하나님의 생명에 참여하고 있는 것을 의미하는 것은 아닙니다. 더욱이 그들의 마음이 하나님의 은혜의 지배를 받고 있는 것을 입증하는 것은 더 더욱 아닙니다.

그들이 도덕적인 삶을 살 수도 있고 약간의 선행을 행할 수도 있지만, 그것은 근본적으로 하나님을 아는 지식과 주님을 경외하고자 하는 신앙심에서 비롯된 것이 아닙니다.

다시 말해서 영적인 선을 결핍하고 있기 때문에, 근본적으로 사단에게 지배당하고 있는 자신의 영혼의 상태를 개선하는 데 도움을

리지 않으려고 할 때에는 억눌러 바른 길로 가도록 만드신다. 그러나 마귀가 올라타면 모든 미련하고 방자한 기수와 같이 말을 난폭하게 몰아서 길에서 멀리 떠나게 하며, 도랑에 빠지게 하며, 벼랑에서 뒹굴게 하며, 찌르고 괴롭혀서 결국 고집대로 난폭하게 행동하도록 만든다." John Calvin, *Institutes of Christian Religion*, vol. 1, trans. by Henry Beverage, (Grand Rapids; William B. Eerdmans Publishing Company, 1981 reprinting), pp.265-266. 칼빈은 이 책 제4장에서 '하나님께서는 인간이 마음 속에서 어떻게 역사하시는가?'라는 주제를 가지고 상세히 논증하는데, 한 마음 안에서 하나님과 사탄과 사람이 함께 역사한다는 것과 사람의 마음의 강곽함이 단지 하나님의 예지(豫知)를 말하는 것이라는 교부들의 주장을 논박하면서 거기에 하나님께서 역사하심으로 개입하시는 것임을 주장한다. "Ancient writers sometimes manifest a superstitious dread of making a simple confession of the truth in this matter, from a fear of furnishing impiety with a handle for speaking irreverently of works of God……But this subtilty is repudiated by many passages of Scripture, which clearly show that the divine interference amounts to something more than prescience." John Calvin, *Institutes of Christian Religion*, vol. 1, trans. by Henry Beveridge, (Grand Rapids; William B. Eerdmans Publishing Company, 1981 reprinting), p.267.

주지 못합니다.

1.1.3 허물과 죄로 인한 죽음 때문에

셋째로, 그들의 완고한 마음은 허물과 죄로 인한 영적 죽음 때문입니다.

그들의 영혼이 죽어 있기 때문에 변화된 영혼으로부터 오는 신령한 영향력에 의하여 그 마음이 영향을 받는 일이 없습니다. 그러므로 그들이 어떤 환경에 살든지 근본적으로는 그들의 마음에 어떤 변화도 기대할 수 없습니다.

이미 앞에서 살펴본 바와 같이 마음의 변화는 영혼의 변화에 영향을 미치고, 그리고 영혼의 변화는 그 신령한 영향을 마음에 끼치는데, 허물과 죄로 죽어 있는 사람들에게는 그러한 은혜로운 변화를 기대할 수 없습니다.

그래서 그들의 마음은 영혼의 주검만큼이나 하나님을 향하여 완전히 굳어진 시체와 방불합니다. 그들의 마음은 돌같이 굳어져 있고 하나님께서 그들을 다시 살리시는 거듭남의 신령한 역사가 없이는 그 마음의 완고함에 어떠한 변화도 기대할 수 없습니다.

1.1.4 의지적인 완고함 때문에

넷째로, 그들의 마음의 완고함은 의지적인 고집입니다.

그들은 자신들이 이제껏 살아왔던 삶의 방식, 사고의 방식을 고집합니다. 이제껏 자신들이 경험하고 생각해 왔던 것들에 집착하고 그 이상의 새로운 사실들을 알려고 하지 않습니다. 하나님에 대하여, 인생에 대하여, 죄에 대하여, 죽음에 대하여, 심판에 대하여, 영원한 세계에 대하여 더 이상 알려고 하지 않습니다.

그러한 완고함 이면에는 그와 같은 새로운 영적인 사실들을 인정함으로써 이제껏 살아온 자신의 삶의 항로를 바꾸거나 인생관을 고치고 싶지 않다는 의지적인 고집이 작용하고 있는 것입니다.

다시 말해서 그들은 하나님 없이 살아가는 삶에 만족하며 무엇인가 새로운 사실의 발견에 의하여 흔들리고 싶지 않은 사람들입니다. 그렇기 때문에 그들은 의지적으로 자신이 깨뜨려지지 않으려고 애를 씁니다.

이러한 의지적인 완고함은 그들의 마음을 하나님의 은혜에 대하여 더욱 완강하게 저항하도록 만듭니다. 이것이 바로 거듭나지 못한 사람의 마음이 완고한 마음이 되는 이유입니다.

1.2 거듭난 사람의 마음 : 완고함이 남은 마음

거듭나지 못한 사람의 마음이 돌덩이라면 거듭난 사람이 은혜 안에 있을 때 그 마음은 부드러운 케이크입니다. 그런데 거듭나지 못한 사람들의 마음은 회심에 이르지 아니하는 한 단단한 바위처럼 변함이 없지만, 거듭난 신자의 마음은 완고함이 남아 있는 부드러운 마음이기 때문에 그 상태가 수시로 변합니다. 신자의 마음을 완고함이 남은 마음이라고 정의하는 것도 바로 이 때문입니다.[85]

---

[85] 거듭나지 아니한 자연인의 마음은 아무리 부드럽고 온유해 보여도 하나님과 신령한 것들에 대해서는 돌같이 '굳은 마음'(hard heart)이고, 거듭난 사람의 마음은 아무리 딱딱해 보여도 '마음의 굳음(hardness of heart)이 남아 있는 마음'이다. 따라서 자연인의 마음이 아무리 부드러워도 그것은 성령의 역사 없이는 본질적으로 하나님을 향한 온유함을 회복할 수 없는 절대적으로 딱딱한 마음이며, 거듭난 자의 마음은 아무리 딱딱해도 진실한 참회를 통하여 부드러움을 회복할 수 있는 상대적으로 굳음이 남아 있는 마음이다. 마음의 굳어짐은 이미 행한 죄에 대한 하나님의 심판적인 성격이 깃들여 있다(신 2:30). 존 오웬(John Owen)은 인간의 마음을 그 상태에 따라 구분함에 있어서 '전적인 굳어짐'(total hardness)과 '부분적인 굳어짐'(partial hardness)으로 나눈다. 첫째로, '전적인 굳어짐' 은 '총체적이고 절대적인 굳어짐'(total and absolute hardness)인데, (1) 중생하지 못한 자연인으로서의 마음의 굳어짐(롬 2:5)과, (2) 하나님의 심판적인 굳어짐(judiciary hardness, 사 6:9-10)으로 나뉜다. 후자는 하나님께서 심판하기로 작정하신 사람들의 강퍅해지는 마음을 억제하던 은혜의 수단들을 제거하심으로써 스스로 강퍅해지도록 심판적으로 허락하시는 경우를 뜻하는데, 신자일 수도 있고 불신자일 수도 있다. 둘째로, '부분적인 굳어짐' 은 '부분적이며 상대적인 굳어짐'(partial and comparative hardness of heart)인데, 다음 성경 구절에 나타나 있다. "여호와여 어찌하여 우리로 주의 길에서 떠나게 하시며 우리의 마음을 강퍅케 하사 주를 경외하지 않게 하시나이까 원컨대 주의 종들 곧 주의 산업인 지파들을 위하사 돌아오시옵소서"(사 63:17). 존 오웬은 이것을 신자가 죄 아래 있는 상태에서 갖게 되는 마음으로 규정하면서, 그 특징을 네 가지로 설명한다. 첫째는 하나님의 말씀에 영향을 받으려는 준비가 결핍됨, 둘째는 회개를 위한 죄책감(sense of guilty)의 영향을 받지 않음, 셋째는 다른 사람들이 죄짓는 것에 대하여 개의치 않음, 넷째는 하나님의 아픔과 불쾌감을 인지하는 감각이 결핍됨이다. 그리고 이러한 여러 가지 상태는 굳어진 마음으로부터 나오는데, 이는 신자가 죄의 영향력이 극대화된 죄

주님께서 우리를 거듭나게 하셔서 우리의 마음을 부드럽게 바꾸어놓으셨지만, 완고함이 완전히 제거된 것은 아닙니다. 남아 있는 마음의 완고함은 우리 안에 있는 타락한 본성과 연합하여 우리의 마음을 하나님을 향해 굳어지게 합니다.[86]

하나님의 은혜는 이 완고함을 녹여 부드러운 마음으로 바꾸지만, 죄와 정욕은 부드러운 마음을 굳은 마음으로 변화되게 합니다. 우리가 마음을 지켜야 할 필요도 여기에 있는 것입니다.

가난하던 시절에는 수제비를 많이 끓여 먹었습니다. 저도 어렸을 때, 그 음식을 많이 먹었던 기억이 있습니다. 그 시절 집집마다 부엌 찬장 한 구석에는 언제나 젖은 헝겊으로 싼 밀가루 반죽이 있었습니다. 우리의 어머님들은 찬거리가 마땅하지 않거나 쌀이 넉넉지

의 지배를 받는 상태에 있음을 보여주는 것이며, 그가 울면서 이러한 죄의 영향들이 떠나가기를 구한다고 할지라도 그것이 그가 죄의 지배 아래 있지 않은 것을 입증하는 것은 아니다. "These things, and many more of the like nature, proceed from hardness of heart, or the remainder of our hardness by nature, and are great promoters of the interest of sin in us." John Owen, *A Treatise of the Dominion Of Sin and Grace; wherein sin's reign is discovered, in whom it is, and in whom it is not; how the law supports it; how grace delivers from it, by setting up its dominion in the heart*, in *The Works of John Owen*, vol. 7, edited by William H. Goold, (Edinburgh; The Banner of Truth Trust, 1991 reprinting), pp.534-536.

86 존 칼빈(John Calvin)은 인간의 마음이 굳어지는 것은 두 가지 방법을 통해서 이루어진다고 말한다. 첫째는 하나님의 영광의 광채가 제거됨으로써 발생하고, 둘째는 하나님께서 당신의 진노의 실시자인 사탄을 통하여 그들의 굳어짐을 제재하시던 억제력을 제거하심으로 당신의 심판을 집행시키시기 위하여, 잘못된 목적을 정하게 하시며 의지를 격발하시며 노력을 강화하도록 만드신다는 것이다. 인간에게서 하나님의 영광을 아는 지식의 광채가 제거되면 그의 마음은 돌과 같이 굳어지고, 성령 안에서 하나님의 인도를 받으며 살지 아니하면 그의 마음은 뒤틀리고 굽어진다. John Calvin, *Institutes of Christian Religion*, vol. 1, (Grand Rapids; William B. Eerdmans Publishing Company, 1981 reprinting), trans. by Henry Beveridge, pp.267-268.

않을 때면, 그 밀가루 반죽을 뜯어 넣고 수제비를 끓여 주시곤 했기 때문입니다.

그런데 어쩌다가 그 밀가루 반죽을 젖은 헝겊으로 덮어놓지 않으면, 얼마 지나지 않아 겉이 바짝 마르면서 딱딱한 껍질이 생겨나게 됩니다. 처음 반죽을 해 놓았을 때는 살짝 눌러도 손가락이 들어갈 만큼 부드러웠는데, 한동안 건조한 곳에 두면 딱딱하게 변하는 것입니다.

신자의 마음도 이처럼 변합니다. 거듭나서 은혜 안에 있을 때에는 부드러운 마음이지만, 은혜의 영향으로부터 멀어지면 곧 굳은 마음이 됩니다. 때로는 그 굳어짐이 너무 심해서 신자의 마음이 저렇게까지 완고할 수 있을까 하는 의구심이 생길 정도로 악하게 되기도 합니다.

1.2.1 지켜야 할 마음 : 부드러운 마음

히브리어 성경의 표현대로라면 굳은 마음은 '돌의 마음' 입니다. 그리고 부드러운 마음은 '살코기의 마음' 입니다.[87]

---

[87] 에스겔 선지자는 그리스도로 말미암는 새 언약을 전망하면서 그 때 경험하게 될 하나님의 자녀들의 마음의 변화에 대하여 다음과 같이 말한다. 그리고 그러한 마음의 변화가 오순절 성령 강림 사건을 통해 신자들이 경험하게 될 성령의 내주하심과 밀접한 연관이 있을 것임을 보여준다. "또 새 영을 너희 속에 두고 새 마음을 너희에게 주되 너희 육신에서 굳은 마음을 제하고 부드러운 마음을 줄 것이며 또 내 신을 너희 속에 두어 너희로 내 율례를 행하게 하리니 너희가 내 규례를

여러분이 마음속으로 딱딱한 돌 덩어리와 부드러운 고깃덩어리를 한번 생각해 보십시오. 만약에 두 물건을 칼로 찌른다면 어떻게 될까요?

돌멩이에는 칼을 꽂을 수 없을 것이지만, 고기에는 잘 꽂힐 것입니다. 부드러운 살코기는 손으로 주무르면 주물러지고, 칼로 썰면 썰립니다. 그러나 돌멩이는 주물러도 주물러지지 않고 썰어도 썰어지지 않습니다. 굳은 마음과 부드러운 마음의 차이가 바로 이렇습니다.

지켜 행할지라"(겔 36:26-27). 여기서 '굳은 마음'은 히브리어로 레브 하에벤(לֵב הָאֶבֶן)인데 이것은 문자적으로 '그 돌의 마음'(the heart of stone)이라는 뜻이고, 또한 '부드러운 마음'은 히브리어로 레브 바사르(לֵב בָּשָׂר)인데 이는 '한 살의 마음'(a heart of flesh)이다. '돌'과 '살', 혹은 '살코기'라는 표현은 하나님의 인격과 성품에 대한 반응을 염두에 둔 은유적인 표현이다. 하나님의 말씀과 인격적인 감화에 대한 반응을 기초로 두 마음을 이렇게 다르게 표현한 것이다. '하늘의 사'(heavenly doctor)라고 불리는 청교도 리처드 십스(Richard Sibbes)는 다음 본문을 해설하면서 부드러운 마음의 축복성에 대하여 강조한다. "너희를 보내어 여호와께 묻게 한 유다 왕에게는 너희가 이렇게 고하라 이스라엘 하나님 여호와의 말씀이 네가 들은 말을 의논컨대 내가 그대로 그 거민을 가리켜 말한 것을 네가 듣고 마음이 연하여(라크 레바베카, רַךְ־לְבָבְךָ) 하나님 앞 곧 내 앞에서 겸비하여 옷을 찢고 통곡하였으므로 나도 네 말을 들었노라 여호와가 말하였느니라"(대하 34:26-27). 그는 "부드럽고 연하고 녹아내리는 마음(tender, soft, and melting heart)은 하나님의 참 자녀의 초자연적인 경향이다"라고 지적하면서 하나님께서 신자의 완고한 마음을 부드러운 마음으로 변화시키시는 방편에 대하여 두 가지를 제시한다. 첫째는 하나님의 말씀을 깨닫게 하심으로, 둘째는 그리스도 안에 있는 하나님의 부드러움과 사랑을 알게 하심으로써이다. Richard Sibbes, *The Tender Heart*, in *The Works of Richard Sibbes*, edited by Alexander B. Grosart, (Edinburgh: The Banner of Truth Trust, 1983, reprinting), pp.32-33. 위의 본문에서 '마음이 연하여'는 히브리어 원문에 라크 레바베카(רַךְ־לְבָבְךָ)로 되어 있는데, 이는 문자적으로 '너의 한 마음이 연하여'이며, '연하다'(tender)라는 의미를 가진 단어 라크(רַךְ)는 '(육류 따위가) 부드러운, 연약한, 민감한, 미묘한, (언어에 있어서) 부드러운, 수줍은' 등을 의미하는 형용사이다(창 29:17, 33:13, 신 20:8, 28:54 등). William L. Holladay, *A Concise Hebrew and Aramaic Lexicon of the Old Testament*, (Grand Rapids: William B. Eerdmans Publishing Company, 1971), p.339.

우리들이 지켜야 할 마음이 부드러운 마음이라는 것은 두말할 필요도 없습니다. "무릇 지킬 만한 것보다 더욱 네 마음을 지키라"고 명령하셨을 때, 지키도록 지시받고 있는 마음은 바로 하나님께서 거듭나게 하셔서 은혜 안에 두심으로 부드럽게 된 살코기와 같은 마음입니다. 그러면 어떤 마음이 부드러운 마음일까요?

1.2.1.1 하나님의 생각에 예민한 마음

첫째로, 하나님의 생각에 예민한 마음입니다.

우리들이 굳은 마음을 가지고 살아가는 것은 하나님께 말할 수 없는 고통입니다. 왜냐하면 그 분의 소원은 우리와 교제하며 사시는 것이기 때문입니다. 그 분의 마음을 우리 안에 두셔서 당신을 따라 살게 하시고, 우리의 마음을 헤아려 우리의 소원을 당신의 소원 삼기를 기뻐하시기 때문입니다.

이 세상에서 신자가 누릴 수 있는 최고의 행복이 무엇일까요? 어두운 세상을 살아가는 빛의 자녀들의 참된 보람이 무엇일까요?

우리같이 천한 피조물, 한때 걸레처럼 하나님을 버리고 죄의 길에서 그 분을 대적하던 우리들이 이제는 하나님의 마음을 물려받는 사람이 되었습니다. 그리고 이제는 그 분의 소원을 마음에 품고 그 분이 이 세상에 계셨더라면 살고 싶으셨던 삶을 살아가는 사람이 되었습니다.

아아, 이 얼마나 커다란 행복입니까? 죄인들에게 얼마나 가당치 않은 삶입니까? 하나님께서는 우리 안에 당신의 마음을 전해 주시고 우리는 그 마음을 담고 살아가는 관계가 되었다니 말입니다. 한때 낙원의 주인이던 아담과 하와도 부러워할 일이며, 하늘의 천군 천사도 시기할 일이 아닐 수 없습니다.

이처럼 하나님께서는 우리 마음에 당신의 마음을 담고 싶어하시고, 당신의 생각을 우리 지성에 아로새기기를 원하십니다. 그러므로 하나님 앞에서 부드러운 마음이라는 것은 곧 하나님의 생각에 예민한 마음입니다. 하나님께서는 당신의 작은 생각에 우리의 지성이 쉽게 영향을 받고, 이어서 그 생각이 흘러나오게 된 더 큰 원천인 하나님의 마음에 의하여 우리의 마음이 지배되기를 원하십니다.

거듭난 신자들이라 할지라도 때때로 굳어진 마음으로 하나님과의 교제가 현저히 결핍된 가운데 살아갑니다. 그러다가 말씀에 깊이 은혜를 받게 되면 영혼의 변화가 일어납니다. 그리고 이러한 영혼의 변화는 언제나 마음의 변화를 통하여 일어나고, 또 마음을 변화시킵니다.

그 때 우리는 흔히 '주님이 우리의 마음을 녹이신다' 고 고백합니다. 이것은 언제나 죄에 대한 참회와 그리스도께 대한 의존의 감정을 동반합니다. 그리고 그렇게 굳은 마음으로 살아온 것이 하나님의 마음에 얼마나 커다란 고통을 안겨 주었는지를 생각하고 아파하게 됩니다. 그리고 죄와 완고함에 대한 자기 깨어짐을 통하여 부드러운 마음을 회복하는 것입니다.

　이렇게 부드러운 마음이 되고 나면 하나님의 생각에 예민해지게 됩니다. 여기서 하나님의 생각은 두 가지로 인간에게 전달되는데, 하나는 계시된 성경 말씀이고, 또 하나는 하나님의 마음입니다.[88] 그리고 성령의 인도하심도 신자들에게 하나님의 말씀을 생각나게 하심으로 이루어진다는 것은 더 말할 필요도 없이 사실입니다.[89]

　그렇게 보면 결국은 하나님의 생각에 예민해진다는 것은 신자가 성경의 진리를 통하여 신자에게 보여주시는 하나님의 생각에 명민한 반응을 보인다는 의미입니다. 이처럼 신자가 은혜 안에 있을 때에는 세상의 생각들의 자극에 대하여는 둔감하고 하나님의 생각에 대하여는 예민하지만, 죄 가운데 있을 때에는 그 반대입니다.

　따라서 신자가 하나님의 은혜 안에 있을 때에는 성령의 인도에 매우 민감하게 됩니다. 부드러운 마음을 통하여 하나님의 생각이

---

[88] 성령의 역사를 통하여 일어난 영혼의 변화는 마음에 영향을 미친다. 회심을 통하여 일어난 마음이 녹는 것 같은 은혜로운 정서의 경험은 지성과 의지에도 깊은 영향을 미친다. 영적인 변화를 경험한 그리스도인이 하나님의 말씀에 대한 깨달음이 급속히 증대되는 것이나 예전에 의지적으로 끊을 수 없던 죄를 버리는 결단을 할 수 있는 것도 바로 이 같은 이유 때문이다. 진실한 참회와 자기 깨어짐을 통하여 부드러운 마음으로 변화되고 나면, 정서적으로는 하나님을 사랑하게 되므로 그 말씀 속에 담긴 하나님의 마음이 쉽게 전수되고, 생각이 잘 이해되고 적극적으로 받아들여지며, 말씀에 반응하는 경건한 의지에 힘이 실리게 된다. 그만큼 하나님의 말씀에 순종하는 삶이 쉬워진다.

[89] 그러므로 마음이 완고하기 짝이 없는 사람들이 자신은 수시로 성령의 인도하심을 받는다고 과시하는 것은 모두 외식에 가까운 태도이다. 물론 하나님께서 그런 사람들에게 성령의 인도하심을 전혀 보여주시지 않는다고 말할 수는 없지만, 정직하고 진실한 자기 깨어짐을 통한 부드러운 마음의 회복 없이 성령의 특별한 인도 속에 산다는 것은 거의 불가능하다. 왜냐하면 성령의 인도를 받는 경험은 언제나 신자가 신령한 은혜 가운데 있을 때 일어나는 작용이기 때문이다.

수시로 전달되고, 이 생각은 곧 하나님의 마음을 함께 전해 주기 때문입니다.

그래서 신자가 성령 안에서 산다고 할 때 그의 마음은 필연적으로 하나님의 생각에 민감한 상태일 수밖에 없습니다.[90] 이런 마음이 부드러운 마음이며 신자가 힘써 지켜야 할 마음입니다.

1.2.1.2 하나님의 정서에 쉽게 흔들리는 마음

둘째로, 하나님의 정서에 쉽게 영향을 받는 마음입니다.

생각은 항상 마음에 기초를 두고 있습니다. 그래서 마음이 밭이라면 생각은 그 밭에서 자라나는 식물과 같습니다. 하나님의 생각에 예민한 마음은 또한 하나님의 정서에 쉽게 영향을 받는 마음입니다. 그러나 사람의 지각이 어떤 생각에 예민하다고 해서 그것이 꼭 그 생각의 정서에 쉽게 빨려든다는 것은 아닙니다.

성경 지식에 대한 호기심을 가지고 있는 사람들이 바로 그 좋은 예가 됩니다. 하나님의 말씀을 지적으로 더 많이 알고 싶어하면서도 자기를 사랑하시는 하나님의 인격적인 사랑에 대하여 마음을 열지 않는 경우는 얼마든지 있을 수 있습니다. 이런 마음은, 비록 하

---

[90] 이런 상태에서는 불순종한다고 하더라도 쉽게, 곧 돌이킬 수 있다. 왜냐하면 하나님의 생각에 대하여 예민함을 가지고 있기 때문이다. 하나님의 생각에 대한 예민함은 곧 죄에 대한 정당한 의식과 감각을 유지하게 해주어서 작은 죄에도 아파하고 회개 후의 마음의 평안을 즐거워하도록 만들어 준다.

나님의 생각에 대하여 민감하다고 할지라도 성경이 말하는 부드러운 마음은 아닙니다.

인간에게 영적인 변화를 위한 영향을 미치는 하나님의 말씀의 영향력은 진리와 성령에 의하여 불러 일으켜집니다. 그리고 말씀의 영향력 있는 작용은 마음을 통하여 역사합니다. 회심을 통하여 영혼의 변화가 있기 전에 먼저 마음의 변화가 있고, 또한 영혼의 변화는 마음의 변화를 가져옵니다.

하나님의 말씀은 항상 하나님의 마음에서 비롯된 것입니다.[91] 하나님은 우리에게 건성으로 빈말을 하시는 분이 아닙니다. 우리를 향해 간절한 정서를 가지고 말씀을 통하여 당신의 성품과 의지를 보이시는 분입니다. 따라서 하나님 앞에서 분투하면서도 간직할 가치가 있는 부드러운 마음은 말씀하시는 하나님의 마음에 쉽게 영향을 받는 마음입니다.

부드러운 마음이 항상 순결한 마음은 아닙니다만, 그 마음은 쉽게 하나님 앞에 무너지는 마음입니다. 하나님의 은혜를 차마 거스르지 못하는, 그 분의 정서에 대하여 연약한 경건한 마음입니다. 하나님을 향한 사랑은 항상 그런 마음 안에 깃들입니다. 인간은 누군가를 사랑하면 그 사랑하는 대상에 대하여 한없이 연약해지게 마련

---

[91] 이에 대하여 2002년 11월 부산 고신대학교에서 열렸던 〈목회자를 위한 심포지움: 설교의 비밀〉 중 필자가 발제한 '설교자와 설교의 정서'를 참고하라. 열린교회 홈페이지(www.yullin.org)에 접속하면 발제 내용을 동영상으로 시청할 수 있다.

입니다. 성경이 말하는 '가난한 마음' 이 바로 이러한 마음입니다.

이러한 부드러운 마음이 없이는 신자가 성화의 소명을 따라 살 수 없습니다. 부인할 수 없는 것은 오늘날 그리스도인들 중 너무나 적은 수의 사람만이 이런 마음을 가지고 있다는 것입니다. 이러한 사실은 여러분이 이제껏 신앙 생활해 온 과정에서 이러한 마음으로 산 것이 얼마나 짧은 시간들이었는지를 생각해 보면 알 수 있습니다.[92]

그러나 신자가 오늘날처럼 굳은 마음을 가지고 형식적인 신자로 살아가는 것이 피할 수 없는 일은 아닙니다. 진리에 대한 우리의 무지함과 우리의 영혼을 다룸에 있어서 현저한 부주의함과 하나님을 찾고자 하는 진실한 목마름의 결핍이 이런 상황을 만들어 낸 것입니다.

그러므로 우리는 마치 외과의사처럼 우리의 영혼을 다루어야 합니다. 살을 찢고 힘줄과 힘줄을 잇고 신경과 조직을 연결하고 핏줄과 핏줄을 연결하는 외과의사처럼, 작은 문제를 다룰 때에도 분명한 지식과 확신과 조심성을 가지고 있어야지만 영혼의 질병 상태에

---

[92] 진실한 회심을 경험한 그리스도인들에게는 부드러운 마음을 소유한 경험이 있다. 그러나 오늘날 많은 그리스도인들이 완고한 마음을 가지고 메마른 삶을 사는 것은 그 마음의 부드러운 상태를 지키지 못하였기 때문이다. 그리고 이러한 상황은 오늘날 그리스도인들이 얼마나 성화의 삶을 살아가기 위하여 분투하지 않는지를 보여주는 것이다. 한 사람의 신자가 지속적인 참회와 자기 깨어짐의 경험 속에서 하나님께 대한 경배의 정신을 가지고 거룩을 추구하며 진실한 삶을 살지 아니하고는 결코 부드러운 마음을 오래도록 소유할 수 없다. 그러므로 마음 지킴은 성화의 삶을 위하여 필수적인 동시에 현재적인 성화의 삶은 마음 지킴에 필수적이다.

서 벗어날 수 있는 것입니다.

하나님의 마음에 영향을 받는 일이 없이 우리의 삶에 성화가 있을 수 있을까요? 오늘날 많은 신자들의 삶의 내면을 들여다보십시오. 정말 그들 가운데 이런 부드러운 마음이 있습니까? 하나님의 마음을 쉽게 받아들이고, 아픔 속에서 자기의 마음과 결별하는 심령의 변화가 자주 일어납니까? 몇 해에 한번씩 있는 간헐적인 은혜의 체험과 회개의 경험만으로는 마음 밭을 근본적으로 쇄신할 수 없습니다.

어린아이와 같이 하나님의 은혜 주심에 뛸 듯이 기뻐하고, 은총의 햇살을 가리심에 안타까움 속에 흐느끼는 신자들이 조국교회에 가득 차는 것을 언제나 볼 수 있을까요? 예배 속에서 끝없는 자기 깨어짐을 경험하는 일과 돌 같은 마음 밭을 기경하게 되는 영혼의 변화를 느끼는 일이 일반화되는 날을 우리는 언제쯤 볼 수 있을까요? 무지함에 가려진 복음의 진리들이 찬란하게 그 실체를 드러내고 우리를 향한 창조주 하나님의 엄위와 구세주 그리스도의 사랑에 가슴 벅차 할 때를 언제나 맞게 될까요?

보십시오. 성경에서 자기 백성을 사랑하시는 하나님으로 하여금 늘 탄식하시게 하였던 죄가 무엇이었습니까? 하나님의 마음과 상관없이 살아가는 그들의 불순종이 아니었습니까? 이스라엘 백성을 향하여 그토록 회복하고 싶으셨던 관계가 무엇이었습니까? 그들을 그토록 사랑하시는 하나님의 마음을 알고 하나님처럼 사랑하는 마음이 아니었습니까?

아아, 하나님만 사랑하고 언제든지 그 분의 마음을 닮아 살아가는 신자는 얼마나 복된 사람입니까? 그 사람 안에 주님이 계시고, 주님 안에 그 사람이 있는 복된 삶보다 더 큰 행복이 어디에 있을까요?

저는 이 글을 쓰는 이 순간에도 이러한 사랑을 등지고 살아가는 핏기 잃은 지체들에 대한 연민에 넘쳐흐르는 눈물을 주체할 수 없습니다. 한때 하나님의 말씀의 빛을 받았지만, 그 분의 사랑이 얼마나 아름다운지도 경험했지만, 그 분과 가족 관계로 살아가는 행복이 무엇인지도 체험했지만, 지금은 세상의 염려와 유혹으로 인하여 마음이 굳어지고 죄와 불순종으로 인하여 그러한 마음을 회복하고 싶어도 갈 길을 모르는 채 미끄러진 지체들이 생각이 납니다.

하나님의 마음에 쉽게 영향을 받는 부드러운 마음이 얼마나 복된지는 그것을 잃어버리고 때로는 가혹하리만치 긴 세월을 영혼의 어두운 터널을 지나게 되면서 비로소 알게 됩니다. 그들은 마음을 잃어버렸습니다. 하나님께서 우리를 불쌍히 여겨 주시기를…….

1.2.1.3 하나님의 의지에 쉽게 굴복하는 마음

셋째로, 하나님의 의지에 쉽게 굴복하는 마음입니다.

부드러운 마음의 또 다른 특징은 하나님의 의지에 쉽게 굴복하는 것입니다. 여러분의 이해를 돕기 위하여 비유 하나를 들려드리고자 합니다.

해변에 배 한 척이 있습니다. 아주 오랫동안 사용하지 않고 버려져 있던 배였습니다. 세월이 많이 흐른 후에 주인이 그 배를 바다에 띄웠습니다. 다행히 엔진은 가동이 되었고 배는 바다로 천천히 나아갔습니다.

배가 바다 한가운데로 항해하면서 어느 정도 속력을 내게 되자 주인은 조타실에 있는 키를 붙들고 움직여 보았습니다. 그러나 그 키는 꼼짝도 하지 않았습니다. 오랜 세월 바닷물에 잠겨 있는 동안 염분에 의하여 부식되고 녹이 나서 키의 연결 부분이 녹슨 쇳덩어리가 되어 있었던 것입니다.

그는 파도를 가르며 달리는 배의 항로를 바꾸기 위하여 두 손으로 키를 붙들고 안간힘을 썼지만, 주인의 의지대로 움직이질 않았습니다.

녹슨 스크루를 매단 키를 붙들고 한참을 씨름하던 그 사람은 배를 버리고 구명 조끼를 입은 채 물 속으로 뛰어들어야 했습니다. 배가 해안 오른쪽에 있는 암벽을 향하여 돌진하고 있었기 때문입니다.

배가 우리의 인격이고 항로가 우리의 삶이고 주인이 하나님이시라면, 움직이지 않는 키는 우리의 완고한 마음입니다. 완고한 마음이 고철 뭉치처럼 녹슨 키라고 한다면, 부드러운 마음은 기름칠이 잘 되어 주인의 손가락 하나로도 움직이는 키와 같은 것입니다.

하나님의 의지에 쉽게 굴복하는 신자의 마음이 바로 이러한 마음입니다.

부드러운 마음을 기다리십시다

그렇습니다. 하나님은 단지 우리에게 말씀을 하시고 자기의 마음을 보이시기만 하는 분이 아니라 의지를 가지고 우리를 움직이시는 분입니다. 그 분은 단지 당신의 생각을 전달하실 뿐 아니라 우리 안에서 일하십니다. 우리 안에 오셔서 역사하시고 의지를 가지고 우리를 당신의 뜻대로 살게 하시는 분입니다.

신자의 부드러운 마음이란 이렇게 하나님의 의지 앞에서 자기를 쉽게 꺾는 마음입니다.

그에게도 생각이 있습니다. 그에게도 하고 싶은 바가 있고, 가고 싶은 인생의 길이 있습니다. 죄에 대한 욕구도 있고 유혹에 굴복할 의지도 있습니다. 그러나 하나님께서 그 사람 앞에, 그리고 그 사람 안에서 일하고자 하실 때에 그 의지 앞에서 자기의 뜻을 쉽게 꺾는 마음이 부드러운 마음입니다.[93] 그리고 이러한 부드러움은 신자가 하나님의 은혜 안에 있을 때에만 가능한 것입니다.

---

[93] 하나님께서 우리가 가고 있는 삶의 방향을 돌이키고자 하실 때에, 제일 먼저 하나님의 말씀을 통해서 자신의 마음을 보이심으로써 마음에 영향을 주신다. 신자가 부드러운 마음의 상태를 유

우리가 누구인지를 알면 우리는 결코 하나님 앞에서 완고해질 수 없습니다. 하나님께서 우리를 죄에서 구원하시기 위해서 아들을 십자가에 못박으신 아픔이 얼마나 큰지를 안다면, 우리는 단지 하나님 앞에서 자기의 완고함을 버리는 것이 힘들다는 이유만으로 강퍅한 마음을 고치지 않고 살아가는 것이 얼마나 커다란 죄인지를 자각하지 않을 수 없습니다.

예수님께서는 십자가를 지심으로 우리를 향한 하나님의 마음을 보여주셨습니다. 따라서 우리는 십자가를 볼 때마다 죽기까지 아버지께 순종하신 예수님을 마음에 품으며, 아들을 십자가에 못박으시면서까지 우리에게 새 삶을 주고 싶어하셨던 하나님의 마음을 생각해야 합니다.

지하고 있다고 해서 반드시 그가 하나님과 꼭 같은 생각, 정서, 그리고 의지를 가지고 있는 것은 아니다. 이것은 단지 마음의 상태만의 문제가 아니라, 하나님을 아는 지식의 깊이와도 관계된 것이기 때문이다. 부드러운 마음은 하나님의 생각과 정서, 그리고 의지에 쉽게 움직이는 동시에 세상에 대하여는 둔감하여 잘 영향을 받지 않는다.

무릇 지킬 만한 것보다 더욱 네 마음을 지키라 생명의 근원이 이에서 남이니라

5 그 옛날 고무땅을 아시나요
: 부드러운 마음을 소유하는 방법

그 옛날 고무땅을 아시나요?

제가 어렸을 때, 서울 변두리에는 포장된 보도가 거의 없었습니다. 그래서 비만 오면 동네 길목은 진흙탕이 되곤 했습니다. 그 시절에 동네 아저씨들이 흔히 하는 말이 있었습니다. "장마철에 마누라 없이는 살아도 장화 없이는 못 살지."

비 한번 오고 나면 온 식구들의 흙탕물 묻은 빨래가 댓돌 위에 수북하였습니다. 그러다가 며칠 동안 해가 나면 집 마당과 동네 골목은 '고무땅'이 되었습니다.

땅 표면은 거의 마르고 땅 속에는 아직 물기운이 남아 있어서 꼭 고무를 밟고 지나는 것처럼 푹신푹신한 땅이 되곤 했는데, 우리들은 그걸 '고무땅'이라고 불렀습니다. 그러다가 며칠 더 맑은 날이 계속되면 그 고무땅은 다시 예전처럼 딱딱한 땅이 되었습니다.

신자의 마음도 마찬가지입니다. 영혼에 은혜의 비가 내리지 않고 세월이 흐르면 부드럽던 마음은 딱딱하게 변합니다. 그러면 좀더 구체적으로, 무엇이 신자의 마음을 굳어지게 할까요? 그리고 부드러운 마음을 유지하는 비결은 무엇일까요?[94] 우선 결론부터 말씀드리자면, 신자의 부드러운 마음은 대체로 자기 안의 부패성과 죄로 말미암아 굳어지게 되고, 이렇게 굳어진 신자의 마음은 상하고 통회함으로써 부드러움을 회복하게 됩니다.

그러면 상한 마음과 통회하는 마음이라는 것은 무엇일까요? 그리고 하나님께서는 어떻게 굳어진 우리의 마음을 상하고 통회함으로써 부드러운 마음을 갖게 하실까요?

1.1. 어떻게 부드러운 마음을 가질 수 있을까?
: 상하고 통회함으로써

성경에 상한 마음[95]과 함께 짝을 이루며 자주 등장하는 마음이 있

---

[94] 굳어진 마음에서 부드러운 마음으로 회복하는 길에 대해서는 이 책의 제5장에서 다루기로 한다.

는데, 이것이 바로 통회하는 마음입니다. 그러나 이 두 마음이 밀접한 관계가 있지만, 같은 마음은 아닙니다.[96]

1.1.1 상한 마음 : 각성된 마음

결론부터 말씀드리자면, 상한 마음은 영적으로 각성된 마음이라고 할 수 있습니다.

자신의 죄에 대하여 자각하거나, 죄에 대한 하나님의 엄위하신 심판 등을 생각하거나, 자신의 영혼의 비참함을 깨닫게 되거나, 혹은 이제껏 계속되던 죄에 대한 집착의 허무함을 인식하게 될 때에

---

[95] 하나님의 거룩한 성품과 말씀의 빛 앞에서의 경건한 상함을 의미하는 대표적인 구절들은 다음과 같다. "여호와는 마음이 상한 자에게 가까이하시고 중심에 통회하는 자를 구원하시는도다"(시 34:18). "하나님의 구하시는 제사는 상한 심령이라 하나님이여 상하고 통회하는 마음을 주께서 멸시치 아니하시리이다"(시 51:17). "내가 전에 성일을 지키는 무리와 동행하여 기쁨과 찬송의 소리를 발하며 저희를 하나님의 집으로 인도하였더니 이제 이 일을 기억하고 내 마음이 상하는도다"(시 42:4). 이외에도 다음 성구들은 상한 마음이 무엇인지를 보여주는 구절들이니 참고하라(시 77:3, 142:3-4, 렘 23:9, 애 3:51, 마 12:20, 벧후 2:8).

[96] '상한 마음'과 '통회하는 마음'은 같은 마음이 아니다. 원어적으로도 둘은 다르고 마음에 미치는 영향도 다르다. 먼저 '상한 마음'에 대한 성경의 중요 용례들을 살펴보자. "여호와는 마음이 상한 자에게(레니쉬베레 레브, לְנִשְׁבְּרֵי־לֵב, 문자적으로 '마음이 깨어진 자들을 위하여') 가까이 하시고 중심에 통회하는 자(다크에 루아흐, דַּכְּאֵי־רוּחַ, 문자적으로 '영이 밟혀 으깨어진 사람들')를 구원하시는도다"(시 34:18). "하나님의 구하시는 제사는 상한 심령(루아흐 니쉬바라, רוּחַ נִשְׁבָּרָה, 문자적으로 '깨어진 영의 사람')이라 하나님이여 상하고 통회하는 마음을 주께서 멸시치 아니하시리이다"(시 51:17). "저가 긍휼히 여길 일을 생각지 아니하고 가난하고 궁핍한 자와 마음이 상한 자(니케 레바브, נִכְאֵה לֵבָב, 문자적으로 '두들겨 맞은 마음의 사람들')를 핍박하여 죽이려 한 연고이다"(시 109:16). "마음이 상한 자(레브 라아, לֶב רָע, 문자적으로 '재앙의 마음의 사람')에게 노래하는 것은 추운 날에 옷을 벗음 같고 쏘다 위에 초를 부음 같으니라"(잠 25:20). "주 여호와의 신이 내게 임하셨으니 이는 여호와께서 내게 기름을 부으사 가난한 자에게

상한 마음이 될 수 있습니다.[97]

이 때 죄에 대한 욕망이 현저히 줄어들거나 일시적으로 죄의 영향력이 멈춘 것 같은 마음이 될 수 있습니다. 그러나 이것은 단지 상한 마음의 상태가 주는 일시적인 효과일 뿐, 그의 마음은 아직 근본적으로 변화된 것은 아닙니다.

상한 마음의 상태에서 진실해질 수 있고 회개의 눈물을 흘릴 수 있습니다. 그러나 그러한 상한 마음의 경험이 경건한 정서를 반영

아름다운 소식을 전하게 하려 하심이라 나를 보내사 마음이 상한 자(니쉬베레 레브, לֵב־נִשְׁבְּרֵי, 문자적으로 '깨어진 마음의 사람들')를 고치며 포로 된 자에게 자유를, 갇힌 자에게 놓임을 전파하며"(사 61:1). 위의 용례로 볼 때 대체로 '상한 마음'으로 번역된 대부분의 용례에서 '상한'은 히브리어로 니쉬바르(נִשְׁבָּר)를 번역한 것인데, 이 단어는 '깨뜨리다, 산산이 부수다, 찢어 발기다'의 뜻을 가진 동사 샤바르(שָׁבַר)의 니팔형(niphal), 분사 남성형이다. 이 단어는 언약 관계를 깨뜨리거나, 신상 혹은 제단을 파괴하는 것을 의미할 때 사용되기도 하였고(왕하 18:4, 23:14), 사지를 꺾거나(사 8:15, 28:13), 은유적으로 고통이나 참회 등으로 인하여 마음이 깨뜨려지는 것을 의미하는 단어로 사용되기도 하였다(시 34:18, 사 8:15, 61:1). 반면에 시 34:18에 나오는 '중심에 통회하는 자'는 히브리어 원문에 다크에 루아흐(דַּכְּאֵי־רוּחַ)로 되어 있는데, 이는 문자적으로 '영'이 밟혀 으깨어진 사람들'이라는 의미이다. 다크에(דַּכְּאֵי)는 '아주 많이 으깨어진, 아주 자잘하게 부서진' 등의 의미를 가진 형용사 다카(דַּכָּא)의 남성 복수 연계형(constructive form)이며, 이는 원래 다카(דָּכָא)라는 동사의 강의형(intensive form)이다. 이와 같은 의미를 가진 동사로는 다카(דָּכָה)가 있다(시 10:10, 44:20). H. W. F. Gesenius, *Gesenius' Hebrew-Chaldee Lexicon to the Old Testament*, (Grand Rapids: Baker Book House, 1979), pp.198, 803.

97 상한 마음이란 곧 자신의 죄에 대하여 각성된 마음이다. 여기서 '죄에 대한 각성'이란 단순히 죄에 대한 마음의 인식의 예민함을 비상하게 회복한 것을 의미하는 것이 아니다. '죄에 대한 각성'이란 신자가 마음의 변화로 말미암아 죄에 대한 공정한 인식을 갖게 되는 것을 의미한다. 물론 이것은 성령의 역사로 말미암는 것이다. 그러나 마음의 각성된 상태가 꼭 영혼의 참된 변화로 말미암은 것은 아니다. 각성된 마음의 상태는 영혼의 변화로 말미암은 결과일 수도 있고, 영혼의 변화의 가능성을 알리는 조짐이 될 수도 있다. 각성된 마음의 상태는 참된 영혼의 변화에 이르는 데 필수적인 전초 과정이지만, 각성된 마음의 상태를 경험하였다고 해서 그것이 꼭 그를 영혼의 변화에 이르게 하는 것은 아니다. 신자의 마음이 충분히 은혜 아래 있지 못하여 마음이 굳어져 있을 때에는 죄에 대하여 공정한 인식을 갖지 못한다. 즉, 죄에 대하여 하나님께서 생각하시는 것처럼 공

하는 것은 사실이지만, 그의 마음의 굳어짐을 부드럽게 하지는 못합니다.

이에 비하여 통회하는 마음은 깨어진 마음입니다. 그래서 그 깨어짐이 하나님 앞에서 자기의 의가 얼마나 하잘것없는지를 알게 하고, 죄에 대한 사랑을 버리게 하는 마음입니다. 그것이 아무리 경건한 경험이라고 할지라도 마음 상함의 모든 경험이 곧 통회함을 가져오는 것은 아닙니다.

신자의 마음이 통회함이 없이 단지 상한 마음이 되다가 마는 일은 얼마든지 일어날 수 있습니다. 그리고 단지 상한 경험만 있을 뿐 깨뜨려져 본 적이 없는 마음은 부드러움을 회복할 수 없습니다.

물론 죄인의 마음이 통회하여 깨뜨려지는 조짐으로서 자주 상한 마음이 되는 경우가 있습니다. 상한 마음은 우리로 하여금 이제껏 사랑하던 것들에 대한 흥미를 잃게 하고 집착을 약화시키기도 합니다.

그러나 그 상한 마음이 곧 전심으로 하나님을 추구하게 하고 죄의

정한 인식을 갖지 못하고, 죄의 심각성과 그 결과의 비참함에 대해서도 정확히 인식하지 못한다. 그러나 상한 마음, 즉 각성된 마음의 상태가 되면 일시적으로 죄에 대한 공정한 인식을 갖게 된다. 하나님의 엄위하심과 죄의 비참한 결과 같은 것을 인식하게 된다. 각성된 마음의 상태라고 할지라도 그 인식에 대하여 믿음으로 반응하지 아니하면, 회복될 수 없는 정죄감에 빠지거나, 극단적인 범죄를 택함으로 하나님으로부터 더 멀어질 수도 있다. 가룟 유다의 경우가 훌륭한 예증이 된다. "때에 예수를 판 유다가 그의 정죄됨을 보고 스스로 뉘우쳐 그 은 삼십을 대제사장들과 장로들에게 도로 갖다 주며 가로되 내가 무죄한 피를 팔고 죄를 범하였도다 하니 저희가 가로되 그것이 우리에게 무슨 상관이 있느냐 네가 당하라 하거늘 유다가 은을 성소에 던져 넣고 물러가서 스스로 목매어 죽은지라"(마 27:3-5).

문제와 씨름하게 하는 영적 분투로 나아가게 하는 것은 아닙니다.

때로는 상한 마음이 주체할 수 없는 절망과 타락의 정서로 이어지기도 합니다. 회심의 순간에 인간의 마음에서 죄가 기승을 부리는 것도 바로 이러한 이유 때문입니다.

그러므로 우리는 상한 마음의 가치와 한계를 정당하게 평가하여야 합니다. 그 마음은 통회하는 마음으로 나아가는 교두보인 동시에 반드시 좋은 결과를 보장하는 마음은 아니라는 것입니다. 그러나 굳어진 신자의 마음이 부드러움을 회복함에 있어서 상한 마음을 거치지 아니하고는 되는 경우가 없다는 점에서 은혜의 조짐이기도 합니다.

어떤 신자들은 자신이 많은 눈물을 흘리는데도 성화의 진전이 없어서 절망합니다. 그 사람의 자기에 대한 관찰이 정확하다면, 그가 흘리는 많은 눈물은 자기 깨어짐, 즉 통회의 경험에서 흘린 눈물이 아니고 상한 마음의 상태에서 흘린 눈물일 가능성이 높습니다.

그런 사람들은 자신이 늘 회개하고 눈물 흘리는데도 변화되지 않거나 기도할 때뿐이고 늘 옛 마음으로 돌아간다는 사실 때문에 불평합니다. 그리고 급기야는 참회가 갖는 경건한 가치를 평가 절하하고 생명이 없는 도덕주의로 나아가기도 합니다.[98] 때로는 성화되지 않는 자신의 처지를 인하여 하나님을 원망하거나 건전한 성경적

---

[98] 때로는 이러한 마음의 상함이 신자를 참된 자기 깨어짐에로 이르게 하는 대신에 급속히 마음이 굳어져 극도의 타락에 빠지게 하기도 하는데, 심리적으로 볼 때, 이것은 죄로 말미암는 심판

인 성화의 교리를 실현 가능성이 없는 가혹한 교리라고 불평하기도 합니다.

그러나 그것은 모두 마음 상함이 곧 통회의 경험과 다르다는 것을 모르는 무지에서 비롯되는 것입니다. 상한 마음의 경험은 굳은 마음을 부드럽게 만들 수 없습니다. 아무리 자주 상하고 많이 상한다고 할지라도 그것으로 그의 굳어진 마음을 부드러운 마음으로 바꾸어 놓지는 못합니다.

상한 마음이 되는 순간 일시적으로 그의 마음의 굳어짐이 정지할 수 있지만, 그것이 곧 부드러움 마음으로의 회복을 의미하는 것은 아닙니다. 상함의 경험이 마음에서 사라지고 나면 다시 그의 마음은 일시 정지 상태에 있었던 완고함에로의 발전을 계속하는 것입니다.

물론 상한 마음이 되었을 때도 갑자기 자신의 마음이 하나님께 대하여, 자신의 참 모습에 대하여 부드러워진 것처럼 느껴집니다만,

---

에 대한 두려움, 하나님과의 관계를 회복할 수 없다는 불신앙적인 죄절감이나 죄를 사랑하는 것에 대하여 깨어지는 것에 대한 결별할 수 없는 두려움에서 비롯되는 것이다. 이에 대한 좋은 예증이 시인의 고백에 나온다. "볼지어다 이들은 악인이라 항상 평안하고 재물은 더하도다 내가 내 마음을 정히 하며 내 손을 씻어 무죄하다 한 것이 실로 헛되도다 나는 종일 재앙을 당하며 아침마다 징책을 보았도다 내가 만일 스스로 이르기를 내가 이렇게 말하리라 하였더면 주의 아들들의 시대를 대하여 궤휼을 행하였으리이다"(시 73:12-15). 오늘날 우리가 타락한 신자들을 단지 죄인으로 정죄할 것이 아니라, 사랑으로 품어야 할 이유가 바로 여기에 있는 것이다. 죄인들에게는 죄 가운데 매여 살면서도 그들 스스로 어찌할 수 없는 부분들이 있는 것이다. 각성한 마음의 경건한 정서와 다시 굳어진 마음의 타락한 정서는 종이 한 장 차이에 불과하다. 상한 마음의 상태는 오래도록 지속된다는 보장이 없기 때문에 각성된 마음이라도 즉각적인 마음의 허물어짐이 올 수 있다. 통회하는 마음에는 즉각적인 성령의 붙드심이 있으나 상한 마음은 본질적으로 영혼의 변화가 아니라 정서적 변화에 가깝기 때문에 쉽게 타락의 정서와 손잡을 수 있다.

그것은 표피적으로만 부드럽게 된 것이며 일시적인 현상입니다.

비유를 하자면 이렇습니다. 딱딱하게 얼어 버린 냉동 식품을 전자 레인지에 잠깐 가열하였다가 꺼내면 식품의 겉은 잘 익어 김이 모락모락 나서 먹음직스럽게 보이지만 막상 그 음식을 깨물면 돌덩이 같은 얼음이 씹히는 것과 같습니다. 그 식품을 다시 밖에 내놓으면 안에 있는 차가운 냉기로 녹았던 겉 부분까지 다시 얼어붙게 되는 것과 같은 이치입니다.

그러면 굳어진 신자의 마음에 이러한 각성을 불러일으키는 도구는 무엇일까요? 이처럼 상한 마음이 되게 하는 것은 대체로 세 가지인데, 첫째는 하나님의 율법에 대한 깨달음이고, 둘째는 하나님의 엄위에 대한 인식이고, 셋째는 자신의 비참함에 대한 자각입니다.[99]

1.1.1.1 하나님의 율법을 통해서

첫째로, 하나님의 율법을 통해 죄를 깨달음으로써 상한 마음이 됩니다.

---

[99] 로버트 머레이 맥체인(Robert Murray M'Cheyne)은 자연인의 마음이 상한 마음이 되는 것이 세 가지 수단을 통해서라고 지적하는데, 율법을 통해 죄를 깨닫는 것과 하나님의 엄위를 아는 것과 자기를 절망적인 상황에서 도울 자가 없음을 아는 것이라고 본다. 이 세 가지는 논리적으로 연속적인 것이라고 생각한다. 그러나 그것은 단지 상한 마음일 뿐 '믿는 마음'(believing heart)은 아니라는 것을 분명히 한다. "It is one thing to be awackened, and another thing to be saved. Do not rest in convictions." Andrew Bonar, *Memoir and Remains of Robert Murray M'Cheyne*, (Edinburgh; The Banner of Truth Trust, 1995 reprinting), pp.435-436.

율법은 죄를 생각나게 해주는 성령의 도구입니다. 신자들이라고 할지라도 하나님의 말씀에 대해서 무지하거나 자주 진리에 의하여 경건한 자극을 받지 아니하면 죄에 대하여 무감각한 삶을 살게 됩니다.[100] 그리고 죄에 대한 무감각은 곧 하나님의 거룩에 대한 무감각이라고 말할 수 있습니다.

이 때 인간은 자신의 삶의 전 영역에서 하나님을 인정하지 않는 자기 중심적인 생활을 하게 됩니다. 그리고 그의 마음도 하나님 앞에서 자신의 본분과 의무를 생각하는 일에 게으르거나 부주의하게 됩니다. 이런 상태에서 하나님의 말씀에 대하여 불순종하거나 거스르면서 살게 되는 것은 자연스러운 결과입니다.

그러나 어느 순간에 하나님의 말씀을 깨닫고 나면 자신의 삶에

---

[100] 신학적으로 하나님의 말씀은 두 부분으로 이루어진다. 즉, 율법과 복음이 그것이다. 이 중에서 율법은 두 가지 방식으로 주어진다. (1) 먼저 구약에서 하나님의 생각과 의지에 대한 총체적인 계시로서 주어진 율법이 그것이다. 이러한 의미에서의 율법은 신약성경이 부정적으로 그려내는 율법이 아니다. 오히려 이러한 방식으로 주어진 율법에는 은혜가 있고, 구약의 성도들은 이 율법 안에서 영혼의 소생과 하나님의 사랑을 경험하였다(시 19:2, 119:24, 92, 162 등). 여기에는 단지 지켜야 할 교훈의 율법만이 아니라 약속과 언약이 깃들여 있어서 하나님께서 자신의 영적 생명과 힘을 교회에 전해 주는 방편이 되었다. (2) 또 하나는 완전한 복종을 위한 언약의 규율로서 주어진 율법이 그것이다. 여기에는 율법 아래 있는 사람들을 통치하는 힘, 통치, 조건, 권위 등이 있어서 율법 아래 있는 사람들을 다스린다. 그러나 여기에는 죄를 막거나 대항할 어떤 힘도 주어지지 않았으며, 이 율법의 행사 아래서 인간은 자신의 죄가 발견되고, 판단되며, 책망받고, 정죄되며, 저주와 함께 심판되는 것을 경험한다. 그래서 이 율법이 사람들을 그리스도께로 인도하는 몽학선생이 되는 것이다(갈 3:24). John Owen, *A Treatise of the Dominion of Sin and Grace; wherein sin's reign is discovered, in whom it is, and in whom it is not; how the law supports it; how grace delivers from it, by setting up its dominion in the heart*, in *The Works of John Owen*, vol. 7, edited by William H. Goold, (Edinburgh: The Banner of Truth Trust, 1994 reprinting), pp.542-543. 율법은 그리스도께서 오셔서 영원한 속죄 제사를

대한 율법의 판단에 직면하게 되면서 두려움이 생겨납니다. 율법의 유익은 곧 법의 유익과 유사합니다. 법을 모를 때에는 사람들이 공공연하게 담대하게 죄를 짓습니다. 그러나 그러한 행위를 금하는 법의 엄격함을 알고 나면 죄를 지을 수 없습니다. 죄를 짓는다고 할지라도 항상 그 사람의 마음에는 형벌에 대한 두려움이 있고, 자신이 하고 있는 일이 죄라는 분명한 인식이 있습니다.

드리심으로써 믿는 자들에 대하여 그 요구를 이루셨지만, 하나님의 말씀으로서의 유용성이 끝난 것은 아니다. 이것은 크게 두 가지로 설명될 수 있는데, 불신자들에게는 그들을 심판하시는 하나님의 기준으로 유효하고, 신자들에게는 죄를 깨닫게 하고 구원받은 자로서의 삶의 표준을 제시한다는 점에서 유효하다. 특히 율법은 신자에게나 불신자에게나 죄와 죄의 비참에 대하여 보여줌으로써 그리스도께로 인도하는 중요한 방편이 된다. 율법을 통한 죄와 그 죄의 비참한 결과, 그리고 그리스도를 의지할 수밖에 없는 인간의 철저한 무능에 대한 깨달음은 십자가의 구속을 통해 주어지는 하나님의 은혜를 갈망하게 한다. 오늘날 일반적으로, 조국교회의 율법에 대한 태도는 성경적이고 종교개혁적인 전통의 맥락에 있다기보다는 다분히 반율법적이거나 율법 폐기론적인 입장에 있는 것 같다. 율법을 통한, 창조주 하나님의 엄위하심과 인간을 향한 정당한 요구와 인간의 죄 그리고 그 죄에 대한 하나님의 엄중하신 심판에 대한 인식이 없는 사람들에게 복음이 제시되기 때문에, 그들에게 복음이 복음으로 받아들여지지 못하는 것이다. 존 오웬(John Owen)은 율법과 은혜를 하나님께서 인간을 다스리시는 두 개의 큰 법으로 본다. 따라서 롬 6:14에서 언급된 '법 아래 있는 상태'와 '은혜 아래 있는 상태'는 '그것에 의하여 하나님께서 다스리시는 상태' 아래 있는 것을 가리킨다고 지적하면서 인간은 누구든지 둘 중 하나 아래 있으며, 둘 다에 속하지 않거나 둘 다에게 속할 수는 없다고 강조한다. "For the covenant rule of perfect obedience: 'Do this, and live.' In this sense men are said to be 'under it,' in opposition unto being 'under grace.' They are under its power, rule, conditions, and authority, as a covenant. And in this sense all men are under it who are not instated in the new covenant through faith in Christ Jesus, who sets up in them and over them the rule of grace; for all men must be one way or other under the rule of God, and he rules only by the law or by grace, and none can be under both at same time." John Owen, *A Treatise of the Dominion of Sin and Grace; wherein sin's reign is discovered, in whom it is, and in whom it is not; how the law supports it; how grace delivers from it, by setting up its dominion in the heart*, in The Works of John Owen, vol. 7, edited by William H. Goold, (Edinburgh: The Banner of Truth Trust, 1994 reprinting), p.543.

때로는 이미 알고 있던 율법이 죄인의 마음에 새롭게 인식되어서 죄와 형벌에 대하여 각성이 회복되기도 합니다.

이 때 성령의 역사를 통하여 죄인들의 마음에 죄에 대한 가책이 불러일으켜지게 됩니다. 이렇게 율법을 깨달음으로 상한 마음을 경험하게 됩니다. 이런 상한 마음이 죄인으로 하여금 하나님의 은혜를 구하게 하는 계기가 된다는 사실을 기억하여야 합니다.

그러므로 교회는 복음만을 설교해서는 안됩니다. 한 영혼이 싸매어지고 어루만짐을 입기 전에 먼저 죄를 지적하고 그것을 드러내어 하나님 앞에서 아파하는 일이 먼저 있어야 합니다. 그리고 그것은 바로 율법을 통해서 가능합니다.

죄인들에게 복음이 복음 되기 위해서는 그들에게 율법이 제 기능을 다하여야 합니다. 복음만이 성령의 도구가 아니라 율법도 그러합니다. 성령께서는 율법을 통하여 죄와 죄로 말미암는 비참을 깨닫게 하셔서 죄인들로 하여금 복음을 받아들일 마음을 갖게 합니다.

그러므로 조국교회가 정말 풍성한 생명, 복음으로 말미암는 은혜와 긍휼이 이 땅에 물붓듯이 부어지기를 원한다면 죄에 대하여 분명하게 설교해야 합니다. 율법을 통하여 무엇이 죄이고 어떤 것이 하나님의 진노를 불러일으키는지에 대하여 강력하게 설교하여야 합니다. 그리고 그러한 죄의 결국이 무엇이고 어떤 하나님의 엄위로운 심판이 예비되어 있는지를 설교하여야 합니다.

죄인들은 그러한 진리를 깨닫고 상한 마음이 되어야 하고, 교회는 그 상한 마음을 가진 뉘우치는 죄인들에게 복음으로써 은혜의 피난처를 가르쳐 주어야 합니다.

오늘날 조국교회에서 은혜를 갈망하는 상한 마음과 진실한 참회가 현저히 드물게 된 것은 율법을 제대로 설교하지 않기 때문입니다. 이처럼 율법에 대한 깨달음은 사람들의 마음을 상하게 만들어 줍니다.

1.1.1.2 하나님의 엄위를 인식함으로

둘째로, 하나님의 엄위하심을 생각하면서 사람들의 마음이 각성됩니다.

하나님의 엄위하심에 대한 인식은 두 가지로 생각될 수 있는데, 하나는 존재에 있어서 만물의 근원이 되시는 위대한 분이라는 사실과 또 하나는 도덕적으로 완전하신 분이라는 사실에 대한 인식입니다. 이것은 서두에 대한 인식과도 같은 것입니다.

죄 가운데 무뎌지던 마음은 때때로 하나님의 창조주 되심과 자신이 그 분 앞에 하잘 것 없이 초라한 존재라는 사실을 인식하면서 각성을 경험합니다. 더욱이 하나님이 도덕적으로 완전하신 분이기 때문에 자기와 같이 불결한 인간이 그 앞에 설 수 없다는 인식이 마음을 상하게 합니다.

비록 오랫동안 굳은 마음으로 살아왔다고 하더라도 어느 순간에 이러한 하나님의 엄위에 대하여 눈뜨게 될 때에 죄악과 허물로 인하여 거룩하신 하나님과의 교제에서 멀어졌다는 자각 때문에 상한 마음이 될 수 있습니다.

하나님의 엄위하심에 대한 인식은 인간이 그 분과 누리는 관계에 따라서 소망의 이유가 될 수도 있고, 절망의 이유가 될 수도 있습니다. 우리가 하나님께 마음을 드리며 순종하면서 살 때에는 그 분이 엄위하시다는 사실이 소망과 든든한 기쁨의 이유가 됩니다.[101] 그러나 우리가 죄를 더 사랑하고 불순종하며 살 때에는 하나님이 엄위하시다는 사실이 큰 두려움의 이유가 됩니다.

뉴잉글랜드의 설교자 조나단 에드워즈가 자신의 영적인 변화를 회고하는 가운데 이런 이야기가 나옵니다. 그에 의하면 자신이 어렸을 때부터 두려워하던 것이 있었는데, 그것은 번개와 천둥 소리였

---

[101] 경건한 하나님의 자녀들이 하나님의 모든 성품의 지식의 빛을 인하여 위로와 소망을 얻는다는 사실은 분명하다. 그들은 하나님의 성품 중 다수를 외면하고 한두 가지를 자기에게 유리한 방식으로 해석하고 자기 상황에 적용함으로써 근거 없는 위로를 받으려고 하지 않는다. 참으로 진실한 하나님의 자녀들은 하나님의 모든 성품에서 위로와 희망을 발견하고 하나님 앞에서 그 분의 자녀답게 살아야 할 정체성을 새롭게 확립한다. 하박국 선지자는 하나님의 성품 중 엄위하심을 묵상함으로써 경건한 마음에 큰 위로를 얻었던 경험을 다음과 같이 고백한다. "내가 들었으므로 내 창자가 흔들렸고 그 목소리로 인하여 내 입술이 떨렸도다 무리가 우리를 치러 올라오는 환난 날을 내가 기다리므로 내 뼈에 썩이는 것이 들어왔으며 내 몸은 내 처소에서 떨리는도다 비록 무화과나무가 무성치 못하며 포도나무에 열매가 없으며 감람나무에 소출이 없으며 밭에 식물이 없으며 우리에 양이 없으며 외양간에 소가 없을지라도 나는 여호와를 인하여 즐거워하며 나의 구원의 하나님을 인하여 기뻐하리로다"(합 3:16-18). 또한 하나님의 성품에 대한 그릇된 기대로 말미암은 불신앙은 미가야의 다음 고백 속에 나와 있다. "이스라엘 왕이 여호사밧에게 이르되 오히려 이믈라

습니다. 그러나 영적으로 깊은 변화를 경험한 후 거룩한 삶을 살려고 애를 쓰면서, 더 이상 그것을 두려워하지 않게 되었다고 합니다.

그 후로 그는 하늘에서 번뜩이는 번개와 천둥, 낙뢰 소리를 들으며 하나님의 엄위를 묵상하며 즐거워하곤 하였다고 술회하였습니다. 천둥 소리가 온 땅에 울려 퍼지고 번개 치는 날이면 창문을 열고 평원을 바라보면서 지극히 커다란 감미로움을 느끼며 감상할 수 있었습니다. 왜냐하면 그 모든 인간들로 벌벌 떨게 하시는 창조주 하나님의 엄위는 두렵지만, 그 하나님께서 자기를 위하시고 사랑하신다고 생각하니까 그 큰 능력까지 찬송하게 된 것입니다.

하나님을 거스르고 살아가는 죄인의 마음속에서는 하나님의 위엄이 그 죄인의 마음을 상하게 합니다. 죄에 대한 사랑 때문에 이 길을 걸어갈 수밖에 없는데 주님의 그 위대하심을 생각하면 자신이 너무 초라해지고 이렇게 초라한 자신이 하나님을 거스르고 살아가고 있다는 것 때문에 항상 그 속에 두려움과 공포가 있습니다. 그것 때문에 상한 마음이 됩니다.

의 아들 미가야 한 사람이 있으니 저로 말미암아 여호와께 물을 수 있으나 저는 내게 대하여 길한 일은 예언하지 아니하고 흉한 일만 예언하기로 내가 저를 미워하나이다 여호사밧이 가로되 왕은 그런 말씀을 마소서"(왕상 22:8).

1.1.1.3 자기의 무능을 자각함으로

셋째로, 자신의 무능함을 자각하면서 사람들의 마음이 각성됩니다.

하나님의 위대하심에 대한 성찰은 그로 하여금 즉각적으로 자신의 비참함을 깨닫게 합니다. 하나님의 거룩에 대한 묵상은 곧 인간의 불결을 생각나게 하고, 하나님의 위엄에 대한 깨달음의 과정은 곧 인간 자신의 초라함과 무능함을 발견해 가는 과정이라고 할 수 있습니다.

죄인들은 종종 하나님 앞에서 어떤 계기로 자신이 절대적으로 무능하다는 사실과 아무도 도울 이가 없다는 사실을 자각하면서 상한 마음이 되곤 합니다. 일시적으로 자신을 높였던 교만은 사라지고 자신이 얼마나 무능하고 도덕적으로 불결한 존재인지를 깨닫게 될 때에 상한 마음이 됩니다. 하나님을 의지하고 싶고 그 분께 사랑받고 싶은 간절함이 생겨납니다.

항상 자기의 의를 신뢰하며 '너 같은 죄인 살리신 주 은혜 놀랍다' 고 생각하던 바리새인 같던 사람이 상한 심령을 가진 세리와 같은 사람으로 변합니다.

여러분들은 하나님 앞에서 자신이 아무런 힘이 없는 비참한 존재라는 사실을 인식함으로 상한 심령이 되어 본 적이 있습니까? 하늘과 땅을 창조하는 데 있어서의 무능함이 아니라, 매일 매일 힘없이 죄에 노출되고 안팎으로 온갖 원수들과 시험에 에워싸여 있지만 스스로를 도울 수 없는 그 절대적인 무능함을 인식하십니까? 죄 가운데 허우적거리고 살아가지만 스스로 그 죄에서 벗어날 수 없는 연약함을 절감하며 자신의 무능에 참담해 합니까?

이러한 자신의 무능함과 비참함에 대한 자각이 마음을 상하게 합니다. 그러므로 자기의 의를 믿으며 씩씩하게(?) 살아가는 사람들은 가장 불행한 사람들입니다. 그들의 삶은 단지 그들 혼자 살아가는 삶일 뿐이고, 그들의 마음은 자기 자신에 대한 신뢰로 가득 차 있습니다.[102]

그들의 마음에서 그리스도와 하나님께 대한 온전한 의존의 정신을 찾을 수 없습니다. 그들은 가장 믿음이 있는 것 같지만, 사실은 믿음이 없이, 단지 종교적인 습관을 따라서 사는 사람들입니다. 자기들이 좋아서 택한 습관을 따라서 말입니다. 왜냐하면 믿음은 그리스도와 하나님께 대한 절대적인 의존의 마음이기 때문입니다.

신자는 하나님 앞에 자신의 무능과 비참함을 깨달을 때에 가슴에 눈물이 가득 고이는 상한 마음이 됩니다. 그리고 이 때는 신자가 하나님의 은혜를 바랄 가능성이 높습니다.

여러분은 이런 비감悲感에 대한 경험이 있습니까? 그리고 이로 인

---

[102] 이런 마음에 대하여, 사도 바울은 자신의 과거 경험을 이렇게 고백했다. "내가 팔일 만에 할례를 받고 이스라엘의 족속이요 베냐민의 지파요 히브리인 중의 히브리인이요 율법으로는 바리새인이요 열심으로는 교회를 핍박하고 율법의 의로는 흠이 없는 자로라"(빌 3:5-6).

하여 상한 마음에 가득 고이는 눈물에 대해서 알고 있습니까? 완악한 마음을 가지고 살아가는 신자들에게는 이러한 경험도 드물기 때문에, 이따금 이러한 마음의 상태를 경험하고 나면 심리적으로 놀라운 청량감淸涼感을 느끼게 됩니다.[103] 그리고 자신이 가끔 이런 상한 마음의 상태가 되는 것은 자신의 높은 영적 수준을 보여주는 증거라고 생각합니다.

아아, 그러나 그렇게 생각하는 것은 얼마나 어리석은 것입니까? 자신의 마음 안에 일어나는 일들을 정확하게 판단하고 그로 인하여 넘어지지 않는 사람은 얼마나 복된 사람입니까? 그러한 복된 삶을 위하여 우리는 비둘기같이 순결할 뿐 아니라 뱀과 같이 지혜로워야 합니다.

보십시오. 그렇게 눈물 고인 마음이 된다고 해도 그것이 곧 부드러운 마음이 된 것은 아닙니다. 그것은 단지 각성된 마음, 곧 상한 마음일 뿐입니다. 그 상함의 경험만으로는 신자의 마음 안에 있는 마음의 굳음을 소멸할 수 없습니다.

자기의에 대하여, 죄에 대한 사랑을 향하여 깨뜨려지지 않고는 결코 부드러운 마음으로 되돌아갈 수 없는 것입니다. 이처럼 상한

---

[103] 영혼의 변화에 관한 교리를 제대로 이해하지 못하거나 영적인 생활에 있어서 경험이 일천할 때에는, 이러한 경험이 곧 영혼의 변화라고 생각하는 경향이 있다. 이것은 종교적인 감상적 경험과 참된 영혼의 변화로 말미암는 정서의 쇄신을 혼동하는 데서 오는 것이다. 필자는 실제로 이러한 이치를 모르기 때문에 진실한 통회의 경험으로 자신이 깨뜨려지지 않았음에도 스스로 자신의 영적인 깊이를 과신하며 가식에 찬 신앙 생활을 이어가는 신자들을 많이 만날 수 있었다.

마음의 경험은 일시적이며, 통회함이 뒤따르지 않으면 마음의 주도적인 완악함을 고쳐 줄 수 없습니다.

1.1.1.4 인생의 허무함을 직시함으로

넷째로, 인생의 허무를 직시함으로 사람들의 마음은 각성됩니다.

신자의 마음의 굳어짐은 항상 죄와 불순종에서 비롯되고, 그러한 생활의 궁극적인 원인은 정욕에서 비롯되는 것입니다. 그런데 인생의 허무를 깨닫는 것은 이 세상에서 불필요한 욕망들을 제거하는 좋은 수단이 됩니다. 물론 이러한 경험 자체 안에 죄를 죽이는 궁극적인 효과가 있는 것은 아닙니다. 성령께서 그것을 도구로 하셔서 신자 안에 있는 죄를 죽이신다는 것입니다.

성령께서 말씀을 깨닫게 하실 때, 인생의 허무함을 직시하는 경험은 죄를 죽이는 성령의 도구가 됩니다. 신자가 경험하는 대부분의 죄와 불순종은 세상 사랑에서 오는 것입니다. 그리고 신자의 부당한 세상 사랑은 세상에 대하여 부당하게 가치를 부여하는 데서 오는 것이고, 이기적인 자기 사랑에서 비롯되는 것입니다.

따라서 신자가 말씀의 빛 앞에서 성경이 말하는 이 세상의 유한함과 덧없음을 묵상하는 것과 성령의 은혜가 함께 작용할 때, 신자는 일시적이나마 그 영원의 빛 앞에서 자신의 욕망의 허무함을 깨닫게 됩니다. 이 깨달음은 죄에 대한 소원을 이루고자 하는 마음을 급격히 감퇴시키고, 하나님을 의존하고 싶은 경건한 고독을 불러일으킵니다. 그래서 칼빈은 신자가 자기 안에 있는 죄의 욕망을 죽이는 한 수단으로서 이것을 주저하지 않고 거론하였습니다.[104]

성경은 이에 대하여 풍부한 증거를 가지고 있습니다. 시인은 이렇게 말합니다. "여호와여 언제까지니이까 스스로 영원히 숨기시리이까 주의 노가 언제까지 불붙듯 하시겠나이까 나의 때가 얼마나 단축한지 기억하소서 주께서 모든 인생을 어찌 그리 허무하게 창조하셨는지요"(시 89:46—48).[105]

---

[104] Randall C. Gleason, *John Calvin and John Owen on Mortification: A Comparative Study in Reformed Spirituality*, (New York: Peter Lang, 1995), pp.67-68. 존 칼빈(John Calvin)은 자신의 책 〈기독교 강요〉(*Institutes of Christian Religion*)에서 신자가 죽음 이후에 다가올 천국의 복락을 기대하면서 두려움을 능가하는 위로 속에 산다는 것은 너무나 당연하다고 강조하면서, 그러한 복락을 이 세상에서는 누릴 수 없을 것이기에 죄 없는 상태의 천국을 갈망하며 사는 것이 신자 안에 있는 죄의 욕망을 죽이는 효과적인 은혜의 방편임을 힘주어 말한다. "But it is altogether intolerable that the light of piety should not be so powerful in a Christian breast as with greater consolation to overcome and suppress that fear. For if we reflect that this our tabernacle, unstable, defective, corruptible, fading, pinning, and putrid, is dissolved, in order that it may forthwith be renewed in sure, perfect, incorruptible, in fine, in heavenly glory, will not faith compel us eagerly to desire what nature dreads? If we reflect that by death we are recalled from exile to inhabit our native country, a heavenly country, shall this give us no comfort?" John Calvin, *Institutes of Christian Religion*, vol. 2, trans. by Henry Beveridge, (Grand Rapids: William B. Eerdmans Publishing Company, 1981 reprinting), p.29.

[105] 이 시는 표제에 기록된 대로 '에단의 마스길'이다. 마스길'은 '교훈을 주는 시'라는 의미로서 '지혜롭게 하는 시'라는 의미도 된다. 이 같은 사상을 나타내는 본문이 성경 여러 곳에 있지만, 대표적인 구절은 다음과 같다. "주께서 사람을 티끌로 돌아가게 하시고 말씀하시기를 너희 인생들은 돌아가라 하셨사오니 주의 목전에는 천년이 지나간 어제 같으며 밤의 한 경점 같을 뿐임이니이다 주께서 저희를 홍수처럼 쓸어 가시나이다 저희는 잠깐 자는 것 같으며 아침에 돋는 풀 같으니이다 풀은 아침에 꽃이 피어 자라다가 저녁에는 벤 바 되어 마르나이다 우리는 주의 노에 소멸되며 주의 분내심에 놀라나이다 주께서 우리의 죄악을 주의 앞에 놓으시며 우리의 은밀한 죄를 주의 얼

그렇습니다. 신자들이 인생의 허무를 직시하는 것은 곧 영원의 빛 아래서 오늘을 살아가는 비결입니다. 하나님을 알려고 하지 않는 사람들이 인생의 허무를 직시할 때에는 타락한 허무주의 사고방식이나 체념, 혹은 망각을 위한 쾌락에의 탐닉, 혹은 불가지론으로 나아가지만, 신자들은 항상 하나님과 영원에 대한 인식을 새롭게 갖는 기회가 됩니다.

그리고 그러한 경향은 그 사람 안에 하나님을 아는 지식이 있음을 의미하는 것입니다. 이 때 신자들은 마음이 상하게 되고, 죄와 불순종으로 이어지는 자신의 삶이 하나님의 판단과 영원의 무게를 감당할 수 없음을 인식하게 됩니다. 그리고 통회하는 마음이 됩니다.

1.1.2 통회하는 마음 : 깨어진 마음

죄인의 상한 마음은 각성된 마음입니다. 그러나 신자들 안에 남아 있는 마음의 완고함을 제거하는 것은 통회하는 마음입니다. 신자는 진실한 자기 깨어짐을 통하여 마음의 굳은살을 제거하시는 성령의 은혜를 경험하게 됩니다. 그러므로 참된 신자의 대치할 수 없는 표지는 자기 깨어짐입니다.

〈천로역정〉The Pilgrim's Progress의 저자, 청교도 존 번연John Bunyan은 통회

굴 빛 가운데 두셨사오니 우리의 모든 날이 주의 분노 중에 지나가며 우리의 평생이 일식간에 다하였나이다"(시 90:3-9). 삶의 허무를 직시함으로 나타나는 신자의 각성의 경험을 보여준다.

하는 마음을 다음과 같이 정의하였습니다.

"통회하는 마음이란 뉘우치는 마음이다. 자기가 하나님을 대적하여 죄를 지었다는 사실과 그로 말미암아 자신의 영혼이 큰 해를 입게 되었다는 사실 때문에 쓰라리도록 근심하고, 달랠 수 없으리만치 슬퍼하는 마음이다."[106]

하나님의 말씀 앞에서 자신의 모습을 발견하고 진실한 자기 깨어짐의 경험을 하는 것은 곧 그를 거룩하게 하시려는 하나님의 손길을 받아들이는 방법입니다.

이러한 자기 깨어짐은 일생에 한두 번 있는 극적인 회심의 경험 속에서만 나타나서는 안 됩니다. 우리가 성화의 소명을 이루어 가

---

[106] "A contrite spirit is a penitent one; one sorely grieved, and deeply sorrowful, for the sins committed against God, and to the damage of the soul", John Bunyan, *The Acceptable Sacrifice; or, The Excellency of a Broken Heart: Showing the Nature, Signs, and Proper Effects of a Contrite Spirit*, in *The Works of John Bunyan*, vol. 1, (Edinburgh; The Banner of Truth Trust, 1991 reprinting), p.695. 존 번연(John Bunyan)의 이 자료는 전체가 시 51:17, "하나님의 구하시는 제사는 상한 심령이라 하나님이여 상하고 통회하는 마음을 주께서 멸시치 아니하시리이다"에 대한 해설이다. 필자의 이 책과 같은 체제로 계산하면 약 120여 쪽 분량이나 되는 자세한 해설이다. '땜장이'로 알려진 번연의 영적인 깊이와 성경에 대한 박식함을 보여주는 논리적이고 깊이 있는 작품이다. 존 번연은 사람의 마음이 깨어져야 할 이유를 아홉 가지로 제시한다. (1) 인간이 모든 피조물보다 뛰어난 존재로 이 세상에 태어났지만, 그 같은 자신의 신분에 대하여 죽은 자처럼 무지하고 관심이 없기 때문이다. (2) 인간이 처음 이 세상에 창조되었을 때에 매우 지혜로웠지만, 이제는 신령한 것과 하늘에 속한 것에 대하여 무지하기 때문이다. (3) 그 후로 인간은 단지 죽은 자로 태어나는 것이 아니라 어리석고 교만한 자로 태어나기 때문이다. (4) 인간이 제멋대로이고 완고하기(headstrong) 때문이다. (5) 인간이 하나님을 두려워할 줄 모르는 존재이기 때문이다. (6) 인간이 하나님을 잘못된 방식으로 믿으려는 자들이기 때문이다. (7) 인간이 죄를 사랑하고 그것이 주는 즐거움에 탐닉하는 고질적인 성향을 가진 존재이기 때문이다. (8) 인간이 짐승과 같은 기질을 가진 존재이기 때문이다. (9) 인간이 하나님의 나라에 속한 것을 싫어하는 존재이기 때문이다. John Bunyan, *The Acceptable Sacrifice; or, The*

기 위해서는 그러한 극적인 회심의 경험도 필요하지만, 더욱 필요한 것은 매일 매일 반복되는 자기 깨어짐입니다.

그 안에서 자기가 얼마나 하찮은 존재이고 하나님의 은혜 밖에는 의지할 것이 없는 죄인인지를 깊이 인정하고 십자가를 붙들어야 합니다. 그 경험은 언제나 신자의 마음에 자기를 부인하게 만들고, 죄를 이루는 세상 사랑과 결별하도록 만들어 줍니다.

때로는 한번에 끊도록 강력하게 역사하기도 하지만, 어떤 때는 긴 시간을 두고 서서히 죄에 대한 소욕이 사라지게 하기도 합니다. 이렇게 함으로써 신자의 완고한 마음은 부드러운 마음으로 변해 갑니다.

오늘날 우리들에게, 진실한 신앙의 경험에 대하여 냉소적인 반응을 보이는 경향이 있습니다. 그 중에 하나가 바로 회개에 대한 태도입니다. 우리 중 많은 사람들은 회개가 나쁜 것이라고 생각하지는 않지만, 회개가 우리의 신앙과 삶을 변화로 인도하기에 충분하지 않다는 생각이 팽배해 있습니다. 한걸음 더 나아가서 회개의 경험과 변하지 않는 옛 삶을 대비하면서, "맨날 울면서 회개만 하면 뭘 하나?" 라고 스스로 자조적인 반응을 보이기도 합니다. 그래서 이제 목회자들 가운데서는 '교인들의 눈물을 믿지 말라' 는 말이 유행처

Excellency of a Broken Heart: Showing the Nature, Signs, and Proper Effects of a Contrite Spirit, in *The Works of John Bunyan*, vol. 1, (Edinburgh; The Banner of Truth Trust, 1991 reprinting), pp.702-708.

럼 되어 버렸습니다.

그럼에도 불구하고 회개는 하나님께서 잃어버린 죄인들을 찾으시는 방법이며, 완악한 마음을 가진 신자가 어린아이 같은 마음으로 돌아가는 유일한 길입니다.[107] 성경은 말합니다. "여호와는 마음이 상한 자에게 가까이하시고 중심에 통회하는 자를 구원하시는도다"(시 34:18).

각성된 마음을 가진 사람들은 종종 자신이 하나님의 은혜를 입기에는 자신의 죄와 불결로 인하여 그 분으로부터 너무나 멀리 떨어져 있다고 생각합니다. 그러나 사실은 하나님께서 그런 마음을 가진 사람들 가까이 계십니다.

중심에 통회함으로 자기 깨어짐을 경험하는 사람들은 자신들이 얼마나 무가치한 존재인지를 깨닫고 중심으로 고통하고, 죄를 사랑한 자신을 미워하며 영혼으로 아파합니다. 그리고 하나님의 은혜를

---

[107] 이 같은 사실은 예수님의 선포 사역의 시작에서도 잘 나타난다. "이 때부터 예수께서 비로소 전파하여 가라사대 회개하라 천국이 가까왔느니라 하시더라"(마 4:17). 예수님께서 죄인들과 세리와 함께 먹고 마시신다는 바리새인과 서기관들의 비난에 대하여 답하신 말씀 속에는 회개가 이 세상에 잃어버린 죄인들을 찾으시는 하나님의 방법이라는 사실과 그들 가운데 오셔서 나누시는 모든 섬김과 친교가 바로 그 일을 위함이라는 사실이 웅변적으로 잘 나타나 있다. "예수께서 대답하여 가라사대 건강한 자에게는 의원이 쓸데없고 병든 자에게라야 쓸데 있나니 내가 의인을 부르러 온 것이 아니요 죄인을 불러 회개시키러 왔노라"(눅 5:31-32). 이외에도 회개가 죄 사함의 근거가 된다는 사실은 다음 구절에 잘 나타나 있다. "내가 의인을 부르러 온 것이 아니요 죄인을 불러 회개시키러 왔노라"(눅 5:32). "이스라엘로 회개케 하사 죄 사함을 얻게 하시려고 그를 오른손으로 높이사 임금과 구주를 삼으셨느니라"(행 5:31). "혹 네가 하나님의 인자하심이 너를 인도하여 회개케 하심을 알지 못하여 그의 인자하심과 용납하심과 길이 참으심의 풍성함을 멸시하느뇨 다만 네 고집과 회개치 아니한 마음을 따라 진노의 날 곧 하나님의 의로우신 판단이 나타나는 그 날에 임할 진노를 네게 쌓는도다"(롬 2:4-5).

받기에 자신은 합당하지 않다고 생각합니다. 그러나 하나님께서는 바로 그런 사람들을 구원하신다는 것입니다.

회개가 신자의 신앙과 삶을 돌이키는 데 영향을 미치지 못하는 것처럼 보이는 것은 두 가지 방향에서 그 원인을 생각해 볼 수 있습니다. 첫째는 그 회개가 진실한 마음의 깨어짐을 가져왔는가 하는 것이고, 둘째는 그 깨어짐의 영향력의 문제입니다.

첫째로, 회개가 진실한 자기 깨어짐을 가져오지 못하는 것이 문제입니다. 진실한 통회를 인하여 깨어진 마음을 가질 때에만 회개의 눈물을 흘리는 것은 아닙니다. 단지 상한 마음의 상태에서도 넘치도록 흐르는 눈물을 경험할 수 있습니다. 그러나 많은 사람들은 겉모습만 보면서 이 모든 것을 판단합니다.

단지 상한 마음의 경험은 그의 마음의 굳어짐을 없이하지 못하기 때문에 그의 인격 전체에 거룩한 영향을 미치지 못합니다. 그래서 사람들은 이러한 경험에 비추어서 진실한 깨어짐의 가치를 평가 절하하는 것입니다. 그러나 그러한 생각은 형상을 가지고 실체를 단정하는 어리석은 것입니다.

둘째로, 그 회개의 경험이 진실한 자기 깨어짐이라고 할지라도 그 영향력에 대하여 진지하게 생각해 보지 않는 것이 문제입니다. 회심의 경험의 깊이가 사람마다 경험마다 다르듯이, 진실한 자기 깨어짐이라고 할지라도 그 깊이와 정도는 늘 같지 않습니다.

신자의 자기 깨어짐이 그의 마음의 완고함을 제거하고 부드러운 마음으로 쇄신하게 하는 데는 두 가지 조건이 필요합니다. 하나는 깊이 있는 깨어짐이 있어야 한다는 것이고, 또 하나는 그러한 깨어짐이 반복되어야 한다는 것입니다. 그래서 그의 마음에 역사하시는 하나님의 은혜의 지배가 간헐적이 아니고 지속적이어야 한다는 것입니다.

비록 회개의 경험이 진실한 자기 깨어짐을 동반한 것이라고 할지라도 길지 않거나 반복적이지 않고 단속적일 경우에는, 회개하는 모습에도 불구하고 그의 마음의 완고함을 제거함에 있어서 성과가 미미할 수 있습니다. 이렇게 되면 성화의 진보가 매우 더디게 나타나게 됩니다.

더욱이 사람의 마음의 완고함도 그 정도가 모두 한결같지 않다는 사실도 함께 고려되어야 합니다. 더 많이 완고한 마음은 더 깊은, 더 빈번한 자기 깨어짐이 있어야 마음의 부드러움을 회복할 수 있기 때문입니다.[108]

여기서 지적하고 넘어가야 할 것이 또 하나 있습니다. 율법을 통해 죄를 깨닫는 것은 단지 사람의 마음을 각성시켜 상하게 만들지만, 복음을 통한 감화는 죄인을 통회시키는 힘이 있다는 사실입니다. 그러나 상한 마음이 먼저이고, 그 다음이 통회하는 마음입니다.

---

[108] 마음의 굳어짐이 심하지 않을 때에는 한두 번의 진실한 통회함으로 자기 깨어짐을 경험하고 마음의 부드러움을 회복할 수 있지만, 오랫동안 죄 가운데 살아서 마음의 굳어짐이 심해졌을 때에는, 그 통회함이 아무리 진실한 경험이었다고 할지라도, 그로 인한 한두 번의 자기 깨어짐을 통하여 파수할 가치가 있는 부드러운 마음으로 변화되는 것은 거의 불가능하다. 다만 그러한 통회

먼저 율법을 통하여 자기의 죄를 깨닫게 하시는 각성의 은혜가 있고, 그 다음에 복음의 감화로 말미암는 통회가 있습니다. 복음은 곧 형벌받을 자신의 범죄를 위하여 십자가에서 자기의 아들을 못박으신 하나님의 사랑에 대한 증언이고 이로 말미암는 통회는 사람의 마음을 깨어지게 하는 힘이 있습니다.

성령께서 율법을 통해 하시는 것은 단지 죄인들의 마음을 상하게 하는 것이지만, 복음을 통해서는 그들을 통회하게 하셔서 자기의에 대하여 깨어지고 죄에 대한 사랑에 대하여 부서지게 만들어 부드러운 마음을 회복하게 하십니다.

다만, 율법에 의하여 죄를 깨달음으로 상한 마음은 복음에 의하여 통회할 준비가 잘 된 마음이지만, 그렇지 못한 마음은 준비되지 않는 마음입니다. 그래서 죄에 대한 각성이 없이 곧바로 복음에 의하여 마음이 깨어지는 법은 없습니다.[109]

신자의 마음이 늘 같은 상태에 있는 것은 아닙니다.

오늘 부드러운 마음이라 할지라도 내일은 그 마음에 각질이 생길 수 있습니다. 그리고 그 마음의 각질은 시간이 흐르면서 굳은살로

의 경험을 통해서 자신의 의에 대한 신뢰와 죄에 대한 사랑이 급격히 감퇴되고, 자기 안에 있는 마음을 굳어지게 하는 경향성과 싸울 수 있는 강한 추진력을 얻을 수는 있다. 그러므로 깊이 있는 통회와 반복적인 자기 깨어짐을 통해서 계속해서 은혜 안에 거하며 사는 생활이 필요하다. 신자는 그 안에서 하나님의 은혜에 의하여 지배되는 마음의 질서를 회복하게 되는 것이다. 그래서 성경은 죄인들을 굽은 길에서 돌아오라고 부르는 촉구와 함께 지속적으로 하나님의 은혜 안에 거하라고 촉구한다. "아버지께서 나를 사랑하신 것같이 나도 너희를 사랑하였으니 나의 사랑 안에 거하라"(요 15:9). "제자들의 마음을 굳게 하여 이 믿음에 거하라 권하고 또 우리가 하나님 나라에 들어가려면 많은 환난을 겪어야 할 것이라 하고"(행 14:22).

변하고 나중에는 마음 전체를 크고 단단한 돌멩이처럼 만들어 버릴 수 있습니다.

이런 일은 큰 범죄를 통하여 급격히 진행되기도 하지만, 대부분의 경우에는 천천히 이루어져서 영적으로 깨어 있지 못한 신자들에게 파악되지 않은 채 진행되기도 합니다.

그러므로 신자가 자기의 마음을 지키는 것이 필요합니다. 그 의무는 그가 이 세상에 살아 있는 동안 회피할 수 없는 의무입니다. 스스로 짐승처럼 살겠다고 결심하지 않는 한 말입니다. 그는 마땅히 계속해서 자기의 마음을 은혜의 영향 아래 있도록 지켜야 합니다.

부단히 하나님의 말씀을 깨달음으로써, 아직 행동으로 나타나 습관을 형성하지는 않았지만 그럴 개연성을 가지고 자신의 마음속에 있는 여러 생각의 작용들에 대하여 주의 깊이 관찰하여야 합니다. 그리고 적절한 은혜의 조치를 취하여야 합니다.

---

109 그러므로 신자는 늘 참회와 자기 깨어짐 속에서 살아야 한다. 하나님 앞에서 진실한 자기 깨어짐의 은혜로 살아가기를 힘쓰는 사람들의 마음에도 굳어짐이 있고 악한 생각의 착상이 있을 수 있다. 그러나 그러한 마음의 굳어짐이 깊지 아니하기 때문에 늘 힘쓰는 진실한 참회로 마음의 각질을 걷어내고 착상된 악한 생각을 제거하는 은혜의 작용이 역사한다. 그리고 이것이 그에게 영적인 순발력의 원인이 된다. 이 일을 위해서는 신자가 항상 거룩한 삶을 살기를 힘쓰고, 죄와 더불어 분투하며 신앙의 순전함을 지키기를 힘써야 한다. 이러한 노력은 죽을 때까지 계속되어야 한다. 주님을 많이 사랑하는 신자들은 이 일에 더 많이 헌신할 것이며, 그렇지 아니한 사람들은 적게 헌신할 것이다. 그리고 그렇게 마음을 지키며 거룩한 은혜 아래 살기를 힘쓰는 것만큼 풍성한 삶을 누리며 살게 될 것이다. 예수 그리스도께서 당신이 이 세상에 목자로 오신 목적을 두 가지로 설명하셨는데, 생명과 풍성한 삶이다. 그것은 성경이 예수 그리스도의 오심과 함께 신자들에게 약속하고 있는 하늘에 속한 영적인 부요함을 누리며 살아가는 것을 가리킨다. "도적이 오는 것은 도적질하고 죽이고 멸망시키려는 것뿐이요 내가 온 것은 양으로 생명을 얻게 하고 더 풍성히 얻게 하려는 것이라"(요 10:10).

장차 죄를 낳게 될 생각들에 대한 마음의 세미한 움직임까지 관찰하며 진실하고 정직하게 통회하고 깨어질 때에, 그의 마음의 각질은 제거되고 부드러움은 유지될 것입니다.

그러므로 신자가 자신의 마음을 지키는 일에는 휴일이 없습니다. 매일 매일 거울처럼 자기의 마음을 말씀의 빛으로 비추고 진실한 참회의 눈물로 닦아내어야 합니다. 그리고 그러한 작업은 항상 상한 마음과 통회하는 자기 깨어짐을 동반합니다. 그렇게 함으로써 마음의 부드러움을 유지하면서 살아갑니다.

그 마음으로 하나님께서 아파하시는 자리에서 함께 아파하고, 그리스도께서 우시는 자리에서 함께 웁니다. 성령께서 사랑하시는 자리에서 고난을 이겨내며 사랑합니다.

이 세상의 수고를 끝내고 그 나라로 부르실 때까지 신자는 그렇게 사는 것입니다. 주님을 많이 사랑하는 사람들은 이 일에 많이 헌신할 것이고, 적게 사랑하는 사람들은 조금 헌신할 것입니다. 그리고 주님을 사랑하지 않는 사람들은 하나님의 영광을 위하여 자신의 마음을 지키고자 분투하는 고난한 삶을 택하는 대신 자신의 만족을 위하여 육욕을 따라 짐승같이 살아가는 생활을 택할 것입니다.[110]

그렇게까지 악하게 진전되지 않는 경우에라도 그는 하나님을 믿

---

[110] "내가 여러 번 너희에게 말하였거니와 이제도 눈물을 흘리며 말하노니 여러 사람들이 그리스도 십자가의 원수로 행하느니라 저희의 마침은 멸망이요 저희의 신은 배요 그 영광은 저희의 부끄러움에 있고 땅의 일을 생각하는 자라 오직 우리의 시민권은 하늘에 있는지라 거기로서 구원하는 자 곧 주 예수 그리스도를 기다리노니"(빌 3:18-20).

으면서도 구원의 기쁨과는 상관없는 삶을 살 것이며, 오래 믿을수록 신앙과 삶 사이에 괴리만 더해 가는 파리한 영혼이 될 것입니다. 입술로는 주님을 부르고 삶으로는 하나님을 부인하며, 빛으로 부름을 받았으나 불이 꺼진 등불 같은 삶을 살 것이며, 소금으로 불러 주셨지만 그 맛을 잃어버린 사람으로 살아가게 될 것입니다. 그런 사람들을 통해서 받는 주님의 불명예를 생각해 보십시오. 신자가 그렇게 해서는 풍성한 삶을 살 수 없습니다.

아아, 지금도 이 세상 어느 구석에선가 하나님 앞에서 자기의 마음을 지키기 위하여 진실한 통회로 자신을 깨뜨리는 사람들은 얼마나 복된 사람들입니까? 자기의 가슴을 쓸어안고 하나님의 마음을 아프게 한 자기의 죄와 그 근원이 되는 마음의 불결을 뉘우치며 아파하는 사람들은 얼마나 아름다운 사람들입니까?

그들의 소원은 유명해지는 것도 아니고, 부유하게 되는 것도 아닙니다. 그들의 바람은 오직 하나 자신들의 마음이 주님이 계시기에 합당한 마음이 되는 것입니다. 주님을 향한 사랑으로 가득 차기에 적합한 마음이 되는 것입니다. 그래서 자신들이 이 세상에 살아 있는 것이 주님의 마음에 기쁨이 되기만 한다면 아무 것도 바랄 것이 없는 사모함을 가진 사람들입니다.

그들이 이 세상에서 아파하며 사는 것 같지만, 그들만이 하늘의 거룩한 위로를 알 것입니다. 그들은 비록 비관에 잠긴 사람들 같지만, 신령한 생명의 기쁨을 누리며 사는 사람들일 것입니다.

영혼의 어두운 밤을 지나며 이렇게 자기의 마음을 지키고자 안팎으로 많은 적들과 분투하는 그들의 아픈 노고를 하나님께서 반드시 영광 가운데 갚아 주실 것입니다. 왜냐하면 그들만이 하나님을 온 마음으로 사랑하는 사람들이기 때문입니다.

그렇습니다. 통회로 말미암는 마음의 깨트려짐은 우리의 전 인격에 영향을 줍니다. 먼저 우리의 지성에 영향을 주어서 생각 자체가 바뀌게 하고, 정서에 변화를 주어서 예전에 사랑하던 것들을 버리게 만들어 줍니다.[111] 이전에 자랑하지 않았던 것을 자랑하게 만들어 주고, 결국은 의지에 영향을 주어 이제껏 끊을 수 없던 죄악들과 결별할 의지를 갖게 해줍니다.[112]

통회가 자기 깨어짐이라고 할 때 그것은 두 가지로 나누어서 생각해 볼 수 있는데, 첫째는 자기의에 대한 깨어짐이고, 둘째는 죄에 대한 사랑에 대한 깨어짐입니다.

1.1.2.1 자기의의 깨어짐

첫째로, 자기의^{自己義}의 깨어짐입니다.

---

[111] 하늘을 향한 사도 바울의 이러한 소망은 사도로 하여금 십자가만을 자랑하게 하였다. "그러나 내게는 우리 주 예수 그리스도의 십자가 외에 결코 자랑할 것이 없으니 그리스도로 말미암아 세상이 나를 대하여 십자가에 못박히고 내가 또한 세상을 대하여 그러하니라"(갈 6:14).

[112] "너희가 피곤하여 낙심치 않기 위하여 죄인들의 이같이 자기에게 거역한 일을 참으신 자를 생각하라 너희가 죄와 싸우되 아직 피 흘리기까지는 대항치 아니하고"(히 12:3-4).

진실한 통회는 신자로 하여금 자기의 의에 대한 자부심을 버리게 합니다. 아니, 엄격하게 말해서 자기의 의를 혐오하게 만듭니다. 그들의 관심은 자기의 의를 쌓는 것이 아니라, 그리스도의 은총을 더 많이 받는 것입니다.

자신을 스스로 의롭다고 여기고 자신의 섬김이 자기를 의롭게 만들어 가고 있다고 자부하던 사람들에게는 자신을 죄인으로 고백하며 하나님의 은총을 받아들일 가난한 마음이 없습니다. 그러나 신자가 진리의 말씀을 인하여 성령으로 말미암아 통회할 때에 가장 먼저 나타나는 것은 자기의에 대한 깨어짐입니다.

이 때 그는 자신이 비록 일평생 주님을 섬기면서 살아왔다고 할지라도 그 장점이 자기 안에 있는 죄와 불결이 가져다 주는 단점을 극복할 수 없다고 생각합니다. 그것은 하나님의 거룩을 거스르는 것이기 때문입니다.

자기 자신이 죄악 덩어리이며 불결한 인간이기 때문에 스스로 하나님 앞에 설 수 없고 오로지 자기를 위해 대신 죄 값을 치르신 그리스도의 공로를 의지할 수밖에 없는 죄인임을 뼈저리게 느끼는 것입니다.[113]

---

[113] 그러므로 진실한 참회를 통해 자기 깨어짐의 은혜 속에서 사는 사람들에게는 하나님의 은혜에 대한 부채 의식이 있다. 사도 바울이 구원받은 이후로 헌신적인 선교 사역에 종사하였음에도 불구하고 다음과 같이 고백하였던 것도 바로 이 같은 이유 때문이었다. "미쁘다 모든 사람이 받을 만한 이 말이여 그리스도 예수께서 죄인을 구원하시려고 세상에 임하셨다 하였도다 죄인 중에 내가 괴수니라"(딤전 1:15). "그리고 내가 그 십자가 아래에서 피 묻은 손으로 망치를 들고 있는 것이

하나님께서 그토록 원하시는 부드러운 마음을 가지고 살아가는 신자는 어떤 사람일까요? 자기의 마음을 살피고 지키면서 주님을 섬기며 사는 사람입니다. 자신의 모든 힘을 다해서 주님을 섬기면서 살고, 건강도 젊음도 재산도 주님을 위해서 허비하며 사는 사람입니다. 그리고 동일한 열심으로 주님의 성품을 본받아 살고 싶어 하는 그런 사람입니다.

그러나 그는 그렇게 살아가는 훌륭한 삶 때문에 자기를 대단히 여기지 않습니다. 그토록 헌신적인 삶을 살면서도 항상 하나님 앞에 깨뜨려지는 통회의 경험 속에서 살아갑니다.

자기가 누구인지를 알고, 얼마나 죄로 가득 찬 악한 존재인지를 압니다. 그래서 여전히 하나님의 은혜가 필요한 존재임을 확신합니다. 자신 안에 주님을 기쁘시게 할 만한 어떤 선한 것도 없으며, 힘을 다해서 주님을 섬기면서 살지만 그것은 모두 하나님의 은혜일뿐이라고 고백합니다.

그는 자신의 마음의 더러움과 온전하지 못함을 인하여 하나님의 은총을 구하면서 자기에 대한 자부심을 버립니다. 그리고 오직 십

생생하게 느껴졌습니다. 그리고는 내가 집착하고 사랑하는 것이 얼마나 하찮은 것들인지를 경험하였습니다. 의미 있는 것은 오직 아들을 그렇게 십자가에 못박으시기까지 나를 사랑하신 하나님을 위하여 사는 것뿐이라고 믿어졌습니다. 제가 여러분에게 신령한 그리스도인이 되는 것은 그리스도와 십자가 사건에 대한 경험을 통해서 가능하고, 신령한 삶을 유지하는 것도 십자가의 경험에 대한 반복적인 체험을 통해서 가능하다고 말씀드리는 것도 바로 이 때문입니다." 2002년 새해말씀사경회에서 설교한 〈보다 신령한 그리스도인이 되는 길〉 시리즈, (열린교회 문서선교부)의 설교 테이프를 참고하라.

자가를 붙잡는 삶입니다. 자신의 죄와 용서받고 살아가는 하나님의 은총 사이에 십자가가 있기 때문입니다.

십자가가 아니면 엄위하신 하나님께서 죄인 중 괴수와 같은 자기에게 은혜를 베푸셔야 할 이유가 없기 때문입니다. 이것이 바로 자기의에 대하여 깨어진 사람들이 십자가만을 붙들고 살아가는 이유입니다.[114]

> 최후 승리를 얻기까지
> 주의 십자가 사랑하리
> 빛난 면류관 받기까지
> 험한 십자가 붙들겠네

그렇습니다. 자기의가 깨뜨려지고 나면 그의 마음에는 십자가가 찬연히 섭니다. 하나님 앞에 아무 쓸모 없는 죄인으로 하여금 하나님 앞에 나아가게 할 수 있는 유일한 길은 자기의 몸을 찢어 보좌에 이르는 새롭고 산 길을 열어 주신 우리 주 예수 그리스도의 십자가

---

[114] 자기 깨어짐의 경험은 필연적으로 십자가에 대한 현재적인 경험 안에 있다. 왜냐하면, 거기서 우리는 하나님 앞에 희망이 없는 죄인과 그 죄인에게 베푸시는 하나님의 다함이 없는 사랑을 경험하기 때문이다. 자기 깨어짐은 두 가지에 대한 깨어짐을 동반하는데, 세상 사랑에 대한 깨어짐과 자기의(自己義)에 대한 깨어짐이다. 따라서 십자가를 현재적으로 경험하며 살아간다는 것과 자기의에 대한 깨어짐이 떨어질 수 없는 관계에 있다는 것은 분명하다. 오늘날 조국교회 안에 만연한 외식과 자기의에 대한 신뢰는 그리스도의 복음을 경험하지 못하게 하는 중요한 요인이 되고 있는데, 이것은 그리스도의 십자가에 대한 현재적인 경험의 부재의 결과이기도 하다. 따라서 신자

밖에는 없습니다.115

신자가 그리스도의 십자가 사건에 대한 현재적 체험의 반복 없이 부드러운 마음을 가지고 살 수 없는 이유도 바로 이 때문입니다. 왜냐하면 자기의에 대한 깨어짐이 있고 나면 바랄 것은 오로지 하나님의 은총밖에는 없기 때문입니다.

1.1.2.2 죄에 대한 사랑의 깨어짐

둘째로, 죄에 대한 사랑의 깨어짐입니다.

진정한 통회는 죄에 대한 사랑에 대하여 깨어지는 것입니다. 그러므로 신자가 통회의 경험 없이는 거룩을 사모할 수 없습니다.

죄가 은혜를 드러내는 것처럼 보이는 것은 죄에 대한 진실한 통회와 그 믿음에 대한 응답으로 하나님께서 부으시는 은혜가 있기 때문입니다. 따라서 '죄가 더한 곳에 은혜도 넘친다'116는 성경의

는 언제든지 거룩한 하나님의 말씀과 성령의 감화에 의하여 쉽게 영향을 받을 수 있는 부드러운 마음의 상태를 유지하며 살아가야 한다. 이를 위해서는 신자가 자신의 마음을 지키는 일이 필수적이다.

115 죄인을 향한 하나님의 믿을 수 있는 은총이 무엇을 통해서 나타났는가? 희망이 없는 인간들이 하나님께 자신을 구원해 주시도록 호소하고 붙들 수 있는 유일한 근거가 무엇인가? 죄인들을 위해서 자기의 몸을 버려 피 흘려 값 주고 사신 우리 주 예수 그리스도의 구속의 십자가 이외에 우리가 무엇을 의지할 수 있겠는가? 우리가 스스로 이룬 의는 우리를 의롭다 하기에는 너무나 하찮은 것이고, 하나님께서 베푸시는 은혜를 당연한 것으로 만들 수 있는 보상적인 의가 될 수 없다. 그래서 그리스도인은 하나님 앞에 자신을 다 깨뜨려 아무 것도 의지할 수 없는 처지가 되었을 때에 하나님의 은혜를 의지하여 의로운 삶을 살아가게 되는 것이다. 참된 신자는 의롭게 살려고 애를 쓰지만, 그러한 분투를 통해 획득되는 의로운 삶을 신뢰하지는 않는다. 그가 의지할 바는 오직

진술은 '죄가 많은 모든 곳에 하나님의 은혜가 넘친다' 는 말이 아닙니다.

교부 어거스틴이 '은총의 신학'을 세움으로 교회를 성경으로 돌아가게 하였던 것은 그의 개인적인 은혜의 체험에 기인한 바 큽니다.[117] 그가 하나님의 은총의 세계에 눈을 뜰 수 있었던 것은 자신도 어찌할 수 없는 타락의 수렁에서 자기를 건지시는 하나님의 은혜를 경험했기 때문입니다.

그는 타락으로 소문나기보다 회개로 널리 알려진 사람이 되었습니다. 진실한 통회를 통하여, 죄에 대한 사랑이 깨뜨려지는 과정을 통하여 하나님의 찬란한 은총의 신학을 보게 된 것입니다. 그의 타락을 능가하는 회개가 있었기 때문입니다. 그 회개를 통해서, 죄에 대한 사랑에 관해서 깨뜨려짐을 경험한 것입니다.[118]

아무리 경건하다고 할지라도, 죄에 대한 사랑이 없는 신자는 없습니다. 그러므로 깨어짐이 필요 없을 정도로 온전한 삶을 이어가

십자가에서 자기 몸을 버리신 그리스도 예수의 구속의 십자가밖에는 없기 때문이다. 이처럼 깨어진 마음은 우선 자기의에 대해서 깨어지는 마음이다.

[116] "율법이 가입한 것은 범죄를 더하게 하려 함이라 그러나 죄가 더한 곳에 은혜가 더욱 넘쳤나니 이는 죄가 사망 안에서 왕 노릇한 것같이 은혜도 또한 의로 말미암아 왕 노릇하여 우리 주 예수 그리스도로 말미암아 영생에 이르게 하려 함이니라"(롬 5:20-21).

[117] 어거스틴의 교회사적인 위치, 종교개혁과의 관계, 은총의 신학의 성질, 그것이 개혁신학의 수립에 미친 영향, 특히 개혁주의 성화론에 있어서 그의 은총의 신학이 미친 공과(功過)에 대해서는 다음 자료를 참고하라. 김남준, 〈개혁주의 성화론과 청교도들의 마음 지킴의 가르침〉 강연 테이프 및 강의안, (열린교회 문서선교부, 2002), pp.6-7. 인터넷상으로 다운받기 원하면, 열린교회 홈페이지(www.yullin.org)에 강의안과 세미나 동영상 전체가 실려 있으니 참고하라.

[118] 로버트 머레이 맥체인(Robert Murray M'Cheyne)은 신자가 그리스도를 믿을 때 마땅히

는 성도도 없습니다. 그러면 여러분들에게는 이런 의문이 생길 것입니다. "부드러운 마음을 가진 사람들은 통회함으로 자기 깨어짐을 경험하는 사람들이고 은혜 안에 사는 사람들인데, 그들의 마음에도 여전히 죄에 대한 사랑이 남아 있는가?"라고 말입니다.

그렇습니다. 아무리 깨어짐을 많이 경험해도 여전히 죄에 대한 사랑이 남아 있고, 그리스도보다 자기의를 더 신뢰하는 불신앙도 남아 있고, 마음의 완고함도 남아 있습니다. 다만 늘 자기 깨어짐의 통회와 은혜의 지배 아래 살아가는 신자들의 마음엔, 그렇게 살아가지 않는 냉담한 신자들에 비하여 죄에 대한 사랑도, 자기의에 대한 신뢰도, 완고함도 현저하게 덜합니다.

그들에게는 하나님과의 생생한 교제가 있고, 영적 소생의 순발력이 있습니다.[119] 그들의 부드러운 마음에도 죄에 대한 사랑이 남아 있는 것은 사실이지만 매일 매일 반복되는 진실한 통회가 있어서 죄에 대한 사랑에 대해서 깨뜨려지는 자기 깨어짐이 있기 때문에

죄를 혐오하여야 한다는 사실을 지적하면서, 신자가 죄에 대한 사랑에 대하여 깨어져야 할 이유를 다음과 같이 설명한다. "첫째로, 그 죄가 바로 하나님과 자신 사이에 극복할 수 없는 분리를 가져와 지옥의 불길을 타오르게 하였기 때문이고, 둘째로는, 그 죄 때문에 영광의 주님께서 십자가에 못박혀 그 죄를 담당하시고 물과 피를 쏟으사 죽으셨기 때문이며, 셋째로는, 지금 절망적으로 경험하고 있는 마음의 부패한 질병의 원인이기 때문이다." Andrew Bonar, *Memoir and Remains of Robert Murray M'Cheyne*, (Edinburgh; The Banner of Truth Trust, 1995 reprinting), p.436.

119 사도 바울은 자기의 속 사람이 날마다 새로워지는 경험을 다음과 같이 밝혔다. "그러므로 우리가 낙심하지 아니하노니 겉 사람은 후패하나 우리의 속은 날로 새롭도다"(고후 4:16). 결국 우리들이 살피는 가르침에 따르면, 그 새로움의 고백은 다음의 고백이 있었기에 가능한 것이다. "형제들아 내가 그리스도 예수 우리 주 안에서 가진 바 너희에게 대한 나의 자랑을 두고 단언하노니

죄가 깊이 뿌리를 내리지는 못합니다.

잔디밭을 생각해 보십시오. 일주일에 한두 번씩 잡초를 뽑아 주어도 그 잔디밭에 전혀 잡초가 없는 것은 아닙니다. 그러나 그 잔디밭은 잘 가꾸어진 아름다운 밭이 될 것입니다. 그러나 한두 해 동안 전혀 손보지 않는다면 그 밭은 잔디밭이라고 부를 수 없을 정도로 잡초와 가시덤불로 우거진 묵은 땅이 될 것입니다.

신자가 아무리 탁월한 자기 깨어짐 속에서 일생을 산다고 해도 그 마음 안에 내재하는 부패성을 완전히 제거할 수는 없습니다. 그리고 인간의 마음에 부패성이 잔존하는 한, 죄에 대한 사랑도 남아 있습니다.[120]

그러나 늘 상한 마음을 안고 하나님 앞에 나아가 자기 깨어짐의 통회로 부드러운 마음을 유지하는 사람들의 마음에는 죄에 대한 사랑이 습관적인 죄악을 저지르게 하고 그 범죄가 고착화되어서 인격의 특징이 되기까지 패역을 형성하는 일은 일어나지 않습니다.[121]

나는 날마다 죽노라"(고전 15:31).

[120] 죄에 대한 사랑은 하나님의 은혜로 우리의 마음이 깨뜨려짐으로써 현격하게 감퇴한다. 그런 과정이 반복됨으로써 예전에는 사랑하던 그 죄를 혐오하는 단계까지 가게 된다. 이것이 진정으로 신자 안에서 죄가 죽는 것이며, 이렇게 함으로써 신자는 하나님과의 온전한 평화를 누리게 된다. 이 과정을 통하여 신자의 굳은 마음은 부드러운 마음으로 변하고 자기의 의에 대한 사랑에서도 깨어진다.

[121] 그러나 신자의 마음의 굳음도 숙명적인 것이 아니고, 부드러움도 영구히 안전한(eternally safe) 것이 아니다. 아무리 부드러운 신자의 마음 안에도 어느 정도의 굳음이 남아 있고, 그것은 강퍅한 마음으로 발전할 가능성을 가지고 있는 것이다. 따라서 마음을 지켜야 할 신자의 의무는 죽는 순간까지 남아 있는 것이다. "무릇 지킬 만한 것보다 더욱 네 마음을 지키라 생명의 근원이 이에서 남이니라"(잠 4:23).

그렇습니다. 진실한 통회의 경험은 신자로 하여금 죄에 대한 사랑에 대해 깨뜨려지게 합니다. 그리고 죄에 대한 사랑을 깨어짐의 깊이만큼 버리게 하고, 주님을 향한 우리의 사랑을 순결하게 만들어 줍니다. 마치 일곱 번 연단한 은같이 우리의 마음을 부드럽고 순결하게 만들어서 주님만을 사랑하며 살게 만들어 줍니다.[122]

그래서 16세기에 영국의 종교개혁을 지지하다가 화형당한 존 브래드포드(John Bradford)는 자기의 죄를 고백할 때에 자신이 고백하는 죄 때문에 마음이 파산 상태를 느끼기 전까지는 결코 죄의 고백을 끝내지 않았다고 합니다.[123]

진실한 통회는 거룩한 은혜의 교제 속에서 하나님과 대면하게 만들어 줍니다. 그래서 하나님께서 대면하여 말씀하시던 신적인 친교의 사람들은 한결같이 하나님의 사랑을 많이 받던 사람들이었습니다.[124] 그들은 모두 죄를 미워하는 사람들이었습니다. 그들 중에 자기의 마음을 아무렇게나 되는 대로 방치하던 사람은 한 사람도 없었습니다.

그들은 모두 자기의 마음을 지키기 위하여 피 흘리기까지 분투하

---

[122] "여호와의 말씀은 순결함이여 흙 도가니에 일곱 번 단련한 은 같도다"(시 12:6). "여호와여 나를 살피시고 시험하사 내 뜻과 내 마음을 단련하소서"(시 26:2). "하나님이여 주께서 우리를 시험하시되 우리를 단련하시기를 은을 단련함같이 하셨으며"(시 66:10).

[123] John Flavel, 'What it is to keep the heart', *A Saint Indeed*, in *The Works of John Flavel*, vol. 5, (Edinburgh; The Banner of Truth Trust, 1997 reprinting), p.425.

[124] "사람이 그 친구와 이야기함같이 여호와께서는 모세와 대면하여 말씀하시며 모세는 진으로 돌아오나 그 수종자 눈의 아들 청년 여호수아는 회막을 떠나지 아니하니라"(출 33:11). "그 후

던 사람들이었습니다. 눈에 보이는 것들이 가져다 주는 삶의 상황에 마음이 모두 빼앗겨 하나님께 예민한 부드러움을 잃지 않도록 분투한 사람들이었습니다.[125]

그렇습니다. 진실한 통회는 죄에 대한 사랑에 대하여 깨뜨려지게 만들어 주는 힘이 있습니다. 특정한 죄에 대하여 결별할 수 없을 것처럼 자기의 무능을 절감하던 사람들도 하나님 앞에 반복적으로 깨어짐으로써 죄에 대한 집착을 끊을 수 있습니다.

그리고 그렇게 함으로써 죄에 대한 소욕은 현저하게 감퇴하게 됩니다. 죄가 가져다 주는 즐거움보다는 죄를 이기는 자에게 베푸시는 하나님의 은혜의 즐거움이 더 크다는 것을 알게 되면서 죄를 이길 힘을 얻게 됩니다. 그래서 결국은 예전에는 사랑하던 그 특정한 죄를 혐오하는 단계까지 가게 됩니다.

청교도 존 오웬은 이것을, 진정한 통회라고 보았고 그 죄를 용서하시는 하나님과의 평화를 회복한 것이라고 보았습니다. 그는 이렇

에는 이스라엘에 모세와 같은 선지자가 일어나지 못하였나니 모세는 여호와께서 대면하여 아시던 자요"(신 34:10). "이르시되 내 말을 들으라 너희 중에 선지자가 있으면 나 여호와가 이상으로 나를 그에게 알리기도 하고 꿈으로 그와 말하기도 하거니와 내 종 모세와는 그렇지 아니하니 그는 나의 온 집에 충성됨이라 그와는 내가 대면하여 명백히 말하고 은밀한 말로 아니하며 그는 또 여호와의 형상을 보겠거늘 너희가 어찌하여 내 종 모세 비방하기를 두려워 아니하느냐"(민 12:6-8).

[125] 이러한 경험은 시편에서도 잘 나타난다. "내 영혼아 네가 어찌하여 낙망하며 어찌하여 내 속에서 불안하여 하는고 너는 하나님을 바라라 그 얼굴의 도우심을 인하여 내가 오히려 찬송하리로다"(시 42:5). "내 영혼아 네가 어찌하여 낙망하며 어찌하여 내 속에서 불안하여 하는고 너는 하나님을 바라라 나는 내 얼굴을 도우시는 내 하나님을 오히려 찬송하리로다"(시 42:11). 이 모두 눈에 보이는 절망적인 상황이 가져다 주는 불신앙의 생각에 신앙의 마음이 영향받지 않도록 분투하는 과정을 보여준다.

게 말하였습니다.

"따라서 한 신자가 이러한 상태와 조건에 도달한다면, 정욕은 그 뿌리와 원리에 있어서 약화되고, 죄의 움직임과 영향력도 이전에 비해 현저히 약해지고 적어진다. 그래서 결국 신자의 의무의 실천을 방해하지도 못하고, 하나님과의 평화를 해치지도 못하게 된다. 조용히 죄로 인해 무질서해졌던 심령의 틀^{frame}을 정돈하여 죄를 색출하고 그에 대항하여 싸워서 이길 수 있을 때—비록 죄가 아직도 저항하고 있다 할지라도—이것은 죄 죽임에 있어서 괄목할 만한 진전을 본 것으로, 나는 그가 하나님과의 평화를 누리며 살 수 있다고 본다." [126]

사랑은 깨뜨려진 마음 사이로 흐릅니다

하나님의 은혜에 의하여 쉽게 영향을 받게 하는 부드러운 마음은 이렇게 해서 얻어집니다. 아무리 돌덩이같이 완악한 마음을 가진 사람이라고 할지라도 진실하게 통회하고 나면 자기의와 죄에 대한 사랑에 대하여 깨뜨려지게 됩니다.

이 세상에서 가장 아름다운 광경은 죄인들의 강퍅한 마음이 깨뜨

---

[126] "Now, I say, when a man comes to this state and condition, that lust is weakened in the root and principle, that its motions and actions are fewer and weaker than formerly, so that they are not able to hinder his duty nor interrupt his peace,— when he can, in a quiet, sedate frame of spirit, find out and fight against sin, and have success

려지는 것입니다.

그것은 인간의 영혼 안에 이루어지는 새 창조에 비견될 수 있을 정도로 영광스러운 것입니다.

오늘날 하나님께서 우리에게 주실 수 있는 최고의 축복이 무엇이냐고 물으신다면 저는 서슴지 않고 대답하겠습니다. '우리의 마음이 깨뜨려지는 회심을 주옵소서' 라고 말입니다.

오늘날 자기 고집을 따라 사는 것을 부끄러워하지 않는 조국교회의 신자들이 쓸데없는 일에 열심을 내고 헛된 세상 욕심에 자기의 마음을 내어 주는 어리석음에서 벗어나 진실한 회심을 통하여 순전한 신자가 되기를 힘쓴다면, 세상 모든 육체가 주의 영광을 속히 보게 될 것입니다.

아아, 우리 중에 떨리듯 가슴 시린 하나님의 사랑을 아는 사람이 얼마나 적은지요. 마음이 하나님의 은혜에 점령되고 삶이 그리스도의 사랑에 붙잡혀 그 은총에 스스로 노예 되어 살아가는 것이 얼마나 행복한지를 아는 사람이 얼마나 적은지요.

그러나 우리의 완고한 심령이 진실한 통회로 깨어지고 나면, 우리 자신도 어찌할 수 없으리만치 강퍅했던 우리의 마음은 부드러워

---

against it,-then sin is mortified in some considerable measure, and, notwithstanding all its opposition, a man may have peace with God all days." John Owen, *Of the Mortification of Sin in Believers; the necessity, nature, and means of it: with a resolution of sundry cases of conscience thereunto belonging*, in The Works of John Owen, vol. 6, edited by William H. Goold, (Edinburgh; The Banner of Truth Trust, 1991

지고, 다시금 하나님의 인격적인 설복에 승복하지 않을 수 없게 됩니다.127

깨뜨려진 마음 사이로 흐르는 하나님의 사랑 때문에…….

---

reprinting), p.32

127 따라서 두 가지 노력이 함께 병행되어야 한다. 한편으로는 굳어진 우리의 마음에서 각질을 제거함으로 부드러운 마음으로 돌아가기 위해 끊임없이 상한 심령으로 하나님 앞에 서야 하는 것과, 또 한편으로는 그렇게 회복된 심령의 부드러움을 계속해서 유지하면서 살아가는 것이 그것이다. 이렇게 마음을 지킴으로써 우리를 거룩하게 하시려는 하나님의 은혜의 영향력 아래서 주님을 닮아가고 더 온전한 순종의 삶을 살아가게 된다. 그렇게 함으로서 하나님께 영광을 돌리는 삶을 살아가게 되는 것이다. 로버트 머레이 맥체인(Robert Murray M'Cheyne)은 이처럼 부드러운 마음이 되는 과정에서 통회하는 마음의 유익에 대하여 다음과 같이 말한다. "통회한 마음을 가진 신자에게는 어떤 나쁜 일도 일어날 수 없습니다. 회심치 못한 자들에게 질병이나 가난, 그리고 죽음은 얼마나 두려운 것일까요? 그들은 마치 그물에 걸린 짐승처럼 날뛸 것입니다. 그러나 통회한 마음을 가진 신자는 그리스도로 만족을 누립니다. 그것으로 충분합니다. 그에게는 더 이상의 야망이 없습니다. 모든 것을 다 빼앗긴다 하여도 이 행복만은 그의 것입니다. 그는 이제 막 젖을 뗀 아이같이 주를 의지할 것입니다." Andrew Bonar, *Memoir and Remains of Robert Murray M'Cheyne*, (Edinburgh: The Banner of Truth Trust, 1995 reprinting), p.437.

무릇 지킬 만한 것보다 더욱 네 마음을 지키라 생명의 근원이 이에서 남이니라

6 가엾은 여인의 보따리였습니다
: 버려야 할 마음―강퍅한 마음

가엾은 여인의 보따리였습니다

제가 어렸을 때는 길거리에서 정신 이상자들을 자주 볼 수 있었습니다. 아마도 그들을 돌보아 줄 의료 시설이 부족했기 때문에 그랬던 것 같습니다. 중학교 때, 몇 달 동안 동네에 나타나 아이들에게 놀림거리가 되곤 했던 정신 이상자가 생각이 납니다. 마흔이 채 안 되어 보이는 여인이었는데, 늘 무엇인가 중얼거리며 거리를 헤매었습니다. 잠은 어디서 자는지 모르지만, 아침이 되면 동네 어귀에 나타나서 혼자 웃기도 하고 소리소리 지르며 누군가에게 분을 내기도 하였습니다.

동정심을 가진 이웃들이 먹다 남은 음식이라도 줄라치면, 정신

이상자답지 않게 공손히 인사를 하곤 하던 그 여인의 품에는 언제나 아주 낡고 더러운 보따리 하나가 있었습니다. 길바닥에서 밥을 먹을 때도, 처마 밑에 앉아 있을 때에도, 걸어다닐 때에도 마치 보물단지처럼 안고 다녔습니다.

행여 누군가가 그 보따리를 만지려고 하면, 소리소리 지르며 격분하곤 했습니다. 이윽고 동네 사람들이 그 보따리에 무엇이 있는지를 궁금해 하기 시작했습니다. 결국 그 여인이 한눈을 파는 사이에 동네에서 평판이 별로 좋지 않은 아저씨 한 사람이 그 보따리를 빼앗아 풀어 보았습니다. 어쩌면 그 사람은 그 보따리 속에 돈이나 패물이 있을 것을 기대했는지도 모릅니다.

그러나 그 보따리의 내용물을 본 사람들은 눈살을 찌푸리며 손으로 코를 막았습니다. 그 보따리 속에는 다 낡고 더러운 때가 잔뜩 묻은 헌 옷가지 몇 개와 다 말라빠지거나 썩은 내가 나는 음식 찌꺼기들이 가득 있었습니다. 그 사이에 자기 보따리를 찾던 그 여인은 달려와서 소리소리 질렀습니다. 역정을 내면서 사람들을 쫓아내던 그 여인의 눈에는 이슬까지 맺혔습니다. 다시 그 더러운 보따리를 빼앗아 품에 안고는 마치 엄마가 아기에게 하듯, 거기에 볼을 비비며 안심하는 표정을 지었습니다.

하나님 앞에 깨어지기를 거부하는 완고한 저 자신을 보거나, 그렇게 고통스러우면서도 강퍅한 마음을 안고 살아가는 영혼의 핏기 잃은 신자들을 볼 때마다 그 불쌍한 여인이 생각납니다.

신자의 마음 지킴을 위해서 가장 시급한 것은 더러운 보따리 같은 강퍅한 마음을 버리는 것입니다. 따라서 마음 지킴은 크게 두 가지 실천을 요구합니다. 하나는 강퍅한 마음을 버리는 것입니다. 그리고 또 하나는 그래서 부드럽게 된 마음을 유지하는 것입니다. 신자가 영혼의 진실한 변화를 위하여 가장 먼저 기도하여야 할 것은 굳은 마음의 강퍅함을 버리는 것입니다.

즉, 진실한 통회로 말미암는 깨어짐을 통해 마음의 굳음을 제거하고 악한 생각이 마음에 뿌리 내리지 못하도록 은혜 안에 삶으로써 부드러움을 유지하는 것입니다. 그렇게 함으로써 신자는 세상이나 자신 안에 있는 내적 부패성보다는 하나님의 말씀과 성품으로부터 더 많은 영향을 받으며 살아갈 수 있게 됩니다.

이 장에서는 신자가 버려야 할 마음이 강퍅한 마음이라는 사실을 살펴보고자 합니다. 이 가르침 가운데 가장 중요한 세 가지 사실을 다룸으로써 거룩한 생활을 위한 마음 지킴에 대하여 이해의 깊이를 더하고자 합니다.

첫째로 신자의 마음의 강퍅함에 대한 일반적 진술을 피력하고, 둘째로는 왜 하나님께서는 신자의 마음을 강퍅해지도록 내버려두시는 지에 대하여, 그리고 셋째로 마음의 강퍅의 주체가 누구인지에 대하여 다루려고 합니다.

1.1. 강퍅한 마음

먼저 '강퍅'의 의미에 대하여 살펴보겠습니다. 신약성경에서 '강퍅하다'라는 표현은 여섯 번 나오는데, 그 동사는 '스클레뤼노' 그리고 형용사는 '스클레로스'라는 단어입니다.[128]

이것은 모두 '강퍅함'으로 번역되었고 둘 다 '스켈로' σχέλλω 라는 동사에서 유래했는데, 이것은 '마르다'라는 뜻입니다. '해골, 혹은 피골이 상접한 상태'를 가리키는 영어 '스켈러튼' skeleton 이 바로 이 희랍어 '스켈로'에서 나온 말입니다.

극도로 말라서 딱딱해진 상태가 신약성경에서 '강퍅함, 혹은 강퍅하게 되다'라는 말로 번역된 것을 알 수 있습니다. 따라서 희랍어 의미로 보면 강퍅함은 '수분이 모두 증발되기까지 말라서 돌처럼 딱딱해진 상태'를 의미합니다.

---

[128] 신약에서 이 단어의 몇 가지 대표적인 용례는 다음과 같다. "그런즉 하나님께서 하고자 하시는 자를 긍휼히 여기시고 하고자 하시는 자를 강퍅케 하시느니라(스클레뤼네이, σκληρύνει)"(롬 9:18). "노하심을 격동하여 광야에서 시험하던 때와 같이 너희 마음을 강퍅케 하지 말라(메 스클레뤼네테, μὴ σκληρύνητε)"(히 3:8). "오직 오늘이라 일컫는 동안에 매일 피차 권면하여 너희 중에 누구든지 죄의 유혹으로 강퍅케 됨을 면하라(메 스클레륀데, μὴ σκληρυνθῇ)"(히 3:13). "성경에 일렀으되 오늘날 너희가 그의 음성을 듣거든 노하심을 격동할 때와 같이 너희 마음을 강퍅케 하지 말라(메 스클레뤼네테, μὴ σκληρύνητε) 하였으니"(히 3:15). "오랜 후에 다윗의 글에 다시 어느 날을 정하여 오늘날이라고 미리 이같이 일렀으되 오늘날 너희가 그의 음성을 듣거든 너희 마음을 강퍅케 말라(메 스클레뤼네테, μὴ σκληρύνητε) 하였나니"(히 4:7). "이는 뭇사람을 심판하사 모든 경건치 않은 자의 경건치 않게 행한 모든 경건치 않은 일과 또 경건치 않은 죄인의 주께 거스려 한 모든 강퍅한 말(판톤 톤 스클레론 온 엘라레산, πάντων τῶν σκληρῶν ὧν ἐλάλησαν)을 인하여 저희를 정죄하려 하심이라 하였느니라"(유 1:15). 스클레로스(σκληρός)는 형용사이고, 여기에

신약성경에는 이 단어가 모두 사람들의 마음과 관련되어 나타납니다. 로마서나 히브리서, 유다서를 보면 그 강퍅함이라는 표현이 공통적으로는 강퍅함을 택한 백성들의 마음과 관련지어져 이야기됩니다. 따라서 이것은 언젠가는 살처럼 부드러웠던 마음이 세월이 지나 말라 버려 돌처럼 딱딱하게 된 상태를 가리키는 것입니다.[129]

이처럼 강퍅해진, 즉 완고하게 된 신자의 마음은 어떤 것일까요?

서 유래한 동사 스클레뤼노(σκληρύνω)는 '굳게 하다, 단단하게 하다, 완악해지다'의 뜻으로 사용되었다(행 19:9, 롬 9:18). 스클레로스(σκληρός)는 사전적으로 '(돌멩이같이) 딱딱한', '(말 따위에 있어서) 어려운, 거친, 가혹한, 불쾌한', '(사람과 관련하여) 어려운, 엄격한, 잔인한', '(소리와 관련해서) 거친', '(맛이나 냄새와 관련해서) 조악한, 쓴(bitter)', '뻣뻣한, 고분고분하지 않은', '(빛, 바람 등이 조절되지 않은 채) 강한', '(비유적으로) 준엄한, 어려운, 완고한, 거친, 잔인한' 등의 의미를 가지고 있다. Liddell and Scott, *Liddell and Scott's A Greek-English Lexicon*, A New Edition by Stuart Jones and Mckenzie, (Oxford; Clarendon Press, 1940), p.1612; Liddell and Scott, *An Intermediate Greek-English Lexicon*, (Oxford; Clarendon Press, 1975), p.734; Walter Bauer, *A Greek-English Lexicon of The New Testament and Other Early Literature*, eds. by William F. Arndt and F. Wilbur Gingrich, (Chicago; The University of Chicago Press, 1958), p.756.

[129] 구약에서 스클레로스(σκληρός)의 구약적 배경이 되는 '강퍅한 마음', 혹은 '굳은 마음'이라는 표현의 중요 용례는 다음과 같다. "그러므로 내가 그 마음의 강퍅한 대로(비쉐리루트 립밤, בִּשְׁרִירוּת לִבָּם) 버려두어 그 임의대로 행케 하였도다"(시 81:12), "그 때에 예루살렘이 여호와의 보좌라 일컬음이 되며 열방이 그리로 모이리니 곧 여호와의 이름으로 인하여 예루살렘에 모이고 다시는 그들의 악한 마음의 강퍅한 대로(쉐리루트 립밤, שְׁרִרוּת לִבָּם) 행치 아니할 것이며"(렘 3:17). "그들이 청종치 아니하며 귀를 기울이지도 아니하고 자기의 악한 마음의 꾀와 강퍅한 대로(비쉐리루트 립밤, בִּשְׁרִרוּת לִבָּם) 행하여 그 등을 내게로 향하고 그 얼굴을 향치 아니하였으며"(렘 7:24). "그들이 청종치 아니하며 귀를 기울이지도 아니하고 각각 그 악한 마음의 강퍅한 대로(비쉐리루트 립밤, בִּשְׁרִרוּת לִבָּם) 행하였으므로 내가 그들에게 행하라 명하였어도 그들이 행치 아니한 이 언약의 모든 말로 그들에게 응하게 하였느니라 하라"(렘 11:8). "이 악한 백성이 내 말 듣기를 거절하고 그 마음의 강퍅한 대로(비쉐리루트 립밤, בִּשְׁרִרוּת לִבָּם) 행하며 다른 신들을 좇아 그를 섬기며 그에게 절하니 그들이 이 띠의 쓸데없음같이 되리라"(렘 13:10). "그러나 그들이 말하기를 이는 헛된 말이라 우리는 우리의 도모대로 행하며 우리는 각기 악한 마음의 강퍅한 대로(쉐리루트 립보, שְׁרִרוּת לִבּוֹ) 행하리라 하느니라"(렘 18:12). "항상 그들이 나를 멸시하는 자에게

앞 장에서 우리는 부드러운 마음의 특징을 세 가지로 살펴보았습니다. 첫째는 하나님의 생각에 예민함, 둘째는 하나님의 정서에 쉽게 흔들림, 셋째로 하나님의 의지에 쉽게 굴복함이 바로 그것이었습니다.

따라서 강퍅한 마음의 특징은 그 정반대라고 생각하면 됩니다. 강퍅한 마음은, 첫째로 진리에 대하여 무감각하며, 둘째로 하나님의 정서에 흔들리지 않으며, 셋째로 하나님의 의지에 불복종하는 마음입니다.

이르기를 너희가 평안하리라 여호와의 말씀이니라 하며 또 자기 마음의 강퍅한 대로(비쉐리루트 립보, בִּשְׁרִרוּת לִבּוֹ) 행하는 모든 사람에게 이르기를 재앙이 너희에게 임하지 아니하리라 하였느니라"(렘 23:17). "이 자손은 얼굴이 뻔뻔하고 마음이 강퍅한 자(히즈케 레브, חִזְקֵי־לֵב)니라 내가 너를 그들에게 보내노니 너는 그들에게 이르기를 주 여호와의 말씀이 이러하시다 하라"(겔 2:4). 이상의 용례에서는 '강퍅한'을 의미하는 단어로서 두 가지가 쓰였다. 쉐리루트(שְׁרִרוּת)와 하자크(חָזַק)가 그것이다. 쉐리루트(שְׁרִרוּת)는 '(항상 마음과 관련하여) 굳음, 마음의 완고함'을 의미하는데, 성경에서 모두 10회 사용되었다(신 29:19, 시 81:12, 렘 3:17, 7:24, 9:13, 11:8, 13:10, 16:12, 18:12, 23:17). 이 단어는 '근육(sinew, tendon), 배꼽' 등을 의미하는 단어 쇼르(שׁר)에서 유래하였으며(시 3:8, 아 7:3, 겔 16:4), 여기서 '복부의 단단한 장기(臟器), 특히 하마(hippopotamus)의 장기'를 의미하는 사리르(שָׂרִיר)가 나왔다(욥 40:16). 구약 히브리어 성경의 희랍어 번역본인 70인역(the Septuagint)에서는 쉐리루트(שְׁרִרוּת)를 엔뒤메마토스(ἐνθυμημάτος)로 번역하거나(렘 3:17, 7:24), 번역을 빼먹거나(렘 11:8, 13:10), 아레스토스(ἀρεστός)로 번역히기니(렘 18:12), 플라노스(πλάνος)로 번역하였는데(렘 23:17), 이는 각각 '마음의 계획을 세우다(to take to heart, to form a plan), 혹은 상상하다(to imagine)', '즐거운(pleasing), 만족한(satisfactory), 받아들여지는(acceptable)', '길을 잃게 하는(leading astray), 혹은 속이는(deceiving)' 등의 의미를 가진 단어로서 동사 변형한 형태로 사용되었다. 히브리어 본문에 대한 구약 희랍어 번역본의 용례와 사전적인 의미에 관해서는 다음 자료를 참고하라. Alfred Ralfs ed., *Septuaginta: Id est Vetus Testamentum graece iuxta LXX interpretes edit Alfred Ralfs, vol. II, Libri poetici et prophetici*, (Stuttgart; Württembergische Bibelanstalt Stuttgart, 1935 reprinting), pp. 661, 669, 674, 685, 693; Liddell and Scott, *Liddell and Scott's A Greek-English Lexicon*: A New Edition by Stuart Jones and Mckenzie, (Oxford; Clarendon Press, 1940), pp. 238, 566, 1411. 하자크(חָזַק)는 동사 하자크(חָזַק)에서 유

1.1.1 진리에 대한 무감각

첫째로 강퍅한 마음은 진리에 대하여 무감각합니다.

비록 신자라고 할지라도 강퍅한 마음은 하나님의 생각에 대한 감지력이 없습니다. 하나님의 생각에 대하여 무감각하다는 것은 곧 하나님의 생각의 표현인 기록된 하나님의 말씀에 대하여 무지하다는 것과 이것을 사용하여 전달되는 성령의 감화에 대하여 무감각하다는 것을 의미합니다.

여기서 완악한 마음을 가진 신자가 진리에 대한 감지력이 없다는 것은 단지 성경 지식이 없다는 것을 의미하는 것이 아닙니다. 이것

래된 것으로, '(나쁜 의미에서) 굳은, 강한, 힘이 센' 의 의미로 쓰였다(사 40:10, 겔 3:9). '굳은 마음' 과 '부드러운 마음' 을 새 언약과 관련시켜 풍부한 계시를 담고 있는 에스겔 36장에서는 이 두 마음을 비유적으로 표현하여 레브 하에벤(לֵב הָאֶבֶן, 그 돌의 마음)과 레브 바사르(לֵב בָּשָׂר, 살코기의 마음)로 묘사하고 있다. "또 새 영을 너희 속에 두고 새 마음을 너희에게 주되 너희 육신에서 굳은 마음(레브 하에벤, לֵב הָאֶבֶן)을 제하고 부드러운 마음(레브 바사르, לֵב בָּשָׂר)을 줄 것이며"(겔 36:26). 여기서 '돌' 은 외부의 자극을 받아들이지 않는 물체로서, 그리고 '살' 은 칼에 잘 저며지는 부드러운 살코기처럼 외부의 영향을 잘 받는 물체로서 두 마음을 대조하는 비유이다. '강퍅한' 으로 번역되는 희랍어의 표현은 스클레로스(σκληρός)인데, 이것은 '부드럽던 것이 오랜 기간을 두고 바짝 말라서 딱딱하게 된 상태' 를 의미한다. 예를 들자면, 오랫동안 명태를 바짝 말려서 만든 아주 딱딱한 북어 같은 것의 마른 상태를 가리킨다. 성경에서 하나님의 백성들의 마음의 굳어진 상태를 이렇게 묘사하는 것은 의미심장하다. 왜냐하면, 스클레로스(σκληρός) 혹은 쉐리루트(שְׁרִרוּת)라는 표현은 언젠가는 살코기처럼 부드러웠던 그들의 마음(heart of flesh)이 세월이 흐르면서 부패성과 죄로 인하여 점차 굳어져서 된 돌같이 딱딱해진 마음(heart of stone)의 현 상태를 나타내고 있기 때문이다. 하나님을 사랑하고 그 분께 감화를 받으며 살아야 할 하나님의 백성들이 이런 마음으로 살아가는 것은 얼마나 가슴 아픈 일인가? Koehler and Baumgartner, *Lexicon in Veteris Testamenti Libros*, (Leiden: E. J. Brill, 1958), pp.1010, 1012; H. W. F. Gesenius, *Gesenius' Hebrew-Chaldee Lexicon to the Old Testament*, (Grand Rapids: Baker Book House, 1979), pp.849-850; Gerhard Lisowsky, *Konkordanz Zum Hebräischen Alten Testament*, (Stuttgart: Deutsche Bibelgesellschaft, 1958), p.1498.

은 진리에 대한 지식 자체보다는 진리에 의하여 영향을 받는 마음의 상태를 염두에 둔 표현입니다.

하나님의 말씀을 깨닫는다는 것이 무엇입니까? 그것은 단지 지적인 인식을 뜻하는 것은 아닙니다. 지성으로 인식하고 확인하는 것만으로는 하나님의 말씀을 깨닫는 것이라고 할 수 없습니다.

하나님의 말씀을 깨닫는다는 것은 말씀이 도구가 되어서 하나님의 인격적인 영향이 우리에게 인격적인 영향으로 전달되는 것을 의미합니다. 즉, 지성을 통해서 진리의 의미를 정확하게 인식하고, 정서를 통해서 그렇게 말씀하실 수밖에 없는 하나님의 정서를 전달받고, 의지를 통해서 하나님의 의지를 실현하도록 영향을 받는 것이 곧 하나님의 말씀을 깨닫는 것입니다.[130]

이 과정을 통해서 우리의 전 인격이 성경의 차가운 문자가 아니라 말씀하시는 하나님 앞에서 노출되어 깨달음이라고 하는 통로를 거쳐 하나님의 인격적인 영향력이 우리에게 흘러 들어오는 것입니다. 그래서 하나님께서 우리로 하여금 되게 하고 싶으셨던 존재로

---

[130] 여기서 나는 성화를 통한 보다 깊은 영적 성숙을 위하여 깊이 있는 지식이 필요함을 지적하지 않을 수 없다. 분명한 성경 진리를 토대로 한 '복음의 비밀'(the mystery of the Gospel)을 아는 지식이 절대적으로 필요하다. 우리가 거듭나기 위해서는 간결하고 핵심적인 복음의 제시만으로도 충분하지만, 그 후에 새 생명의 원리가 심겨지는 것과 함께 생겨나는 거룩한 욕구가 성화를 통한 영적 성숙으로 이어지기 위해서는 거룩한 삶을 위한 보다 깊고 자세한 교리적 이해가 필수적이다. 이러한 지식의 필요성은 영적인 성숙을 더해 갈수록 절실해지며, 이 지식의 빛을 계속 공급받지 아니하면 그는 결코 영적으로 성장할 수 없다. 비유하자면, 갓난아이일 적에는 이 세상을 살아가기 위하여서, 자신에게 젖을 주는 엄마의 얼굴을 알아보고, 울음으로써 자신의 의사를 표현하고, 젖을 빨든지 배설을 하든지 하는 본능적인 지식만으로도 충분하지만, 성장하면서 보다 많은

이 세상에 현존하고, 살게 하고 싶으셨던 존재로 이 세상을 살아가는 것이 신앙 생활입니다.

그러므로 마음은 하나님의 말씀을 받아들이는 그릇입니다. 이러한 사실을 고려하지 않고 단지 지적 탐구를 통해서 하나님의 말씀을 깨달을 수 있다고 생각하는 것은 어리석은 것입니다.

신자의 마음이 부드러울 때에는 하나님의 말씀에 대한 인격적인 지각력이 있습니다. 그래서 성경의 진리는 잘 깨달아지고 풍부한 인격적인 반응을 불러일으킵니다. 하나님의 말씀을 통하여 그 분의 마음을 느끼고 의지에 굴복하게 됩니다. 이것이 바로 하나님의 말

지식이 요구되고, 그것 없이는 이 사회에서 정상적인 인간으로 살아가기 어렵듯이, 신앙과 영적 성장에 있어서도 마찬가지이다. 물론, 신자가 의문(儀文)의 차가운 지식만으로 영적인 성장에 이룰 수 있다는 것은 아니다. 그래서 사도 바울은 '지식의 말씀'(로고스 그노세오스, λόγος γνώσεως)을 특별 은사(extraodinary gift)로 중요하게 거론하였다(고전 12:8). 존 오웬(John Owen)은 사도가 말하는 '지식'이 곧 '복음의 비밀과 신비에 대한 영적인 통찰'을 말한다고 적시하였다. "여기서 말하는 지식은 고전 13:2에 모든 지식과 비밀들이라고 표현되어 있다. 그러나 사도 바울의 표현에 의하면 이 지식은 곧 사라져 버릴 은사에 불과한 것이며, 영원에 이르는 은혜에 반드시 뒤따라오는 것이 아니다. 여기서 언급된 지식은 구원의 은혜에 속한 지식과는 구별되는 것으로서 이 은사를 받은 자가 다른 사람들을 가르칠 수 있도록 주어지는 복음 비밀에 대한 비범하고도 특별한 통찰을 의미하는 것이다(Whrefore the knowledge here intended is such a peculiar and especial insight into the mysteries of the gospel, as whereby those in whom it was were enabled to teach and instruct others)." John Owen, *Pneumatologia: or, A Discourse Concerning the Holy Spirit: wherein an account is given of his name, nature, personality, dispensation, operations, and effects; his whole work in the old and new creation is explained; the doctrine concerning it vindicated from oppositions and reproaches. The nature also and necessity of gospel holiness; the difference between grace and morality, or a spiritual life unto God in evangelical obedience and a course of moral virtues, are stated and declared*, in *The Works of John Owen*, vol. 3, edited by William H. Goold, (Edinburgh; The Banner of Truth Trust, 1994 reprinting), pp.459-461. 나아가서 그는 이 지식을 다른 사람에게 가르치는 복음 사역에 종사하려는 사람들은 특별한 방식

씀에 예민한 마음입니다.

그러나 강퍅한 마음을 가진 사람들에게는 이런 예민함이 없습니다. 하나님의 말씀에 대한 이해력도 현저히 부족할 뿐 아니라, 하나님의 인격적인 영향력을 느끼는 일이 거의 없습니다. 더욱이 신령한 것에 대해서는 더욱 무감각한 가운데 심령의 메마름은 점점 더하여 가고, 마음은 점점 더 굳어지게 됩니다.

그런 사람들은 신자로서의 모든 의무를 다한다고 할지라도, 그 어느 것을 행하면서도 마음을 드리는 삶을 살 수 없습니다. 왜냐하면 그의 지성과 정서와 의지가 모두 하나님을 거스르고 있기 때문입니다. 그가 비록 성실히 교회에 출석하고 있다고 할지라도, 신앙의 고백을 저버리지 않았다고 할지라도, 그는 지금 하나님 없는 삶을 살아가고 있는 중입니다. 왜냐하면 그의 마음이 하나님 없는 마음이기 때문입니다.[131] 이처럼 강퍅한 마음은 하나님의 말씀에 대

으로 이 지식에 정통하여야 하는데, 이러한 은사를 받지도 아니하고 가르치는 사역에 종사하려는 사람은 부름받지도 않고 적합하지도 않은 사역에 자기를 두려고 하는 것이며, 또한 이러한 복음의 비밀을 알려고도 아니하고 무시하는 자들이 있는데, 그들의 행위는 치명적이고 무서운 배교적 행위라고 못박는다. "And for anyone to undertake an office in the church who hath not received this gift in some good measure of the knowledge of the mystery of God and the gospel, is to impose himself on that service in the house of God, which he is neither called unto nor fitted for. And whereas we have lived to see all endeavours after an especial acquaintance with the mysteries of the gospel despised or derided by some, it is an evidence of that fatal and fearful apostasy whereinto the generality of Christians are fallen." John Owen, *A Discourse of Spiritual Gift*, in *The Works of John Owen*, vol. 3, edited by William H. Goold, (Edinburgh; The Banner of Truth Trust, 1994 reprinting), pp.459-461.

하여 무감각합니다.[132]

1.1.2 하나님의 정서에 흔들리지 않음

둘째로, 강퍅한 마음은 하나님의 정서에 흔들리지 않습니다.

하나님께서 자기의 마음을 보여주셔도 그 정서에 의하여 움직이지 않는 것이 강퍅한 마음의 특징입니다. 하나님께서는 신자들이 감지할 수 있을 때에만 자기의 마음을 알게 하시는 것이 아닙니다. 하나님께서는 언제나 당신의 마음을 자기의 자녀들에게 보이시고, 그 마음을 전수받기를 원하십니다.

---

[131] 형식적인 신앙 생활의 원인은 마음을 하나님께 드리지 않는 영적 생활의 습관화에 있다. 하나님께 마음을 드리는 경건 생활의 실천은 신자로 하여금 형식적인 신앙 생활이 자리 잡지 못하도록 하는 영적인 틀(frame)을 형성한다. 그리고 그렇게 형성된 마음의 틀 안에서 신자는 마음으로부터 우러나오는 경건 생활과 섬김을 다하게 된다. 자신의 모든 선한 행동이 마음으로부터 우러나온 것인지 혹은 그렇지 아니한 것인지를 성찰하는 정직한 판단도 이러한 틀을 가지고 있을 때에 가능한 것이다. 그리고 진실한 신자의 표라고 할 수 있는 하나님의 영광과 거룩에 대한 갈망은 이러한 마음의 틀에만 깃들일 수 있는 것이다. "부흥의 특징인 영적 각성은 먼저 거룩하신 하나님과 죄인들의 영혼에 대한 사랑의 회복으로 나타납니다. 그들은 하나님 앞에서 자신의 죄를 회개합니다. 그리고 하나님을 섬기기 위해 자신을 거룩한 부르심 앞에 드립니다. 그들에게는 이전에 없던 특별한 열망이 경험됩니다. 그것은 '하나님이 홀로 영광을 받으소서' 하는 소원입니다. 이것을 위한 그들의 소원은 너무나 강렬하고, 이것을 위한 그들의 열망은 너무 뜨겁게 타올라서 그의 생각과 사역과 온 삶을 지배해 버립니다. 그들은 자신들이 이전에 어떻게 하나님이 이처럼 모욕을 받으시는 현실 속에서 고통하지 않고 살아왔는지 스스로 의아해 합니다. 그들은 사람들이 하나님의 통치를 기뻐하지 아니하는 현실을 보며 눈물로 음식을 삼으며, 사라져 버린 교회의 영광스러운 말씀의 권세를 인하여 애통합니다." 김남준, 〈거룩한 부흥〉, (서울: 생명의말씀사, 2000), p.158.

[132] 오늘날 조국교회의 상황은 다른 무엇보다도 신자들의 깊고 심오한 회심이 필요하다는 것을 보여준다. 형식화된 예배 생활과 성화의 갈망이 없는 믿음 만능주의(believism)-이는 영적인 변화를 통한 믿음이 아니라 심리적인 믿음으로 신앙 생활이 충분하다는 것을 가르치는 것이다-등

그러나 강퍅한 마음은 이러한 하나님의 정서에 대하여 반응하지 않습니다. 정확히 말하자면, 반응할 수 있는 능력이 없거나 현저히 상실한 것입니다.

강퍅한 마음은 신령한 정서에 대하여 영향받지 않으려는 경직성을 가지고 있기 때문입니다.

우리가 하나님께 회개하고 돌아올 때에 비로소 하나님께서 바로 그 때에 우리를 돌아오게 하신 것이 아니라 그 이전에도 수없이 우리에게 당신의 마음을 보여주셨다는 것과, 우리가 그러한 마음을 받아들이지 않았던 것을 깨닫게 됩니다. 그리고 그 사실 때문에 아파하게 됩니다. 부드러운 마음을 회복하고 하나님의 마음을 받아들이게 되자 하나님께서 자기를 향하여 가지고 계셨던 마음이 전해진 것입니다.

부드러운 마음은 언제나 상한 심령으로 하나님의 정서에 영향받으며 하나님과 동행하는 정서 속에서 살게 합니다.

그러나 강퍅한 마음은 하나님의 마음을 잘 느끼지 못하고, 얼마간 느낀다고 할지라도 거기에 대하여 예민한 정서로 감각할 수 있

으로 인하여 복음으로부터 멀어진 신앙 생활은 깊고 진실한 회심이 없기 때문이다. 그러한 영적인 상황은 신자들의 마음을 더욱 굳어지게 하고 있으며, 굳어진 마음을 가지고 모인 신자들은 참된 하나님의 말씀을 받아들이지 않으려는 완고한 경향을 교회 안에 형성한다. 아아, 오늘날 조국교회 안에는 얼마나 많은 그리스도인들이 죽은 자와 방불하게 살아가는가? 그들 중 대부분은 일년에 단 한차례도 진실하게 회개하지 않는 그리스도인들이다. 진실한 회개를 통해서 하나님의 사랑이 무엇인지를 알고 그 사랑 앞에 부서지는 자기 깨어짐이 없는 무감각한 그리스도인들이 어떻게 자기를 구원하신 하나님의 뜻을 좇아 거룩한 삶을 분투하며 살아갈 수 있겠는가? 주님께서 메마른 조국교회에 부흥을 주시도록 기도하여야 한다.

거룩한 삶의 실천을 위한 **마음 지킴**

는 능력이 없는 마음입니다.

1.1.3 하나님의 의지에 불복종함

셋째로, 강퍅한 마음은 하나님의 의지에 항복하지 않습니다.

강퍅한 마음을 가진 신자들은 하나님의 말씀과 생각에 대하여 무감각하지만, 어떤 일에 있어서 하나님의 의지를 전혀 알지 못하는 것은 아닙니다.

때로는 강퍅한 마음을 가진 신자들도 자기가 하고자 하는 바와 하나님께서 행하고자 하시는 바가 다른 것을 깨달을 때가 있습니다. 그 때에는 하나님의 의지가 어떤 것인지를 느낍니다. 그러나 그 일이 자기를 기쁘게 하지 않으면 그는 하나님의 의지에 순종할 수 없습니다. 왜냐하면 하나님의 의지에 불순종하는 것이 자기의 의지를 꺾는 것보다 쉽기 때문입니다.

그는 은혜의 영향력 아래 살아가지 않기 때문에 그의 마음은 자신의 의지에 더 크게 지배를 받고 있는 것입니다.

이처럼 의지가 죄의 소욕에 의하여 쉽게 사로잡힌 마음이 강퍅한 마음입니다. 신자의 마음이 완고해지고 죄에 눌어붙기까지 고착될 때에, 신자의 반응은 크게 세 가지로 나타납니다.

첫째는, 잠시 떠났던 죄로 다시 돌아가는 것입니다. 신자의 마음의 강퍅함이 심할수록 그는 하나님 없이 살고자 하는 자신의 욕망에 굴복하여 죄의 노예가 되는 것입니다. 베드로 사도가 지적한 바와 같이 이전의 죄의 즐거움을 찾아 다시 타락합니다. "참 속담에 이르기를 개가 그 토하였던 것에 돌아가고 돼지가 씻었다가 더러운 구덩이에 도로 누웠다 하는 말이 저희에게 응하였도다"(벧후 2:22). 강퍅한 마음은 죄에 대하여 둔감하고 정욕에 대하여 민감하며, 죄에 대해서는 저항력을 상실한 마음이기 때문입니다.

둘째는, 거짓된 신앙의 틀로 돌아가는 것입니다. 마음이 굳어진 사람들 중 일부는 끓어오르는 정욕의 노예가 되는 대신에 자신의 영혼의 상태를 정확히 진단하고 그 처방을 내려 주는 복음의 교리를 버리고 거짓된 가르침으로 돌아가는 경우도 있습니다. 마음이 굳어진 사람에게는 '영적인 것들'에 대한 적대감이 있습니다. 그래서 하나님의 의지에 굴복하지 않는 강퍅한 마음으로 복음의 교리 대신 자기의 인생관이나 개인적인 신념을 신앙의 틀로 삼는 것입니다. 물론 그러한 사람의 인생관이나 개인적인 신념이 성경의 진리에 대한 깨달음에서 비롯된 것일 리가 없습니다.[133] 그렇게 해서 결국엔 이단적인 가르침에 빠지시나 자가운 도덕주의의 신념으로 신앙을 대치하는 것입니다. 이럴 경우 그의 영혼은 하나님의 생명으

---

[133] 그런 점에서 볼 때에 신자가 자기 나름대로의 뚜렷한 인생관을 갖는 것은 좋은 것이 아니다. 그것이 성경에 기초한 것이 아니거나, 부분적으로 성경에 근거를 두고 있다 할지라도 다른 성경의 진리와 유기적인 연관 속에서 정위되지 않는 인생관이라면, 복음을 정확하게 이해하고 받아들이는 데 방해가 된다. 왜냐하면 이렇게 부적절하게 구축된 인생관은 성경의 진리 중 자기의 경험과 부합하는 것만을 중요성을 과장하여 받아들이려고 하는 경향을 갖게 하기 때문이다. 다시 말해서 이러한 인생관이 성경 전체를 보는 선입관으로 작용하게 된다는 것이다. 그래서 그 관점이

로부터 더욱 멀어지게 됩니다.

셋째로, 미신적인 것들을 준수하고 따르는 것입니다. 이러한 미신적인 것들은 진리에 대한 깨달음에서 비롯된 것이 아니라, 논리적인 추론으로 자기가 스스로 만들어 냈거나 다른 사람들로부터 전

그가 대하는 성경의 진리 중 그가 받아들이고 싶은 것과 거부하고 싶은 것들을 가려내는 틀로 작용하게 된다는 것이다. 이렇게 될 경우 신자는 복음의 능력을 상실하게 되어, 영혼과 삶 안에 미치는 복음적 거룩의 영향력(the influence of gospel holiness)을 상실하게 된다. 존 오웬(John Owen)은 이것을 총체적인 배교는 아니지만, 부분적 배교(partial apostasy)라고 보았다. 그리고 이것은 인간 안에 고쳐지지 않은 채 내재된 영적인 것들에 대한 뿌리 깊은 적대감(enmity)에서 비롯되는 것이라고 보았다. 신자의 생각이 단지 사색과 이성적인 추론 속에서 신앙의 개념들에 관해서만 작용할 때에는 이러한 내재된 영적인 것들에 대한 적대감이 크게 문제가 되지 않지만, 영혼의 참된 변화를 통하여 그 사람의 생각과 정서와 의지에 전반적인 영향을 미치려고 하면 문제로 대두된다. 복음은 그 사람에게 옛 본성의 기초와 영적 원리에서 떠나 성령의 능력, 영적 기능, 은혜의 사역, 그리고 궁극적 목표에 있어서 총체적인 변화에 이르도록 역사하여 새로운 피조물이 되게 하는데, 이렇게 복음이 역사할 때 비로소 그 사람 안에 복음에 대한 끔찍스러우리만치 커다란 적대감이 우세하게 존재하고 있다는 사실이 드러나게 되는 것이다. 이 때 생각과 육체 안에 모든 정욕들과 옛 사람의 간교한 궤계와 죄의 능력과 육적이고 죽임당하지 않은 타락의 정서와 복음에 대한 적대감을 들쑤셔 불러일으켜 놓게 된다. 이처럼 영적인 진리는 처음에 경시되면, 바로 무시되고, 결국 그 진리 전부와 결별하게 된다. "But when, in pursuit of the ends before mentioned, the gospel presseth to take men off wholly from their old foundations and principles of nature, to work them unto a universal change in powers, faculties, operations, and ends, to make them new creatures, it proves irksome unto that enmity which is predominant in them; which therefore stirreth up all the lusts of the mind and the flesh, all the deceitful policies of the old man and powers of sin, all carnal and unmortified affections, in opposition unto it. Hence spiritual truths are first neglected, then despised, and at last, on easy terms, parted withal." John Owen, *The Nature and Apostasy from the Profession of the Gospel and the Punishment of Apostates Declared in an exposition of Heb. 6:4-6; with an inquiry into the causes and reasons of the decay of the power of religion in the world, or the present general defection from the truth, holiness, and worship of the gospel; also, of the proneness of churches and persons of all sorts unto apostasy with remedies and means of prevention*, in *The Works of John Owen*, vol. 7, edited by William H. Goold, (Edinburgh: The Banner of Truth Trust, 1994 reprinting), p.84.

해 받은 것입니다. 미신적인 것들을 준수하는 사람들은 그렇게 함으로써 하나님의 진노를 피하거나, 축복을 받을 수 있다고 생각합니다. 교회사에 나오는 수도원주의 시대에 흔히 행해지던, 신비주의적인 오류가 바로 그것입니다.

우리의 순종 없이는, 우리가 결코 거룩해질 수 없습니다. 우리의 성품도 거룩해질 수 없고 성화의 삶을 살아갈 수도 없습니다. 그리고 순종은 바로 자신의 의지를 하나님의 의지 앞에 굴복시키는 것입니다. 진실과 기쁨으로……

신자가 어떤 극적인 회심을 경험하고 신앙을 갖게 되었든지, 혹은 간헐적으로 그런 극적인 회심을 얼마나 여러 차례 경험했든지 간에, 순종 없이는 거룩의 진전도 없습니다. 신자의 일생은 하나님의 은혜 안에 살면서 자신의 마음을 다 드려 하나님께 기쁨으로 순종하는 것을 배워 가는 과정입니다.[134]

아아, 강퍅한 마음을 가지고 살아가는 신자는 얼마나 불쌍한 사람입니까? 그 사람의 일생은 자기를 구원하시고 모든 사랑을 다 베

---

[134] 구원받은 그리스도인의 가장 고상한 소명은 성화이다. 거듭난 신자들에게는 모두 거룩해지고 싶은 갈망이 있다. 성화는 '죄인을 순결하게 하시며 죄인의 모든 성품을 하나님의 형상으로 새롭게 하시며 죄인으로 하여금 선한 일을 하게 하시는 성령의 지속적이고 은혜로우신 작용'이다. 따라서 그리스도인으로서의 삶의 목표는 두 가지, 곧 참된 신자가 되는 것과 참된 신자로 하나님을 섬기며 사는 것이다. 신자는 이렇게 성화될수록 더욱더 그리스도와의 영적 연합이 실제적으로 공고해짐을 경험할 것이며, 하나님께 더욱 많이 사랑받을 것이며, 더욱 하나님과 동행하는 삶을 살게 될 것이다. 신자의 참된 행복이 무엇일까? 하나님을 진심으로 사랑하고 그 분과 동행하는 삶을 사는 것이 아닌가? 그리스도인에게 그보다 더 보람 있는 것이 어디 있으며, 그보다 더 소중한 것이 무엇이겠는가? 우리의 복음 사역과 다양한 섬김도 결국은 이 같은 성화 생활의 일부분일 따름이다.

푸신 하나님께 대한 반항과 불순종의 연속이 될 것입니다.

그가 하나님 없이, 자기 의지로 도덕적인 삶을 살면 바리새인이 될 것이고, 그나마도 살지 못하면 배교에 가까운 삶을 살 것입니다. 하나님과의 은혜의 교제에서 소외된 채 말입니다.

이웃을 위한 그리스도인의 최고의 섬김은 참된 신자가 되는 것이고, 세상을 위해서 교회가 할 수 있는 가장 고상한 일은 교회가 진정으로 교회 되는 것이다. 이렇게 됨으로써, 신자나 교회 모두, 존재에 의한 선포(proclamation by presence)가 가능해진다. 그래서 청교도들은 거룩함이 없이는 행복도 없고(No holiness, no happiness), 성화 없이는 천국도 없다(No sanctification, no heaven)고 믿었다. 그리고 성화의 작용이 시작되는 교두보는 인간의 마음이다. 따라서 마음을 지키는 일 없이는 성화의 진전도 있을 수 없는 것이다. 존 오웬(John Owen)은 순전한 그리스도인의 표지를 여섯 가지로 제시하는데, 그 중 첫 번째가 하나님과의 동행이다. 그 여섯 가지 표지(標識)는 다음과 같다. 첫째, 하나님과 동행함, 둘째, 겸손, 셋째, 그리스도께 대한 믿음과 신뢰, 넷째, 사랑, 다섯째, 거룩과 경건, 여섯째, 삼위일체 하나님께 대한 신령한 예배가 그것이다. 또한 '하나님과 동행하는 삶'은 두 가지를 필수적으로 내포하는데, 첫째는 하나님과의 평화이고, 둘째는 하나님께 영광을 돌리고자 하는 열망이 그것이다. 그리고 '하나님께 영광을 돌리고자 하는 열망'은 신자의 삶 속에서 아래와 같이 나타난다. (1) 자신의 삶에 있어서 하나님의 영광을 최고의 가치로 여긴다, (2) 하나님께 영광을 돌리는 일을 목표로 자기의 삶을 재편한다, (3) 하나님의 영광에 배치되는 어떠한 일도 허용하지 않는다, (4) 하나님의 영광이 온 세계에 가득하도록 지속적으로 마음으로부터 기도한다, (5) 하나님의 영광을 자기 삶의 유일한 동기로 삼는다. 특별히 순전한 그리스도인(genuine Christian)의 마지막 표지인 예배는 경배의 삶을 구체화한 영적인 특징이다. "The rule of such worship is defined by the revelation of God, that is, for all practical purposes, the Scriptures. But from this Owen draws a further deduction, namely that New Testament worship is to be distinguished from that of the Old, by its spirituality; 'it is an eminent effect and fruit of our reconciliation unto God and among ourselves, by the blood of Christ, that believers enjoy the privileges of the excellent, glorious, spiritual worship of God in Christ, reveled and required in the gospel.'" Sinclair B. Ferguson, *John Owen on the Christian Life*, (Edinburgh; The Banner of Truth Trust, 1995 reprinting), pp.274-275.

1.2 신자의 마음이 강퍅해지는 이유

그러면 신자의 마음이 강퍅해지는 것은 무엇 때문일까요? 성경은 이에 대하여 크게 두 가지로 나누어서 말하고 있습니다. 근본적인 원인과 실제적인 원인이 그것입니다. 첫째로, 근본적으로는, 인간의 내적 부패성과 하나님의 은혜 아래 있지 못한 영혼의 상태 때문입니다. 둘째로, 실제적으로는, 자신의 범죄와 마음을 지킴의 실패 때문입니다.

1.2.1 근본적인 이유

첫째로, 근본적인 이유들을 생각해 보겠습니다. 신자가 마음이 강퍅해지는 것은 두 가지 원인, 곧 신자 안에 남아 있는 내적인 부패성과 그가 하나님의 은혜 안에 있지 아니함 때문입니다. 이 두 가지 근본적인 원인들이 이후에 거론될 실제적인 원인들에 영향을 미치는 것입니다.

1.2.1.1 내적 부패성 때문에

우리는 앞에서 이미 거듭난 사람의 마음의 복합적인 성격에 대하여 살펴보았습니다. 주님을 믿고 거듭난 사람의 마음은 그렇지 못한 사람의 마음과 사뭇 다릅니다. 그들의 마음은 완전히 굳은 마음 hard heart이지만, 거듭난 사람들의 마음 안에는 부드러움과 굳음 hardness of heart이 함께 공존합니다.135 다시 말씀드려서 근본적으로는 부드러운 마음인데, 완고함이 깃들여 있다는 것입니다. 이것은 곧 육적인 마음과 신령한 마음이 함께 깃들여 있는 것이기도 합니다.

신자 안에 있는 내적인 부패성이란, 그 뿌리를 아담의 범죄에서 찾을 수 있습니다. 인류의 첫 조상 아담은 언약에 있어서 태어날 모든 인류를 대표하는 위치에 있었습니다. 그가 범죄함으로써 인류는 두 가지를 물려받게 되었는데, 죄책罪責과 오염汚染이 바로 그것입니다.

---

135 존 오웬(John Owen)은 이것을 '전적 굳어짐'(total hardness)와 '부분적 굳어짐'(partial hardness), 그리고 '심판적 굳어짐'(judiciary hardness)이라는 용어로 설명한다. 즉 '전적 굳어짐'은 불신자의 마음이고, '부분적 굳어짐'은 중생한 신자의 마음이라고 본다. 물론 중생한 신자의 마음의 굳어짐은 그 상태와 정도가 각각 다르다고 본다. 그리고 '심판적 굳어짐'은 불신자에게나 신자에게나 일어날 수 있는 것이라고 본다. John Owen, *A Treatise of the Dominion of Sin and Grace; wherein sin's reign is discovered, in whom it is, and in whom it is not; how the law supports it; how grace delivers from it, by setting up its dominion in the heart;* in *The Works of John Owen*, vol. 7, edited by William H. Goold, (Edinburgh: The Banner of Truth Trust, 1991 reprinting), pp.534-535; John Owen, *The Nature, Power, Deceit, and Prevalency of the Reminders of Indwelling Sin in Believers; together with the ways of its working and means of prevention, opened, evinced, and applied; with a resolution of sundry cases of conscience thereunto appertaining,* in *The Works of John Owen*, vol. 6, edited by William H. Goold, (Edinburgh: The Banner of Truth Trust, 1991 reprinting), pp.153-156. 이 두 작품은 다음 것과 함께 오웬 저작에 있어서 죄에 대하여 파헤치고 죄인의 운명과 상태, 처지, 그리고 그 원인과 치료책에 대하여 설명한 가장 해박한 걸작에 속하는 것으로 오웬의 학문과 경건의 세계를 보여주는 대표적인 역작들이다. John Owen, *Of the Mortification of Sin in Believers; the necessity, nature, and means of it: with a resolution of sundry cases of conscience thereunto belonging,* in *The Works of John*

죄책은 언약의 후손으로서, 아담이 범죄함으로 물려받게 된 죄에 대한 책임이고, 오염은 범죄로 말미암아 인간 안에 존재하게 된 부패한 성질을 가리키는 것입니다.[136] 이 모두 그리스도께서 대속하셔야 했던 죄악입니다.

인간의 부패한 본성은 그의 마음에 영향을 미칩니다. 그 속에는 죄에 대한 친화적인 성격이 있어서 악한 생각에 영합하는 마음을 갖게 합니다. 그리고 그러한 악한 생각이 마음에 뿌리를 내리면 언젠가는 죄를 범하게 됩니다.

거듭남은 신자의 이러한 마음을 본질적으로 다른 마음으로 바꾸어 놓습니다. 전에는 죄와 싸울 수도 없고 더욱이 죄를 죽일 수도 없었지만, 거듭남을 통해서 하나님께서는 죄의 지배를 종식시키시고 새 생명의 원리를 심으십니다. 그것은 바로 신자와 그리스도의 신비적인 연합의 기초가 됩니다.

Owen, vol. 7, edited by William H. Goold, (Edinburgh: The Banner of Truth Trust, 1991 reprinting), pp.499-560.

[136] 교리적으로 볼 때, 그리스도께서 대속하셔야 했던 인간의 죄는 크게 둘로 나뉘어진다. 하나는 아담의 타락과 함께 물려받은 원죄(原罪)이고 또 하나는 인간이 살아가면서 짓는 자범죄(自犯罪)이다. 그리고 그 모든 죄의 뿌리는 다시 두 가지로 이루어지는데, 죄책과 오염이 그것이다. 인간은 아담의 타락과 함께 원죄의 죄책과 오염, 곧 죄악 된 부패성을 물려받았다. 그리고 이 원죄의 죄책은 아담이 개인으로서만이 아니라 인류의 대표자로서 하나님과의 언약 관계를 파기하고 선악과를 먹은 데서 비롯된 것이며 인간은 이 죄에 대한 책임을 공유하는데, 이것은 그리스도를 믿을 때에 주어지는 칭의를 통하여 해결되고, 물려받은 부패성은 중생을 통해 우리 안에 심으시는 새 생명의 원리에 의하여 일생 동안 성화된다. 그러나 여기서 잊지 말아야 할 사실이 있는데, 중생은 단지 우리의 악하고 부패한 본성에 거스르는 생명의 원리만을 심는 것이 아니라, 그 사람을 지배하던 죄의 통치와 법을 끊어 버리는 획기적인 사건이다. 이것을 통하여 신자 안에 있는 죄는 통치(dominion)가 끝나고 영향력(influence)으로만 남게 된다. 그러나 이 영향력은 가변

신자는 성령을 통한 그리스도와의 영적인 연합 속에서 거룩한 삶을 살아갈 수 있는 힘을 공급받습니다. 그리고 그것은 신자 안에 있는 부패성을 억누르고 죽이기에 충분한 힘이며 능력입니다.

그렇지만 신자 안에 있는 이 부패성은, 그가 이 세상에 살아 있는 동안은 영원히 죽일 수 없습니다. 그의 마음 안에 은혜가 역사하는 동안에는, 그러한 부패성이 있음에도 불구하고 부드러운 마음으로 어린아이처럼 주님을 따릅니다. 그러나 죄가 역사하는 동안에는 부드럽던 마음이 완고해지게 됩니다.

부드러운 마음도 완고한 마음도 서로 성장하려고 합니다. 말씀과 성령의 감화, 그리고 상한 마음과 통회하는 마음의 경험을 통하여 신자의 완고한 마음은 부드러움을 회복해 가고, 죄와 유혹에 대한 굴복, 은혜의 영향력으로부터 멀어짐의 경험을 통하여 부드러운 마음은 완고해져 갑니다.

그러므로 성경은 거듭남이 신자의 마음에 미치는 영향력을 과대평가하지도 않고 과소평가하지도 않습니다. 더 이상 죄가 그의 마음을 지배하지 못한다는 점에서는 엄청난 변화이지만, 죄의 영향으로부터 완전히 벗어날 수 없다는 점에서는 완전하게 안전한 상태는

적이다. 즉 경건한 생활과 풍부한 영적 생활에 의하여 거의 영향력을 상실할 수도 있고 또다시 강력한 영향력을 가질 수도 있다. 그러나 신자들에게 있어서 이제 죄의 영향력은 절망적으로 받아들일 수밖에 없는 것은 아니라는 점에서 중생한 신자와 그렇지 못한 사람들 사이의 차이는 현저하다. 김남준, 〈메시아, 고난과 영광: 이사야 53장 실천적 강해〉, (서울; 생명의말씀사, 2001), p.136를 참고하라.

아니기 때문입니다. 이것은 신자가 평생 동안 성화의 노력을 통하여 싸워서 정복하며 나아가야 할 과제입니다.

1.2.1.2 은혜 아래 살지 아니하므로

또한 신자가 은혜 아래 살지 아니하기 때문에 신자의 마음이 강퍅해지는 것입니다. 신자가 은혜 아래 산다는 것은 하나님의 인격적인 영향력 아래 사는 것을 의미합니다. 하나님의 말씀과 성령의 영향을 통해서 그 분의 인격과 성품을 경험하며, 그 분과의 교제 속에서 사는 것을 의미합니다.

따라서 신자가 은혜 아래 있을 때에는 하나님의 마음을 공유하게 됩니다. 하나님과의 풍부한 영적 교제 속에서 살아가기 때문입니다. 신자가 은혜 아래 있을 때에는 마음이 부드러워서 하나님의 생각에 예민하고, 그 분의 정서를 풍성하게 느끼며, 하나님의 뜻에 쉽게 굴복하며 살아가게 됩니다.

신자가 이처럼 은혜 아래 사는 기간이 길수록 그의 마음은 완고함이 사라지고 부드러움을 회복하게 됩니다. 그러나 반대로 신자가 악한 생각에 쉽게 마음을 내어 주고 죄 아래 있게 되면, 마음의 부드러움은 점점 사라지고 완고함이 더하여지게 됩니다.

오늘날 조국교회를 뒤덮고 있는 심각한 영적 질병 중 하나는 냉담함입니다.[137] 무엇에도 쉽게 흔들리지 않는 굳은 마음과 자기 깨어짐을 거절하는 교만은 바로 이러한 질병의 징후입니다. 그런 마음으로 역사와 전통에 빛나는(?) 교회 생활을 곧 신앙 생활이라고 생각하는 사람들은 얼마나 불쌍한 사람들입니까? 그들은 하늘의 신령한 기업을 누리며 사는 기쁨이 무엇인지도 모르는 사람들입니다. 그들의 삶은 풍성하지 않습니다.

그들의 육신은 넉넉하여 부족한 것이 없다고 하지만, 그들의 영혼은 굶주리고 목마릅니다. 그들은 자신의 마음의 완고함과 불결함을 인하여 가슴 아파할 줄 모릅니다. 그들에게 있어서 하나님은 단지 항렬은 높지만 실권이 없는, 뒷방에 모셔져서 자손들로부터 의례적인 봉양을 받으며 사는 노인네 같은 분입니다. 마치 입헌 군주국의 실권 없는 왕같이 여깁니다.

왜 그들이 이처럼 교만한 마음이 되었을까요? 무엇 때문에 그들이 예수 안에 있는 참 생명을 누리지 못하고 사는 것일까요? 이 모두 그들의 마음이 너무 굳어져 있기 때문입니다. 그들이 은혜 아래 살고 있지 않기 때문입니다.

아아, 오늘날 우리가 얼음같이 차가운 가슴으로 어떻게 어두운 땅에서 빛 되신 그리스도를 보여줄 수 있겠습니까? 정말 우리가 하나님의 사랑을 압니까? 이 겨레를 향한 주님의 안타까운 마음을 헤아리기나 합니까? 이 세상은 모든 그리스도인들이 불 같은 사랑을

---

137 "가로되 우리가 너희를 향하여 피리를 불어도 너희가 춤추지 않고 우리가 애곡하여도 너희가 가슴을 치지 아니하였다 함과 같도다"(마 11:17).

품고 살아갈 때 비로소 소망이 있는데, 그 사랑의 마음을 전해야 할 사람들이 냉담하니 누가 그것을 이 세상에 전하겠습니까?

우리는 하나님의 살아 계심을 인하여 도무지 감동받지 않는 것에 대하여 깊이 회개하여야 합니다. 하나님 앞에 냉담한 것은 패역한 이 세상이 그러한 것만으로도 충분합니다. 우리는 세상을 향해서는 담대하고 굳세지만, 하나님의 마음에 대하여는 갈대처럼 흔들리는 사람들이 되어야 합니다.

그러기 위해서는 우리가 가끔 하나님의 은혜를 느끼는 것만으로는 충분하지 않습니다. 오히려 우리는 항상 하나님의 은혜 아래 있어야 합니다. 우리가 은혜 아래 살지 아니하므로 굳은 마음이 점점 더 완악하게 되는 것입니다.

1.2.2 실제적인 이유

이상에서 우리는 신자의 마음이 완고해지는 근본적인 이유 두 가지를 살펴보았습니다. 그러니 거기에는 그러한 근본적인 이유만 있는 것이 아니라, 보다 실제적인 실패가 있기 때문입니다. 첫째는 범죄하기 때문이고, 둘째는 마음을 지키지 못하기 때문입니다.

1.2.2.1 **범죄함으로**

첫째로, 신자의 부드러운 마음이 완고해지는 것은 그가 실제적으로 범죄하기 때문입니다. 신자가 범죄하는 것과 마음의 상태는 불가분의 관계가 있습니다. 범죄는 우리의 몸 밖에서 일어나지만, 우리의 몸 안에 있는 마음에 영향을 줍니다.

신자의 범죄는 먼저 범죄할 생각에 마음을 내어 줌으로써 발생합니다. 그리고 일단 범죄가 성립되면 그의 마음은 예전보다 더욱 굳어지게 됩니다.

큰 범죄는 사람의 마음을 많이 강퍅하게 만들고, 작은 범죄는 적게 완고하게 만듭니다. 그리고 그러한 완고함이 쌓이면서 마음은 점점 돌같이 굳어져 가게 마련입니다.

신자의 마음은 시간을 두고 서서히 완고해져 가기도 하고, 갑자기 강퍅해지기도 합니다. 모든 범죄는 우리 안에 있는 은혜의 상태가 약화되는 가운데 일어납니다. 커다란 범죄도 예외가 아닙니다. 우리 안에 있는 은혜의 상태를 잠식하면서 발생합니다.

그런데 커다란 범죄일수록 은혜의 잠식 속도가 빨라서 우리로 하여금 급히 물러가 침륜에 빠지게 합니다. 그리고 우리의 마음을 신속히 완악하게 만들어 버립니다. 그리고 그보다 더 큰 범죄에 대해서도 담대한 마음을 갖게 합니다.

반면, 작은 범죄들은 우리의 마음을 서서히 완고하게 만듭니다.

작은 범죄들은 우리의 마음을 적게 완악하게 하지만, 뚜렷한 죄의식 없이 짓는 죄들인 경우가 많기 때문에 그 죄에 대하여 돌이키는 것이 쉽지 않습니다.

더욱이 사회에서, 혹은 교회에서 여러 사람들에 의하여 당연하게 받아들여지고 있는 죄들일 경우에 신자는 더욱 죄책감 없이 범죄를 더하게 되고, 이런 것들은 그의 마음에 완고함을 더합니다. 그리고 그 완고함은 하나님의 은혜의 영향으로부터 더 멀어지게 합니다. 신자가 하나님의 은혜로부터 멀어질수록 그만큼 범죄에 더 가까워집니다.

여기서 우리가 짚고 넘어가야 하는 문제가 있는데, 양심이 바로 그것입니다. 성경은 신자의 양심을 과소평가하지도 않고 과대평가 하지도 않습니다. 문제는 그 양심이 어떤 마음이 가진 양심이냐입니다. 신자라고 할지라도 그가 죄 아래 있을 때와 은혜 안에 있을 때의 양심은 그 기능이 하늘과 땅 차이입니다.[138]

---

[138] 신자의 양심의 작용은 영혼의 상태와 밀접하게 관계되어 있다. 신자가 하나님과의 평화를 누리며 내면의 세계가 은혜의 질서 아래 있을 때에는 양심은 하나님의 음성을 비교적 정확하게 전달해 주는 도구가 되지만, 그렇지 못할 때에는 인간의 양심의 작용은 그만큼 신뢰하기 어려워진다. 새뮤얼 앤니슬리(Samuel Annesley)는 오류로 가득 찬 양심(erring conscience)의 원인을 크게 여섯 가지로 요약한다. (1) 원죄로 말미암는 본성의 부패, (2) 이로 말미암는 영적인 어두움, (3) 하나님의 심판으로 인한 무지, (4) 게으름으로 인하여 하나님의 뜻을 아는 일에 태만함, (5) 교만, (6) 우리가 제대로 알지 못하는 것들에 대한 부당한 열정이나 터무니없는 사랑. Samuel Annesley, 'How May We Be Universially and Exactly Conscientious?', in *Puritan Sermon*, vol. 1, (Wheaton; Richard Owen Roberts Publishers, 1981), pp.14-15. 양심에 관한 청교도들의 가르침에 대하여는 다음 자료들을 참고하라. Richard Baxter, *The Right Method for a Settled Peace of Conscience and Spiritual Comfort*, in *The Practical Works of*

양심 자체가 마음의 한 기능이기 때문에, 그것의 능력과 활동은 마음의 상태에 매입니다. 마음이 하나님의 은혜 아래 있고 부드러울 때에, 신자의 양심은 하나님의 법을 반영합니다. 그가 하나님을 아는 지식에서 많이 자라 있다면 더욱 그렇습니다.

그러나 그가 죄 아래에 있고 완악한 마음을 가지고 있다면, 그의 양심은 오히려 하나님의 법을 거스릅니다. 전자의 양심은 그를 성도답게 살아가도록 만들지만, 후자의 양심은 그를 짐승처럼 살아가게 할 것입니다.

여러분은 조직 폭력배들의 살인 소식을 종종 듣습니다. 그들이 어떻게 밝은 대낮에 회칼을 들고 사람을 찔러 죽이기까지 담대하게 되었습니까? 그들이 훈련을 통하여 그렇게 살인하게 된다는 것은 이미 널리 알려진 일입니다. 조직 폭력배들은 지옥 훈련이라는 이름 아래 깊은 산 속에서 부하들을 훈련시킵니다. 맨 처음에는 각목과 쇠파이프 등으로 폭력을 휘두르는 연습을 시키고, 마지막에 개나 돼지 같은 짐승들을 풀어 놓고 회칼로 찔러 죽이는 연습을 합니

Richard Baxter, 2:882-973; Thomas Charles, *Natural and Renewed Conscience*, in *Spiritual Counsel*, pp.136-140; Jonathan Edwards, *God Makes Man Sensible of Their Misery Before He Reveals His Mercy and Love*, vol. 2, in *The Works of Jonathan Edwards*, pp.830-838; Richard Sibbes, *The Demand of a Good Conscience*, in *The Works of Richard Sibbes*, pp.478-491; Richard Sibbes, *The Tender Heart, in Josiah's Reformation*, 6:29-43; 이외에도 Richard Sibbes, '믿음에서 파선하게 만드는 것들에 대한 해독제와 선한 양심'이라고 번역될 수 있는 라틴어 표제-*Antridotum contra Naufragium Fidei et Bonae Conscientiae*-가 붙은 라틴어 저작, in *The Works of Richard Sibbes*, vol. 7, pp.547-560.

다. 그들이 참혹한 살인을 감행하기까지 살인 자체에 대한 두려움을 없애고 양심을 무디게 하는 일들이 먼저 있게 마련입니다.

생각으로 짓는 죄는 마음의 예민함을 무디게 하고, 행동으로 짓는 죄는 신자의 양심을 둔탁하게 하여 더 큰 죄를 쉽게 짓도록 이끌어 줍니다. 그리고 이러한 악순환은 곧 그의 마음을 더욱 완고하게 만들어서 하나님의 은혜로부터 멀어지게 만듭니다.[139]

1.2.2.2 마음을 지키지 못하므로

둘째로, 신자의 부드러운 마음이 완고해지는 것은 마음을 지키지 못하기 때문입니다.

믿음의 자리도 신자의 마음이고, 죄가 머무는 곳도 신자의 마음입니다. 그리고 그 마음이 바로 선과 악의 뿌리입니다.[140] 그래서 악한 사람은 마음에 쌓은 악에서 악을 내고 선한 사람은 그 쌓은 선에

---

[139] 존 오웬(John Owen)은 그리스도가 없는 죄 죽임의 오류를 지적하는 가운데, 신자를 죄에 빠지게 하는 악의 유혹은 세 단계로 진행된다는 사실을 말한다. 첫 번째는 사고를 유혹하고(delude), 두 번째는 마음을 굳어지게 하고(harden), 세 번째는 의지로 범죄하여 파멸하게 한다(destroy). 유혹의 단계에서는 사고를 혼란하게 함으로 죄와 죄의 비참한 결과에 대한 공정한 판단을 흐리게 한다. 심각한 죄도 쉽게 용서받으리라는 생각이 죄에 대하여 마음을 열게 하는 것도 이 단계에서 일어난다. 그 다음으로는 신자가 이러한 악한 생각을 굳게 붙들면 마음은 굳어지게 된다. 굳어진 마음은 죄에 대한 저항력을 빼앗고 범죄하고자 하는 충동에 쉽게 굴복하게 함으로 파멸로 데려간다. 인간이 죄에 대하여 전적으로 무능하다는 것은 단지 불신자들에게만 해당되는 것은 아니다. 거듭난 신자들이라고 할지라도 자기 안의 죄의 본성을 죽이는 것은 오직 성령으로써만 가능하기 때문에, 신자가 마음을 지키며 죄와 싸우지만 하나님의 은총을 바랄 수밖에 없다. "And this is the usual issue with persons attempting the mortification of sin without an interest

서 선을 내는 것입니다. 결국은 마음을 지키지 못했기 때문에 신자의 마음이 완고해지는 것입니다.

그러므로 아무리 그 사람이 생애를 뒤흔들고 신앙의 지축을 뒤흔드는 하나님과의 만남의 경험을 가졌다고 할지라도 그 자신이 마음을 지키는 삶을 살지 않으면 북어와 같이 딱딱한 마음이 되는 것은 시간 문제입니다.

시간이 적당히 흘러가고 여건만 조성되면 언제든지 그렇게 굳은 마음이 되는 것은 그에게 얼마든지 가능한 일입니다. 마음을 지키지 못하니까 악한 생각들이 마음에 착상하고 그것들이 뿌리를 내리

---

in Christ first obtained. It deludes them, hardens them,–destroys them. And therefore we see that there are not usually more vile and desperate sinners in the world than such as, having by conviction been put on this course, have found it fruitless, and deserted it without a discovery of Christ." John Owen, *Of the Mortification of Sin in Believers; the necessity, nature, and means of it: with a resolution of sundry cases of conscience thereunto belonging*, in *The Works of John Owen*, vol. 6, edited by William H. Goold, (Edinburgh; The Banner of Truth Trust, 1991 reprinting), p. 37.

140 예수님께서는 천국 시민의 생활을 가르치시면서, 죄의 뿌리인 마음에 대하여 강조하셨다. "독사의 자식들아 너희는 악하니 어떻게 선한 말을 할 수 있느냐 이는 마음에 가득한 것을 입으로 말함이라 선한 사람은 그 쌓은 선에서 선한 것을 내고 악한 사람은 그 쌓은 악에서 악한 것을 내느니라 내가 너희에게 이르노니 사람이 무슨 무익한 말을 하든지 심판 날에 이에 대하여 심문을 받으리니 네 말로 의롭다 함을 받고 네 말로 정죄함을 받으리라"(마 12:34-37). 범죄의 시발은 마음을 지키지 못한 데서 비롯된다. 죄에 대한 성경의 가르침은 단지 윤리적으로 보면 혼란에 빠질 수도 있다. 필자가 신앙 생활 초기에 경험한 혼란이 바로 그런 것이었다. 예를 들자면 마음으로 도둑질하는 것과 실제로 도둑질하는 것이 같다고 보는 것이 기독교의 가르침이라고 생각한 것 같은 것이다. 그러나 성경은 마음의 범죄와 실제적인 범죄를 동등하다고 보는 것은 아니다. 오히려 죄의 뿌리인 마음의 죄의 경향성을 강조함으로써 인간의 내면적인 변화가 무엇보다도 중요함을 가르치고자 한 것이다. 이러한 강조점은 예수님의 가르침에서 풍부하게 나타나고, 그 후 바울과 같은 사도들에 의하여 보다 더 구체화되는데, 이것은 새로운 가르침이 아니라 이미 율법의 수여자였던 모세에 의해서 가르쳐진 것이다. 아래 성경 구절을 참고하라. "오직 너는 스스로 삼가며 네 마음을

면서 점점 암세포처럼 우리의 마음을 굳게 만들고 그래서 강퍅해져 가는 것입니다. 그렇게 해서 우리의 마음을 지배합니다.

아무리 탁월한 회심을 경험하였다고 할지라도, 그가 누리고 있는 은혜의 상태는 절대적으로 안전한 것은 아닙니다. 그리고 그토록 견고해 보이는 은혜의 상태를 허무는 것은 악의 전면적인 공격으로 시작되는 것이 아니라, 부드러운 마음의 아주 작은 일부분을 죄악된 생각에 감염시켜 굳어지게 만드는 것으로 시작됩니다.

최초의 실패는 매우 작아 보이지만, 그것은 잠시 후 예상치 못했던 커다란 실패를 가져올 수도 있다는 점에서 영적 재앙의 씨앗입니다. 이 모든 실패는 자기의 마음을 지키지 못하는 데서 비롯되는 것입니다.

그래서 성경에는 우리의 마음의 연단에 대한 언급이 많이 나옵니다. 하나님께서 자기의 자녀들의 마음을 연단하시는 주체임을 밝히 말합니다. "도가니는 은을, 풀무는 금을 연단하거니와 여호와는 마

힘써 지키라 두렵건대 네가 그 목도한 일을 잊어버릴까 하노라 두렵건대 네 생존하는 날 동안에 그 일들이 네 마음에서 떠날까 하노라 너는 그 일들을 네 아들들과 네 손자들에게 알게 하라"(신 4:9). "이스라엘아 네 하나님 여호와께서 네게 요구하시는 것이 무엇이냐 곧 네 하나님 여호와를 경외하여 그 모든 도를 행하고 그를 사랑하며 마음을 다하고 성품을 다하여 네 하나님 여호와를 섬기고"(신 10:12). "네 하나님 여호와께서 네 마음과 네 자손의 마음에 할례를 베푸사 너로 마음을 다하며 성품을 다하여 네 하나님 여호와를 사랑하게 하사 너로 생명을 얻게 하실 것이며"(신 30:6). '마음을 다하라'는 표현은 구약 전체에서 약 26회, 모세의 유언적인 설교인 신명기에서만 9회나 반복하여 나타난다. 이는 예수님 당시 율법의 차가운 준수가 의로운 삶이라고 믿던 유대인들의 율법주의적인 생각이 사실은 얼마나 구약 종교로부터 멀어진 것인가를 보여주는 것이다. 예수님께서는 마음의 죄를 부각시키심으로써 죄의 뿌리가 마음에 있다는 것과 그래서 성령으로 말미암는 근본적인 영혼의 변화가 필요하다는 사실을 밝히고 싶으셨던 것이다.

음을 연단하시느니라"(잠 17:3).

연단을 통해서 우리의 마음을 정결케 하신다는 것과, 그것이 얼마나 견디기 힘든 고통의 과정을 통해 성취되는지에 대해서 말합니다. 그리고 경건한 백성들이 단련을 통하여 마음의 정결함을 구하였던 것을 보여줍니다.141 그들의 그러한 노력은 마음을 지키려는 경건한 분투로 나타났습니다.

아아, 우리의 마음을 지키는 일이 얼마나 어려운지요? 산을 옮길 만한 믿음을 가지고 아주 오랫동안 위대한 일을 이룬 사람도 일시에 자기의 마음을 지키지 못하고 미끄러질 수 있습니다.

여러 날 동안 수많은 유혹을 뿌리치고 정결하게 살아온 신자도 한 순간에 자기의 마음을 지키지 못함으로 범죄할 수 있습니다. 긴 세월 동안 자신의 모든 재물과 건강을 바쳐 섬겼던 그리스도인에게도 자기의 마음을 지키는 일은 날마다 새로 주어지는 의무입니다.142

---

141 다음 성경 구절을 참고하라. "많은 사람이 연단을 받아 스스로 정결케 하며 희게 할 것이나 악한 사람은 악을 행하리니 악한 자는 아무도 깨닫지 못하되 오직 지혜 있는 자는 깨달으리라"(단 12:10). "나의 가는 길을 오직 그가 아시나니 그가 나를 단련하신 후에는 내가 정금같이 나오리라"(욥 23:10). "여호와여 나를 살피시고 시험하사 내 뜻과 내 마음을 단련하소서"(시 26:2). 그러나 범죄를 위하여 연단된 마음도 있을 수 있음을 경고하고 있다. "음심이 가득한 눈을 가지고 범죄하기를 쉬지 아니하고 굳세지 못한 영혼들을 유혹하며 탐욕에 연단된 마음을 가진 자들이니 저주의 자식이라"(벧후 2:14).

142 앤드류 그레이(Andrew Gray)는 신자가 마음을 지키는 일이 얼마나 어려운지를 설명하면서 아담을 예로 들었다. 그는 무죄 상태에 있었던 완전한 인간이었음에도 불구하고 실로 잠간 동안밖에 자기의 마음을 지키지 못한 것을 상기시키면서, 모든 그리스도인들은 그리스도께서 십자가에서 하셨던 기도, 곧 '내 영혼을 아버지께 부탁하나이다' 라는 기도를 매일 드려야 한다고 말한다. "I would say to you, pray that prayer which Christ prayed, when he was upon the

성경에서 하나님의 은혜 아래 있는 마음의 부드러운 상태를 유지하고자 하는 경건한 분투는 말씀의 영향력을 유지하고자 하는 갈망으로 나타났습니다.[143] 자신의 입술의 부정한 말과 원망을 인하여 마음의 무너짐이 완악함으로 이어지지 않기를 바라는 갈망으로 나타났습니다.[144]

그들은 끊임없이 자신의 마음을 하나님께 부탁했습니다.[145] 거룩하게 살고자 애쓰던 그들은 자기의 마음을 지키는 일이 얼마나 어려운지를 알았기 때문입니다.

1.3 왜 신자의 마음이 강퍅해지도록 허락하실까?

신자의 마음이 굳어질 때에 신자의 삶은 없습니다. 하나님께서 완악한 마음을 가진 당신의 백성을 통해서 받으실 열매는 거의 없

---

cross, Father, into thy hands I commit my spirit. O pray that prayer everyday; for, I say, God forsake us but one hour, O what a great mulitude of sins would we commit." Andrew Gray, *The Works of Andrew Gray*, (Ligonier; Soli Deo Gloria, 1992 reprinting), p. 268.

[143] "내가 주께 범죄치 아니하려 하여 주의 말씀을 내 마음에 두었나이다"(시 119:11).

[144] "내가 말하기를 나의 행위를 조심하여 내 혀로 범죄치 아니하리니 악인이 내 앞에 있을 때에 내가 내 입에 자갈을 먹이리라 하였도다"(시 39:1). "나의 반석이시요 나의 구속자이신 여호와여 내 입의 말과 마음의 묵상이 주의 앞에 열납되기를 원하나이다"(시 19:14).

[145] "하나님이여 내 속에 정한 마음을 창조하시고 내 안에 정직한 영을 새롭게 하소서"(시 51:10).

기 때문입니다. 그럼에도 불구하고 전능하신 하나님께서 왜 그렇게 되도록 허락하실까요? 왜 하나님께서 신자를 강퍅해지도록 내버려 두시는 것일까요?

이 질문에 답하기 전에 우리는 먼저 성화의 주체를 이해해야 합니다. 성화는 인간의 부패한 성품으로부터 신자를 순결하게 만들어 가시는 성령의 은총적인 작용입니다.

따라서 성화에 있어서도 주도권은 하나님께서 쥐고 계십니다. 그런데 신자의 순종을 사용하셔서 일하십니다. 그러나 신자의 마음이 강퍅해지는 것은 하나님께서 주도하시는 것이 아니라 인간이 주도하는 것입니다.[146]

---

[146] 구약에서 '강퍅하게 하다' 라는 의미로 사용된 대표적인 두 단어는 히브리어 까샤(קשה)와 하자크(חזק)이다. 전자는 사역형인 히필(hiphil)동사로, 후자는 강의형인 피엘(piel)동사로 사용되었다. "내가 바로의 마음을 강퍅케 하고(아크쉐, אקשה) 나의 표징과 나의 이적을 애굽 땅에 많이 행하리라마는"(출 7:3). "그러나 여호와께서 바로의 마음을 강퍅케 하셨으므로(베예하제크, ויחזק) 그들을 듣지 아니하였으니 여호와께서 모세에게 말씀하심과 같더라"(출 9:12). 까샤(קשה)는 구약성경에서 칼(qal)동사일 경우 '딱딱하다, 엄격하다'의 의미를 갖지만 히필동사로 사용되면, '굳어지다' (to harden, to make hard, 출 7:3, 신 2:30, 왕하 17:14 등), '힘겨운 노동을 하다' (to have severe labour, 대하 10:4)의 뜻이 된다. 대부분 히필형으로 사용되었다. 또한 하자크(חזק)는 피엘동사로 사용될 때에, 칼동사의 사역형의 의미를 갖게 되어, '묶다' (to bind a girdle on to someone, to gird, 사 22:21, 나 2:2), '강하게 하다, 힘있게 하다' (to make strong, stregthen, 대하 11:11, 26:9), '(나쁜 의미에서 마음을) 강퍅하게 하다, 완고하게 하다' (to harden, to make obstinate, 출 4:21, 시 64:6)의 뜻이 된다. 신약에서는 스클레뤼노(σκληρύνω)가 사용되었다. "그런즉 하나님께서 하고자 하시는 자를 긍휼히 여기시고 하고자 하시는 자를 강퍅케 하시느니라(스클레뤼네이, σκληρύνει)"(롬 9:18). 이 희랍어 단어의 정확한 의미에 관해서는 각주 128번을 참고

1.3.1 부주의와 패역을 고치시려고

첫째로, 성화에 있어서 우리의 부주의와 패역을 고치시기 위해서입니다.

신자가 완악한 마음이 되기를 결심하고 계획적으로 그리하는 것은 아닙니다. 비록 그가 마음을 지키지 못하고 죄를 범할지라도, 그가 마음까지 완악하게 되기를 원하는 것은 아닙니다.

그래서 영적 침체로 말미암아 마음이 완악해지는 것은 어느 신자에게나 전혀 의외의 경험입니다. 그래서 이러한 경우에 신자는 어

하라. 그런데 성경에는 앞에서 살펴본 바와 같이 하나님께서 인간의 마음을 강퍅케 하신다는 기록이 나온다. 이는 하나님께서 인간을 그들의 의지에 반하여 적극적으로 강퍅하게 하신 것이 아니라 그들이 스스로 강퍅해지고자 할 때, 하나님께서 그들의 마음이 극단적인 강퍅함에 흐르지 않도록 억제하시던 은혜의 영향력을 거두시는 것이다. 이를 존 오웬(John Owen)을 비롯한 청교도들은 '심판적인 굳어짐'(judiciary hardness)이라고 불렀다. 이 경우에는 심판의 효과를 위한 것이므로 마음의 '부분적인 굳어짐'(partial hardness)이 아니라 '총체적인 굳어짐'(total hardness)에 떨어지게 된다. 이 같은 사실을 잘 나타내 보여주는 성경 구절이 신약에도 있다. "이는 저희로 보기는 보아도 알지 못하며 듣기는 들어도 깨닫지 못하게 하려 돌이켜 죄 사함을 얻지 못하게 하려 함이니라 하시고"(막 4:12). "그러므로 하나님께서 저희를 마음의 정욕대로 더러움에 내어 버려두사 저희 몸을 서로 욕되게 하셨으니"(롬 1:24). "이를 인하여 하나님께서 저희를 부끄러운 욕심에 내어 버려두셨으니 곧 저희 여인들도 순리대로 쓸 것을 바꾸어 역리로 쓰며"(롬 1:26). "또한 저희가 마음에 하나님 두기를 싫어하매 하나님께서 저희를 그 상실한 마음대로 내어 버려두사 합당치 못한 일을 하게 하셨으니"(롬 1:28). 이 모든 구절이 앞에서 말한 방식으로 이해되어야 한다. 따라서 인간의 마음이 강퍅해지지 않는 주도적 요인은 하나님의 은혜이지만, 강퍅해지는 요인은 강퍅해지고자 하는 인간 자신이다. H. W. F. Gesenius, *Gesenius' Hebrew-Chaldee Lexicon to the Old Testament*, (Grand Rapids: Baker Book House, 1979), pp.270, 746; Gerhard Lisowsky, *Konkordanz Zum Hebräischen Alten Testament*, (Stuttgart: Deutsche Bibelgesellschaft, 1958), pp.473, 1287; Walter Bauer, *A Greek-English Lexicon of the New Testament and Other Early Literature*, eds. by William F. Arndt and F. Wilbur Gingrich, (London: The University of Chicago Press, 1979), p.756.

느 날 문득 자신의 마음이 완악해져 있는 것을 발견하게 됩니다. 그리고 부드러운 마음으로 하나님의 성품에 영향을 받으며 사는 것이 얼마나 큰 행복인지를 깨닫게 됩니다.

이 때 신자는 마음을 지키지 아니함으로 잠시 누렸던 안일함과 범죄함으로 맛보았던 달콤함이 은혜로부터 멀어진 쓰라림에 비하면 무가치하기 짝이 없는 것임을 깨닫게 되는 것입니다.

이 모두 성경에 기록된 경고를 하찮게 여긴 데서 비롯된 것이며, 악한 생각으로 말미암는 마음의 반응과 그것이 몰고 올 나쁜 결과에 대하여 주의 깊게 생각하지 않았기 때문입니다.

자신의 영혼을 마땅히 수술실의 외과 의사처럼 다뤄야 함에도 마치 푸줏간의 점원처럼 다룬 부주의함의 결과입니다. 소중한 영혼을 생명을 지닌 환자가 아니라 생명 없는 고깃덩이처럼 취급한 결과입니다.

더욱이 마음이 굳어진 죄인은 죄로 말미암아 영혼의 고통이 견디기 힘들만큼 가중되기 전까지는 통회하지 않습니다. 그러나 진실한 통회로 그의 마음이 깨뜨려짐으로써만 다시 은혜 안에 살 수 있고, 그렇게 함으로써 패역을 고칠 수 있습니다.

때로는 하나님께서 신자들에게 이러한 사실을 깨닫게 하시고 또 고치시려고 그들의 완고해지는 마음을 버려두시기도 합니다.

신자가 되는 대로 생각하고 아무렇게나 살아서는, 거듭남을 통하여 이루어진 그리스도와의 영적인 연합을 누리며 살 수 없습니다.

단지 간헐적으로 하나님 앞에 매달리는 뜨거운 마음이나 참회만으로는 내적 생명을 누릴 수 없습니다.

시험과 죄와 유혹, 그리고 거기에 시시각각으로 반응하는 인간의 마음을 이해하고, 자신의 영혼을 외과 의사처럼 다루는 주의 깊음carefulness이 필요합니다. 그래서 신자는 굳은 마음으로 고통하면서, 자신의 무지와 영적 생활에 있어서의 부주의함을 뼈저리게 인식하게 되는 것입니다.

하나님께서는 이러한 과정을 통하여 좀더 진지하게 자신을 성찰하고 내적 생명을 유지하는 일에 열심을 내게 만드십니다. 그 일에 도움을 줄 하나님의 말씀의 지식을 갈망하게 하시고, 자신이 하나님을 아는 지식에 있어서 얼마나 비천한지를 깨닫게 하시고, 그것이 자기의 반복되는 실패의 근원임을 깨닫게 하시는 것입니다.

아아, 그렇지만 얼마나 많은 사람들이 자신의 영혼과 마음을 아무렇게나 내동댕이치는지 모릅니다. 단지 그리스도를 영접하고 난 후에는 더 이상의 부르심이 없는 것처럼 살아갑니다.

그리스도의 피로 다시 살리심을 받은 소중한 영혼을, 거룩한 삶으로 하나님의 면전에서 살고 싶어하는 영혼을, 귀찮은 물건처럼 내팽개치며 살아갑니다. 그러나 그들은 결국 잠시 자기 영혼을 돌아보지 아니한 안일함보다 더 큰 고통을 느낍니다. 이 세상에 사람으로 존재하는 것이 얼마나 힘든지를 뼈저리게 느낍니다.

그렇습니다. 허한 영혼을 끌어안고 신자로 사는 것은 죽은 영혼을 가지고 죄인으로 사는 것보다 훨씬 고통스럽기에, 그들은 생명 없는 도덕주의를 기웃거리기도 하고 지성을 죽여야 은혜를 받을지도 모른다고 생각하며 신비주의에 머리를 디밀기도 합니다.

그리고는 자신 안에 거룩한 정서가 없는 것은 깊은 신앙의 표지라고 생각하기도 하면서 지식주의로 나아가기도 합니다. 그러다가는 예전보다 더욱 비참한 영혼을 안고 실패를 숙명처럼 생각하는 외식하는 형식주의로 떨어지기도 합니다.

그러나 그는 그 어느 곳에서도 참된 신앙을 만날 수 없습니다. 우리에게는 세 가지가 필요합니다. 눈부시도록 찬란한 지식과 거룩에의 갈망, 그리고 자신의 영혼에 대한 주의 깊음입니다.

1.3.2 마음을 쇄신할 기회로 삼으시려고

둘째로, 성화에 있어서 우리의 마음을 전적으로 쇄신할 기회로 삼으시기 위해서입니다.

우리의 잘못으로 마음이 굳어질 때에 하나님께서는 다양한 방법으로 우리의 마음의 굳어짐을 경고하십니다. 그리고 영적 연합의 축복을 누리던 아름다운 삶을 거두심으로 다시 은혜 아래서 살고자 하는 소원을 갖게 하십니다. 그러나 부주의함과 패역, 마음의 무딤으로 인하여 신자의 마음이 계속 강퍅하게 될 때에 하나님께서는 때때로 내버려두십니다.

하나님께서는 끊임없이 경고하시고 깨닫게 하시지만, 마음의 완악함이 더 심해지면 우리를 자극하시던 은혜를 거두십니다. 정확하게 말하자면 하나님께서 은혜를 일방적으로 거두시는 것이 아니라, 우리가 그 은혜를 무시하고 마음이 굳어지기까지 죄를 사랑하도록 내버려두시는 것입니다. 그 은혜에 대하여 반응할 수 없을 정도로 우리의 마음이 굳어지기까지 죄의 소원을 사랑하도록 내버려두시는 것입니다.

이 때 우리의 마음은 급속하게 강퍅함을 더하게 됩니다.

그러나 잊지 마십시오. 신자의 마음은 무한히 강퍅해질 수는 없습니다. 멸망받을 자의 마음의 강퍅함은 끝이 없지만, 신자의 강퍅함에는 끝이 있습니다.[147] 우리들을 바닥에 내려가기까지 강퍅해지도록 내버려두시는 것은 우리의 마음이 전적으로 쇄신되어야 할 필요를 절감하게 하시기 위함입니다.

---

[147] 심판받을 자의 강퍅함을 버려두신다는 사실에 대해서는 다음 성경 구절을 참고하라. "그러므로 하나님께서 저희를 마음의 정욕대로 더러움에 내어 버려두사 저희 몸을 서로 욕되게 하셨으니"(롬 1:24), "또한 저희가 마음에 하나님 두기를 싫어하매 하나님께서 저희를 그 상실한 마음대로 내어 버려두사 합당치 못한 일을 하게 하셨으니"(롬 1:28). 돌이킬 자의 마음을 새롭게 하시는 하나님의 주권에 대하여는 다음 성경 구절을 참고하라. "네 하나님 여호와께서 마음을 돌이키시고 너를 긍휼히 여기사 네 포로를 돌리시되 네 하나님 여호와께서 너를 흩으신 그 모든 백성 중에서 너를 모으시리니"(신 30:3), "네 하나님 여호와께서 네 마음과 네 자손의 마음에 할례를 베푸사 너로 마음을 다하며 성품을 다하여 네 하나님 여호와를 사랑하게 하사 너로 생명을 얻게 하실 것이며"(신 30:6), "내가 여호와인 줄 아는 마음을 그들에게 주어서 그들로 전심으로 내게 돌아오게 하리니 그들은 내 백성이 되겠고 나는 그들의 하나님이 되리라"(렘 24:7). "내가 그들에게 일치한 마음을 주고 그 속에 새 신을 주며 그 몸에서 굳은 마음을 제하고 부드러운 마음을 주어서"(겔 11:19), "또 새 영을 너희 속에 두고 새 마음을 너희에게 주되 너희 육신에서 굳은 마음을 제하고 부드러운 마음을 줄 것이며"(겔 36:26).

우리는 우리 안에 아무런 선한 것도 없다는 사실로 인하여 겸비해지기까지 하나님 앞에 엎드리게 됩니다. 마음을 전적으로 새롭게 해주시지 아니하면 살 수 없을 것 같은 처절함에 사로잡히게 됩니다. 하나님께서는 이러한 기회를 활용하셔서 우리로 하여금 당신의 거룩하신 성품을 알게 하시고, 우리의 마음을 전적으로 쇄신하시는 것입니다.[148]

1.3.3 강퍅한 마음으로 사는 고통을 알게 하시려고

셋째로, 우리로 하여금 강퍅한 마음을 가지고 사는 고통을 맛보게 하시기 위함입니다.[149]

주님을 믿고 거듭난 사람의 마음은 신비합니다. 착실하게 신앙생활하는 것을 싫어하고 세상으로 가고 싶어서 세상으로 보내 주

---

[148] 이러한 교리가 우리에게 얼마든지 쇄신의 기회가 주어질 수 있다는 믿음을 주어서 우리의 마음이 더욱 굳어지게 하는 데 도움을 주어서는 안 된다. 이에 대하여 성경은 말한다. "이 저주의 말을 듣고도 심중에 스스로 위로하여 이르기를 내가 내 마음을 강퍅케 하여 젖은 것과 마른 것을 멸할지라도 평안하리라 할까 염려함이라"(신 29:19). 만약 이 교리를 그렇게 활용한다면 그의 영혼의 회복이 쉽지 않을 것이다. 왜냐하면 은혜로부터 멀어진 신자들은 쇄신의 때까지 누리게 될 죄의 낙(樂)을 계산하지만, 하나님께 돌아올 자들은 마음의 굳어짐이 그 때까지 계속될 때에 지불하여야 할 영혼의 고통을 생각하기 때문이다. 이에 대하여 호세아 선지자는 다음과 같이 말한다. "내가 내 곳으로 돌아가서 저희가 그 죄를 뉘우치고 내 얼굴을 구하기까지 기다리리라 저희가 고난을 받을 때에 나를 간절히 구하여 이르기를 오라 우리가 여호와께로 돌아가자 여호와께서 우리를 찢으셨으나 도로 낫게 하실 것이요 우리를 치셨으나 싸매어 주실 것임이라"(호 5:15-6:1).

[149] 마음을 강퍅하게 하는 자들에게 징벌을 내리신다는 성경의 가르침을 통해, 우리는 강퍅한 마음으로 사는 것 자체가 이미 고통임을 알 수 있다. "그 마음을 강퍅하게 하시고 저주를 더하시며"(애 3:65). "항상 경외하는 자는 복되거니와 마음을 강퍅하게 하는 자는 재앙에 빠지리라"(잠

면, 반드시 얼마 후 자기 발로 눈물을 흘리면서 돌아옵니다.[150] 이전에 세상으로 가고 싶을 때에 못 가서 우울했던 것보다도 훨씬 더 상처받고 곤고한 마음으로 하나님 앞에 나아옵니다.

왜 그렇습니까? 그것은 타락을 통해서 죄의 결과를 뼈저리게 경험하였기 때문입니다. 하나님의 은혜로부터 멀어져 강퍅한 마음으로 사는 고통을 알게 된 것입니다. 그리고 이러한 고통에서 벗어나는 극복의 과정을 통해서 신자는 죄를 능가하는 하나님의 은혜의 세계에 대하여 더 많이 깨닫게 됩니다.[151]

28:14). "저의 대적이 머리가 되고 저의 원수가 형통함은 저의 죄가 많으므로 여호와께서 곤고케 하셨음이라 어린 자녀들이 대적에게 사로잡혔도다"(애 1:5). 특히 마음을 지키지 못함으로 자기 안에 가득한 각양 죄의 욕심으로 인하여 고통받는 신자의 내면 세계는 바울의 경험 속에서도 잘 나타나 있다. "오호라 나는 곤고한 사람이로다 이 사망의 몸에서 누가 나를 건져내랴"(롬 7:24).

[150] 물론 그러한 돌이킴에는 그의 마음 안에 역사하시는 하나님의 선행적인 은혜가 있었음을 인정해야 한다. 신자의 삶의 돌이킴에 앞서 인간의 마음을 돌이키시는 하나님의 주권적이고 선행적인 은혜에 대해서는 다음 성경 구절을 참고하라. "네 하나님 여호와께서 마음을 돌이키시고 너를 긍휼히 여기사 네 포로를 돌리시되 네 하나님 여호와께서 너를 흩으신 그 모든 백성 중에서 너를 모으시리니"(신 30:3). "여호와여 내게 응답하옵소서 내게 응답하옵소서 이 백성으로 주 여호와는 하나님이신 것과 주는 저희의 마음으로 돌이키게 하시는 것을 알게 하옵소서 하매"(왕상 18:37). 이러한 일을 위해, 하나님께서 말씀을 사용하신다는 것에 대하여 성경은 다음과 같이 말한다. "그가 아비의 마음을 자녀에게로 돌이키게 하고 자녀들의 마음을 그들의 아비에게로 돌이키게 하리라 돌이키지 아니하면 두렵건대 내가 와서 저주로 그 땅을 칠까 하노라 하시니라"(말 4:6).

[151] 죄에 대한 자각은 하나님의 거룩한 성품에 대한 이해를 촉진하고, 반대로 하나님의 거룩하심에 대한 인식은 죄에 대한 이해를 깊어지게 한다. 이러한 관계는 정서적으로도 사실이다. 신자가 거룩한 은혜의 정서에 잠겨 있을 때에 죄에 대하여 혐오감을 가질 수 있으며, 죄에 대하여 친화감을 많이 느낄수록 하나님의 거룩하신 성품에 대하여 저항감을 갖는다. 그래서 영적인 인물들에게는 반드시 죄와의 치열한 투쟁이 내면의 세계 속에 있었다. 그들은 대부분 죄악 속에서 피비린내 나게 몸부림치다가 거기에서 구출되는 은혜를 경험하면서 성화의 참된 은혜 속으로 깊이 들어가게 되었다. 그들의 글 속에는 삶과 죽음 사이를 오간 사람들의 글에서만 볼 수 있는, 사람의 마음을 사로잡는 선구자적인 카리스마와 영향력이 있다.

물론 그가 회개하고 믿음으로 하나님과의 관계를 다시 회복해 가는 치열한 추구가 있어야 이런 일이 가능해진다는 것은 새삼 언급할 필요가 없습니다.

신자가 마음이 강퍅해지면 가장 고통받는 것은 신자 안에 있는 영혼입니다. 마음이 강퍅해지고 나면 거룩한 기쁨이 없습니다. 생명의 근원은 마르고, 하나님과의 관계는 깨뜨려지며, 강퍅한 마음은 차갑습니다. 영혼에는 평안이 없고, 죄의 낙도 사라졌습니다. 그는 비로소 죄의 열매를 마음으로 거두고 있는 것입니다. 뿌릴 때의 즐거움은 사라지고 피나는 고통으로 가시와 엉컹퀴를 거두는 것입니다.

이 때 신자는 더 큰 죄악의 낙에 자신을 내어 주기도 하는데, 이러한 심리는 두 가지 방향으로 이해됩니다.

하나는, 은혜를 잃어버린 고통을 잊기 위해서입니다. 방탕함과 쾌락은 잠시 깨어진 하나님과의 관계에서 오는 고통을 잊게 하는 거의 유일한 진통제가 되기 때문에 자신을 더 큰 죄의 낙에 던지기도 합니다. 그리고 이러한 일이 반복될수록 굳어진 마음의 고통을 잊기 위해서는 더 큰 자극이 필요하고 그래서 더 큰 범죄에 자신을 내어 주기도 하는 것입니다.

또 하나는, 절망적인 자포자기의 감정 때문입니다. 신자가 죄의 열매를 거두는 마음의 고통과 은혜에서 멀어진 비참함을 맛볼 때, 절망감과 죄책감이 뒤섞이며 사고가 혼란해집니다. 그 가운데서 신자는 자신의 상태가 더 이상 나빠질 것이 없다는 영적 상태에 대한 절망을 경험합니다.

더욱이 마음이 굳어져 죄에 대한 저항력은 거의 상실하였고 은혜는 소진되었기 때문에, 자기 안의 죄의 지배는 엄청난 세력으로 느껴지고, 그것을 이기게 하는 하나님의 생명은 아주 희미하게 느껴지는 것입니다.

이때 신자는 '더 타락한들 무엇이 더 나빠지겠는가?' 혹은 '내가 이 한번 죄와 싸워서 이긴들 무엇이 더 나아지겠는가?' 하는 패배감에 떨어지게 되는데, 이 때 자포자기적인 상실감이 더 큰 범죄로 그를 데려가기도 합니다.

신자는 이러한 쓰라린 경험을 통하여 한 가지 사실을 깨닫게 됩니다. 회심을 통하여 갖게 된 부드러운 마음을 지키는 것이 굉장히 힘들었는데, 그것을 포기하고 완전히 강퍅한 마음이 되자 이번에는 강퍅한 마음으로 살아가는 것이 얼마나 더 고통스러운지를 경험하게 된다는 것입니다.

이러한 사실을 인정하고 하나님 앞에 온 마음으로 구원을 호소하기까지, 때로는 가혹하리만치 긴 세월을 아파하기도 합니다.[152]

---

[152] 이러한 사실은 모세가 이스라엘 백성의 몰락과 돌이킴을 예고한 설교 가운데도 잘 나타나 있다. "여호와께서 너희를 열국 중에 흩으실 것이요 여호와께서 너희를 쫓아 보내실 그 열국 중에 너희의 남은 수가 많지 못할 것이며 너희는 거기서 사람의 손으로 만든 바 보지도 못하며 듣지도 못하며 먹지도 못하며 냄새도 맡지 못하는 목석의 신들을 섬기리라 그러나 네가 거기서 네 하나님 여호와를 구하게 되리니 만일 마음을 다하고 성품을 다하여 그를 구하면 만나리라 이 모든 일이

다시 말씀드려서 은혜 안에 살기 위하여 마음을 지키는 어려움이 죄 아래 살면서 지불하는 고통에 비하면 아무 것도 아니라는 사실을 깨닫게 된다는 것입니다.[153]

그러면서 깊은 수렁에 빠진 자신의 처지를 생각하며 하나님의 구원을 갈망하게 되는 것입니다. 그리고 이 지점이 바로 영적인 회복을 통하여 은혜 아래 있는 신자의 마음으로 회복되는 시발점입니다.

그러므로 신자가 마음을 지키는 일이 힘들고 고단하게 느껴질 때에, 항상 강퍅한 마음으로 살아가는 고통보다는 그 일이 쉽다고 생각하여야 합니다.

그리고 마음을 지키려는 노력을 포기하는 순간 자신이 물밀듯이 밀려오는 죄에 쓰러지고 말 것이라는 두려움으로 근신하여야 합니다.

그래서 죄 아래서 맛보는 즐거움을 위해 지불하는 고통에 비하면 은혜 아래서 마음을 지키려고 애쓰는 분투는 아무 것도 아니라고 자기의 마음에 일깨워 주어야 합니다.

그렇습니다. 신자가 이 세상에서 누릴 수 있는 최고의 행복은 그

네게 임하여 환난을 당하다가 끝 날에 네가 네 하나님 여호와께로 돌아와서 그 말씀을 청종하리니"(신 4:27-30).

[153] 이러한 사실은 죄인들을 부르시는 예수님의 초청 속에 분명히 나타나 있다. "수고하고 무거운 짐 진 자들아 다 내게로 오라 내가 너희를 쉬게 하리라 나는 마음이 온유하고 겸손하니 나의 멍에를 메고 내게 배우라 그러면 너희 마음이 쉼을 얻으리니 이는 내 멍에는 쉽고 내 짐은 가벼움이라 하시니라"(마 11:28-30).

리스도와의 연합을 누리면서 사는 것입니다. 그리고 이렇듯 은혜 아래 있는 신자가 짊어져야 하는 성화의 짐은 그것이 아무리 무겁더라도 죄 아래 살면서 지는 노예의 멍에에 비하면 자유인의 괴나리봇짐에 불과합니다.

하나님의 말씀 앞에 깨어지는 상한 마음의 경험이 아무리 아프다고 할지라도 범죄한 영혼이 회피하지 못하는 양심의 고통과 심판의 두려움에 비하면 아무 것도 아닙니다. 하나님께서는 마음을 지키지 못하는 신자들의 마음을 강퍅해지도록 내버려두심으로써 그 고통을 깨닫게 하십니다. 그래서 즐거운 마음으로 성화의 길을 가게 하시는 것입니다.154

---

154 아무리 예로 들어도 영감이 마르지 않는 탕자의 비유를 생각해 보라. 아버지의 유산을 미리 나누어 받은 아들은 먼 나라에 가서 허랑방탕하여 재산을 탕진하였다. 그리고 흉년까지 들어서 먹을 것이 없어지자 돼지 우리에 뒹구는 신세가 되었다. 결국 그는 참회하는 마음으로 아버지의 집으로 돌아오게 되었다. 탕자의 귀환을 손꼽아 기다린 아버지가 그를 반갑게 맞았다. 생각해 보라. 만일 그 때 아버지가 다시 돈가방을 들려 주며 돌아온 그 나라로 다시 가서 즐기라고 했다면 아들은 어떻게 반응하였을까? 예전처럼 희망에 넘치는 발걸음으로 다시 집을 떠날 수 없었을 것이다. 그것은 단지 아버지에 대한 미안함 때문이 아니라, 아버지의 집을 떠나서 사는 인생의 고통을 알았기 때문일 것이다. 물론 거기에 가면 타락의 기쁨이 있지만, 아버지와의 관계를 누리며 사는 행복에 비하면 아무 것도 아니라는 사실을 알기에 다시 집을 떠날 수 없는 것이다. "이에 일어나서 아버지께로 돌아가느라 아직도 상거가 먼데 아버지가 저를 보고 측은히 여겨 달려가 목을 안고 입을 맞추니 아들이 가로되 아버지여 내가 하늘과 아버지께 죄를 얻었사오니 지금부터는 아버지의 아들이라 일컬음을 감당치 못하겠나이다 하나"(눅 15:20-21).

1.4 강퍅한 마음의 주범은 그대 자신이다

마지막으로 우리가 살펴보아야 할 것은 '강퍅' 의 주체입니다. 신자로 하여금 마음을 지키고 성화의 길을 가게 하시는 주체가 하나님이시라면 마음이 강퍅하게 되는 일의 주체는 누구일까요?

결론적으로 말씀드리면, 성화의 부드러운 마음을 지키는 일에 있어서 주도권은 하나님께서 쥐고 계시지만, 강퍅해지는 마음의 주체는 신자 자신이라는 사실입니다. 왜냐하면 거룩한 마음은 은혜에 의하여 파수되지만, 굳어지는 마음은 일차적으로 인간의 부패성과 범죄 그리고 태만에서 비롯되기 때문입니다.

그러나 막상 마음이 강퍅해질 때에 신자는 자신에게 책임이 있다는 사실을 쉽게 인정하지 않습니다. 이 때 흔히 오해하는 것이 두 가지인데, 하나는 자신의 마음의 강퍅함의 원인이 마귀에 의한 것이라고 생각하는 것이고, 또 하나는 자신은 강퍅해진 마음에 대하여 아무 것도 할 수 없기 때문에 때가 되면 하나님께서 자기를 깨뜨리실 것이라고 믿는 것입니다.

1.4.1 마귀의 탓이라 생각하지 말라

성화의 교리에 있어서 중요한 것은 인간의 부패성과 죄에 대한 책임을 하나님께 돌릴 수 없다는 것입니다. 다시 말해서 신자의 마음이 강퍅해질 때에 '강퍅'의 주체는 곧 자기 자신이라는 것입니다.

마음의 강퍅함이 깊어지면, 신자는 마음과 자신의 인격 사이에서 분리감을 느낍니다. 즉 자신과 마음이 하나 되는 것이 아니라, 마음이 자기의 지배를 받지 아니하여서 자신도 자기의 마음을 어떻게 주체하지 못하는 상황에까지 갈 수 있습니다.

그 때에 흔히 갖는 어리석은 생각은 이것입니다. '내 마음은 마귀의 강력한 지배 때문에 나도 어쩔 수가 없다.'

그리고 그러한 자신의 영적 상황을 위한 유일한 해결의 길은 기적적인 회심의 역사뿐이라고 생각하는 것입니다.

그래서 자기도 알 수 없는 때에 하나님께서 일방적으로, 초자연적인 강력한 성령의 역사로 자신의 마음을 지배하고 있는 마귀의 통치를 종식시켜 주시고 자신을 새 사람 만들어 주시는 것뿐이라고 생각합니다. 마치 다메섹에서 변화받은 사울처럼 말입니다.

그러나 그 일은 불가능하지는 않지만 잘 일어나지 않습니다. 이 교리 전체의 빛 아래서 보면, 그런 기대를 가지고 자신의 마음의 변화를 위하여 아무 것도 하지 않고 살아가는 것은 믿음이 아닙니다.

성경의 가르침은 이것입니다. 성화에 있어서 주도권은 성령께서 쥐고 계시지만, 그 교리는 인간이 성화를 위해 더욱 분투하게 만드는 동기가 되어야 한다는 것입니다. 그 교리는 오히려 자신의 부패성과 죄와 더불어 씨름하는 신자들에게 최후의 승리를 믿게 하며, 승리한 후에도 그것이 하나님의 은혜였다고 고백하게 하는 동기가 되어야 한다는 것입니다.

마음 지킴의 가르침에서도 그러한 관점은 유지되어야 합니다. 우리의 마음은 주님께서 지켜 주십니다. 우리가 마음의 부드러움을 유지하고 있는 동안에는 우리의 마음 지킴이 전적으로 우리 안에 있는 주님의 은혜 때문이라고 생각하여야 합니다.

자신의 마음을 지키기 위하여 분투한 자신의 의가 생각나서는 안 됩니다. 그러나 우리의 마음을 노략질하기 위하여 다가오는 수많은 악한 생각에 대하여 아무런 대응도 없이 단지 하나님께서 잘 지켜 주실 것이라고 생각하는 것은 믿음이 아닙니다. 그렇게 함으로 신자가 마음의 성결함을 유지할 수 있다고 생각하는 것은 성경의 가르침이 아니라 신비주의적인 공상입니다.

그렇다면 성경은 왜 그렇게 자주 신자들에게 자기의 마음을 지켜야 할 필요성을 강조하고 마음을 빼앗으려는 외부로부터의 영향에 대하여 그것을 지키도록 명령하고 있을까요?[155]

성경적이고 개혁주의적인 성화의 교리에 있어서 이 점은 치명적

---

[155] 다음은 신약성경에서 인간의 마음을 주관하거나 지키는 주체에 관한 구절을 대부분 찾은 것입니다. 이러한 작업을 통해 볼 때, 성경은 인간의 마음에 관하여 하나님 자신이 홀로 책임을 지신다는 소극적인 가르침보다는, 인간은 결코 하나님에 의하여 움직이는 꼭두각시 같은 존재가 아니라, 자신의 마음에 대하여 주권을 가지고 있으며 따라서 책임질 존재라는 사실을 함께 강조함을 알 수 있다. (1) 먼저 하나님께서 마음을 주관하고 지키신다는 사실을 보여주는 성경 구절은 다음과 같다. "이에 저희 마음을 열어 성경을 깨닫게 하시고"(눅 24:45). "저희 눈을 멀게 하시고 저희 마음을 완고하게 하셨으니 이는 저희로 하여금 눈으로 보고 마음으로 깨닫고 돌이켜 내게 고침을 받지 못하게 하려 함이니라 하였음이더라"(요 12:40). "두아디라 성의 자주 장사로서 하나님을 공경하는 루디아라 하는 한 여자가 들었는데 주께서 그 마음을 열어 바울의 말을 청종하게 하신지라"(행 16:14). "그 중에 이 세상 신이 믿지 아니하는 자들의 마음을 혼미케 하여 그리스도의 영광

으로 중요한 것입니다.

1.4.2 깨어지려는 마음을 깨뜨리신다

이 교리를 진술함에 있어서 중요한 것은 회개에 관한 가르침입니다. 물론 회개에 대한 성경의 가르침 역시 성화의 교리의 맥락에서 이해되어야 합니다. 회개의 주체가 누구입니까? 신자가 자신이 회개하는 것입니까 아니면 성령께서 직접 하시는 것입니까?

이상의 논의를 통해서 우리는 신자가 마음의 상함을 넘어서서 깨뜨려짐으로써 완고한 마음이 부드러움을 회복할 수 있다는 사실을

의 복음의 광채가 비취지 못하게 함이니 그리스도는 하나님의 형상이니라"(고후 4:4). "너희 마음을 굳게 하시고 우리 주 예수께서 그의 모든 성도와 함께 강림하실 때에 하나님 우리 아버지 앞에서 거룩함에 흠이 없게 하시기를 원하노라"(살전 3:13). "너희 마음을 위로하시고 모든 선한 일과 말에 굳게 하시기를 원하노라"(살후 2:17). "주께서 너희 마음을 인도하여 하나님의 사랑과 그리스도의 인내에 들어가게 하시기를 원하노라"(살후 3:5). "하나님이 자기 뜻대로 할 마음을 저희에게 주사 한 뜻을 이루게 하시고 저희 나라를 그 짐승에게 주게 하시되 하나님 말씀이 응하기까지 하심이니라"(계 17:17). (2) 그리고 인간이 마음을 주관하거나 지켜야 할 책임이 있음을 가르치는 구절은 다음과 같다. "너희는 스스로 조심하라 그렇지 않으면 방탕함과 술 취함과 생활의 염려로 마음이 둔하여지고 뜻밖에 그 날이 덫과 같이 너희에게 임하리라"(눅 21:34). "예수께서 가라사대 네 마음을 다하고 목숨을 다하고 뜻 다하여 주 너의 하나님을 사랑하라 하셨으니"(마 22:37). "네 마음을 다하고 목숨을 다하고 뜻을 다하고 힘을 다하여 주 너의 하나님을 사랑하라 하신 것이요."(막 12:30). "대답하여 가로되 네 마음을 다하며 목숨을 다하며 힘을 다하며 뜻을 다하여 주 너의 하나님을 사랑하고 또한 네 이웃을 네 몸과 같이 사랑하라 하였나이다"(눅 10:27). "가라사대 미련하고 선지자들의 말한 모든 것을 마음에 더디 믿는 자들이여"(눅 24:25). "옳도다 저희는 믿지 아니하므로 꺾이우고 너는 믿으므로 섰느니라 높은 마음을 품지 말고 도리어 두려워하라"(롬 11:20). "너희는 이 세대를 본받지 말고 오직 마음을 새롭게 함으로 변화를 받아 하나님의 선하시고 기뻐하시고 온전하신 뜻이 무엇인지 분별하도록 하라"(롬 12:2). "서로 마음을 같이하며 높은 데 마음을 두지 말고 도리어 낮은 데 처하며 스스로 지혜 있는 체 말라"(롬 12:16). "너희 안에 이

깨달았습니다. 통회하는 마음은 곧 자기 깨어짐의 전형이며 이것은 진실한 회개를 의미하는 것입니다.

즉 진실한 참회와 회개로 변화된 마음을 갖게 됨으로써 은혜의 영향 아래로 들어가게 되는 것입니다. 그리고 그러한 과정을 통하여 마음의 부드러움을 회복하게 되는 것입니다.

그렇다면 우리의 마음을 깨뜨리는 통회의 주체는 누구입니까? 성경이 이에 대하여 주는 가르침은 아래와 같습니다. '하나님께서는 깨어지려는 사람의 마음을 깨뜨리신다.' 마치 나뭇꾼이 장작을 팰 때에 장작을 가래떡 썰듯이 자르지 않고 결을 따라 쪼개는 것처럼 하나님께서도 그렇게 하십니다.

그래서 회개에 있어서도 하나님께서는 당신이 주도권을 가지고 죄인들을 돌이키시지만, 돌이키지 않으려는 마음에는 역사하시지 않는 것이 일반적입니다.

마음을 품으라 곧 그리스도 예수의 마음이니"(빌 2:5). "그리스도의 평강이 너희 마음을 주장하게 하라 평강을 위하여 너희가 한 몸으로 부르심을 받았나니 또한 너희는 감사하는 자가 되라"(골 3:15). "네가 이 세대에 부한 자들을 명하여 마음을 높이지 말고 정함이 없는 재물에 소망을 두지 말고 오직 우리에게 모든 것을 후히 주사 누리게 하시는 하나님께 두며"(딤전 6:17). "노하심을 격동하여 광야에서 시험하던 때와 같이 너희 마음을 강퍅케 하지 말라"(히 3:8). "성경에 일렀으되 오늘날 너희가 그의 음성을 듣거든 노하심을 격동할 때와 같이 너희 마음을 강퍅케 하지 말라 하였으니"(히 3:15). "너희가 땅에서 사치하고 연락하여 도살의 날에 너희 마음을 살지게 하였도다"(약 5:5). "너희도 길이 참고 마음을 굳게 하라 주의 강림이 가까우니라"(약 5:8). "이로써 우리가 진리에 속한 줄을 알고 또 우리 마음을 주 앞에서 굳세게 하리로다"(요일 3:19). (3) 그리고 마귀에 의하여 마음이 지배되는 경우도 말하는데, 이것은 불신자의 경우이고 그것도 마귀만의 절대적인 지배라기보다는 진리의 빛을 가리는 영향으로 묘사하고 있다. "그 중에 이 세상 신이 믿지 아니하는 자들의 마음을 혼미케 하여 그리스도의 영광의 복음의 광채가 비취지 못하게 함이니 그리스도는 하나님의 형상이니라"(고후 4:4).

이러한 이치는 예수님께서 친히 가르쳐 주신 씨 뿌리는 비유에서도 잘 나타납니다. 농부가 뿌린 씨는 완전한 씨앗이었지만, 그것은 길가에서는 뿌리 내리지 않았습니다. 능력 있는 하나님의 말씀이었으나 드릴처럼 땅을 뚫고 들어가지는 않았습니다. 그 땅이 사람의 마음을 가리키는 비유라는 것은 이미 여러분들이 잘 알고 있는 바와 같습니다.

그러므로 거룩한 삶을 이어가려는 신자들은 항상 죄에 대하여 진지하게 묵상하였습니다. 그들이 죄를 묵상한 것은 성화의 진전에 있어 가장 큰 걸림돌이 죄임을 인식하였기 때문입니다. 성화에의 갈망을 가져 본 자만이 죄의 심각성을 압니다.

그것이 마음 안에 있든지 혹은 밖에 있든지 신자의 마음의 부드러움을 앗아가고 굳어지게 합니다. 크고 오랜 죄는 많이 굳어지게 하고, 작고 우발적인 죄는 조금 굳어지게 하는 차이는 있지만, 죄는 항상 우리의 마음에 동일한 방향으로 영향을 줍니다. 그리고 이에 대한 처방은 교회사에 가끔 나오는 위인들의 탁월한 회심이 아니라, 진실한 뉘우침과 깊은 통회입니다.

하나님의 말씀의 빛으로 자기의 죄를 깨닫고, 그 죄가 가져다 준 비참함을 인식하는 것입니다. 그 일을 통하여 깨어진 하나님과의 관계가 빼앗아 간 영혼의 은혜와 굳어진 마음을 인하여 진심으로 통회하는 것입니다. 이렇게 진실하게 자기를 돌아보며 죄를 인하여 아파하는 사람들은 회개의 주체가 누구인지에 대하여 논쟁하지 않습니다.

그들에게 더욱 중요한 것은 그러한 논쟁이 아니라 자신이 죄인이라는 사실이고 지금 다시 하나님과의 관계를 회복하고 싶다는 것입니다. 그들은 자신의 죄를 인식하는 동안에는 자신이 죄를 회개하지 않으면 안 된다고 생각하고, 자기가 깨뜨려지는 동안에는 성령께서 그 일을 하고 계시다고 믿으며, 죄의 용서를 경험하고 난 후에는 통회의 모든 과정이 오직 하나님의 은혜였으며 자신의 기여는 생각나지 않는다고 고백합니다.

우리의 마음이 강퍅해져 가는 일은 언제나 일어납니다. 우리가 진실한 참회와 자기 깨어짐 없이 살아가는 동안에, 괄목할 만한 범죄가 없어도 우리의 마음에는 완고함이 더하여 갑니다.

신자가 은혜로부터 멀어질수록 죄악에 가깝다는 것은 인간이 자연으로부터 멀어질수록 질병과 가깝다는 사실과 동일하게 사실입니다. 그리고 그러한 질병적인 죄악으로의 진전에 대한 유일한 처방이 통회하는 것입니다.

우리 가운데 참회가 있습니까? 하나님 앞에 마음 아파하는 뉘우침이 있습니까? 우리의 마음이 깨어져 본 적이 있습니까? 우리의 죄와 강퍅함을 하나님께 고하며 참회할 때에 우리를 바라보시는 하나님의 마음이 아프시기까지 통회한 적이 있습니까?

어쩌면 조국교회가 이렇게 냉랭할 수 있습니까? 우리는 하나님을 기뻐하지도 않고 두려워하지도 않는 시대에 살고 있습니다. 그 사실만으로도 우리는 냉담할 수 없는 사람들입니다.

아아, 우리 시대 조국교회에 화려한 성가대와 아름다운 교회 건물이 없어도 하나님 앞에서 자기의 죄를 깨닫고 아파하는 신자들의 참회의 눈물이 예배당에 가득하였으면 얼마나 좋을까요? 예배를 드리고 나오며 자기의 불결과 악을 깨닫고 아픔 가운데 눈물이 그렁그렁한 성도들의 얼굴을 대면하고 싶습니다. 자기의 마음의 강퍅함을 인하여, 죄 가운데 즐거워하였던 것보다 배나 아파하며 흐느끼는 성도들의 울음 소리를 듣고 싶습니다. 거룩한 신자가 되고 싶어서, 신실하게 참으로 신실하게 그 분을 사랑하고 싶어서, 육에 속한 마음과 씨름하며 순결해지고 싶어하는 신자들의 통곡 소리를 듣고 싶습니다.

십자가의 사랑이 마음을 녹입니다

어쩌면 우리의 마음이 이렇게 강퍅한지요. 정오의 햇빛보다 더 찬란한 하나님의 사랑이 십자가를 통해 나타났고 헤아릴 수 없는 죄가 안팎에 있는 우리들을 위해 아들을 죽이심으로 우리를 용납하셨는데, 왜 우리는 잔인하도록 무덤덤한 생을 이어가야 하는지요.

필설로 다할 수 없는 하나님 아버지의 사랑이 십자가에서 죽으신 어린양의 보혈을 통해 드러났거늘 어떻게 우리가 냉랭하게 살 수 있습니까? 그 사랑을 아직 모르는 이 세상 사람들은 그렇게 살아갈지라도 구원받은 우리는 그렇게 살 수 없습니다.

하나님께서는 당신의 모든 자녀들이 부드러운 마음이 되기를 기뻐하십니다. 새 언약을 주실 것을 예언하시면서 굳은 마음을 제하고 부드러운 마음을 주실 것을 약속하셨습니다.[156] 예수 그리스도의 죽으심으로 맺어진 새 언약 안에서 우리와 이루시기를 기대하셨던 관계가 무엇인지를 보여주지 않습니까? 십자가를 통해 나타난 하나님의 사랑 안에서 부드러운 마음으로 살아가는 온유한 사람들이 되어 당신만 따르는 이들이 되게 하시려고 그리하시지 않았습니까? 그래서 하나님께서 무엇을 원하시든지 주님 앞에 순종하는 사람이 되게 하시려고, 참 신자가 되게 하시려고 구원의 길을 열어 놓

---

[156] 이에 대하여는 에스겔의 예언에 잘 나와 있다. "내가 그들에게 일치한 마음(레브 에하드, לֵב אֶחָד)을 주고 그 속에 새 신을 주며 그 몸에서 굳은 마음(레브 하에벤, לֵב הָאֶבֶן)을 제하고 부드러운 마음(레브 바사르, לֵב בָּשָׂר)을 주어서 내 율례를 좇으며 내 규례를 지켜 행하게 하리니 그들은 내 백성이 되고 나는 그들의 하나님이 되리라"(겔 11:19-20). 우리말 성경에 나오는 '일치한 마음'은 히브리어 원문으로는 레브 에하드(לֵב אֶחָד)인데 이는 문자적으로 '하나의 마음'(a heart of one)이다. 그러나 페르디난트 히치히(Ferdinand Hitzig) 같은 이는 맛소라 본문(the Massoretic text)보다는 70인역(the Septuagint)을 의존하여 레브 아헤르(לֵב אַחֵר)의 오기로 제안한다. 이 부분이 70인역에는 칼디안 헤테란(καρδίαν ἑτέραν)으로 되어 있기 때문이다. 이는 문자적으로 '다른 마음'(another heart)이다. 그러나 C. F. 카일(C. F. Keil)은 이러한 제안은 억측에 불과함을 지적하면서 이는 성경 여러 곳에 이미 계시된 것으로 신약성경에서도 오순절 성령 강림 사건 이후로 실현되었음을 강조한다(렘 32:39, 습 3:9, 행 4:32). 카일에 따르면, 이 레브 아헤르(לֵב אַחֵר)는 곧 '곧은, 나누어지지 않은 마음'을 의미하는 레브 샬롬(לֵב שָׁלוֹם)을 의미하는 것이다. Alfred Rahlfs ed., *Septuaginta, vol II, Libri poetici et prophetici*, (Stuttgart: Württembergische Bibelanstalt, 1935), p.785; C. F. Keil & F. Delitzsch, *Commentary on the Old Testament: Ezekiel, Daniel*, (Grand Rapids: William B. Eerdmans Publishing Company, 1983 reprinting), p.152. 계속해서 카일은 히브리어 원문에 나오는 '살의 마음'(heart of flesh)은 곧 하나님의 은혜의 다가오심에 민감한 부드러운 마음을 뜻하는데, 하나님께서 마음을 이처럼 새롭게 하신 결과로 맺히는 삶의 열매는 여호와의 계명 안에서 행하는 것이며, 이

으신 것이 아닙니까?

마음이 굳어질 때마다, 참회가 어렵게 느껴질 때마다 우리는 십자가를 바라보아야 합니다. 그리고 눈물 없이 그 십자가를 바라보는 것을 인하여 마음 아파해야 합니다. 그 형상 보며 마음에 찔림을 받고 감당할 수 없는 사랑 받은 것을 생각하며 마음을 지키는 수고를 마다하지 않아야 합니다.

주님이 아니면 짐승처럼 살다가 갔을 어리석은 인간들을 이처럼 구원하신 하나님의 사랑을 인하여 날마다 예수 죽인 것을 짊어지고 예수의 생명도 우리 몸에 나타나기까지 살아야 합니다. 날마다 우리의 마음을 그리스도의 보혈에 씻으며……

를 통하여 하나님과의 언약 관계가 온전히 회복되고 여호와 하나님과의 교제가 이루어진다는 사실을 지적한다. 그리고 하나님의 심판도 바로 이러한 언약적 갱신을 위한 하나님의 노력을 받아들이지 않는 인간들에 대하여 준비된다는 사실도 적시한다. "The heart of flesh is a tender heart, susceptible to the drawing of divine grace (compare ch. xxxvi. 26, where these figures, which are peculiar to Ezekiel, recur; and for the substance of the prophecy, Jr. xxxi. 33). The fruit of this renewal of heart is walking in the commandments of the Lord; and the consequence of the latter is the perfect realization of the covenant relation, true fellowship with the Lord." C. F. Keil & F. Delitzsch, *Commentary on the Old Testament: Ezekiel, Däniel*, (Grand Rapids; William B. Eerdmans Publishing Company, 1983 reprinting), p.153.

거룩한 삶의 실천을 위한 **마음 지킴**

제3부
거룩하게 죽고 싶은 그대에게 : 그 마음의 회복과 유지

무릇 지킬 만한 것보다 더욱 네 마음을 지키라 생명의 근원이 이에서 남이니라

7 금광보다 비싼 약수터입니다
: 부드러운 마음의 회복

금광보다 비싼 약수터입니다

제가 어린 시절을 보낸 시골에는 좋은 약수터가 몇 군데 있었습니다. 양질의 탄산수가 나오는 샘으로부터 폐결핵을 비롯하여 각종 질병에 특효가 있다고 하여 전국에서 많은 사람들이 찾는 약수터에 이르기까지 여러 군데 있었습니다. 정말 거기서 한 모금을 마시고 나면, 서울 변두리에서 약수터라고 불리는 곳에서 나는 물과 얼마나 다른지를 알게 됩니다.

몇 해 전 잡지에서 전국의 유명한 약수터를 특집으로 다룬 기사를 읽은 적이 있습니다. 그 중 한 기사를 보고 저는 깜짝 놀랐습니다. 좋은 약수가 나오는 우물 하나에 십억 원에서 이십억 원씩에 이르는 가격에 거래되는데, 그것은 시시한 금광보다 비싼 금액이라고 합니다. 그나마 구하는 사람들은 많아도 내놓는 사람이 없다는 것입니다.

제 생각에는, 특별한 이변이 일어나지 않는 한, 세월이 흐를수록 사람들은 좋은 물을 찾기 위하여 더 많은 비용을 기꺼이 지불하려고 할 것입니다. 환경의 오염이 심각할수록 맑고 좋은 물을 마시고 싶은 인간의 욕구는 증대될 것이기 때문입니다. 왜냐하면 이 세상에서 물만큼 건강한 생명에 필수적인 것도 흔치 않기 때문입니다.

신자의 영적 생명에 대한 마음의 관계는 사람의 인체에 대한 생수의 관계와 같습니다. 그래서 신자의 또 다른 별명은 '마음 지킴이' 입니다. 성경은 말합니다. "무릇 지킬 만한 것보다 더욱 네 마음을 지키라 생명의 근원이 이에서 남이니라"(잠 4:23).

우리는 앞 장에서는 제거해야 할 마음, 신자의 강퍅한 마음에 대해서 살펴보았습니다. 이제 3부에서는 본문의 하반절, "생명의 근원이 이에서 남이니라"를 중심으로 부드러운 마음을 회복하는 길과 그리고 그것을 지속적으로 유지하는 방법에 대해서 살펴보려고 합니다.

편의상 저는 크게 세 가지로 나누어서 말씀을 드리려고 하는데, 첫째로 본문 하반절을 해설하고, 두 번째로 부드러운 마음을 회복하는 길에 대해서 네 가지로 설명한 후, 세 번째로 그 부드러운 마음을 유지하는 길에 대해서 세 가지로 말씀을 드리려고 합니다.

1.1 하반절의 해설

우선 본문은 "생명의 근원이 이에서 남이니라"라고 말합니다. 이 부분을 히브리어 성경은 이렇게 기록하고 있습니다. '왜냐하면 생명의 샘들이 거기로부터이기 때문이다.' 우리말 개역 성경과 비교해 볼 때 큰 차이는 없습니다.

그러나 히브리어 성경에는 이유를 나타내는 접속사 '왜냐하면'이 있어서 이 하반절이 앞에 나온 마음을 지켜야 할 이유라는 사실을 보여줍니다. 그리고 그것은 바로 '생명의 샘들'의 근원이 마음이기 때문이라는 사실을 말하고 있습니다.

1.1.1 '생명의 샘들'의 이중적 의미

우리말 성경에서 '생명의 근원'이라고 번역된 '생명의 샘들'은 이중적인 의미를 가지고 있습니다. 첫째는 일반적인 의미로 모든 인간들에 관한 것이고, 둘째는 특별한 의미로 신자들에 관한 것입니다.

첫째로, 본문의 말씀은 일반적으로 모든 인간들에게 있어서 마음이 갖는 위치를 말해 줍니다. 한 사람의 사람됨과 삶이 바로 그 사람의 마음으로부터 비롯된다는 사실을 보여줍니다. 이것은 신자들뿐만 아니라 불신자들에게도 사실입니다.

둘째로, 이것은 특별하게 신자들 안에 있는 하나님의 생명을 의미합니다. '샘들'이라고 표현한 것은, 하나님의 생명은 하나이지만, 그것이 신자의 마음 안에서 신자답게 살아가도록 주시는 신적 생명의 역사의 다양성을 묘사한 것입니다. 신자의 삶이 그 사람 안에 있는 하나님의 생명을 힘입도록 되어 있음을 보여주는 것입니다. 이 두 가지를 좀더 자세히 설명하면 다음과 같습니다.

1.1.1.1 모든 삶의 근원으로서의 마음

첫째로, '생명의 근원'이라고 번역된 '생명의 샘들'이 의미하는 바는 일반적인 의미에서는 사람의 마음이 그의 삶의 근원이라는 것입니다.

인간은 영혼과 육체로 이루어져 있는 존재입니다. 그리고 마음은 둘 사이에 존재하는 기능으로서 육체로부터 영향을 받기도 하고 영혼으로부터 영향을 받기도 합니다. 그리고 인간은 그 마음을 통하여 자기의 인격에 영향력을 행사하는 주권을 갖습니다.

그래서 한 사람의 존재와 삶은 그 사람의 마음의 열매입니다. 악한 사람은 마음에 쌓은 악에서 악을 내며 죄 가운데 살지만, 선한 사람은 마음에 쌓은 선에서 선을 행하며 살아갑니다. 더욱이 그러한 마음의 방향과 삶의 지속적인 실천은 그의 인격을 형성합니다.

인간은 일평생 동안 자기의 마음에 대한 지배력을 잃지 않고 살아가려고 애씁니다. 그러나 때로는 불행하게도 자기의 마음에 대한 지배력을 거의 상실하거나, 근원이 여럿인 마음이 혼란스럽게 그의 마음을 지배할 수 있습니다. 즉 다중 인격을 경험하게 되는 것입니다. 이런 것들은 정신병 중세나 귀신 들린 경우에 나타나는 현상이기도 합니다.

성경에서 악인은 그 마음에 하나님이 없다고 생각하는 사람입니다. 타락한 본성의 지배를 받는 사람, 더 본질적으로 마귀의 지배 아래 있는 사람입니다. 마음으로 하나님의 존재를 부인하고 자기가 우주의 중심이고 자신의 행복이 존재의 최고 가치라고 생각하며 살아가는 마음이 바로 죄의 지배를 받는 불신자의 마음입니다.

신자는 그럴 수 없습니다. 하나님이 살아 계실 뿐 아니라, 자기의 삶의 목적이 곧 그 분을 사랑하고 영화롭게 하는 것이라고 믿는 마음입니다.

어느 경우에나 그 마음의 주인은 인간 자신입니다. 그러나 신자는 자신의 마음을 주님께 드리는 사람입니다. 자기의 마음을 기쁘게 주님께 드리고 그 분의 마음에 영향을 받으며 살아가기를 소원하는 사람입니다.

하나님의 마음에 점점 더 많은 영향을 받아, 마지막으로는 자신의 마음 전부가 하나님의 마음이 되어서, 하나님이 자신이라면 이 세상에서 살고 싶어하실 삶을 살아가고자 하는 거룩한 사모함을 갖게 되는 것입니다.

1.1.1.2 거룩한 삶의 근원으로서의 마음

둘째로, 이것은 보다 특별하게 거룩한 삶의 근원으로서의 신자의 마음을 가리킵니다.

신자가 하나님의 말씀을 통하여 죄에 대해 각성하고 상한 심령이 되고, 이어서 심령이 깨뜨려져서 구원의 은혜를 경험하고 나면, 두 가지 간절한 소원을 마음에 품게 됩니다. 하나는 하나님의 영광을 위하여 살고 싶다는 소원이고, 또 하나는 자신의 구원이 완전하고 온전한 구원이기를 바라는 소원입니다.[157]

전자는 자신의 존재와 삶을 통하여 하나님께서 영광을 받으시기를 바라는 마음이고, 후자는 하나님과의 완전한 교제를 통하여 자신의 구원받은 상태를 온전히 하고 싶은 갈망입니다. 그리고 이것이 바로 성화에 대한 신자의 열망으로 나타납니다. 그래서 성화는 신자가 이 땅에 사는 동안에 이루어야 할 의무인 동시에 특권입니다.

신자에게는 성화 없이는 어떤 행복도 없습니다. 어찌하든지 자기 안에 있는 내적인 부패성을 누르고 하나님의 은혜 안에 살아야 합니다.

---

[157] 여기서 필자가 말하는 바, '자신의 구원이 완전하고 온전한 구원이기를 바란다' 는 표현은 이신칭의를 통하여 얻어진 구원이 영원하고 불변하다는 사실을 의심한다는 말이 아니다. 오히려 성경에서 말하는 구원의 양면성, 즉 이신칭의에 의한 즉각적인 구원과 성화에 의한 점진적인 구원을 염두에 두고 이해하여야 한다. 즉 참으로 구원에 이르는 믿음을 가진 사람이라면, 반드시 성화를 통하여 자신이 받은 구원을 충족히 누리며 살고자 하는 소원이 있다는 것을 가리키는 것이다. 그래서 거룩함에 대한 욕구는 그가 가진 구원에 이르는 믿음을 입증한다.

자신의 구원이 한편으로는 완성되었고 안전하지만, 한편으로는 아직도 분투하면서 이루어 가야 할 것이라는 사실을 기억하며 살아가야 합니다. 그리고 그러한 소명을 따라 살기 위해서는 그의 마음이 자기 안에 잔존하는 부패성보다는 하나님의 거룩한 은혜의 지배를 받아야 합니다. 물론 그것은 신자 자신이 하나님께 자기의 마음을 드리는 인격적인 승복과 사랑을 통해서 가능해집니다.

'생명의 샘들'이라는 복수의 표현은 곧 신자의 마음 안에 주시는 하나님의 생명의 역사의 다양성을 보여줍니다. 그가 누구이든지 간에, 어떠한 회심의 경험을 소유하였든지 간에, 그가 참된 신자로 이 세상에 존재하고 또 하나님의 백성으로 살아가는 것은 자기 안에 하나님의 생명을 소유함으로써만 가능한 것입니다.

기독교 신앙의 본질은 단지 도덕적인 사람으로 살아가는 것도 아니고, 열광적이고 신비한 경험에 사로잡히는 것도 아닙니다. 예전에는 자기 마음대로 살던 죄인이 그리스도를 통한 하나님의 구속의 은혜와 사랑을 경험하고, 자기 마음에 대한 이기적인 지배욕을 포기하는 것입니다. 하나님 없이 살아온 지난날을 원통히 여기고 자기의 마음을 하나님께서 다스려 주시도록 겸손히 그 분께 부복하는 것입니다.[158]

---

[158] 성경처럼 윤리를 강조하는 경전도 많지 않다. 예수님의 산상수훈은 천국 백성으로서 지키며 살아야 할 도덕의 표준이 무엇인지를 보여준다. 도덕적인 삶은 구원의 증거라는 사상을 보여준다. 그러나 여기서 주의하여야 할 것은 성경에서 가르치는 도덕적인 삶은 윤리적인 삶의 열매가 아니라 거룩한 삶의 열매라는 사실이다. 다시 말해서 신자가 도덕적인 삶을 사는 것은 자신의 삶

우리가 그리스도의 마음을 품기를 사모하는 것은 그리스도를 본받아 살고자 하는 소원 때문입니다. 자기 안에 하나님의 생명을 풍성하게 소유할 때에 그리스도와의 실제적인 연합은 증진되고 내적인 부패성을 누르고 거룩한 삶을 살아갈 힘을 얻게 되는 것입니다.

거듭난 신자 모두가 이러한 하나님의 생명을 꼭 같은 정도로 소유하고 살아가는 것은 아닙니다. 신자가 자기 안에서 누리는 하나님의 생명은 하나님께서 성령을 통하여 그에게 주시는 것입니다.

하나님께서는 거듭난 신자들 안에 이러한 내적 생명을 주셨습니다. 그리고 그 생명은 그로 하여금 죄와 타락으로 인하여 잃어버린 하나님의 형상을 회복하게 하는 원동력이 됩니다. 또한 이 생명은 자기 안에 있는 부패성을 누르고, 죄악 된 세상에서 불의한 유혹과 싸우며 하나님의 뜻을 따라 살게 합니다.

그런데 오늘 성경은 이 생명의 샘들이 마음과 밀접한 관계가 있다고 말합니다. 즉 신자의 마음 자체가 하나님의 생명의 기원은 아니지만, 하나님으로부터 주어지는 영적 생명은 인간의 마음을 타고 흘러 들어와 우리의 전 인격과 영혼에 영향을 준다는 사실을 가리

의 표준을 사회의 도덕에서 찾고 실천한 결과가 아니라, 성화의 삶을 살려고 애쓴 부산물이다. 그리고 이러한 성화의 동기는 사람들의 평판이 아니라 하나님을 향한 진실한 사랑이다. 보이지 않는 하나님을 향한 진실한 사랑은 보이는 삶에 거룩한 삶의 열매를 맺게 한다. 이 같은 사실은 아가서의 은유 가운데서도 잘 나타난다. "나의 누이, 나의 신부는 잠근 동산이요 덮은 우물이요 봉한 샘이로구나 네게서 나는 것은 석류나무와 각종 아름다운 과수와 고벨화와 나도초와 나도와 번홍화와 창포와 계수와 각종 유향목과 몰약과 침향과 모든 귀한 향품이요 너는 동산의 샘이요 생수의 우물이요 레바논에서부터 흐르는 시내로구나"(아 4:12-15).

키는 것입니다.

　이러한 영적 생명을 주시는 분은 하나님이시지만, 여전히 신자의 마음의 주인은 그 사람입니다. 그리고 그의 마음은 여전히 하나님의 은혜와 죄의 영향을 함께 받고 있습니다. 따라서 그는 자기의 마음을 지켜야 할 필요가 있습니다. 하나님께 대항해서가 아니라, 죄와 유혹에 대항해서, 자기 안에 있는 부패한 성품에 저항하면서 필사적으로 자기의 마음을 지켜야 할 이유가 있습니다. 왜냐하면 거기로부터 하나님의 생명이 흘러 들어오기 때문입니다.

　신자 안에 있는 하나님의 생명은 거룩한 삶의 근원입니다. 거룩한 삶은 끊임없는 성화를 통하여 성취되는 것입니다. 그러므로 불신자에게는 거룩한 삶을 기대할 수 없고, 죄와의 싸움도 기대할 수 없습니다. 그의 마음은 불신자의 마음이고 거기로부터는 하나님의 생명의 흘러 들어옴이 없습니다. 그는 죄의 지배 아래서 자신이 마음의 주인 노릇하며 살아갑니다.

　옛날에는 동내마다 우물이 있었고 그것이 유일한 식수원이었습니다. 우물에서 맑은 물이 나올 때는 온 동네 사람들이 모두 그 우물을 아낍니다. 깨끗한 함석으로 뚜껑을 만들어 덮고 자물통까지 달아서 우물을 보호합니다. 자기들의 식수의 근원이기 때문입니다.

　그러다가 수원이 고갈되거나 오염되어서 식수원으로서 우물의 가치가 다하면 사람들은 더 이상 그 우물을 보호하지 않습니다. 아이들이 침도 뱉고 작대기도 빠뜨립니다. 물은 점점 더러워지고 녹조가 낍니다. 그리고 여름에는 장구벌레가 가득해지고 잠시 후에는 모기들이 득실거리다가 날아 올라옵니다. 그 때쯤 되면 사람들은 생각합니다. '누군가 저 우물을 묻어 버리면 좋을 텐데……'

마귀가 신자들에게 하고 싶은 일이 바로 그것입니다. 우리 안에 있는 하나님의 생명이 흘러 들어오는 근원을 어찌하든지 막아 버리기를 원하는 것입니다. 그리고 이 일을 위하여 그가 할 수 있는 일은 오직 하나입니다.

생명 주시는 하나님도 막을 수 없고 우리 안에 역사하는 하나님의 생명도 제지할 수 없습니다. 그가 할 수 있는 가장 손쉬운 방법은 우리의 마음을 빼앗거나 더럽히는 것입니다. 하나님의 생명의 통로가 되지 못하도록 말입니다.[159]

1.2 부드러운 마음을 회복하는 길 : 통회에 이르는 길

그러면 이제 우리가 어떻게 부드러운 마음으로 회복될 수 있는지에 대해 살펴보겠습니다. 하나님께서 우리에게 지키도록 권고하시

---

[159] 우리말 개역 성경에서 "생명의 근원이 이에서 남이니라"라고 번역된 부분은 히브리어 원문에 키 밈메누 토체오트 하임(כִּי־מִמֶּנּוּ תּוֹצְאוֹת חַיִּים)으로 되어 있는데, 직역을 하자면, '왜냐하면 생명의 샘들이 거기로부터이기 때문이다' 이다. 여기서 밈메누(מִמֶּנּוּ)는 의미상으로는 원인, 기원

는 마음은 강퍅한 마음이 아니라 부드러운 마음입니다. 그러므로 먼저 우리의 마음이 지킬 가치가 있는 부드러운 마음으로 변화되기를 원하십니다. 이것은 영혼의 변화를 통해서 이루어지며, 또한 영혼의 변화에 이르는 길이기도 합니다.

이미 앞에서 살펴본 바와 같이, 강퍅한 마음이 부드러운 마음으로 변화되기 위해서는 상하고 통회하는 과정을 거쳐야 합니다. 자기의 죄를 인식하고 그리스도의 사랑 앞에서 자기 깨어짐을 경험함으로써 부드러운 마음으로 변화될 수 있습니다. 하나님의 말씀을 통해서 죄에 대한 사랑과 자기의를 대하여 깨어지지 아니하고는 결코 부드러운 마음으로 변화될 수 없습니다.

그러면 어떻게 하면 통회함으로 마음의 부드러움을 회복할 수 있을까요? 저는 이 중요한 질문에 대하여 여러분들의 기억을 돕고자 인체의 부위를 활용하여 네 가지를 제시하고 싶습니다. 첫째는 가슴을 따뜻하게 하라, 둘째는 머리를 차갑게 하라, 셋째는 허리를 굽히라, 넷째는 무릎을 꿇으라입니다.

혹은 장소를 나타내는 전치사이다. 이는 하나님께서 생명의 샘들을 사람의 영혼 속에 두셨는데, 그것들로부터 샘물처럼 솟아나는 은혜의 작용이 마음을 통해서 사람의 인격과 삶에 거룩한 영향을 끼친다는 의미이다. 그리고 그러한 거룩한 은혜의 작용은 하나님과의 인격적이고 친밀한 사랑의 사귐을 동반한다는 것인데, 이것은 신약에서 말하는 그리스도와의 연합을 누리는 삶이다. 그리고 이러한 실제적인 연합을 통하여 지상에서 신자의 삶에 있어서 최고의 가치라고 할 수 있는 '하나님과 동행하는 삶'이 가능해지는 것이다(창 5:24, 6:9, 말 2:6). 비유하자면 마음은 마치 전류 작용으로 전달된 음성 신호를 소리로 전달하게 하는 스피커의 정교한 진동판이다. 따라서 신자는 끊임없이 자기의 마음을 지켜서 하나님과의 친교로 말미암는 거룩한 은혜의 영향력을 유지하기를 힘써야 한다. 그렇지 않으면 하나님을 기쁘시게 하는 거룩한 삶을 위한 영적 성장은 없다.

1.2.1 가슴을 따뜻하게 하라

첫째로, 가슴을 따뜻하게 할 필요가 있습니다. 즉, 마음을 따뜻하게 하여야 한다는 것입니다. 완고한 마음은 단번에 깨어지지 않습니다. 상한 마음이 통회하는 마음에 이르는 길이라면, 따뜻한 마음은 상한 마음에 이르는 길입니다.

상한 마음은 자기의 죄에 대하여 각성함으로 생겨나고, 따뜻한 마음은 죄를 깨닫게 하시는 하나님의 말씀에 대하여 마음을 열게 합니다.

모든 곤고한 죄인들이 하나님께서 말씀으로 그의 죄와 그 죄의 비참함에 대하여 알게 하실 때에 하나님의 엄위에 대하여 눈뜨고 각성하는 것은 아닙니다.

오히려 완고한 자는 하나님의 말씀의 영향을 받음으로 더욱 완고해질 수도 있습니다.[160] 마치 내리는 봄비가 살아 있는 나무들에게는 새 생명을 재촉하지만, 죽은 나무는 더욱 속히 썩게 하는 것처럼

---

[160] 이러한 사실은 다음과 같은 성경 구절을 통해서도 충분히 입증된다. 하나님께서 선지자들을 보내어 진리를 말하게 하실수록 이스라엘의 마음은 굳어졌고, 하나님의 말씀에 대하여 더욱 적대적이 되었다. 예수님께서는 당신에게 가해지는 핍박이 바로 하나님의 진리에 대하여 굳어진 이스라엘의 마음의 자연스러운 발로임을 지적하시면서 다음과 같이 말씀하셨다. "예루살렘아 예루살렘아 선지자들을 죽이고 네게 파송된 자들을 돌로 치는 자여 암탉이 그 새끼를 날개 아래 모음 같이 내가 네 자녀를 모으려 한 일이 몇 번이냐 그러나 너희가 원치 아니하였도다"(마 23:37). 스데반이 성령으로 충만한 가운데 진리의 복음을 외쳤지만, 그들의 마음은 오히려 더욱 급히 굳어져서 그를 죽이고 말았다. "스데반이 성령이 충만하여 하늘을 우러러 주목하여 하나님의 영광과 및 예수께서 하나님 우편에 서신 것을 보고 말하되 보라 하늘이 열리고 인자가 하나님 우편에 서신 것을 보노라 한대 저희가 큰 소리를 지르며 귀를 막고 일심으로 그에게 달려들어 성 밖에 내치고

말입니다.

그러므로 마음을 따뜻하게 하는 것이 필요합니다. 사실 이 따뜻한 마음이라는 것이 어느 정도는 상한 마음이 보여주는 특징이기도 하기 때문에, 우리는 실제에 있어서 어디까지가 따뜻한 마음이고 어디부터가 상한 마음인지를 구별하기가 쉽지 않습니다. 그럼에도 불구하고 두 마음의 상태가 전혀 구분할 수 없을 정도로 뒤섞여 있는 것은 아닙니다.

우선 따뜻한 마음은 지성적이거나 의지적인 측면보다도 정서적인 측면이 강하다는 것입니다. 즉 상한 마음은 하나님의 말씀에 대하여 분명히 깨닫고 하나님의 공의로운 성품에 대하여 눈뜸으로써 생겨나지만, 따뜻한 마음은 그렇지 않은 경우에도 생겨날 수 있습니다.

따뜻하고 완고한 마음은 얼음처럼 차가우면서도 강퍅한 마음보다는 덜 절망적입니다. 그 마음의 따뜻함이 변화의 가능성이 될 수

돌로 칠새 증인들이 옷을 벗어 사울이라 하는 청년의 발 앞에 두니라 저희가 돌로 스데반을 치니 스데반이 부르짖어 가로되 주 예수여 내 영혼을 받으시옵소서 하고 무릎을 꿇고 크게 불러 가로되 주여 이 죄를 저들에게 돌리지 마옵소서 이 말을 하고 자니라"(행 7:55-60). 예수님께서 십자가에서 처형당하시기 전에 심문을 받으시는 광경에서도 이 같은 일들은 되풀이된다. "예수께서 잠잠하시거늘 대제사장이 가로되 내가 너로 살아 계신 하나님께 맹세하게 하노니 네가 하나님의 아들 그리스도인지 우리에게 말하라 예수께서 가라사대 네가 말하였느니라 그러나 내가 너희에게 이르노니 이 후에 인자가 권능의 우편에 앉은 것과 하늘 구름을 타고 오는 것을 너희가 보리라 하시니 이에 대제사장이 자기 옷을 찢으며 가로되 저가 참람한 말을 하였으니 어찌 더 증인을 요구하리요 보라 너희가 지금 이 참람한 말을 들었도다 생각이 어떠하뇨 대답하여 가로되 저는 사형에 해당하니라 하고 이에 예수의 얼굴에 침 뱉으며 주먹으로 치고 혹은 손바닥으로 때리며 가로되 그리스도야 우리에게 선지자 노릇을 하라 너를 친 자가 누구냐 하더라"(마 26:63-68).

도 있기 때문입니다. 하나님께서 신자들의 마음을 따뜻하게 만드시는 방법이 많이 있지만, 대표적으로 다음 세 가지를 생각할 수 있습니다.

첫째로, 자신을 신앙적인 분위기 안에 두는 것입니다. 비록 가슴을 치며 뉘우치게 하는 심오한 회개가 없다 할지라도 차가운 마음을 덥혀 줄 수 있는 신앙적인 분위기는 신자로 하여금 각성에로 가까이 다가가게 합니다.

불신앙적이고 세속적인 분위기는 신자의 굳어진 마음을 더욱 차갑게 하지만, 신앙적인 분위기는 그의 마음을 따뜻하게 합니다. 좋은 경건 서적을 읽는다든지, 경건한 사람들의 전기나 일기 같은 것을 읽는 것도 따뜻한 마음을 갖게 하는 데 도움이 됩니다.

둘째로, 은혜로운 성도의 교제를 통해서 마음을 따뜻하게 할 수 있습니다. 신자의 마음이 강퍅해지면 따뜻한 은혜의 교제 속으로 들어가기를 거부하는 경향이 있습니다. 사람은 누구나 자기의 마음에 어울리는 환경을 가장 편하게 받아들일 수 있습니다.

죄에 대해서 각성하고 잃어버린 하나님과의 관계에 대한 그리움으로 마음이 가난해지면 신자는 은혜받은 성도들과의 아름다운 교제를 통해 자신의 영혼의 벌거벗음과 곤고함을 인하여 아파하고 그들과의 교제 속에서 은총의 부스러기라도 얻고자 하는 갈망을 갖지만, 완고하고 차가운 마음의 상태에서는 그런 마음이 생겨나지 않습니다.

그렇지만, 완고한 신자가 은혜받은 성도들과의 아름다운 교제 속으로 들어가는 것은 그의 마음이 따뜻해질 기회가 됩니다. 그가 그러한 교제 속에서 자기를 움츠리고 더욱 차가운 마음이 될 수도 있지만, 그들 가운데 있는 교제의 은혜로 말미암아 따뜻한 마음을 갖게 될 수도 있습니다. 그래서 이제껏 하나님의 말씀에 대항하던 마음이 그것을 받아들일 마음으로 변화될 수도 있습니다.

그러므로 신자는 늘 거룩한 성도의 교제 안에서 생활해야 하지만, 자신의 마음이 굳어져 가는 것처럼 느껴질 때에, 더욱 자신을 은혜로운 지체들과의 교제 안에 두도록 힘쓰는 한편, 세속적인 모임을 통한 마음의 굳어짐을 경계하여야 합니다.

셋째로, 찬양이 우리의 마음을 부드럽게 합니다. 비록 찬양이 일반적으로 우리에게 심오한 죄에 대한 각성을 불러일으키지는 못한다고 할지라도 마음을 따뜻하게 하고 경우에 따라서는 우리의 마음을 어느 정도는 상하게 하는 경우도 있습니다.

찬양은 그 노래 속에 담겨진 좋은 가사에도 불구하고 우리로 하여금 성화의 소명을 따라 살아가게 하기에 충분한 지식들을 전달해 주지는 못합니다. 그러나 찬양은, 특별히 경험적인 내용의 가사를 담은 찬양은 우리의 마음을 따뜻하게 해서 하나님의 말씀을 향하여 마음을 열게 하는 작용을 합니다.

어렸을 적에 장터에서 보던 대장간을 기억하여 보십시오. 아무리 어리석은 대장장이라도 차갑고 단단한 무쇠 덩이를 두들겨서 연장을 만들 수 있다고 생각하지는 않습니다.

지혜로운 대장장이는 먼저 무쇠를 풀무불 속에서 벌겋게 달궈 무르게 만든 다음 망치로 두들겨서 연장을 만듭니다.

하나님의 심판에 대한 증언이 누구에게나 상한 마음을 불러일으키는 것이 아니고, 십자가의 사랑에 대한 간증이 모든 사람에게 통회하는 마음을 불러일으키는 것도 아닙니다.

마음이 차갑게 굳어져 있을 때에는 누가 무엇을 말해도 그것은 바위에 부딪히는 돌과 같습니다. 따라서 우선 마음을 따뜻하게 하는 것이 필요합니다. 따뜻한 마음은 하나님의 말씀에 대하여 마음을 열게 하고, 자신의 감정과 편견으로부터 받는 영향에서 비교적 자유하게 합니다.

1.2.2 머리는 차갑게 하라

둘째로, 머리를 차갑게 해야 합니다. 완고하게 굳어진 신자의 마음이 부드러운 마음으로 회복되기 위해서는 머리를 차갑게 할 필요가 있습니다. 가슴을 따뜻하게 하는 것이 정서에 대한 것이라면, 머리를 차갑게 하는 것은 지성에 대한 것입니다. 영혼의 변화를 위해서는 하나님의 말씀을 정확하게 깨닫는 인식이 필요하다는 것은 아무리 강조해도 지나치지 않습니다.

강퍅한 마음으로 사는 고통을 경험한 신자는 영적 회복을 갈망하게 됩니다. 이때 그가 이러한 영적 회복의 이치를 모르면, 자기 속에 어떤 변화가 일어나기를 간절히 원하면서 갈팡질팡하게 됩니다.

때로는 종교적인 열정을 흉내내 보기도 하고, 은혜를 받기 위해서는 지성의 작용을 멈추어야 한다고 하며, 심지어는 논리를 가지고 신앙의 이치를 추론하는 모든 지성적인 작용이 은혜의 불을 끄는 불신앙인 것으로 오해하기도 합니다. 그러나 이것은 모두 잘못된 생각입니다.

마음이 강퍅할수록 그에게는 지성적인 설득이 필요합니다. 그의 머리를 설득하는 것이 꼭 그의 영혼의 변화와 마음의 부드러움을 가져오는 것은 아니지만, 지성적으로 설복되지 않고는 영혼의 변화도 있을 수 없고 따라서 완악한 마음이 부드러운 마음으로 변할 수도 없습니다.

오직 하나님의 말씀을 사용하셔서 역사하시는 성령께서만 인간의 영혼을 변화시키실 수 있고, 그의 마음에 진실한 참회의 깨어짐을 불러일으키실 수 있기 때문입니다.

그러므로 마음의 참된 변화를 위해서는 하나님의 말씀을 통하여 객관적으로 자신의 모습을 정확히 인식하고 영혼의 상태를 아는 것이 중요합니다. 비록 그의 마음이 굳어져서 하나님의 말씀을 이해하는 예민함이 많이 사라졌다고 할지라도, 하나님의 마음을 느끼는 정서적인 예민함이 사라졌다고 할지라도, 여전히 그에게는 깨닫는 일이 중요합니다. 왜냐하면 마음을 본질적으로 새롭게 하는 영혼의 은혜는 언제나 하나님의 말씀을 깨닫는 곳에 역사하시는 성령을 통해 임하기 때문입니다.

강퍅한 마음을 가진 신자가 그렇게 살아가는 고통을 면하려면 먼저 하나님의 말씀을 깨달을 수 있도록 차가운 머리를 가져야 하는 것은 바로 이러한 이유 때문입니다.

그러므로 강퍅한 마음으로 사는 고통스러운 상황을 끝내고 싶다면, 신자는 하나님의 말씀의 빛 앞으로 나아와야 합니다. 그리고 하나님의 말씀을 사모하기를 마치 집 떠나 방황하는 아들이 아버지로부터 온 편지를 읽으며 자식을 사랑하는 아버지의 인격과 마음을 느끼듯 하여야 합니다.

자신이 이미 알고 있고 알 수 있는 모든 하나님 말씀의 조명을 받으며 자신의 마음과 영혼의 상태를 인식하려고 애를 써야 합니다.[161] 곤고한 영혼을 회복시키시는 하나님의 은혜는 신자의 고통의 크기에 비례하여 역사하는 것이 아니라, 그가 얼마나 하나님의 말씀을 통해서 변화받기를 기대하는지에 따라 역사하는 것입니다. 왜냐하면 그 마음이 바로 가난한 마음이기 때문입니다.[162]

---

[161] 따라서 예배 중에 설교를 듣거나 성경을 배울 때에는 하나님의 은혜에 대한 갈망을 유지하면서, 동시에 배우는 바 진리의 내용을 깨달으려고 하는 마음가짐이 중요하다. 예배 시간에 상습적으로 조는 것이 영혼의 질병적 징후라고 말할 수 있는 것도 바로 이 때문이다. 강퍅한 심령을 가지고 살아가는 신자들 중 대다수는 하나님의 말씀의 빛 아래서 살지 않는다. 하나님의 말씀을 아는 지식이 핍절하고 신앙이 복음으로 잘 정리되지 않는 사람들에게는 굳어진 마음의 상태가 일상적이고, 은혜받아서 마음이 녹는 경험은 간헐적이다.

[162] 그렇기 때문에 자기의 심령이 굳어져 가고 있다고 생각될 때에는 하나님의 말씀을 듣는 태도를 고쳐야 한다. 그러나 대부분의 신자들은 심령이 굳어지기 시작하면 하나님의 말씀을 깨달으

1.2.3 허리를 굽히라

셋째로, 허리를 굽혀야 합니다.

이것은 마음을 따뜻하게 하고, 하나님의 말씀을 깨달으려고 하고, 신앙의 선배에게 조언을 구하려고 하는 모든 과정이 겸비함을 동반하는 과정이어야 함을 의미합니다.

그는 마땅히 스스로에게 이렇게 말해야 합니다. "제 이 강퍅한 마음을 고치는 것이 저의 힘으로는 불가능합니다. 이렇게 완악한 마음의 상태가 된 것은 저의 죄와 악함 때문이지만, 저는 스스로 어린아이 같은 마음으로 돌아가는 길을 알 수 없고, 또 제 마음을 돌이킬 수 없으니, 저를 도와주소서. 당신이 사용하시는 경건한 사람들을 통해서라도 저를 건져 주시옵소서."

강퍅한 마음으로 살아가는 영혼의 고통과 어린아이처럼 부드러운 마음으로 살아가는 기쁨을 함께 인식하며 하나님의 은혜를 겸비하게 구하여야 합니다.

려고 하는 욕구도 함께 감퇴되어 하나님의 말씀에 귀를 기울이지 않는다. 그러므로 마음이 굳어질수록 의지적으로 하나님께 은혜를 갈망하며 마음을 기울여야 한다. 그리고 하나님의 말씀을 잘 깨달아 가려는 마음의 집중이 필요하다. 영적으로 신뢰할 만한 사람들과의 교제를 통해서 도움을 받는 것도 그러한 회복을 위해서 마음을 다스리는 데 도움이 될 것이다.

1.2.4 무릎을 꿇으라

넷째로, 무릎을 꿇어야 합니다.

우리의 마음을 따뜻하게 하는 것은 우리의 노력이나 환경의 도움으로도 어느 정도는 가능합니다. 그러나 성령의 역사가 없이는 죄를 깨닫고 하나님의 엄위하심 앞에서 두려워 떨 수도 없고 죄인들을 용서하시는 하나님의 사랑 앞에서 감격할 수도 없습니다. 그것이 율법이든 복음이든 성령께서 함께 역사하실 때에 우리의 마음을 변화시키는 수단으로서 제 몫을 다할 수 있습니다.

그러므로 우리가 아무리 마음을 따뜻하게 하도록 여건을 조성하고 우리의 마음을 추스른다 할지라도 여전히 그것으로 충분하지 않습니다.

죄를 정확하게 지적하는 율법을 깨닫고 죄인들을 용서하시는 십자가의 사랑을 전해 주는 복음을 이해하려 애쓴다고 할지라도 성령의 강력한 역사가 여전히 필요합니다.

따라서 진정으로 변화받고자 하는 신자는, 앞에 열거한 모든 일을 다 한다 할지라도 성령께서 역사해 주시지 아니하면 자기의 그런 노력이 아무 열매도 맺을 수 없다는 것을 인정하고 하나님 앞에 무릎으로 나아가야 합니다. 왜냐하면, 성령만이 우리를 진실한 통회에 이르게 하시고 마음의 부드러움을 회복하게 하실 수 있기 때문입니다.¹⁶³

결국 우리가 할 수 있는 일은 무릎을 꿇고 하나님 앞에 간절히 기도하는 것입니다. 성령께서 우리의 마음을 깊이 상하게 하시고 아프도록 통회하게 하셔서 마음의 완악함을 제거하시고 부드러운 마음을 주시도록 기도하는 것입니다.164

하나님께서는 깨어지려는 자들을 깨뜨리십니다. 간절히 기도하십시오. 강퍅한 마음을 가지고 짐승처럼 사는 즐거움을 잃어버리는 것을 두려워하지 말고 거룩한 하나님의 자녀로 아버지의 사랑을 받으며 사는 행복을 누릴 것을 기대하며 하나님께 기도하십시오.

마음이 아프도록 깊이 자신을 깨뜨려 주시고 하나님 자신 외에 누구에게도 위로받을 수 없으리만치 지은 죄에 대하여 슬퍼하도록 도와 달라고 간구하십시오. 오직 깨어지는 아픔을 통해서라도 하나

---

163 신자의 마음이 아무리 따뜻해지고, 하나님의 말씀에 대한 깨달음이 있으며, 겸비하게 하나님 앞에 은혜를 구하는 간절한 탄원이 있다고 할지라도, 성령의 강력한 역사가 없으면 그 딱딱한 마음이 깨뜨려질 수는 없다. 하나님의 말씀도 하나님께서 역사하실 때에 비로소 불과 같이 방망이와 같이 그 굳은 마음을 통회하게 할 수 있다(렘 23:29). 그러므로 우리가 이 일을 위하여 모든 것을 행하고 전심으로 기도해도 여전히 어린아이 같은 마음으로 하나님의 주권적인 은혜 부어 주심을 바라볼 수밖에 없다. 시인은 이러한 경험을 다음과 같이 고백한다. "종의 눈이 그 상전의 손을, 여종의 눈이 그 주모의 손을 바람같이 우리 눈이 여호와 우리 하나님을 바라며 우리를 긍휼히 여기시기를 기다리나이다"(시 123:2).

164 여기서 믿음의 중요성이 대두된다. 하나님께서는 진리의 말씀을 통하여 성령으로 역사하셔서 신자의 마음에 죄를 깨닫게 하시고 통회하게 하신다. 그리고 신자들을 향한 그러한 하나님의 분에 넘치는 은혜의 작용은 신자들을 위하여 화목제물이 되신 그리스도의 속죄 사역을 기초로 한다. 믿음은 이러한 대속의 공로를 기초로 진리로 말미암아 성령께서 역사하게 하는 동인(動因)이 된다. 그래서 우리는 그 때 다음과 같이 기도할 필요가 있다. "나도 내 마음을 어찌할 수 없사오니 주님, 내 마음을 녹여 주시옵소서. 나의 마음을 정금과 같이 정결케 해주시옵소서. 정결한 마음을 주시옵소서. 주님께서 원하시는 나로 변화시켜 주시옵소서. 인간의 마음을 주관하시는 주님, 내 마음을 바꿔 주시옵소서. 성령의 역사로 이 일을 이루어 주시옵소서."

님과의 관계를 새롭게 회복하도록 죄로 물든 굳은 마음을 짓이기시기까지 깨뜨려 주시도록 애처롭게 매달리십시오.

핏빛 슬픔을 아십니까?

아아, 당신의 자녀들이 이렇게 피 어린 부르짖음으로 자기의 죄를 뉘우칠 때를 하나님께서는 얼마나 기다리실까요? 죄악으로 굳어진 가슴을 가지고 살아가는 자기의 자녀들을 바라보시는 하나님 아버지의 마음은 얼마나 아프실까요? 우리 아버지는 울부짖으며 자기의 죄를 통회하는 자들의 뺨에 흐르는 눈물을 씻어 주고 싶어하시지만, 그렇게 마음으로 슬피 우는 자가 없습니다.

아아, 우리 하나님의 마음은 얼마나 아프실까요? 우리를 위하여 자기 몸을 쪼개어 아버지와의 화목의 길을 열어 주신 예수님의 아파하시는 마음이 느껴지지 않습니까? 굳은 마음을 가지고 살아가는 우리가 깨뜨려지지 아니하기에, 하나님의 마음은 오늘도 찢어지도록 아픕니다.

아아, 누가 하나님의 이 마음을 위로해 드릴 수 있겠습니까? 무엇으로 우리의 완악함을 인하여 쓰리도록 아픈 그 분의 마음을 어루만져 드릴 수 있을까요? 누가 그 분과 함께 이 시대, 조국교회의 지체들의 굳은 마음을 인하여 아파할까요?

우리 모두 그 찬란한 진리의 빛 가운데서 좋으신 하나님만을 전심으로 사랑하고, 우리의 온 마음을 바쳐서 그 분만 섬길 수 있다면 얼마나 좋을까요? 욕심도 없이 두려움도 없이 순전한 마음과 삶으로 우리 가진 모든 것이 그 분의 소유가 되었으면 얼마나 좋을까요?

예배 시간마다 자기의 죄를 뉘우치며 참회하는 지체들을 볼 수 있다면, 우리는 먹지 않아도 배부르고 입지 않아도 춥지 않을 겁니다. 깨어진 그들의 마음 한가운데로 임하시는 복되신 우리 주님을 인하여…….

무릇 지킬 만한 것보다 더욱 네 마음을 지키라 생명의 근원이 이에서 남이니라

8 만리장성이 말했습니다
: 부드러운 마음의 유지

만리장성이 말했습니다

처음 중국에 가서 만리장성을 보았을 때, 두 가지를 생각하며 새삼 놀랐습니다. 하나는 그 성의 길이가 진짜 만 리, 곧 4천 킬로미터가 넘는다는 것이었고, 또 하나는 중국 같은 큰 나라가 변방의 야만족들을 그토록 경계하였다는 사실이었습니다. 이처럼 고대의 국가들이 남의 땅을 점령하거나 자기 땅에 침입한 외적을 퇴치하고 제일 먼저 하는 일은 성을 쌓는 일이었습니다. 그것은 한번 외적과 싸워서 이기는 것보다 자기 땅을 계속 지키는 것이 훨씬 더 어렵다고 믿었기 때문입니다. 불가사의하게 건축된 만리장성은 그것을 말하고 있었습니다.

신자의 마음도 이와 같습니다. 상하고 통회함으로써 마음의 부드러움을 되찾는 것도 쉽지 않지만, 그렇게 부드러워진 마음을 유지하는 것은 더욱 어렵습니다. 오늘날 우리 주위에서 부드러운 마음을 가진 신자들보다는 굳어진 마음을 가진 교인들을 훨씬 더 많이 만나게 되는 경험도 이 같은 사실을 잘 말해 줍니다.

모든 일이 그러하듯이 소중한 것은 쉽게 얻어지지 않습니다. 부드러운 마음을 유지하며 사는 일도 신자로서 지속적으로 하나님의 진리와 거룩한 성품에 영향을 받으며 살아가게 하는 소중한 축복이기 때문에, 하늘의 지혜와 성경의 지식으로 마련된 치밀한 지침들을 성실과 부지런함으로 활용함으로써 가능해집니다.

부드러운 마음을 유지하는 길

그러면, 마지막으로 신자가 회복된 부드러운 마음을 유지하는 길은 무엇일까요?

전쟁에서 이기는 것보다 더 어려운 일은, 승리를 통해 쟁취한 평화를 지키는 것입니다. 어쩌면 부드러운 마음을 지속적으로 유지하며 사는 일도 강퍅한 마음이 깨뜨려져서 그 완고함을 벗어버리는 것보다 더 힘든 일일 수 있습니다.

지식적인 면에 있어서도 전자보다는 후자를 이루는 데 더 많은 지식, 보다 더 체계화된 지식이 필요한 것은 말할 나위가 없습니다.

이것은 마치 전쟁에서 한번 승리하는 것보다, 복수를 꿈꾸는 적의 공격으로부터 승리로 말미암은 평화의 상태를 지키는 것이 훨씬 더 어려운 것과 같은 이치입니다. 기억하십시오. 한번 자기의 죄를 통회하고 참회하는 것보다 어려운 일은 그러한 정신으로 날마다 사는 것입니다.

성경은 참된 신자의 경우 결코 구원에 대한 안전감安全感이 그로 하여금 그리스도인의 삶에 대하여 방심하거나 나아가 방종한 생활을 이어가게 하는 동기일 수 있다고 가르치지 않습니다.

그는 한번 자기에게 베푸신 구원의 은혜를 확신합니다. 그리고 한번 받은 대속의 은혜로 말미암은 사죄의 은총이 결코 취소될 수 없다고 확신합니다. 자기를 구속하신 하나님의 신실하심을 믿기 때문입니다.

그는 자기의 구원에 대한 확고한 믿음을 가지고 있습니다. 그는 자신이 그리스도 안에 있다는 것과 결코 정죄함이 없다는 사실을 확고히 믿습니다.

그러나 그는 아직도 성취되지 않은 또 다른 구원이 있다고 믿는 사람입니다. 하나님께서 자신에 대하여 거룩해질 것을 요구하신다고 믿는 사람입니다. 곧 점진적인 구원, 즉 성화聖化입니다.

즉각적인 구원이 확실한 것만큼 그는 성화에의 부르심을 강력히 느낍니다. 첫 번째 구원이 하나님께서 자기를 기쁘게 한 것이라면, 두 번째 구원은 자신이 하나님을 기쁘게 하는 것이라고 믿습니다.

그는 그 일을 위해 성령의 은혜가 필요하다는 것을 굳게 믿는 사람입니다. 죄로 말미암은 내적인 부패성과 불결로부터 날마다 그의 본성을 순결하게 하시는 성령의 은혜 없이는 그것을 이룰 수 없다고 확신하는 사람입니다.

아아, 오늘날 우리가 얼마나 짐승처럼 살아갑니까? 값없이 거저 주시는 구원의 은혜를 방종의 기회로 삼고, 흔들리지 않는 구원의 안전함을 아무렇게나 살아가는 기회로 삼고 있으니 말입니다. 구원의 달콤한 특권들은 기쁘게 생각하면서, 그렇게 구원받은 백성들을 향한 하나님의 부담스러운 기대는 달갑지 않게 생각하는 신자들이 얼마나 많은지요?

그들은 하나님의 자녀로서의 특권, 그 중에서도 자기 입맛에 맞는 특권을 주장하는 일에는 흥미를 느끼지만, 구원받은 하나님의 백성으로 살아야 하는 거룩한 의무들은 모두 '율법적'이라는 적대적 표현으로 저버리기 일쑤입니다.

오늘날 구원받은 하나님의 백성들이, 세속적인 즐거움 속에서 살아가는 불신자보다 우울하게 살아가는 것은 그들에게 거룩함이 없기 때문입니다. 거룩함이 없이는 행복도 없고 천국도 없습니다. 그래서 신앙의 선조들은 나그네 인생길에서 신앙을 따라 사는 길을 천로역정으로 비유하였습니다.

사도 바울의 고백도 이러한 진리를 인식한 데서 우러나온 것입니다. "나의 간절한 기대와 소망을 따라 아무 일에든지 부끄럽지 아니하고 오직 전과 같이 이제도 온전히 담대하여 살든지 죽든지 내 몸에서 그리스도가 존귀히 되게 하려 하나니 이는 내게 사는 것이 그리스도니 죽는 것도 유익함이니라"(빌 1:20-21).

하나님의 은혜로 회복되어진 부드러운 마음을 유지하는 일도 이러한 성화의 맥락에서 이해되어야 합니다. 부드러운 마음의 가치를 알고 그것을 유지하는 일을 마치 외적의 침입으로부터 성을 지키는 군인처럼 감당하여야 합니다. 그 일을 가장 중요한 것으로 알고, 그 일에 실패하면 자신의 신앙과 삶이 무너질 것처럼 거룩한 긴장감 속에서 분투하여야 합니다.[165]

부드러운 마음을 유지하는 길은 크게 세 가지 동사로 요약될 수 있습니다. 첫째는 두려워하라, 둘째는 주의하라, 셋째는 힘쓰라입니다.

---

[165] 앤드류 그레이(Andrew Gray)는 신자가 특별히 자신의 마음을 지키기 위하여 힘써야 할 여섯 가지 경우를 적시하였다. 신자가 마음을 지키는 것은 항상 힘써야 할 의무이지만 특별히 다음과 같은 때에는 마음이 쉽게 공격받을 수 있기 때문에 마음을 지키는 일에 더욱 노력하여야 한다는 것이다. 그 여섯 가지 경우는 다음과 같다. 첫째, 특별한 은혜를 경험한 때, 둘째, 기도 생활이 형식화되어 갈 때, 셋째, 유혹받을 때, 넷째, 신앙적인 의무를 게을리 할 때, 다섯째, 신앙의 의무를 따라 철저하게 생활할 때, 여섯째, 유혹이 점점 더 강해지는 것을 느낄 때. Andrew Gray, *The Works of Andrew Gray*, (Ligonier; Soli Deo Gloria, 1992 reprinting), p.261.

1.1 두려워하라

첫째로, 두려움 가운데 근신하는 마음을 가져야 합니다. 신자가 부드러운 마음을 유지하기 위하여 두려워해야 할 것은 크게 세 가지인데, 하나는 마음이 강퍅해질 가능성에 대한 것이고, 또 하나는 믿음을 배반한 자가 될 가능성에 대한 것이고, 마지막으로 종말이 올 가능성에 대한 것입니다.

1.1.1 강퍅의 가능성에 대하여

첫째로, 신자는 자신의 마음이 지금은 부드러워도 곧 강퍅해질 수 있다는 두려움을 가져야 합니다.

이 두려움은 공포가 아니라 하나님 앞에서 근신하며 살게 하는 마음입니다. 신자가 하나님의 은혜를 경험하고 부드러운 마음이 되고 나면 그러한 영혼의 상태가 안전하다고 생각하기 쉽습니다.

그러한 안전감은 자기의 마음을 지킴에 있어서 방심을 불러오고, 방심은 이미 실천하고 있는 개인 경건의 삶의 능력을 앗아가고, 영적 생활의 초점을 흐리게 합니다. 나아가서 거룩한 긴장을 잃어버리게 만들고 참여하는 은혜의 수단들을 통해서 받는 영혼의 유익을 감퇴시킵니다. 환경과 사람에 의하여 마음이 잘 나뉘게 하고 작은 일에도 금방 낙심하거나 쉽게 마음이 부요해지게 합니다.

그러므로 신자는 자신의 구원의 안전성을 믿는 믿음이 확고할수록, 자신의 마음의 부드러움을 영원한 것이라고 확신하지 말아야 합니다. 오히려 다음과 같이 고백하여야 합니다. "내가 이미 얻었다 함도 아니요 온전히 이루었다 함도 아니라 오직 내가 그리스도 예수께 잡힌 바 된 그것을 잡으려고 좇아가노라"(빌 3:12). [166]

그렇습니다. 거룩한 긴장 없이는 경건한 삶을 견고하게 이어갈 수 없으며, 더욱이 안팎에서 수시로 공격받는 마음을 파수할 수 없습니다.

따라서 신자는 자신이 지금 아무리 부드러운 마음을 지니고 있다고 할지라도 그 상태가 언제까지나 계속될 것이라고 생각해서는 안 됩니다. 오히려 언제든지 다시 마음이 예전처럼 굳어지고 강퍅해질 수도 있다는 가능성에 대하여 두려워해야 합니다.

오늘 마음을 지키지 아니하면, 내일은 하나님과의 친교를 잃어버

---

[166] 하나님의 백성들을 향하여, '마음을 강퍅하게 하지 말라'는 명령은 성경 전체에서 일관성 있게 촉구되고 있다. 이는 우리에게 두 가지를 암시하는데, 하나는 하나님의 백성의 순종하는 삶에 있어서 마음의 중요성이며, 또 하나는 강퍅한 마음이 되는 것에 대한 그들의 책임이다. "네 하나님 여호와께서 네게 주신 땅 어느 성읍에서든지 가난한 형제가 너와 함께 거하거든 그 가난한 형제에게 네 마음을 강퍅히 하지 말며 네 손을 움켜 쥐지 말고"(신 15:7). "이르시기를 너희는 므리바에서와 같이 또 광야 맛사의 날과 같이 너희 마음을 강퍅하게 말지어다"(시 95:8). "노하심을 격동하여 광야에서 시험하던 때와 같이 너희 마음을 강퍅케 하지 말라"(히 3:8). "오직 오늘이라 일컫는 동안에 매일 피차 권면하여 너희 중에 누구든지 죄의 유혹으로 강퍅케 됨을 면하라"(히 3:13). "성경에 일렀으되 오늘날 너희가 그의 음성을 듣거든 노하심을 격동할 때와 같이 너희 마음을 강퍅케 하지 말라 하였으니"(히 3:15). "오랜 후에 다윗의 글에 다시 어느 날을 정하여 오늘날이라고 미리 이같이 일렀으되 오늘날 너희가 그의 음성을 듣거든 너희 마음을 강퍅케 말라하였으니"(히 4:7).

리고, 기도 가운데 거절감을 경험할 수도 있다는 사실을 기억하고 두려워해야 합니다. 그리고 오늘 자신의 마음을 지키기 위하여 치르는 수고가 강퍅한 마음을 안고 살아가는 고통에 비하면 쉽고 가벼운 짐이라고 생각하여야 합니다.

1.1.2 배신자가 될 가능성에 대하여

둘째로, 신자는 지금은 마음이 부드러워도 언제든지 주님을 크게 배신할 수 있다는 두려움을 가져야 합니다. 교리적으로 볼 때, 참된 신자는 배교자가 될 수 없습니다.[167]

---

[167] 교회의 역사에서 배교자의 문제를 다룰 때마다 기준 본문으로 삼았던 것은 다음 성경 구절이다. "한번 비췸을 얻고 하늘의 은사를 맛보고 성령에 참예한 바 되고 하나님의 선한 말씀과 내세의 능력을 맛보고 타락한 자들은 다시 새롭게 하여 회개케 할 수 없나니 이는 자기가 하나님의 아들을 다시 십자가에 못박아 현저히 욕을 보임이라"(히 6:4-6). 본문은 해석상에 난점이 있어서 교회사 속에서 당대의 특수한 상황에 따라 다양하게 해석되곤 하였다. 초대 교회 때 기독교에 대한 대박해가 끝난 후 우상을 숭배하였으나 회개하고 재입교를 원하는 신자들의 처리 문제를 둘러싸고 키프리아누스(Cyprianus)와 노바티아누스(Novatianus)가 대립하였다. 키프리아누스는 그들에게 관용을 베풀자는 입장이었고, 노바티아누스는 이 본문을 근거로 공개적인 범죄를 저지른 자들이 다시 교회에 들어올 수 없다는 주장을 폈다. 존 오웬(John Owen)은 본문에 대한 잘못된 적용 두 가지를 지적했다. 첫째는 제2계명을 어긴 자들이 자신들은 다시 회복할 수 없다고 생각하는 것이었고, 둘째는 자신들이 믿는 신앙의 내용대로 계속해서 살지 못하는 자들도 역시 회복될 수 없다고 생각하는 것이었다. 그러나 오웬은 이 글을 기록한 사도의 입장은 배교자들을 영원히 하나님의 평강으로부터 배제하는 입장은 아니라고 해설하면서, 본문에서 말하는 신자가 참된 신자가 아니라고 봄으로써 참된 신자는 배교할 수 없다는 주장을 폈다. 특별히 이 책은 오웬의 저작 중 그의 탁월한 학문성과 영적 분별력을 보여주는 뛰어난 작품으로 꼽힌다. 거룩한 삶과 복음적 경건에 속한 귀중한 진리들을 펼친 작품으로서 성경적이고 개혁주의적인 영성이 무엇인지 그 진수를 보여주고 있으니 꼭 한번 참고하도록 하라. John Owen, *The Nature and Apostasy from the Profession of the Gospel and the Punishment of Apostates Declared in an Exposition of Heb. 6:4-6;*

그러나 참된 신자도 주님을 크게 배반할 수는 있습니다. 하나님께로부터 받는 큰 사랑을 야비한 범죄로 되갚고, 나아가서 한동안 하나님을 향하여 적대적이 되는 일은 얼마든지 일어날 수 있습니다. 그의 마음이 강퍅해지기만 하면 말입니다.

한때 부드러운 마음을 가졌다고 할지라도 그것이 그의 마음을 영구히 지켜 주는 것도 아니고, 거룩한 삶이 저절로 성취되는 것도 아닙니다. 그래서 성경에는 한때 어린아이처럼 부드러운 마음을 가지고 있었지만 불신자와 방불하도록 강퍅한 마음을 가지고 산 사람들이 많이 나타납니다.

하나님의 마음에 합한 자로 불리던 다윗을 생각해 보십시오. 그가 거룩한 긴장을 잃어버리고 강화된 왕권과 호화로운 왕궁생활에 익숙해지면서 범죄한 것을 생각해 보십시오.

밧세바를 취하여 간음하였을 뿐 아니라, 자기의 죄를 은폐하기 위하여 치밀한 계획으로 충성스러운 그녀의 남편 우리아를 죽입니다. 나단 선지자가 전하는 하나님의 말씀을 듣고 심령이 깨뜨려지기 전까지, 그의 삶은 단순한 허물이나 죄라기보다는 하나님을 향한 배신이었습니다.

---

with an inquiry into the causes and reasons of the decay of the power of religion in the world, or the present general defection from the truth, holiness, and worship of the gospel; also, of the proneness of churches and persons of all sorts unto apostasy with remedies and means of prevention, in The Works of John Owen, vol. 7, edited by William H. Goold, (Edinburgh; The Banner of Truth Trust, 1994 reprinting), p.13.

다윗과 같은 탁월한 영적 인물들에게도 이런 일이 일어났다면 우리에게는 이러한 일이 얼마나 쉽게 일어날 수 있을지에 대하여 생각하고 두려워하여야 합니다.[168]

1.1.3 종말의 가능성에 대하여

셋째로, 신자가 부드러운 마음을 유지하기 위하여 두려워해야 할 것은 종말의 가능성입니다. 그것은 자신의 죽음을 통해 맞이하는 개인적인 종말일 수도 있고, 주님의 심판을 통해 맞이하게 되는 우주적인 종말일 수도 있습니다. 신자는 어느 경우든지 개인적으로 하나님을 대면하여야 한다는 사실을 기억해야 합니다.

구원받은 하나님의 자녀임에도 불구하고 강퍅한 마음 때문에 하나님과의 아름다운 친교의 행복도 없이, 하나님을 기쁘시게 하는

---

[168] 따라서 성경에는 신자들의 근신을 촉구하는 내용이 많이 나온다. 이는 사도들이 자기의 교인들에게, 신앙을 지키고 영적으로 성장함에 있어서 마음을 지키는 것의 중요성을 인식하고 그것을 중심적인 교훈으로 가르쳤음을 보여주는 것이다. 대표적인 구절은 다음과 같다. "하나님이 우리에게 주신 것은 두려워하는 마음이 아니요 오직 능력과 사랑과 근신하는 마음이니"(딤후 1:7). "늙은 남자로는 절제하며 경건하며 근신하며 믿음과 사랑과 인내함에 온전케 하고"(딛 2:2). "너는 이와 같이 젊은 남자들을 권면하여 근신하게 하되"(딛 2:6). "우리를 양육하시되 경건치 않은 것과 이 세상 정욕을 다 버리고 근신함과 의로움과 경건함으로 이 세상에 살고"(딛 2:12). "그러므로 너희 마음의 허리를 동이고 근신하여 예수 그리스도의 나타나실 때에 너희에게 가져올 은혜를 온전히 바랄지어다"(벧전 1:13). "만물의 마지막이 가까왔으니 그러므로 너희는 정신을 차리고 근신하여 기도하라"(벧전 4:7). "근신하라 깨어라 너희 대적 마귀가 우는 사자같이 두루 다니며 삼킬 자를 찾나니"(벧전 5:8). 이상의 구절들에 나오는 '근신하라'는 명령이 모두 마음과 관련이 있다는 것은 의미심장하다.

보람도 없이, 세상적인 욕심에 마음을 빼앗기며 육신만을 위하여 살다가 그 분을 뵈옵는다고 생각해 보십시오. 물론 우리는 그렇게 부끄럽게 주님 앞에 선다 할지라도 그리스도께서 우리를 부인하지 않으시리라는 것을 압니다. 그러나 그것은 얼마나 부끄럽고 마음 아픈 일이 될까요?

저 공중에 구름이 일어나고 큰 나팔이 울려나며 영광 가운데 주님께서 오셔서 우리의 이름을 부르실 때에, 어린아이같이 부드러운 마음으로 하나님을 만나고 그 분의 그 분되심을 인하여 말할 수 없이 기뻐하지 못하고 부끄러움으로 얼굴을 가려야 한다면 얼마나 슬플까요?

어느 날 주님께서 우리를 죽음 저 너머로 부르실 때에 우리의 마음이 그 분을 기뻐하지 않는다면 그것은 얼마나 불행한 일일까요? 일평생을 주님의 사랑에 빚진 삶을 살았으면서도, 언제나 그 분의 아름다운 성품에 감화를 받는 어린아이 같은 삶을 살아왔으면서도, 막상 그 분을 대면하게 될 때에 좋으신 주님의 나타나심에 무덤덤할 수밖에 없다면 그것은 얼마나 부끄러운 일일까요?

지금 부드러운 마음을 가지고 있어도, 우리가 그렇게 될 수도 있다는 사실에 대하여 근신하는 마음으로 두려워해야 합니다.

1.2 주의하라

부드러운 마음을 유지하기 위해서는 둘째로, 자신의 마음의 변화에 대하여 주의를 기울여야 합니다. 그리스도인의 거룩한 삶을 방해하는 요인 중 하나는 주의하지 않는 것^{uncarefulness}입니다. 부드러운 마음을 지키기 위하여 주의해야 할 것은 크게 세 가지입니다. 죄, 염려와 세상 사랑, 그리고 위선입니다.

1.2.1 죄

첫째로, 죄를 주의해야 합니다.

앞에 살펴본 바와 같이 죄는 부드러운 마음을 강퍅하게 만드는 가장 강력한 원인입니다. 부드러움을 잃은 굳은 마음이 죄를 짓게 하는 원천이기도 하지만, 반대로 범죄를 통하여 신자의 마음은 부드러움을 잃어버리고 딱딱하게 굳어지기도 합니다.

그것이 큰 죄이든지 작은 죄이든지 양에 있어서는 다르다 할지라도 질적으로는 모두 같은 것입니다. 하나님께 불순종과 반역이며, 하나님을 전심으로 사랑하며 섬기기에 모자라는 것입니다.

어떤 경우이든지, 죄는 우리의 마음을 강퍅하게 합니다. 죄는 단순한 마음의 염려나 근심보다 더 적극적으로 우리의 마음을 굳어지게 합니다. 염려나 근심은 단지 마음의 부드러움을 앗아가지만, 죄는 마음을 굳어지게 할 뿐 아니라, 양심까지 무디어지게 하여 범죄에 대하여 담대하게 함으로 더 큰 죄를 지을 수 있는 마음이 되게 합니다.

더욱이 아주 커다란 범죄는 양심을 무디어지게 할 뿐 아니라 우리의 영혼에 죽음과 방불한 밤을 몰고 옵니다. 우리가 '마음을 지킨다'고 할 때에 경계하여야 할 최대의 적이 바로 죄입니다.

신자의 영적 생활을 파괴하고 마음을 강퍅하게 만드는 죄는 대부분 우리가 쉽게 알아차릴 수 없게 다가옵니다. 본질적으로는 파괴적인 힘을 가지고 있지만, 우리에게 다가올 때는 달콤한 유혹과 따스한 속삭임으로 나타납니다.

때로는 하나님을 위한 열심을 가장하기도 하고, '상처'라는 이름으로 눈물을 흘리며 다가오기도 합니다. 그러나 한 신자의 영적인 깊이는 그러한 위장 속에 깃들인 죄의 정체를 미리 알아내는 데 있습니다.

신자의 영성 spirituality 이라는 것은 결국 거룩함을 추구해 오는 과정에서 획득된 영적이고 정신적인 특성입니다.169 영성 깊은 신자가 죄를 다루는 태도의 특징은 두려움과 주의 깊음 carefulness 입니다. 그는 신자가 죄를 결코 이길 수 없다고 생각하거나, 죄를 이기는 것이

---

169 물론 이 말은 그러한 영성이 인간의 노력 자체로 얻어진다는 뜻은 아니다. 정확히 말하면 하나님 자신을 추구하고, 거룩함을 추구하는 과정에서 하나님께로부터 주어지는 것이다. 어떤 의미에서든지 성경에서 말하는 영성은 수도주의적인 고통을 통하여 스스로 쌓아가는 것은 아니기 때문이다.

너무 힘들다고 불평하지 않습니다. 그러나 그는 또한 죄를 이기는 일이 쉽다고 호언장담하지도 않습니다.

그는 죄를 하나님만큼이나 두려워하지만 자신의 마음을 지키면 자기 안에 주신 하나님의 생명의 능력으로 능히 이기리라고 확신합니다. 그러나 그는 결코 경솔하지 않습니다.

그는 자기 안에 있는 죄와 밖에서 들어오는 죄의 유혹들을 마치 폭발물 처리반원들이 미확인 폭발물을 다루듯이 조심스럽게 다룹니다. 모든 지식을 다 동원하고 세심한 주의를 기울이면서 조금의 실수도 하지 않으려는 신중함으로 죄를 다룹니다. 말씀의 밝은 빛으로 그것들을 비추고, 하나님을 아는 지식으로 해부하여 죄가 위장하고 있는 거짓과 허위들을 벗겨냅니다. 그리고 죄와 유혹의 실체들을 드러내서 죄에 대하여 혐오하는 마음을 유지하려고 애씁니다.

거룩해지려고 애쓸수록 그들은 죄에 대하여 더 많이 알기를 원합니다. 죄를 알고 싶어서가 아니라 거룩해지고 싶기에……[170]

아아, 오늘날 조국교회에는 죄와의 싸움을 포기한 그리스도인들이 얼마나 많은지요? 오늘날 얼마나 많은 신자들이 교회는 다니지만 실상은 하나님 없는 것 같은 삶을 살아가는지 모릅니다. 그들은 자신들이 받은 즉각적인 구원이 또 다른 점진적인 구원의 시작임을

---

[170] 따라서 진실한 회개와 참회를 통한 자기 깨어짐 없이는 거룩하게 되고자 하는 소원을 지속적으로 품을 수 없다. 거룩에의 열망은 참된 회개의 깊이와 비례한다. 왜냐하면 하나님의 거룩을 경험한 것만큼 자기의 불결과 죄악을 회개하기 때문이다.

알지 못하는 것 같습니다.

그리스도의 고난으로 말미암은 구원이 단지 우리를 천당 보내기 위함이라고 생각하고, 이신칭의의 교리를 죄 가운데 계속 살아도 구원받을 수 있다는 잘못된 안전감安全感을 얻는 근거로 생각합니다. 그러므로 그들에게는 신앙의 본질이 너무나 낯설고 멀게 느껴지게 되었습니다.

그들은 복음과 하나님의 거룩을 아는 지식의 현저한 결핍으로 인하여 죄와 자기의 마음을 주의 깊게 살피고 다룰 줄을 모릅니다. 죄를 사랑하는 부패한 본성에 무지가 더하여지고, 거룩해지기 위하여 자기의 마음을 주의 깊게 다루는 사려 깊음 대신 경솔함과 가벼운 자부심들로 가득 차 있습니다.

십자가에서 우리의 구원을 위하여 자기를 아낌없이 주신 예수님을 생각합니다. 그 분이 우리에게 이처럼 초라한 삶을 기대하시면서 십자가에서 못박히셨을까요?

대낮같이 밝은 은혜의 빛을 우리에게 주셨지만, 예전에 짐승처럼 살던 저같이 아직도 그렇게 살아가는 많은 그리스도인들의 얼굴이 떠오릅니다. 하나님으로 말미암는 만족도 없고 죄로 말미암는 만족도 없이 핏기 잃은 얼굴로 살아가는 조국교회의 많은 그리스도인들로 인하여 이 글을 쓰는 제 마음은 아프고 뺨에는 눈물이 흐릅니다.

아아, 왜 우리가 그렇게 살아야 할까요? 누가 저들에게 복음을 알게 할까요? 누가 저들에게 거룩하신 하나님의 자기의 백성들을 거룩하게 하시려는 불붙는 사랑을 알게 할까요? 우리 모두가 죄를 이기고 찬란한 지식의 빛과 은혜의 불 아래서 살 수 있다면 얼마나 좋을까요? 날마다 육체를 이기고 죄를 이긴 지체들의 영광스러운 승리의 소식을 들으며, 좋으신 하나님만을 찬송할 수 있다면 얼마나 좋을까요?

우리는 주께서 우리의 죄와 강퍅함을 용서해 주시기를 기도하여야 합니다. 우리의 악한 마음으로 인하여 황폐해진 이 땅의 패역을 고쳐 주시기를 간구하여야 합니다.

1.2.2 염려와 세상 사랑

둘째로, 주의해야 할 것은 염려와 세상 사랑입니다.

여기서 말하는 염려는 하나님의 나라와 그의 영광을 위한 염려가 아니라 세상에 속한 염려와 근심입니다.

거룩한 근심은 영적인 명민함을 더하고 마음을 상하게 함으로 완고해지지 못하게 하지만, 세속적인 염려는 영적으로 둔감하게 하고 마음에 각질을 더합니다. 먹고 입고 마실 것들에 대한 염려와 걱정은 하나님께 대한 신뢰를 잃어버리게 하고, 우리 안에 잠재된 재물에 대한 집착과 사랑을 촉진시킵니다.[171] 이것은 세상에 대한 사랑으로 이어져 우리 안에 하나님의 사랑이 사라지게 만듭니다.[172]

이처럼 염려와 집착은 세상 사랑으로 이어집니다. 따라서 세상을 살아가는 일에 대하여 과도히 염려하고 근심하지 않도록 조심해야 합니다. 염려와 근심은 그 자체가 죄는 아니라 할지라도 하나님께 대한 온전한 신뢰를 저버리게 함으로써 하나님을 전심으로 사랑하고 섬기지 못하게 합니다.

그런 점에서 볼 때에 육신적인 염려와 근심은 죄 자체라기보다는 마음을 굳어지게 하고 악에 빠지게 하는 일종의 시험입니다.

따라서 신자는 육신에 대한 과도한 염려와 근심으로 자기의 마음이 완고해지지 않도록 주의하여야 합니다. 그렇게 하기 위해서는 세 가지가 필요합니다. 하나님 앞에 책망받을 것이 없는 깨끗한 양심, 하나님께 대한 온전한 신뢰, 세상을 하찮게 여기는 마음이 그것입니다.

육신적인 염려와 근심은 대체로 결핍으로부터 옵니다.

하나님 앞에 책망받을 것이 없는 깨끗한 양심은 자기의 의(自己義)로 말미암은 교만이 아닙니다. 아무리 거룩하다 할지라도 죄와 허물이 없는 사람은 없습니다. 그렇지만 양심에 가책받을 만한 죄 가운데 있는 사람은 하나님 앞에 담대하게 나아갈 수 없습니다.[173]

---

[171] "너희를 위하여 보물을 땅에 쌓아 두지 말라 거기는 좀과 동록이 해하며 도적이 구멍을 뚫고 도적질하느니라 오직 너희를 위하여 보물을 하늘에 쌓아 두라 거기는 좀이나 동록이 해하지 못하며 도적이 구멍을 뚫지도 못하고 도적질도 못하느니라 네 보물 있는 그곳에는 네 마음도 있느니라"(마 6:19-21).

[172] "이 세상이나 세상에 있는 것들을 사랑치 말라 누구든지 세상을 사랑하면 아버지의 사랑이 그 속에 있지 아니하니 이는 세상에 있는 모든 것이 육신의 정욕과 안목의 정욕과 이생의 자랑이니 다 아버지께로 좇아온 것이 아니요 세상으로 좇아온 것이라 이 세상도 그 정욕도 지나가되 오직 하나님의 뜻을 행하는 이는 영원히 거하느니라"(요일 2:15-17).

그들은 자신들이 결핍 가운데 있어서 염려하고 근심하게 될 때에 담대하게 하나님께 구할 수 없습니다. 아직 참회하지 않는 상태에서, 자신들의 양심의 송사를 받기 때문입니다. 그러므로 결핍 가운데 전심으로 하나님께 의탁하는 일이 불가능합니다. 자기의 염려와 걱정을 끌어안고 고통스러워하는 동안, 그는 마음의 굳어짐의 진전에 저항하기 힘들게 됩니다.

그러나 양심에 책망받을 것이 없는 사람들은 결핍 속에서 전심으로 하나님을 의뢰합니다. 그는 염려해야 할 일이 많아질 때에 전심으로 하나님을 의뢰하는 것을 배웁니다. 오히려 그 때를 흐트러졌던 자기의 마음을 모으고 하나님을 바라보는 기회로 삼습니다. 전

---

173 이에 관하여 사도 요한은 다음과 같이 말한다. "사랑하는 자들아 만일 우리 마음이 우리를 책망할 것이 없으면 하나님 앞에서 담대함을 얻고 무엇이든지 구하는 바를 그에게 받나니 이는 우리가 그의 계명들을 지키고 그 앞에서 기뻐하시는 것을 행함이라"(요일 3:21-22). 모든 죄가 하나님과의 관계를 가로막지만, 신자의 양심을 거스르는 죄는 알고 지은 죄이기 때문에 모르고 행한 죄보다도 영적 생활에 미치는 해가 더 크다. 양심의 가책이 하나님 앞에 담대히 나아가지 못하게 하기 때문이다. 하나님을 아는 지식의 빛이 많으면 많을수록 죄에 대하여 더 많이 자각하게 되기 때문에, 작은 죄에도 양심의 가책을 받게 된다. 따라서 많은 지식의 빛을 받은 사람들에게는 더 거룩하게 살아야 할 의무가 있는 것이다. 이러한 이치는 예수님의 다음 교훈에서도 분명하다. "주인이 뜻을 알고노 예비치 아니하고 그 뜻대로 행치 아니한 종은 많이 맞을 것이요 알지 못하고 맞을 일을 행한 종은 적게 맞으리라 무릇 많이 받은 자에게는 많이 찾을 것이요 많이 맡은 자에게는 많이 달라 할 것이니라"(눅 12:47-48). 신약학자 윌리엄 헨드릭슨(William Hendriksen)은 '맡은 것'을 '지식(knowledge)과 기회(opportunity)'로 해석하면서, 이는 신약의 다른 성경은 물론, 구약성경에 까지도 등장하는 교훈이라고 보았다(레 26:28, 민 15:22-31, 시 19:12-13, 마 10:15, 11:22, 24, 눅 10:12-14, 23:34, 행 3:17, 딤전 1:13). 또한 그는 이 비유의 교훈이 주인의 성품에 대한 무지가 결코 책임을 회피하는 절대적인 구실이 될 수 없다는 것이라고 보았다. William Hendriksen, *New Testament Commentary: Luke*, (Grand Rapids: Baker Book House, 1978), pp.680-681.

심으로 하나님 앞에서 자기의 필요를 채우시는 하나님을 영광 가운데 경험하기를 갈망하게 됩니다.[174]

또한 육신적인 필요로 말미암은 염려와 걱정으로 인한 마음의 굳어짐을 면하는 가장 중요한 방법 중 하나는 세상을 하찮게 여기는 것입니다.

자신이 염려하고 걱정하는 이 세상은 잠시 머무는 곳이며, 신자의 영원히 머물 처소가 아니라고 생각하여야 합니다. 마음을 지키기 위해서 분투하며 싸우는 자신을 위한 보다 영원한 처소가 있음을 기억하는 것입니다. 즉 내세 신앙으로 현세의 염려와 걱정을 극복하며 위로를 받는 것입니다.

이 때 신자는 자기가 그토록 예민하게 느꼈던 육신적인 필요가 자기의 마음의 부드러움을 양보하면서까지 집착해야 할 정도로 중요한 것이 아니라는 자유함을 얻게 됩니다.

때로는 결핍이 아니어도 세상에 대한 사랑과 집착이 신자의 마음을 무디어지게 합니다. 신자가 이 세상에서 하나님께서 주신 것을 누리며 사는 것은 비난받을 만한 일이 아닙니다. 성경은 어느 곳에서도 가난을 찬미하지 않습니다. 동일하게 부유함을 높이 평가하지

---

[174] 이러한 소망은 사도 바울이 빌립보 교회 교인들의 헌신을 칭찬하며 그들의 필요를 채우시기를 기원하는 아래 성경 구절에서도 나타난다. "나의 하나님이 그리스도 예수 안에서 영광 가운데 그 풍성한대로 너희 모든 쓸 것을 채우시리라"(빌 4:19). 여기서 '영광 가운데' 라 함은 그들의 필요를 채우시는 공급을 통해서 하나님의 하나님 되심과 빌립보 교회 교인들의 하나님의 자녀 됨이 입증되는 방식으로, 하나님께서 그들에게 물질을 베풀어 주신다는 의미이다.

도 않습니다. 성경은 오히려 그러한 인간의 외적인 환경보다는 인간의 영혼, 하나님과의 관계를 중요하게 다룹니다.

여러분이 아무리 자신의 거룩함을 위하여 힘쓰는 신자라 할지라도, 수입이 많아지면 조금은 여유 있는 생활을 누려도 잘못된 것이 아닙니다.

부유하게 되었는데도 자신을 위해서는 입을 것과 먹을 것을 마다하고 남을 위해 치열하게 섬기면서 살아도 좋습니다. 그것이 하나님을 향한 진실한 동기에서 비롯된 것이라면 말입니다.

그러나 하나님의 축복으로 부유하게 되었을 때 그것을 조금은 누리면서 살아도 잘하는 것입니다. 좀더 나은 집에서 다소간 안락한 환경을 가질 수 있고, 자녀들에게 조금 더 나은 교육 환경을 제공할 수도 있습니다. 여러분이 경제적으로 윤택해져서 생활의 여유가 있게 되면 지금보다 조금 더 나은 의복이나 교통 수단을 이용할 수 있습니다. 신자들이 이 세상에서 하나님 아버지께서 주시는 축복을 누리며 사는 것은 결코 악한 것도 아니고 죄도 아닙니다.

그러나 두 가지 사실을 기억하십시오. 그것이 신자의 인생의 목적일 수 없다는 것과 그 '누림'이 결코 지나쳐서는 안 된다는 것입니다. 즉, 이 세상에서 너무 많은 것을 누리며 사는 것에 지나치게 익숙해진 나머지 하나님을 위해서 자기의 안락한 삶을 포기할 수 없을 정도로 집착하기까지 나아가서는 안 됩니다. 우리가 욕망을 따라 살면서는 전심으로 하나님을 사랑하고 순종하는 일에 있어서 온전하여질 수 없습니다.

  물질에 대한 과도한 집착과 사랑은 반드시 영혼의 활기를 감퇴시킬 뿐 아니라, 그 사람의 부드러운 마음을 완고하게 합니다. 그래서 예수님께서 말씀하셨습니다. "너희는 스스로 조심하라 그렇지 않으면 방탕함과 술 취함과 생활의 염려로 마음이 둔하여지고 뜻밖에 그 날이 덫과 같이 너희에게 임하리라"(눅 21:34).

  물질에 대한 사랑에서 비롯되는 염려만이 우리의 마음을 굳어지게 하는 것이 아닙니다. 취미 생활에 대한 과도한 탐닉 같은 것으로도 신자의 마음은 영적인 명민함을 잃어버리고 충분히 굳어질 수 있습니다. 바둑이나 낚시, 등산, 영화나 음악 감상, 인터넷, 채팅, 여행, 운동, 쇼핑, 심지어 독서 같은 취미 생활까지도 과도히 탐닉하면 영혼의 활기를 서서히 잃어버리게 되고 부드러운 마음은 굳어집니다.

  적당한 여가 생활은 정신의 긴장을 풀어 주고, 육체의 쉼을 제공해 주며, 원기를 유지하게 합니다. 그러나 모든 것이 적당해야 합니다.

  그렇습니다. 무엇이든 우리 주님 이외에 이 세상이나 세상에 있는 것들에 대하여 지나치리만치 집착하는 것은 자신을 마음을 지키는 의무를 감당하기에 적합하지 않은 환경에 가두는 것입니다. 더욱이 그것이 무엇이든지 그것을 지속적으로 누릴 수 없을 때에 금단 현상 같은 것이 오기까지 깊이 빠지는 것은 이미 그것이 하나님을 향하여 집중된 영혼의 시선을 흐려 놓았다는 표지입니다.

1.2.3 위선

셋째로, 주의할 것은 위선입니다.

신자의 마음을 굳어지게 하는 위선은 마음 드림이 없는 형식적인 신앙 생활입니다. 그리고 이것은 외식에서 오는 것입니다.

원래 외식이란 '그 신자 안에는 없는 신앙적인 정서에 어울리는 종교적인 행동을 다른 사람으로부터 받는 좋은 평판이나 비난에 대한 기대 때문에 실천하는 것'을 의미합니다. 따라서 위선은 우리가 생각하는 것보다도 훨씬 더 범위가 넓습니다. 그리고 이 위선의 악폐은 신앙의 초보자들보다는 오래된 신자들이 범하기 쉽습니다.175

이것은 신자가 참여하는 은혜의 방편과 선한 신앙의 실천 등을 통하여 마음이 영향을 받을 수 없게 한다는 점에서 신자의 마음을 굳어지게 할 뿐 아니라, 나아가서 부드러움을 회복하지 못하도록

---

175 외식은 신자의 내적 생명을 파괴한다. 외식은 신자들에게 거짓 만족을 준다. 즉 하나님과의 교제를 통한 영적인 연합에서 오는 참된 만족 대신에 자기의로 만족하게 한다. 따라서 외식하는 신자들에게는 진실한 자기 성찰이 거의 없다. 외식은 자기 안에 없는 하나님의 은혜와 거룩한 교통에의 갈망을 사라지게 한다. 결국 죄에 대하여 애통하는 가난한 마음으로부터 멀어지게 한다. 이에 대하여 예수님께서 가르치는 비유는 우리에게 보다 구체적인 설명을 제시한다. "두 사람이 기도하러 성전에 올라가니 하나는 바리새인이요 하나는 세리라 바리새인은 서서 따로 기도하여 가로되 하나님이여 나는 다른 사람들 곧 토색, 불의, 간음을 하는 자들과 같지 아니하고 이 세리와

강력하게 작용을 합니다. 성경은 다른 사람들로부터 좋은 평판을 듣기 위하여 외식적으로 기도하거나 선행을 베푸는 일들이 가능하다고 분명히 이야기합니다.[176]

하나님의 말씀과 기도, 성찬은 하나님께서 신자에게 은혜를 주시는 대표적인 방편입니다. 그러나 외식에 흐르면 이러한 은혜의 방편을 통하여 자기의 마음이 깨뜨려지는 축복들을 경험할 수 없습니다.

오늘날 우리들이 흔히 생각하는 위선은 좁은 의미의 위선입니다. 이런 의미의 위선은 대체로 다른 사람들로부터 받을 비난을 면하거

도 같지 아니함을 감사하나이다 나는 이레에 두 번씩 금식하고 또 소득의 십일조를 드리나이다 하고 세리는 멀리 서서 감히 눈을 들어 하늘을 우러러보지도 못하고 다만 가슴을 치며 가로되 하나님이여 불쌍히 여기옵소서 나는 죄인이로소이다 하였느니라 내가 너희에게 이르노니 이 사람이 저보다 의롭다 하심을 받고 집에 내려갔느니라 무릇 자기를 높이는 자는 낮아지고 자기를 낮추는 자는 높아지리라 하시니라"(눅 18:10-14). 세리는 가슴을 치며 자기를 불쌍히 여겨 달라고 하나님 앞에 탄원했고 바리새인은 자기의 의로운 삶에 대하여 감사 기도를 드렸다. 도덕적으로 보면, 실제로 그가 세리보다는 의로운 삶을 살았다. 그러나 죄인인 세리에게는 하나님과의 교통이 있었고, 스스로 의롭다고 생각하던 바리새인에게는 하나님과의 교통이 없었다. 하나님 앞에 참된 의로움(righteousness)은 단지 의로운 행동이 아니라, 자신이 그리스도를 통해 주어진 하나님의 은총을 필요로 하는 믿음을 의롭다 여기시는 하나님의 의(義)를 능가할 수 없음을 보여주는 것이다.

[176] 다음 성경 구절은 그 같은 사실을 입증한다. 의로운 행동의 동기가 사람들에게 보여서 좋은 평판을 얻으려는 것인 경우에 대해서, 예수님께서는 다음과 같이 말씀하셨다. "사람에게 보이려고 그들 앞에서 너희 의를 행치 않도록 주의하라 그렇지 아니하면 하늘에 계신 너희 아버지께 상을 얻지 못하느니라"(마 6:1), "이 사람이 자기를 옳게 보이려고 예수께 여짜오되 그러면 내 이웃이 누구오니이까"(눅 10:29). 심지어 은밀한 영적 갈망으로 이루어져야 할 기도조차도 그런 잘못된 동기에서 비롯될 수도 있음을 보여주셨다. "또 너희가 기도할 때에 외식하는 자와 같이 되지 말라 저희는 사람에게 보이려고 회당과 큰 거리 어귀에 서서 기도하기를 좋아하느니라 내가 진실로 너희에게 이르노니 저희는 자기 상을 이미 받았느니라"(마 6:5). 하나님 앞에 가장 겸비한 마음으로 엎드리며 참회와 회복의 은혜를 간구하는 금식을 실천함에 있어서도 이 같은 외식이 깃들일 수 있다. "금식할 때에 너희는 외식하는 자들과 같이 슬픈 기색을 내지 말라 저희는 금식하는 것을 사

나 기대되는 좋은 평판을 얻기 위하여 어떤 종교적인 의무를 행하는 것을 의미합니다.

그러나 일반적으로 이런 의미의 위선을 행하는 사람들, 특히 우발적으로가 아니라 일상적으로 그렇게 하는 사람들은 이미 마음이 굳어진 사람들입니다. 따라서 이런 경우에 위선은 마음을 굳게 한다기보다는 이미 굳어진 마음임을 입증하는 징표가 됩니다. 그리고 이러한 위선의 일상화는 굳어진 마음에 완고함을 더합니다. 그래서 종교 생활의 껍데기만 남겨두고 내용들은 모두 상실하게 만들어 버립니다.

무엇보다도 위선의 심각성은 종교적인 형식을 자기의 죄를 은폐하는 데 사용한다는 것입니다.[177] 처음에는 자신도 그러한 외식에도 불구하고 자신에게 은폐된 죄가 있음을 양심의 작용을 통해서 인식하지만, 시간이 흐를수록 반복되는 위선을 통하여 진실과 거짓이 뒤섞여 자신 안에 없는 것도 있는 것처럼 느끼는 것입니다.

외식을 통하여 위선에 젖은 사람들에게 진실해지기 위한 자기 깨어짐이 없는 것도 바로 이 때문입니다. 그들은 처음에는 거짓을 택

람에게 보이려고 얼굴을 흉하게 하느니라 내가 진실로 너희에게 이르노니 저희는 자기 상을 이미 받았느니라"(마 6:16). 그렇다면 일상적인 삶에서 신자가 외식하는 일이 얼마나 쉬울지 생각하여 보라. 따라서 신자에게 투명하고 거룩한 삶을 위하여 분투하는 투쟁과 칼날과 같은 내적 성찰 없이는 진실해질 수 없다.

177 Thomas Watson, *Discourses on Important and Interesting Subjects Being the Select Works of Rev. Thomas Watson*, (Ligonier; Soli Deo Gloria, 1995 reprinting), p.164.

했기에 외식하였지만, 그것이 굳어진 후에는 진실해질 수 없어서 위선적인 삶을 사는 것입니다. 외식하는 종교 생활 속에서 돌 같은 마음을 끌어안고 말입니다.

그러나 신자의 마음이 굳어지는 요인과 관련하여 생각해야 할 것은 넓은 의미의 위선입니다. 이런 관점에서 볼 때에 위선은 '마음 속에 그 행위에 부합하는 정서가 없음에도 어떤 종교적인 의무를 실천함으로써 자기의(自己義)를 쌓아가는 것'을 의미합니다.[178]

그들의 마음이 본성을 새롭게 하는 거룩한 은혜 대신에 굳은 마음이 쌓여가고 자기의를 의지하게 되는 것은 단지 의무를 실천하는 의무감에서 비롯된 것이 아닙니다. 의무감 자체가 그들의 마음을 그렇게 만드는 것이 아니라, 그러한 실천의 동기가 하나님을 향한 사랑과 온전한 순종의 욕구에서 비롯되지 않고 있기 때문입니다.

위선을 통해서 마음 바침이 없는 신앙 생활이 일상화된 사람들의

---

[178] 그러면 여기서 중요한 질문이 제기된다. 마음에 없는 일을 행하는 것이 위선이고 이러한 위선의 실천이 신자의 마음을 굳어지게 한다면, '의무'(duties)의 실천도 위선이 아니냐는 의문이 그것이다. 왜냐하면 신앙적인 의무라는 것은 곧 마음에 그 의무에 부합하는 정서가 있든 없든 상관없이 행하여야 할 책임을 의미하는 것이기 때문이다. 그렇다면 신앙적인 의무를 실천하는 것이 신자의 마음을 굳게 한다는 결론이 나온다. 그러나 그것은 그렇지 않다. 넓은 의미에서의 외식은 그 실천의 동기가 하나님을 사랑하고 그 분과의 연합 아래 살아가려는 것이 아니지만, 의무의 실천은 그 동기가 거기에 부합하지 못하는 자기의 마음을 다스려 하나님을 향한 순종과 온전한 사랑을 이루려는 것이기 때문이다. 따라서 후자의 경우에는 아무리 열심히 그것을 실천한다고 하더라도 자기의를 쌓기보다는 자기의 부족을 알고 하나님의 은혜를 갈망하게 한다. 하나님을 추구하는 사람들의 인격과 신앙의 특징을 생각해 보라. 끊임없이 거룩한 의무에서 이탈하려는 자기의 악하고 태만한 본성과 싸우며 그 일을 실천하는 데 자기를 드리는 열심이 아닌가? 그는 이러한 의무를 실천하지만, 그것이 자신의 영혼을 지켜 준다고 생각하거나 자기의 마음을 부드럽게 만들어 주는 힘이

어려움은 크게 다섯 가지로 설명될 수 있습니다. 첫째는, 그의 삶이 진실함과 점점 더 거리가 멀어진다는 것입니다. 둘째는, 위선이 일상화된 사람들에게는 참회와 거기에서 비롯되는 자기 깨어짐이 없다는 것입니다. 셋째는, 그 결과로서 그의 내면에는 거룩함에 대한 욕구가 없다는 것입니다. 넷째는, 따라서 자기의(自己義)에 빠지게 된다는 것입니다. 다섯째는, 십자가를 통한 하나님의 은혜에 대한 감격이 없다는 것입니다.179

신자가 위선에 빠지는 것은 결단하는 선택을 통한 것이 아니라, 마음을 바치지 않는 신앙 생활이 상습화된 결과입니다. 그런 신자는 진실한 참회를 통하여 마음이 깨어지고, 거기에서 하나님의 거룩하신 성품을 경험함으로 자기의 죄를 깨닫고, 하나님을 향한 사

있다고 생각하지 않는다. 그것은 단지 수단일 뿐 그 이행의 과정에 함께하는 그리스도의 은혜로써만 자기의 마음이 부드럽게 될 수 있다고 믿는다. 따라서 그는 단지 의무의 이행 때문이 아니라, 그렇게 하나님을 추구하는 믿음으로 말미암아 그 마음 안에 은혜가 역사하게 되는 것이다.

179 신자가 자기의(自己義)에 빠지고 나면 제일 먼저 경험하는 것이 두 가지인데, 십자가의 감격이 사라지는 것과 하나님께 대한 사랑의 정서가 감퇴하는 것이다. 신자가 자기의에 빠지는 것은 자기 스스로를 의롭다고 믿는 것이며 또한 자신이 하는 행위로써 하나님 앞에 열납될 만한 공적으로서의 의를 쌓아갈 수 있다고 생각하는 것으로서 외식과 밀접한 관계가 있다. 이러한 자기의에 대한 신뢰는 신자의 마음을 굳어지게 하는 원인이 되는 동시에 굳어진 마음의 결과이기도 하다. 따라서 자기의를 신뢰하는 신자가 진실한 참회를 통한 자기 깨어짐과는 거리가 먼 사람이 되는 것은 당연한 것이다. 왜냐하면 그들은 그리스도가 아니라 자기의가 삶과 신앙의 기반이기 때문이며, 또한 마음이 굳어져서 진실한 참회를 하고자 하여도 자기의에 대하여 깨어질 수는 없기 때문이다. 진실한 참회는 두 가지에 대한 자기 깨어짐을 동반하는 데 하나는 죄에 대한 사랑이고, 또 하나는 자기의에 대한 신뢰이다. 신자에게는 진실한 자기 깨어짐이 없을 때에 그의 내면은 거룩한 욕구를 잃어버리게 되고 외식에 흐르게 된다. 이것은 그가 굳이 외식을 선택하려고 노력하지 않아도 자연스러운 귀결이다. 그리고 그렇게 된 신자들의 신앙 생활이 성공하면 차가운 도덕주의와 자만심에 가득 찬 외식주의에 빠지게 된다. 그에게는 그리스도를 아는 지식의 성장을 기대할 수 없다.

랑을 회복하게 되는 변화가 없습니다.

그렇게 될 때, 신자는 십자가보다는 자기의 율법적인 행위를 더욱 자랑하게 됩니다. 그가 도덕적이라면 자기의 의로운 행위에 대한 자만심으로 가득 찰 것이고, 부도덕하다면 율법폐기론자가 될 것입니다. 그에게는 주님과의 인격적인 교제가 신앙의 터전이 되지 못할 것입니다.

마음의 완고함은 하나님의 의를 필요로 하는 대신 자기의를 자랑할 것이며, 그의 마음은 더욱 굳어져서 하나님 없이 살아가는 생활에 익숙해질 것입니다.

한걸음 더 나아가서 위선의 악에 빠진 신자들의 마음에는 어느 정도, 복음에 대한 적대감이 잠재되어 있습니다. 자기의 의로운 행위를 무가치한 것으로 취급하고 도덕적인 성취에 상관없이 모든 인간들을 죄인이라고 말하는 복음의 교리에 전적으로 동의할 수 없기 때문입니다.

이러한 사람들이 그리스도와의 영적인 연합을 실제적으로 누리며 살아가는 것은 불가능합니다. 왜냐하면 그러한 실제적인 연합은 사랑의 결과이고, 진실한 자기 깨어짐이 없는 신자의 마음에 이러한 사랑이 유지될 수 없기 때문입니다. [180]

---

[180] 신자의 이 같은 영적 생활은 오직 하나님과의 사랑 관계에 대한 갈망에서 비롯된다. "주님의 사랑을 버리고 얻을 수 있는 것은 아무 것도 없습니다. 그 사랑을 버린 사람들은 불타오르는 하나님의 사랑만큼이나 치열한 하나님의 분노를 경험하게 될 것입니다. 그러므로 신자가 주님만을 사랑하기 위해서는 때때로 그 분 이외에 우리가 사랑하고 싶은 것을 포함해서 이 세상의 덧없음을

1.3 힘쓰라

셋째로, 신자가 부드러운 마음을 유지하기 위해서는 아래 의무들을 이행하는 일에 힘써야 합니다. 신자가 영혼의 변화를 통하여 부드러운 마음을 회복하고 나면, 그는 이러한 상태가 안전하며 특별한 노력을 기울이지 않아도 오래도록 지속될 것이라고 생각합니다. 그러나 그것은 사실이 아닙니다.

강퍅해진 마음의 상태를 유지하기 위해서는 특별한 노력이 필요치 않지만, 부드러운 마음의 상태를 유지하기 위해서는 많은 수고가 필요합니다.

부드러운 마음을 유지하기 위하여 신자가 특별히 힘써야 할 바가 네 가지로 요약되는데, 첫째로 순종하기를 힘써야 하고, 둘째로 정사精査의 실천을 힘써야 하고, 셋째로 거룩한 교제를 유지하기를 힘써야 하며, 넷째로는 은혜의 방편에 참여하기를 힘써야 합니다.

1.3.1 순종하기를 힘쓰라

첫째로, 순종하기를 힘써야 합니다.

느끼는 것이 꼭 필요합니다. 세상에 있는 모든 것들이 허무할 뿐이라는 거룩한 허무감이 필요합니다. 그래야만 하나님의 사랑이 귀한 줄 알게 되어 세상을 가치 있게 살게 됩니다." 김남준, 〈하나님의 깊은 사랑을 경험하라〉, (서울; 생명의말씀사, 2002), p.95.

순종의 실천은 신자의 마음이 굳어지지 못하도록 돕는 훌륭한 방편입니다. 순종은 하나님께 대한 사랑과 복종의 마음에서 비롯된, 하나님의 뜻에 자기의 생각과 삶을 부합시키는 것을 의미합니다. 소극적으로는 성경에 계시된 명백한 하나님의 뜻을 거슬러 살지 않는 것을 가리키고, 적극적으로는 하나님의 뜻을 발견하며 거기에 자기를 복종시키는 것을 가리킵니다.

그러므로 신자가 순종에 힘쓰는 삶을 살기 위해서는 하나님의 말씀에 감화를 받는 영적 생활이 필수적입니다. 하나님의 말씀을 통하여 영혼과 마음에 참된 변화를 경험함으로써 하나님을 향한 사랑이 순종의 동기가 되는, 지식의 감화가 필수적입니다.

보이지 않는 하나님을 향한 신자의 진실한 사랑은 순종을 통해서 나타납니다. 신자의 순종하는 삶은 범위에 있어서는 전방위적全方位的이어야 하며, 정도에 있어서는 마음 깊은 곳에서 우러나오는 온전한 것이어야 합니다.

어느 특정한 부분에 대하여만 순종적인 것은 진정한 순종이 아니며, 따라서 이러한 종류의 순종의 실천은 그의 마음의 굳어짐을 막지 못합니다.[181]

오늘날 이 아름다운 신앙 생활이 단지 교회 생활로 대치된 그리

---

[181] 이것은 마치 죄 죽임의 가르침에 있어서 특정한 죄에 대하여 갖는 혐오감이 곧 죄를 죽인 결과가 아닌 것과 같다. 죄에 대한 혐오감은 특정한 죄가 아니라 죄의 본질에 대한 미움에서 비롯되는 것이기 때문에 특정한 죄에 대해서만 강력한 혐오감을 갖는 것은 죄 죽임의 결과라기보다는 대부분 개인의 경험을 통한 도덕적인 확신이나 이데올로기적 편견의 소산이다.

스도인들이 얼마나 많은지요. 다시 말하면 교회에 와서 하는 생활에 있어서만 순종하는 삶이 되어서는 안 되고 자기의 직장 생활이나 가정 생활의 모든 삶에 있어서 하나님의 말씀의 표준대로 살고자 하는 전방위적으로 순종하는 삶의 노력이 필요합니다.[182]

어차피 인간에게는 완전한 순종이 불가능하다고 단언하면서 온전히 순종하지 않으면서 사는 것을 당연히 여기는 생활은 신자의 마음을 점점 더 굳어지게 합니다.

순종을 하기 위해서 힘쓸 때에 마음의 부드러움이 유지되는 이유는 순종하려고 목표를 세우고 애를 쓰는 사람만이 불순종했을 때 아파할 수 있기 때문입니다. 사람들이 성화와는 아무 상관없는 삶을 살면서도 아파하지 않는 이유는 온전한 순종이라는 성화의 목표가 없기 때문입니다.

이러한 목표를 인식하고 성화의 삶을 살기 위하여 노력하는 사람

---

[182] 여기에서 총체적인 순종(universal obedience)의 중요성이 대두된다. 성화는 죄인의 영혼과 거기에 관련된 기관과 전 성질이 성령의 은혜로운 작용으로 거룩하고 순결하게 되어가는 것을 의미하는 것이기 때문에, 자기가 원하는 방면에서만 순종하고 자신이 원하지 않는 부분에서는 불순종하는 선택적인 순종을 취한다면, 결코 부패한 죄의 본성을 죽여 거룩하게 하지 못한다. 왜냐하면 순종하지 않음으로 거룩하게 되지 못한 부분으로부터 흘러나오는 죄의 영향력이 여전히 그 자신을 전체적으로 지배할 것이기 때문이다. 그래서 존 오웬(John Owen)도 죄 죽임을 위한 신자의 실천을 거론하면서 총체적 순종에 있어서의 신실함과 부지런함 없이는 어떠한 죄 죽임도 없다고 단언한다. "Without sincerity and diligence in a universality of obedience, there is no mortification of any one perflexing lust to be obtained." John Owen, *Of the Mortification of Sin in Believers; the necessity, nature, and means of it: with a resolution of sundry cases of conscience thereunto belonging*, in *The Works of John Owen*, vol. 6, edited by William H. Goold, (Edinburgh; The Banner of Truth Trust, 1991 reprinting), p.40.

과 그러지 않는 사람들은 순종하지 못한 자신의 삶에 대한 반응부터 완전히 다릅니다. 전자의 사람은 마음의 가책을 느끼지만, 후자의 사람에게는 진지한 반성이 현저히 부족합니다.

사람은 누구나 불완전합니다. 신자도 그러합니다. 순종하면서 살기 위해 힘쓰는 사람도 불순종할 때가 있습니다. 그러나 그는 자신의 불순종을 인하여 마음 아파합니다. 그리고 하나님의 명백한 뜻에도 불구하고 순종하지 못한 것에 대하여 아파합니다. 그리고 그러한 허물을 통해서 하나님의 도우심을 더욱 간절히 구합니다. 그래서 그 실패가 오히려 상한 마음으로 하나님을 찾고 진실한 참회를 통하여 자기 깨어짐을 경험하는 기회가 됩니다. 하나님께서는 이러한 과정을 통하여 신자의 마음을 쇄신시키고 부드러운 마음을 유지해 나가게 하십니다.

1.3.2 정사精査의 실천을 힘쓰라

둘째로, 부드러운 마음을 유지하기 위해서는 정사scrutiny의 삶을 힘써야 합니다.

정사는 기독교 역사에서 신자들이 자신을 하나님 앞에서 지키며 사는 중요한 경건의 실천이었습니다. 오늘날과 같이 값싼 복음과 자기 편한 대로 믿는 신앙 생활이 유행하고 성화의 삶을 위한 거룩한 의무감을 자각하는 것이 율법에 얽매인 신앙으로 오해되는 시대에는 영적인 거목들의 출현을 기대하기가 어렵습니다.

　종교개혁자들과 청교도들에게 있어서 이 정사의 삶은 그들로 하여금 지속적으로 영적인 성장을 거듭하도록 만들어 준 중요한 계기가 되었습니다.

　정사精査란 '신자가 보다 거룩하고 온전한 삶을 살고자 자기의 마음과 행위를 살피고, 그것들의 결과에 대하여 성경의 진리의 빛으로 심사숙고하는 것'을 의미합니다. 하나님 앞에서 온전한 삶을 살고자 하는 신자들은 항상 다른 사람들을 돌아보는 일뿐 아니라 자기를 돌아보는 일을 힘썼습니다.[183]

　오늘날 우리가 신앙의 선조들이 하나님 앞에서 살기 위하여 실천했던 은혜 지킴의 방편, 정사에 대하여 알고 있습니까?

　신자의 마음은 계획적인 범죄를 통하여 강퍅해지기도 하지만, 자기도 모르는 사이에 행한 허물과 부주의함으로 조금씩 굳어짐을 더해 가기도 합니다. 어떤 경우이든지 마음이 완고해지는 것은 마찬가지입니다. 더욱이 마음의 굳어짐이 더욱 심해지면 큰 허물도 잘 인식하지 못하게 되고, 자신의 영혼을 관리함에 있어서도 더욱 부

---

[183] 자신을 돌아보는 정사의 필요성에 대해서는 다음과 같은 성경 구절에서 잘 나타난다. "사람의 행위가 자기 보기에는 모두 깨끗하여도 여호와는 심령을 감찰하시느니라"(잠 16:2). "사람의 행위가 자기 보기에는 모두 정직하여도 여호와는 심령을 감찰하시느니라"(잠 21:2). "우리가 스스로 행위를 조사하고 여호와께로 돌아가자"(애 3:40). "사람이 자기를 살피고 그 후에야 이 떡을 먹고 이 잔을 마실지니"(고전 11:28). "각각 자기의 일을 살피라 그리하면 자랑할 것이 자기에게만 있고 남에게는 있지 아니하리니"(갈 6:4).

주의해지게 됩니다.

정사는 이렇게 부주의함으로 지나치기 쉬운 허물과 죄들을 고치거나 피할 목적으로, 말씀과 각성된 양심의 빛으로 꼼꼼히 살핌으로써 그것이 악하게 발전하여 성화의 진보를 가로막지 못하게 하는 데 유익합니다.

오늘날 자기 부인이 없는 많은 그리스도인들의 안일한 삶은 그들의 영적 성장을 가로막는 커다란 장애가 되고 있습니다. 그리고 이러한 자기 부인의 결핍은 정사의 실천이 없기 때문입니다.

매일 매일 자신의 삶을 면밀히 감찰하고, 자기의 마음 안에서 일어나고 발전하는 움직임들을 꼼꼼히 탐색하는 정사의 실천은 두 가지 유익이 있습니다. 하나는 우리 안에서 자라는 은혜의 생장을 보호하게 하고, 또 하나는 죄와 정욕의 생장을 조기에 발견하여 처리할 수 있게 한다는 것입니다.

이 정사는 이 땅을 살다 간 모든 신자들이 하나님을 더욱 온전히 섬기고 사랑하기 위하여 실천했던 성화의 노력 중 하나였습니다.

여러분들은 기라성 같은 위대한 영적 인물들이 신앙 일기를 쓰는 일에 그토록 열심을 내었던 것을 기억하고 계실 것입니다. 일기나 잡다한 신변의 기록들, 주고받은 편지, 혹은 참회록 등을 통해서 우리가 알게 되는 바는 그들은 자기의 삶을 가혹하리만치 철저히 살핀 사람들이었다는 것입니다. 이것은 모두 하나님 앞에서 살기 위함이었습니다. 삶에 공들이지 않는 뛰어난 영성은 없습니다.

이러한 이유로 그들은 하나님 앞에서 사는 자신의 삶에 대하여 엄격함을 유지할 수 있었고, 그랬기 때문에 하나님의 은혜를 더욱 풍성히 누릴 수 있었습니다. 마음의 죄와 정욕들은 발전하기 전에 발견되었고, 자기 안에 있는 성령의 은혜로 효과적으로 그것들을 죽일 수 있었습니다. 그들의 마음은 아침 저녁으로 깨끗이 소제되는 작은 방과 같았습니다.

그들도 우리와 같은 연약하고 부패한 성정을 가진 사람들이었지만, 그렇게 살았기 때문에 자기의 마음을 잘 지킬 수 있었고 그리스도와의 연합을 실제적으로 누리며 살 수 있었습니다. 그들의 겉 사람은 후패해져 가도 속 사람은 날마다 새로울 수 있었던 것도 바로 이 때문이었습니다.[184]

이처럼 정사의 실천은 신자의 마음의 굳어짐의 원인이 되는 크고 작은 정욕과, 허물, 그리고 죄들을 주의 깊게 찾아내고 그것을 조기에 처리할 수 있게 함으로써, 영적 생활의 활기를 유지하고 부드러운 마음의 상태를 지키게 합니다.

우리에게 이러한 정사의 실천이 있습니까? 마음 안에서 일어나는 정욕과 죄에 대한 관용은 육체와의 싸움에 게으르게 하고, 우리의 삶과 마음으로 하여금 순결을 잃어버리게 합니다. 신령한 은혜의 빛은 영적인 체하는 사람에게 비치는 것이 아니라 정결한 사람에게

---

[184] 사도 바울은 이러한 경험을 다음과 같이 고백한다. "그러므로 우리가 낙심하지 아니하노니 겉 사람은 후패하나 우리의 속은 날로 새롭도다"(고후 4:16).

비칩니다. 거룩하신 하나님을 뵈옵는 사람은 큰 일 하는 사람이 아니라, 청결한 마음을 가진 사람입니다.

음란하고 패역한 세대, 죄에 대하여 관용하고 은혜와 사랑의 교리를 성화의 기회가 아닌 방종의 기회로 삼는 경박한 신앙이 널리 유포되어 있고 경건의 능력을 보기 어려운 교회의 시대를 지나고 있기에, 우리는 뱀처럼 자신의 삶을 정사하며 깨어진 마음으로 하나님의 은혜를 구하는 어린아이 같은 신자들이 너무나 그립습니다.

아아, 우리에게 베푸신 하나님의 은혜를 무엇으로 다 갚을까요? 우리를 구원하시기 위하여 자기의 외아들의 몸을 가르시고 마지막 피 한 방울까지 남김없이 흘리게 하셨던 하나님의 사랑을 무엇으로 보답할 수 있을까요? 하나님께서는 우리를 그렇게 사랑하셔서 모든 것을 주셨습니다. 우리 말고는 사랑하는 것이 없는 것처럼 말입니다.

그런데 우리는 그 더러운 자기 사랑 때문에 참보다는 거짓을 사랑하고, 분명한 진리보다는 애매모호한 것을 좋아함으로, 분명한 거룩의 의무를 회피하고 안일하게 살아갈 때가 얼마나 많습니까?

우리의 무지는 숙명적이라기보다는 우리의 선택이라고 불러도 좋습니다. 우리가 빛 가운데 있기를 싫어하기 때문입니다. 우리를 향해 베푸신 하나님의 가없는 은혜는 다만 우리를 그 분 앞에서 살게 하시기 위함이었습니다. 하나님께서 처음 사람을 창조하셨을 때에 기대하셨던 존재로 이 세상에서 살게 하시기 위함이었습니다.

전심으로 그 분의 창조하신 세계에서 섬기고 사랑하게 하시려고……

1.3.3 거룩한 교제를 유지하기를 힘쓰라

셋째로, 거룩한 교제를 유지하기를 힘써야 합니다.

신자가 부드러운 마음을 유지하기 위해서는 세속적인 환경보다 하나님과 경건한 사람들과의 친교를 통하여 더 많이 영향을 받아야 한다는 것은 사실입니다. 따라서 수직적으로는 하나님과의 거룩한 교제를 계속 유지해 가고, 수평적으로는 은혜 가운데 있는 지체들과의 경건한 교제를 나누며 살아가야 합니다.

먼저 하나님과의 교제입니다. 많은 신자들이 하나님의 은혜로 회복된 마음을 지키지 못하는 가장 커다란 원인은 견고하고 지속적인 개인 경건 생활의 실패입니다.

부드러운 마음이라도 지속적인 경건 생활로 은혜의 상태를 유지하지 아니하면 육신의 안목으로부터 오는 정욕과 세상살이에서 밀려들어 오는 염려와 근심, 불경건한 유혹과 마음을 지키는 일에 있어서의 부지런함과 주의력의 감퇴 등으로 말미암아 굳은 마음으로 변해가는 것입니다.

진실한 참회를 통한 자기 깨어짐은 경건의 실천을 위한 힘을 새롭게 해줍니다. 말씀을 사모할 수 없었던 사람들을 말씀에 대한 깨달음에 목마르게 하고, 기도할 수 없었던 사람들을 기도하게 만들어 줍니다.

이 때 신자는 개인 경건의 기쁨을 맛보게 됩니다. 그리고 죄와 유혹을 이기고 순종하며 살 수 있는 생명의 능력을 새롭게 받고 하나님 앞에서 사는 즐거움을 경험하게 됩니다.

그러기 위해서는 신자의 삶이 단순해져야 합니다. 굳어진 마음을 하나님께서 은혜로 부드럽게 회복시켜 주셨음에도 불구하고 그것을 유지하지 못하는 사람들의 공통점은 개인적인 경건의 삶이 없거나, 약화되었다는 것입니다. 따라서 하나님을 경험한 회심의 깊이도 중요하지만, 보다 중요한 것은 그 이후에 이어지는 지속적이고 철저한 개인 경건의 실천입니다. 이것은 공적인 예배를 통해서 은혜를 받고, 목양의 돌봄을 받는 것과 함께, 마음의 부드러움을 유지하는 아주 중요한 조건입니다. 따라서 신자는 하나님을 향한 마음이 모아지지 아니하는 산만하고 불규칙한 경건 생활은 은밀한 죄와 세상 사랑과 함께 신자의 마음을 굳어지게 만드는 좋은 여건임을 명심하고, 자신의 마음을 지키기 위해서 끊임없이 경건 생활에 힘써야 합니다.

하나님 앞에서 충성스러운 삶은 반드시 단순한 삶을 동반합니다. 자신이 원하는 것을 모두 누린 충성스러운 성도는 없습니다. 자신의 마음의 용병으로 산 사람이 그리스도의 좋은 군사가 된 적이 하늘나라 군대 역사에는 없습니다.

취미 생활에 대한 과도한 탐닉, 쓸데없이 시간을 낭비하는 게으름, 세속적인 것들에 장시간 마음을 빼앗기는 습관 같은 것들을 모두 가지고는 경건 생활에 마음을 쏟을 수 없습니다. 철저한 자기 살핌을 통해서 마음을 더럽히고 은혜의 상태를 누림에 해가 되는 것들을 버리고 단순한 삶을 살아가기를 힘써야 합니다.

그 다음은 은혜 안에 있는 지체들과의 교제입니다. 은혜의 상태를 유지하고 있는 지체들과의 따뜻하고 경건한 교제에 힘쓰는 것은 마음의 부드러움을 유지하는 좋은 길입니다. 이것은 신자가 굳어진 마음에서 부드러운 마음으로 돌아감에 있어서는 덜 필수적이지만, 부드러운 마음을 유지하며 살아가고 싶어하는 사람들에게 있어서는 더욱 필수적입니다.

은혜받은 성도들이 자기 안에 있는 은혜의 불을 유지하기 위해서는 은혜로 타오르고 있는 성도들과 거룩한 교제 안에서 살아가야 합니다.

성도의 교제가 각자의 마음의 부드러움을 유지하게 하는 데 작용하는 영향력은 각 사람이 누리고 있는 은혜의 상태와 비례합니다. 그러므로 우리 각자가 하나님의 은혜 안에서 살아가는 것은 우리를 위한 일인 동시에 사랑하는 지체들을 위한 일이기도 합니다.

신자들의 교제는 항상 거기에 참여했던 지체들에게 거룩에 대한 갈망을 불러일으키고 하나님을 아는 지식에서 자라가고자 하는 소원을 불러일으킬 수 있어야 합니다. 신자들은 그러한 경험을 통해서 각 사람 안에 역사하시는 주님을 봅니다. 그리고 거기서 자기의 마음의 강퍅한 상태를 깨닫고, 부드러운 마음을 잃지 않겠다는 새로운 결심을 하는 것입니다.

1.3.4 은혜의 방편에 참여하기를 힘쓰라

넷째로, 은혜의 방편에 참여하기를 힘써야 합니다.

하나님께서 신자들에게 은혜를 주시는 대표적인 방편은 세 가지입니다. 하나님의 말씀과 기도와 성찬입니다.

신자들은 설교나 성경 읽기, 성경 공부, 혹은 말씀 묵상 등을 통해 은혜를 받음으로써 부드러운 마음을 유지할 수 있습니다. 개인 기도를 실천하거나 기도회에 참여하여 은혜를 받음으로써 마음의 부드러운 상태를 유지할 수 있습니다. 또한 성찬에 참여하여 자신이 받은 구원의 은혜와 복음의 교리를 체험함으로써 마음의 부드러움을 유지할 수 있습니다.

신자는 이러한 은혜의 방편에 참여하되 단지 의무감에서가 아니라 믿음으로 참여하고 하나님의 은혜를 구하여야 합니다. 단지 그러한 은혜의 방편들에 참여하는 것이 저절로 은혜를 가져오는 것이 아니라 믿음으로 구하는 이들에게 은혜를 베푸시는 것을 확신하며 마음을 드리기를 힘써야 합니다. 그래서 거기에 참여하는 것이 단지 의무감이 아니라 하나님과의 교제를 누리는 사랑스러운 방편이 되도록 기도하여야 합니다.

  신자가 마음의 부드러움을 유지하려면, 이처럼 일상적인 은혜의 방편에 부지런히 참여하여 자신의 은혜의 상태를 더욱 견고하게 하기를 힘써야 합니다.

  즉 정해진 시간에 마음에 정한 만큼 기도하고 열렬한 기도의 은혜를 유지하는 일과 하나님의 말씀을 정기적으로 읽고 묵상하고 공적인 예배를 통하여 하나님을 인격적으로 만나는 일과 정기적으로 성찬에 참여하여 그리스도의 구속의 은혜 앞에서 자기가 아무 것도 아닌 것을 깨닫는 일이 필수적입니다.

  자신의 마음을 더럽히고 경건의 욕구를 감퇴시키는 일들을 멀리하고, 영혼의 활기를 북돋고 하나님의 명예를 위하여 살고자 하는 거룩한 마음을 고양하는 선한 일에 힘을 기울여야 합니다. 믿음의 사람들이 자기의 소원을 이루는 방편이 아닌, 자신을 정결하게 하는 성령의 은혜를 힘입는 기회로 금식 기도를 활용한 것도 바로 이러한 노력의 일환이었습니다.[185]

  하나님의 말씀과 기도와 성찬, 이 세 가지는 신자로 하여금 부단한 자기 깨어짐 속에서 부드러운 마음으로 살게 하시는 대표적인

---

[185] 오늘날에는 금식이 자기가 원하는 기도를 들어주시도록 하나님 앞에 간청하는 수단으로 많이 사용되지만, 믿음의 선조들은 이 금식을 자신의 마음이 굳어지는 것에 저항하는 은혜의 수단으로 사용하였다. 금식의 가장 큰 유익은 하나님을 향한 마음과 정신의 집중이다. 금식은 우리로 하여금 잡다한 욕망들로부터 잠시 놓임을 받게 한다. 우리의 일상적인 삶 속에서 먹을 것을 생각하고 그것을 준비하고 먹고 포만감을 느끼며 무력해지는 과정들을 제하여 버림으로써, 보다 효과적으로 우리의 마음과 정신을 집중하여 하나님의 성품을 바라보게 하고, 그분으로부터 주어질 은

은혜의 방편입니다. 그러나 하나님께서는 이 외에 다른 수단들을 통해서도 신자의 마음을 하나님의 은혜로 자극하셔서 하나님과의 친교 속에 살 소망을 갖게 하십니다.

그러므로 신자들은 마음을 하나님께로부터 멀어지게 하는 일을 되도록 피하고, 자기가 하여야 할 일을 수행하는 과정이 지속적으로 하나님의 은혜를 구하는 과정이 되게 하고, 수시로 성령 안에서 하나님과 교통하는 비결을 배워 가야 합니다.

성경의 진리를 유능하게 다룬 경건한 책들을 읽고, 은혜로운 찬양을 비롯한 좋은 음악을 통하여 스스로 자신의 정서를 잘 관리할 필요가 있습니다. 육욕을 자극하는 거친 문화에 자기를 맡기지 않도록 주의하여야 하고 경건을 사랑하는 따뜻한 마음의 상태를 잃어버리지 않도록 힘써야 합니다.

혜를 필요로 하는 자신의 죄와 허물을 직시하게 만드는 유익이 있다. 호라티우스 보나(Horatius Bonar)는 자신의 글 속에서 청교도들을 회고하며 기도 생활의 중요성을 다음과 같이 지적하였다. "그들이 넘치도록 수고하고 많이 심방하고 연구한 것은 사실이지만, 무엇보다도 그들은 기도의 사람들이었다. 하나님과만 함께 있는 시간이 많았으며, 생명수의 강이 자신들에게서 회중들에게로 넘쳐흐를 수 있도록 생명의 샘으로부터 그들 자신의 영혼을 재충전받았다. 우리 시대에는 이 점에 있어서 쓰라린 잘못이 많은 사람들 가운데 있음을 본다. 양 무리를 먹이고 영혼들을 구하려고 정말 애쓰는 사람들이, 기도와 금식으로 그들 자신의 영혼을 비옥하게 하며 성숙시키고 고양해야 하는 절대적인 필요성을 간과한 채, 외관상의 직무와 활동에 자신의 에너지를 다 써 버리는 경우가 종종 있다. 이로 말미암아 많은 시간이 낭비되며 많은 수고는 폐기된다." Horatius Bonar, 'Editor's Preface', in John Gillies, *Historical Collections of Accounts of Revival*, (Edinburgh; The Banner of Truth Trust, 1981 reprinting), pp.9-10.

신자의 소명은 거룩입니다

하나님께서 우리에게 원하시는 것이 무엇일까요? 아무리 세월이 많이 흐르고 세상의 풍조가 바뀌어도 신자인 우리를 향한 하나님의 부르심의 목적은 어제나 오늘이나 항상 동일합니다. 하나님께서는 우리가 당신 닮기를 원하십니다.

성화의 은혜, 수많은 신앙의 선진들이 그 안에서 거룩한 안식을 누렸고 하나님께 사랑받는 삶을 누렸습니다. 그리고 그 성화의 은혜 안에서, 그들의 마음은 하나님을 위하여 사는 불꽃 같은 삶에 대한 소명을 느꼈습니다.

우리 가운데는 이제껏 거룩한 삶을 살아 보려고 애를 쓴 사람들도 있지만, 무지와 게으름으로 성화에 대한 소명을 심각하게 느끼지 못한 사람들도 있습니다. 그러는 동안에 우리의 영혼에는 어두움이 찾아왔고, 신앙 생활의 패배는 숙명처럼 받아들여져야 했습니다.

하나님만을 사랑하는 마음을 유지하지 못했고, 그리스도와의 실제적인 연합은 느슨해졌고, 죄와 불결로 말미암은 영혼의 암흑을 경험하기도 하였습니다. 그 속에서 하나님과의 교제의 단절은 우리로 하여금 하나님께서 약속하신 풍성한 삶을 누리지 못하게 하였고, 영적으로 빈약하기 짝이 없는 삶을 어쩔 수 없는 것으로 받아들이며 살게 하였습니다. 그러면서 우리의 마음은 굳어져 갔습니다.

십자가 앞에서 어린아이처럼 예수님 죽인 것을 짊어지고 살아가던 때에 나타났던 주님의 생명은 사라지고 거칠고 황폐한 마음은 더욱 강퍅함을 더하여 갔습니다. 마음으로 하나님을 즐거워하고 삶으로 하나님을 영화롭게 하기보다는 죄인들을 구원하신 하나님의 사랑을 배신하고 살아가는 삶이 일반화되었습니다.

 그러나 우리는 그렇게 살아서는 안 되는 사람들입니다. 이런 삶은 예수 그리스도께서 우리를 위하여 십자가에 못박혀 죽으셨을 때에 구원받을 우리에게 기대하셨던 삶이 아니기 때문입니다.

 하나님의 아들이 십자가에 못박혀 죽으심으로 우리를 구원해 주신 것도 우리의 마음을 홀로 차지하심으로 거룩한 삶을 살게 하시기 위함이 아니었습니까? 그래서 이 어두운 세상에 그 은혜로 불질러 수많은 사람들에게 예수의 생명을 전하게 하시기 위함이 아니었습니까?

 지금도 우리 안에서 예수의 생명이 넘쳐서 강물과 같이 우리의 삶의 현장에 흐르고 그리스도를 아는 지식이 물이 바다를 덮음과 같이 가득하게 되는 것이 하나님의 소원이 아닐까요? 이 위대하고 놀라운 일들은 우리의 작은 마음에서부터 시작됩니다. 신자의 가장 힘써야 할 가장 큰 의무가 마음 지킴인 것도 바로 이 때문입니다.

 오직 그 마음을 주님만이 홀로 점령하셔서 이 어두운 세상에서 순결하고 거룩한 삶을 살게 하시려는 것이 하나님의 뜻입니다. 하나님께서 마치 당신의 마음에 우리 밖에 없는 것처럼 우리를 사랑하신 것같이, 우리도 우리 마음에 주님밖에 없는 것처럼 살아야 합니다. 온 세상보다도 우리의 한 사람이 드리는 순전한 마음을 더 기뻐하시는 주님이시기에…….

거룩한 삶의 실천을 위한 **마음 지킴**

부록 1.
필독 추천 도서

1. 리처드 십스, 요시야의 개혁, 이태복 역, (서울; 개혁된 신앙사, 2002).

이 책의 저자인 리처드 십스(Richard Sibbes)는 윌리엄 퍼킨스(William Perkins) 이후 가장 뛰어난 설교자 중 한 사람이었다. '하늘 의사'(heavenly doctor)로 불리던 그는 특별히, 기독교 교리와 성화에 관한 많은 가르침들을 글로 남겼다. 이 책은 역대하 34장에 나오는 요시야의 개혁을 화두로 하여 그러한 개혁을 가능하게 했던 마음의 변화에 초점을 맞춰서 마음에 관한 복음적인 교리를 다룬 것이다. 부드러운 마음의 축복성과 겸비함, 애통에 대한 하나님의 호의와 위로 등을 다루고 있는데, 마음의 교리에 관한 논쟁적인 질문과 답변을 통해서 우리의 영적 생활에 직접적으로 도움이 되는 많은 것들을 얻게 될 것이다.

2. 리처드 십스, 꺼져 가는 심지와 상한 갈대의 회복, 전용호 역, (서울; 지평서원, 2002).

이 책은 청교도 서적 중에서도 모든 세대에게 사랑을 받는 고전에 속한다. 이 책은 연약한 인간들을 상한 갈대, 꺼져 가는 심지처럼 긍휼히 여기시는 하나님의 사랑과 그리스도의 은혜를 다루고 있다. 마음을 다루면서도 특별히 영적인 변화와 관련시켜서 기술하고 있다. 상한 심령으로 그리스도께 나아오는 자들을 향해 베푸시는 넘치는 하나님의 사랑과 용납하심을 성경의 진리로 풀어 가면서 하나님과의 관계를 회복하는 길을 보여주는 책이다.

3. 존 번연, 상한 심령으로 서라, 이태복 역, (서울; 지평서원, 2002).

존 번연(John Bunyan)은 비록 정식으로 교육을 받지는 못했지만, 하나님에 대한 깊은 체험과 책을 좋아하는 독서 습관으로 유수의 명문 신학부를 거친 기라성 같은 설교자가 많던 시대에도 신학적인 진리 운동을 선도하여 청교도 신앙에 새로운 활력을 불어넣은 사람이다. 당시의 탁월한 청교도 저작들이 그러하듯이 이 책 역시 다윗의 참회시 중 한 절, 시 51:17, "하나님의 구하시는 제사는 상한 심령이라 하나님이여 상하고 통회하는 마음을 주께서 멸시치 아니하시리이다"를 가지고 각성과 회개에 관한 복음 교리를 풀어 간 것이다. 상한 마음과 통회하는 마음을 상세히 해설하면서 하나님의 은혜와 사랑을 받음에 있어서 마음이 어떠해야 하는가를 세부적으로 다루고 있다.

4. 존 플라벨, 마음 참된 성도의 마음, 이태복 역, (서울; 지평서원, 2000).

존 플라벨(John Flavel) 역시 17세기의 탁월한 청교도 설교자 중 한 사람이었다. 옥스퍼드 출신으로 일찍이 목사가 되어서 설교로 널리 알려졌지만, 런던의 대교회의 청빙을 마다하고 작은 도시에서 목회하였다. 그가 얼마나 부지런한 목회자였는가는 그의 방대한 저작이 말해준다. 많은 청교도 신학자들 중에서 탁월한 기도 생활과 영성에 있어서 많은 사람들의 모본이 되었던 사람이다. 이 책은 신자가 자신의 마음을 지키는 것이 왜 가장 중요한 의무인가를 살펴보면서, 변화하는 환경에 따라 자기의 마음을 지키는 실천적인 비결이 무엇인지를 성경적으로 상세히 풀어 간다.

5. 조나단 에드워즈, 신앙과 정서, 서문강 역, (서울; 지평서원, 2001).

이 책은 신앙과 정서에 관한 가장 탁월한 청교도 저작이라고 불러도 좋은 책이다. 이 책은 복음 진리를 가지고 듣는 이들을 참된 변화에 이르도록 인격적으로 접근하지 않고 단지 감정만을 자극하려는 시도와 은혜로운 정서의 변화가 뒤따르지 않는 영혼의 신령한 변화가 있을 수 있다고 생각하는 오류를 동시에 바로 잡아주는 책이다. 거짓된 회심과 그것이 가져오는 마음의 변화의 한계, 진실하고 신령한 영혼의 신령한 변화에 반드시 뒤따르는 은혜로운 정서의 기원과 성격, 영향 등을 상세히 다룬 책이다. 오늘날 우리가 그리스도를 안다고 하는 것이 얼마나 피상적인 것인지를 보여준다.

6. 김남준, 하나님의 깊은 사랑을 경험하라, (서울; 생명의말씀사, 1999).

이 책은 단지 사랑에 관한 분석적인 논문이 아니라, 글을 읽어 가는 동안에 자기 속의 하나님을 향한 사랑이 얼마나 박약한지를 깨닫게 하여 하나님과의 친밀한 사랑을 그리워하고 갈망하게 만드는 힘이 있는 영혼의 메시지이다. 저자가 서두에서 인용하고 있는 청교도 존 오웬(John Owen)의 글은 인용만으로도 사랑에 관한 잘못된 의식의 허를 찌른다. "우리가 하나님을 향한 사랑이 너무 깊은 나머지 그 사랑 때문에 하나님께 대하여 상사병에 설킬 수도 있다는 사실을 모르는 사람들에게 성경의 진리가 얼마나 깨달아지겠는가?" 우리가 하나님을 섬기고, 자신의 성화를 위하여 힘쓰는 이유가 그 일이 좋아서가 아니라 남다른 하나님의 사랑을 안 때문이라는 복음의 논지에 동의한다면, 결국 우리의 모든 사명감과 영적 성숙의 문제는 하나님을 사랑하는 일에 귀착된다. 그런 점에서 이 책은 성화에 있어서 신자 자신의 영혼의 어려움과 한계의 원인을 밝히고 치료책을 제시한다. 죄도 마음에서 비롯되고 사랑도 마음에서 비롯되는 것이기에 신자의 마음은 격전장과도 같은데, 이 책은 신자가 온 마음으로 하나님을 사랑하도록 변화되는 것이 어떻게 가능한지를 보여준다.

부록 2.
참고 도서

⟨단행본 및 전집류⟩

Annesley, Samuel. *'How May We Be Universially and Exactly Consciencious?'*, in *Puritan Sermon*, vol. 1, (Wheaton; Richard Owen Roberts Publishers, 1981).

Berkhof, Louis. *Systematic Theology*, (Grand Rapids; William B. Eerdmans Publishing Company, 1996).

Bonar, Andrew. *Memoir and Remains of Robert Murray M'Cheyne*, (Edinburgh; The Banner of Truth Trust, 1995 reprinting).

Bridge, William. *Affection Rightly Placed*, in *The Works of William Bridge*, vol. 5, (Beaver Falls; Soli Deo Gloria, 1989 reprinting).

Bunyan, John. *The Acceptable Sacrifice; or, The Excellency of a Broken Heart: Showing the Nature, Signs, and Proper Effects of a Contrite Spirit*, in *The Works of John Bunyan*, vol. 1, (Edinburgh; The Banner of Truth Trust, 1991 reprinting).

Burroughs, Jeremiah. *Gospel Fear; or, The Heart Trembling at the Word of God Evidenceth a Blessed Frame of Spirit*, (Morgan; Soli Deo Gloria, 1996 reprinting).

Calvin, John. *Institutes of Christian Religion*, vol. 1, vol. 2, trans. by Henry Beverage, (Grand Rapids; William B. Eerdmans Pulishing Company, 1981 reprinting).

Doolittle, Thomas. *Love to Christ: Necessity to Escape the Curse at His Coming*, (Pittsburgh; Soli Deo Gloria, 1994 reprinting).

Edwards, Jonathan. *The Religious Affections*, (Edinburgh; The Banner of Truth Trust, 1986 reprinting).

Ferguson, Sinclair. *John Owen on the Christian Life*, (Edinburgh; The Banner of Truth Trust, 1995 reprinting).

Flavel, John. *The Fountain of Life*, in *The Works of John Flavel*, vol. 1, (Edinburgh; The Banner of Truth Trust, 1997 reprinting).

Flavel, John. *A Saint Indeed, or, The Great Work of a Christian Explained and Applied*, in *The Works of John Flavel*, vol. 5, (Edinburgh; The Banner of Truth Trust, 1997 reprinting).

Gillies, John. *Historical Collections of Accounts of Revival*, (Edinburgh; The Banner of Truth Trust, 1981 reprinting).

Gleason, Randall C. *John Calvin and John Owen on Mortification: A Comparative Study in Reformed Spiritualty*, (New York; Peter Lang, 1995).

Goodwin, Thomas. *The Works of Thomas Goodwin*, vol. 7, (Eureka; Tanski Publications, 1996 reprinting).

Gray, Andrew. *The Works of Andrew Gray*, (Ligonier; Soli Deo Gloria, 1992 reprinting).

Love, Christopher. *Grace: The Truth, Growth, and Different Degree*, (Morgan; Soli Deo Gloria, 1997 reprinting).

Love, Christopher. *The Mortified Christian; A treatise on mortification of sin*, (Morgan; Soli Deo Gloria, 1998).

Luther, Martin. *Lectures on Romans* in *Luther's Works*, vol. 25, (Saint Louis; Concordia Publishing House, 1972).

Newton, John. *On the Deceitfulness of the Heart*, in *The Works of John Newton*, vol. 2, (Edinburgh; The Banner of Truth Trust, 1988 reprinting).

Owen, John. Pneumatologia: *or, A Discourse Concerning the Holy Spirit: wherein an account is given of his name, nature, personality, dispensation, operations, and effects; his whole work in the old and new creation is explained; the doctrine concerning it vindicated from oppositions and reproaches. The nature also and necessity of gospel holiness; the difference between grace and morality, or a spiritual life unto God in evangelical obedience and a course of moral virtues, are stated and declared*, in *The Works of John Owen*, vol. 3, edited by

William H. Goold, (Edinburgh; The Banner of Truth Trust, 1994 reprinting).

Owen, John. *A Treatise of the Dominion of Sin and Grace; wherein sin's reign is discovered, in whom it is, and in whom it is not; how the law supports it; how grace delivers from it, by setting up its dominion in the heart*, in *The Works of John Owen*, vol. 7, edited by William H. Goold, (Edinburgh; The Banner of Truth Trust, 1991 reprinting).

Owen, John. *Grace and Duty Of Being Spirituality Minded Declared and Practically Improved*, in *The Works of John Owen*, vol. 7, edited by William H. Goold, (Edinburgh; The Banner of Truth Trust, 1991 reprinting).

Owen, John. *Of the Mortification of Sin in Believers; the necessity, nature, and means of it: with a resolution of sundry cases of conscience thereunto belonging*, in *The Works of John Owen*, vol. 6, edited by William H. Goold, (Edinburgh; The Banner of Truth Trust, 1991 reprinting).

Owen, John. *The Nature and Apostasy from the Profession of the Gospel and the Punishment of Apostates Declared, in an Exposition of Heb. 6:4–6; with an inquiry into the causes and reasons of the decay of the power of religion in the world, or the present general defection from the truth, holiness, and worship of the gospel; also, of the proneness of churches and persons of all sorts unto apostasy with remedies and means of prevention*, in *The Works of John Owen*, vol. 6, edited by William H. Goold, (Edinburgh; The Banner of Truth Trust, 1994 reprinting).

Owen, John. *The Reason of Faith; or, An Answer unto That Inquiry, "Wherefore We Believe the Scripture to Be the Word of God;" with the causes and nature of that faith wherewith we do so: wherein the grounds whereon the holy scripture is believed to be the word of God with faith divine and supernatural are declared and vindicated*, in *The Works of John Owen*, vol. 4, edited by William H. Goold, (Edinburgh; The Banner of Truth Trust, 1988 reprinting).

Ryle, John. C. *Old Paths*, (Edinburgh; The Banner of Truth Trust, 1999 edition).

Ryle, John. C. *Holiness: Its Nature, Hindrances, Difficulties, and Roots*, (Darlington; Evangelical Press, 1997 reprinting).

Sibbes, Richard. *Lydia's Conversion*, in *The Works of Richard Sibbes*, vol. 6, (Edinburgh; The Banner of Truth Trust, 1983 reprinting).

Sibbes, Richard. *The Tender Heart*, in *The Works of Richard Sibbes*, edited by Alexander B. Grosart, (Edinburgh; The Banner of Truth Trust, 1983 reprinting).

Watson, Thomas. *God's Anatomy upon Man's Heart*, in *The Sermons of Thomas Watson*, (Glasgow; Soli Deo Gloria, 1995 reprinting).

Watson, Thomas. *Discourses on Important and Interesting Subjects Being the Select Works of Rev. Thomas Watson*, (Ligonier; Soli Deo Gloria, 1995 reprinting).

〈사전, 주석류〉

Bauer, Walter. *A Greek-English Lexicon of the New Testament and Other Early Literature*, eds. by William F. Arndt and F. Wilbur Gingrich, (Chicago; The University of Chicago Press, 1958).

Gesenius, H. W. F. *Gesenius' Hebrew-Chaldee Lexicon to the Old Testment*, (Grand Rapids; Baker Book House, 1979).

Harris, R. Laird, Archer, Gleason L. Jr., and Waltke, Bruce K. *Theological Wordbook of the Old Testament*, vol. 1, (Chicago; Moody Press, 1980)

Hendriksen, William. *New Testament Commentary*, (Grand Rapids; Baker Book House, 1978).

Holladay, L. William. *A Concise Hebrew and Aramaic Lexicon of the Old Testament*, (Grand Rapids; William B. Eerdmans Publishing Company, 1971).

Keil, C. F. and Delitzsch, F. *Commentary on the Old Testament*, (Grand Rapids; William B. Eerdmans Publishing Company, 1983 reprinting).

Koehler and Baumgartner. *Lexicon in Veteris Testamenti Libros*, (Leiden; E. J. Brill, 1958).

Liddell and Scott. *An Intermediate Greek-English Lexicon*, (Oxford; Clarendon

Press, 1975).

Liddell and Scott. *Liddell and Scott's Greek-English Lexicon*, eds. by Stuart Jones & Mckenzie, (Oxford; Clarendon Press, 1940).

Rad, von Gerhard. *Old Testament Library: Genesis*, trans. by John H. Mark, (London; SCM Press Ltd., 1981).

Simpson, D. P. ed. *Cassell's Latin Dictionary*, (New York; A Simpson & Schuster Macmillan Company, 1977).

Young, Edward. J. *The Book of Isaiah*, vol. 1, (Grand Rapids; William B. Eerdmans Publishing Comapny, 1996).

〈성경 역본〉
Biblia Hebraica Stuttgartensia(BHS), (Stuttgart; Deutsche Bibelgesellschaft, 1984).

Das Alte Testament Hebräisch-Deutsch, (Stuttgart; Wüttembergische Bibelanstalt, 1974).

Goshen-Gottstein, M. H. ed. *The Book of Isaiah*, (Jerusalem; The Magnes Press, 1995).

King James Version (KJV).

Lisowsky, Gerhard. *Konkordanz Zum Hebräischen Alten Testment*, (Stuttgart; Deutsche Bibelgesellschaft, 1958).

New International Version (NIV).

New King James Version (NKJV).

New Revised Standard Version (NRSV).

Rahlfs, Alfred ed. *Septuaginta, vol. II, Libri Poetici et prophetici*, (Stuttgart; Württembergische Bibelanstalt, 1935).

부록 3.
성구 색인

창 1:26	27	민 15:22–31	332	시 19:12–13	332
창 1:26–27	22			시 19:14	262
창 1:27	32	신 2:30	169, 263	시 26:2	224, 261
창 1:28	27	신 4:9	260	시 34:18	189, 190, 209
창 2:15	27	신 4:27–30	273	시 39:1	262
창 2:19	27	신 10:12	260	시 42:4	189
창 2:19–20上	26	신 15:7	321	시 42:5	225
창 3:2	24	신 20:8	172	시 42:11	225
창 3:3	24	신 28:54	172	시 51:8–12	142
창 3:6	24	신 29:19	236, 269	시 51:10	262
창 4:7	72	신 30:3	268, 270	시 51:16–17	128
창 5:24	299	신 30:6	260, 268	시 51:17	189
창 6:9	299	신 34:10	225	시 64:6	263
창 8:21	102			시 66:10	224
창 19:4–5	73	삼하 11:2–5	111	시 73:12–15	193
창 22:16–17	76	삼하 11:27	133	시 77:3	189
창 29:17	172			시 81:12	235, 236
창 33:13	172	왕상 18:37	270	시 89:46–48	205
창 39:7–12	111	왕상 22:8	200	시 90:3–9	206
				시 95:8	321
출 4:21	263	왕하 17:14	263	시 109:16	189
출 7:3	263	왕하 18:4	190	시 119:11	262
출 7:22	102	왕하 23:14	190	시 119:24	195
출 8:15	102			시 119:25–27	92
출 9:12	263	대하 11:11	263	시 119:35–37	92
출 33:11	224	대하 26:9	263	시 119:92	195
		대하 34:2	133	시 119:162	195
레 11:45	46	대하 34:26–27	172	시 123:2	309
레 21:15	128			시 142:3–4	189
레 26:28	332	욥 23:10	261		
		욥 40:16	236	잠 4:23	82, 87, 152, 153, 223, 290
민 12:6–8	225	시 3:8	236	잠 16:2	346
		시 10:3–4	30	잠 16:18	87
		시 12:6	224	잠 16:32	87
		시 19:2	195	잠 17:3	261

잠 21:2	346	애 1:5	270	마 5:14-15	44
잠 25:20	189	애 3:40	346	마 5:21-22	99
잠 25:28	87	애 3:51	189	마 6:1	337
잠 28:14	269-270	애 3:65	269	마 6:5	337
				마 6:16	338
아 4:12-15	296	겔 2:4	236	마 6:19-21	331
아 7:3	236	겔 3:6	237	마 7:17-18	67
		겔 3:9	237	마 10:15	332
사 1:11-13	128	겔 11:19	268	마 11:12	332
사 5:1-3	54	겔 11:19-20	283	마 11:17	253
사 6:9-10	169	겔 16:4	236	마 11:24	332
사 8:15	190	겔 36:26	237, 268	마 11:28-30	273
사 22:21	263	겔 36:26-27	172	마 12:20	189
사 28:13	190			마 12:33-34	67
사 40:10	237	단 12:3	44	마 12:34-37	259
사 61:1	190	단 12:10	261	마 13:23	73
사 63:17	169			마 15:18-20	67
		호 5:15-6:1	269	마 22:37	278
렘 2:21	54	호 6:4-9	49	마 23:29	102
렘 3:17	235, 236			마 23:37	301
렘 4:4	128	미 6:6-8	113	마 23:37-38	102
렘 4:14-16	102			마 26:63-68	301
렘 5:31	28	나 2:1	153	마 27:3-5	191
렘 7:24	235, 236	나 2:2	263		
렘 9:13	236			막 4:12	264
렘 11:8	235, 236	합 3:16-18	199	막 12:30	278
렘 13:10	235, 236				
렘 16:12	236	습 3:9	283	눅 5:31-32	209
렘 17:9-10	31			눅 5:32	209
렘 18:12	235, 236	말 2:6	299	눅 6:45	67
렘 23:9	189	말 4:6	270	눅 10:12-14	332
렘 23:17	236			눅 10:27	278
렘 23:29	309	마 3:18-23	120	눅 10:29	337
렘 24:7	268	마 4:1-11	84	눅 12:47-48	332
렘 32:39	283	마 4:17	209	눅 15:20-21	274
		마 5:13-16	46	눅 18:10-14	337

눅 21:34	278, 335	롬 8:13	65	엡 1:3-6	53
눅 21:34-35	103	롬 8:29-30	45	엡 1:4	129
눅 23:34	332	롬 9:18	234, 235, 263	엡 1:8	118
눅 24:25	278	롬 11:20	278	엡 4:11-15	44
눅 24:45	277	롬 12:2	278	엡 4:18	118
		롬 12:16	278	엡 4:24	35
요 10:10	213	롬 16:26-27	127	엡 5:27	51, 55, 129
요 12:40	277				
요 15:9	212	고전 1:11-12	72	빌 1:2	147
		고전 2:3	71	빌 1:8-11	105
행 3:17	332	고전 2:4	71	빌 1:9	118
행 4:32	283	고전 2:23	71	빌 1:20-21	81, 319
행 5:31	209	고전 3:17	128	빌 2:5	279
행 7:55-60	301	고전 5:1-2	72	빌 2:12-13	37, 125
행 13:22	133	고전 11:28	346	빌 2:13	74
행 14:22	212	고전 12:8	239	빌 2:15	51, 129
행 16:14	277	고전 13:2	239	빌 2:15-16	55
행 19:9	235	고전 15:10	125	빌 3:5-6	202
		고전 15:31	69, 81, 223	빌 3:12	156, 321
롬 1:17	37			빌 3:18-20	215
롬 1:21-23	74	고후 4:3-4	165	빌 4:6-7	74
롬 1:24	74, 264, 268	고후 4:4	278, 279	빌 4:19	333
롬 1:26	264	고후 4:10-11	43		
롬 1:26-27	74	고후 4:16	222, 348	골 1:9	118
롬 1:28	264, 268	고후 5:13-14	139	골 1:22	51, 55, 128
롬 2:4-5	209	고후 5:18-20	44	골 3:15	279
롬 2:5	169	고후 7:1	125		
롬 5:12	25, 71	고후 8:1-2	72	살전 2:10	128
롬 5:17	25	고후 9:7	72	살전 3:13	51, 55, 129, 278
롬 5:20-21	221			살전 5:23	51, 55, 129
롬 6:12-13	65	갈 2:20	81		
롬 6:14	196	갈 3:24	195	살후 2:17	278
롬 7:21-25	69	갈 4:19-20	45	살후 3:5	278
롬 7:23-24	129	갈 6:4	346		
롬 7:24	81, 270	갈 6:14	216	딤전 1:13	332
롬 8:1-2	37			딤전 1:15	217

딤전 3:15	44		벧전 1:13	324
딤전 6:7	279		벧전 4:7	324
			벧전 5:8	324
딤후 1:7	324			
딤후 2:1	38, 39		벧후 2:8	189
딤후 2:7	118		벧후 2:14	261
딤후 3:16-17	43		벧후 2:22	244
			벧후 3:11-12	45
딛 2:2	324		벧후 3:14	46, 51, 55, 129
딛 2:6	324		벧후 3:18	39, 147
딛 2:12	324			
			요일 2:15	134
히 12:3-4	216		요일 2:15-16	42
히 3:8	234, 279, 321		요일 2:15-17	331
히 3:13	234, 321		요일 3:19	279
히 3:15	234, 279, 321		요일 3:21-22	332
히 4:7	234, 321			
히 4:15	84		유 1:15	234
히 6:4-6	322		유 1:24	55
히 9:14	55			
			계 14:5	55
약 1:15	84		계 17:17	278
약 5:5	279		계 3:1-3	148
약 5:8	279		계 3:17	164

부록 4.
주제별 색인

ㄱ

각성된 마음 189–190, 193, 203, 206, 209

갈망 39, 41, 48, 92, 104, 125, 127, 135, 149–151, 196, 198, 205, 241, 246, 262, 266–267, 273, 280, 294, 302, 304, 306–307, 333, 336–337, 339, 341, 352

강퍅한 마음 163, 223, 232–237, 240–244, 246, 269–273, 275, 290, 299, 301, 304, 306–307, 309, 321–324

개혁주의 성화론 221, 277

거룩한 근심 330

거룩한 긴장 319–321, 323

거룩한 삶 11–12, 20–21, 50, 77, 81, 98, 106, 114, 116, 121, 125, 132, 134, 138, 144, 200, 213, 238, 242, 266, 280, 294–297, 299, 323, 326, 357

(하나님의) 거룩한 성품 269–270, 332, 340, 354

거룩한 은혜 70–71, 81, 99, 120, 213, 270, 295, 299, 340

거룩한 정서 135, 139, 267

거짓된 신앙 244

게세니우스, H. W. F.(Gesenius, H. W. F.) 28, 54, 190, 237, 264

게으름 34, 148, 151, 256, 356

고집 166, 168, 227

굳어진 마음 174, 243, 302, 306, 316, 338, 340, 352

굳은 마음 107, 162–164, 169, 171–174, 178, 193, 199, 223, 235, 254, 266, 268, 283, 309–310, 326, 339, 350

굿윈, 토머스(Goodwin, Thomas) 78

그레이, 앤드류(Gray, Andrew) 261, 262, 319

그리스도와의 연합 115, 135, 274, 299, 348, 356

근심 127, 326, 330, 331–332, 350

글리슨, 랜달. C.(Gleason, Randall C.) 33, 78, 80

긍휼 49, 138, 189, 197, 234, 263, 268, 270, 309

기도 138, 151, 319, 355

기독교 신앙 21, 43, 62, 105, 295

깨어진 마음 190–191, 106, 210, 221, 349

깨어짐 65, 88, 90, 107, 130, 135, 140, 163, 174–175, 178–179, 191–192, 206–225, 233, 242, 252, 257, 281, 298, 304, 328, 338, 340, 341, 345, 350, 354

ㄴ

내적 무저항 21

내적 생명 106, 113, 296, 336

내적 조명 33, 44

노바티아누스(Novatianus) 322

뉴턴, 존(Newton, John) 31

ㄷ

다윗 111, 132–133, 142, 234, 321, 323

더러운 생각 97, 117–119, 121, 123, 124

도덕주의 138, 192, 244, 267, 340

독서 21, 335

동성애 72, 107

두려움 141, 143, 144, 146, 193, 196, 199–200, 205, 258, 273, 274, 278, 281, 320, 327–328

두리틀, 토머스(Doolittle, Thomas) 39

딱딱한 마음 164, 169, 259, 309

ㄹ

라일, 존(Ryle, John C.) 21-22, 126-127
라트, 게르하르트 폰(Rad, Gerhard von) 28
러브, 크리스토퍼(Love, Christopher) 39, 48, 78
로메인, 윌리엄(Romain, William) 22
루터, 마르틴(Luther, Martin) 12, 25, 125

ㅁ

마귀 80, 84, 86, 154, 165, 275-276, 279, 293, 298, 324
마음의 본성 48
말씀의 영향력 177, 262
맥체인, 로버트 머레이(M'Cheyne, Robert Murray) 194, 211, 228
맨턴, 토머스(Manton, Thomas) 22
무기력 28
무능 68, 113, 166, 196, 201, 202, 258
무지 165, 329, 332, 349, 356
묵상 63, 92, 136, 138, 144, 151, 199-201, 204, 280, 353-354
미혹 127

ㅂ

배교 107, 240, 245, 247
번연, 존(Bunyan, John) 206-207
베르콥, 루이스(Berkhof, Louis) 37
보나, 앤드류(Bonar, Andrew) 222, 228
보나, 호라티우스 (Bonar, Horatius) 355
복음 37, 41, 43, 45, 46, 60, 63, 71, 118, 127, 165, 179, 195, 197, 212, 219, 238, 242, 244, 246, 278, 301, 306, 308, 341, 345, 353
복음적(인) 경건 322
복음적(인) 거룩 107, 121, 252, 294, 350, 352
복음주의 21, 110
부드러운 마음 89, 112, 129, 162-163, 169-183, 188-189, 203, 208, 210-212, 218, 220, 222-223, 226, 228, 236-237, 242, 248, 251, 255, 258, 260, 265, 268, 272, 275, 283, 290, 298-299, 304-305, 307, 309, 316, 319, 320-326, 335, 342, 345, 348, 350, 352-354
부주의함 34, 41, 154, 178, 195, 267, 337, 347
부패성 32, 36, 38, 43, 46, 71, 77, 85, 86, 112, 135, 223, 233, 248, 294, 296, 318
부패한 성품 31, 64, 77, 85, 86, 223, 248, 249, 250, 251, 263, 296
분별력 118, 322
분투 21, 37, 40, 42, 46, 69, 77, 81, 104, 114-115, 121, 125, 177-178, 191, 213-214, 216, 220, 224-225, 273, 276-277, 242, 261, 295, 319, 333, 338
불순종 23-24, 29, 38-39, 49, 66, 68, 74, 91, 117, 128, 130, 139, 148, 176, 179-180, 195, 199, 204, 206, 243, 247, 326, 344
불신앙 22, 39, 101, 193, 222, 225, 302, 305
불신자의 마음 162, 249, 293, 297
브래드포드, 존(Bradford, John) 224

ㅅ

사탄 110, 123, 148, 165, 170

사단의 지배 165, 166
사도 바울 25, 42, 45, 65, 69, 71, 79, 105, 118, 125, 127, 129, 139, 165, 202, 216, 217, 222, 239, 259, 270, 277, 318, 333, 348
사랑의 정서 134-140; 143, 147
삶의 개혁 33
삶의 열매 283, 295
상대적인 굳어짐 169
상한 마음 66, 74, 188-189, 193-194, 197-203, 206, 209-212, 214, 223, 251, 274, 300-301, 304, 345
생각 28, 48, 84, 85, 100, 103-106, 109, 111-112, 114, 119, 121-123, 245, 258
생명의 근원 82, 87, 153, 271, 290-292, 298
생명의 원리 37, 77, 126, 238, 250
성경 19-20, 31, 40-41, 43, 53, 63-64, 71, 75-76, 79, 96, 152, 237, 244, 295
성경의 가르침 12, 40, 259, 269, 278
성경의 진리 12, 125, 175, 238-239, 244, 246, 255
성경 지식 316
성령의 능력 77, 245
성령의 역사 27, 169, 175, 190, 197, 276, 308-309
성적 범죄 71, 98-99, 107-109
성찬 130, 151, 337, 353, 354
성찰 87, 100, 113, 116, 154, 201, 241, 266, 336, 338
성화의 과정 45, 62, 101, 118
성화의 욕구 41-42
성화의 은혜 40, 47, 118, 356
성화의 작용 35, 40, 64, 66, 77, 81, 247
세상 사랑 41, 104, 208, 219, 326, 330, 333, 351

수도주의 126, 327
순결 20, 36, 43, 86, 90, 100, 106, 133, 135, 138, 140, 154, 177, 203, 224, 246, 263, 282, 344, 348, 357
순발력 136, 213, 222
순전 27, 51, 53, 55, 89, 122, 129, 135, 213, 227, 247, 311, 358
순종 24, 28, 39-40, 43, 53, 64, 66, 77, 81, 119, 122, 124-129, 175, 183, 199, 228, 243, 246, 263, 283, 321, 334, 339, 342-345, 351
신비주의 21, 246, 267-277
신비한 연합 65, 250
신실 82, 282, 344
신앙 생활 41, 107, 113, 178, 203, 239, 241-242, 253, 259, 269, 336, 339, 340, 343, 345, 356
심판 49, 73, 85, 102, 134, 141, 144, 103, 143, 165, 168-170, 189, 198, 274, 284, 304, 324
심판적(공의적) 굳어짐 169, 249, 264
십스, 리처드(Sibbes, Richard) 22, 172, 257
십자가 34, 71, 80, 87, 91, 136-138, 140, 151, 164, 182-183

ㅇ

악한 생각 100, 105-107, 115-117, 120-123, 127-128, 130, 141-142, 144, 146, 154-155, 213, 233, 250, 252, 259, 265, 277
앤니슬리, 새뮤얼(Annesley, Samuel) 256
어거스틴(Augustine of Hippo) 11, 125, 165, 211
에드워즈, 조나단(Edwards, Jonathan) 135, 137-138, 199

연약함 84, 172, 177, 202, 348
영광 22-23, 30, 39-40, 53, 63, 74, 83, 105, 117, 125, 127, 144, 170, 214, 216, 227, 241, 247, 279, 294, 325, 330, 333
영적 각성 42, 241
영적 경험 76, 125, 135, 138
영적 마음(성품) 37
영적 명민함 330, 335
영적 무감각 113
영적 변화 50, 62, 66, 121, 175, 177, 199-200, 241
영적 상태 79, 125, 141, 273
영적 생명 104, 195, 290, 296, 297
영적 생활 76, 104, 107, 110, 113, 136, 142, 203, 241, 251, 266, 320, 327, 332, 341, 343, 348
영적 선 166
영적 성장 101, 104, 114, 121, 138, 238-239, 299, 324, 346-347
영적 순례 12-13
영적 어두움 142, 164, 256
영적 연합 41, 45, 246, 251, 267, 341, 336
영적 인물(거인, 거목) 101, 270, 324, 346-347
영적 침체 264
영적 회복 130, 273, 304-305
영적 효과 33, 35
오염 77, 118, 249, 250, 290
오웬, 존(Owen, John) 21, 27, 33-35, 44-45, 48, 75, 77-78, 104, 115, 124, 169-170, 195-196, 225, 239-240, 245, 258, 322-323
완고함 49, 162, 167-170, 174, 183, 193, 206, 210-211, 222, 236, 249, 252-253, 255-256, 281, 316, 338, 341
왓슨, 토머스(Watson, Thomas) 338

왓츠, 아이작(Watts, Issac) 138
왜곡된 이해 142-143
유혹 12, 24, 82-88, 99, 107, 109, 111, 117, 120-121, 139, 141-142, 145-147, 151, 154, 180, 182, 234, 251, 258, 261, 266, 296-297, 319, 321, 327-328, 350-351
육적 마음(성품) 37, 249
율법 194-196, 198, 211-212, 194-196, 259, 308, 345
율법주의 21, 40, 114, 260
은사 23, 77, 102, 239-240, 322
은총 143, 217-221, 227, 258, 317, 337
은총의 신학 125, 221
은혜의 수단 149, 169, 320, 354
은혜의 영향력 50, 71, 73, 81, 131, 152, 99, 103, 120, 122, 133, 165, 228, 243, 251, 264, 299
은혜의 지배 104, 166, 211, 222, 295
이스라엘 48-49, 52, 53, 54, 113, 127-128, 133, 172, 179, 199, 202, 209, 225, 260, 272, 300, 301
이신칭의 65, 125, 294
이해력 23, 26, 240
이해의 빛 103
이해의 조명 28
인간의 의지 27-28, 30, 35, 36, 48, 61, 74, 80, 108, 137, 165, 170, 175, 182, 238, 240, 245-246, 258
인격 48, 210, 276

ㅈ

자기 만족 105
자기 부인 35, 64, 80-81, 88, 208, 347
자기의 113, 203, 212, 216-217, 219-222, 226

자범죄 25, 250
재앙 23, 102, 108, 189, 193, 236, 260–261, 269
절대적인(전적) 굳어짐 169, 249
정사(精査) 342, 345–348
(인간의) 정서 26–27, 30, 36, 48, 55, 121, 137–138, 190, 192–193, 203, 216, 238, 240, 267
정죄 37, 143, 191, 193, 195, 234, 259, 317
정직 44, 100, 105, 141–142, 175, 215, 241
제사 49, 113, 128, 189, 195
종말 320, 324
죄의 영향력 71, 77, 104, 120, 152, 169, 190, 251, 344
죄의 지배 24, 77, 85, 169–170, 250, 272, 293, 297
죄 죽임 41, 77, 78, 121, 126, 154, 226, 258, 343–344
죄책 36, 77, 249, 250
죄책감 107, 110, 169, 256, 271
주의 깊음 114, 213, 265–267, 327, 329, 348
즐거움 104, 110, 139, 142, 146–147, 207, 225, 244, 270, 273, 309, 318, 351
지성 26–27, 30, 33, 34, 48, 137, 174, 175, 216, 238, 240, 267, 304, 305
지식 26, 32, 34, 36, 39, 79, 80, 87, 96, 104–106, 118, 126, 163, 165–166, 170, 176, 178, 183, 199, 206, 237, 238–239, 257, 266–267, 303, 306, 316, 328–329, 331–332, 340, 343, 352
진노 144, 196, 209, 246
진리(말씀)의 빛 46, 47, 105, 180, 189, 198, 204, 214, 238, 279–280, 306, 328, 330, 332, 346
집착 72, 100, 141–142, 168, 189, 191, 218, 225, 330, 333–335

ㅊ

참회 34, 64–65, 87, 90, 107, 130, 135, 140, 169, 174, 175, 178, 190, 192, 198, 213–214, 217, 266, 274, 281, 284, 305, 317, 328, 332, 337, 340, 347, 350
총명 105, 118, 137, 138
총체적인 순종 182
축복 42, 126–127, 149, 246, 267, 316, 334, 337
충성 31, 115, 143, 250, 323, 351
칭의 36, 77, 250

ㅋ

카일, C. F.(Keil, C. F.) 22–23, 32, 283, 284
칼빈, 존(Calvin, John) 12, 23, 33, 80, 125, 154, 165, 166, 170, 205
키 19, 20, 60, 181, 182
키프리아누스(Cyprianus) 322

ㅌ

타락 21, 23, 25–27, 28–33, 35–38, 43, 60, 73, 99, 108, 125, 133, 170, 192–193, 206, 221, 244, 250, 270, 272, 274, 293, 296, 322
태만 142, 154, 256, 275, 339
통제력 96–97, 130, 132–134, 139, 141, 144–145, 147, 150–152
통회 128, 188–189, 190–193, 203, 204, 206–207, 209–213, 215–216, 217–218, 220–225, 228, 233, 251, 265, 279–281,

298-300, 304, 308-310, 316-317

ㅍ

판단력 118
패역 49, 72, 85, 107, 128, 223, 254, 264, 265, 267, 330, 349
패커, 제임스(Packer, James) 21
퍼거슨, 싱클레어(Ferguson, Sinclair B.) 27, 77
플라벨, 존(Flavel, John) 28, 35, 82, 224

ㅎ

하나님과의 교제 54, 72, 136, 139, 140, 147, 173-174, 199, 222
하나님을 아는 지식 32, 166, 183, 206, 257, 266, 328, 332, 352
하나님의 말씀 33, 34, 44, 53-54, 66, 72, 83, 87, 89-90, 99, 103, 120, 127, 137, 147, 149, 151, 164, 169, 172, 175-177, 180, 183, 195-196, 207, 213, 220, 233, 237-240, 242-243, 252, 266, 274, 280, 294, 299-301, 303-307, 309, 323, 337, 343-344, 353-354
하나님의 생각 173-176, 182, 183, 195, 236, 237, 252
하나님의 생명 32-33, 37, 86, 118, 148, 166, 244, 272, 292, 277, 298
하나님의 의지 28, 35, 177, 180-183, 195, 236, 238, 243-244, 246
하나님의 정서 26-27, 29, 36, 176, 183, 236, 238, 241-242, 252
하나님의 판단 141, 143, 206
하나님의 형상 22-23, 32-33, 35-36, 77, 165, 246, 278, 296
할러데이, 윌리엄(Holladay, William L.) 54, 172
행복 41-42, 60, 62, 70, 73, 115, 142, 172-174, 180, 227-228, 246-247, 265, 273-274, 293-294, 309, 318, 324
허무함 189, 204-206, 342
헨드릭슨, 윌리엄(Hendriksen, William) 332
현재적 경험(체험) 138, 151, 219, 220
현존 46, 239
회개 90, 103, 107, 120, 148, 169, 176, 178, 190, 192, 208-211, 221, 241, 242, 254, 271, 278-281, 302, 322, 328
회심 33, 46-47, 116, 169, 175, 177-178, 192, 207-208, 210, 227-228, 241-242, 246, 260, 272, 276, 280, 295, 351

사명선언문

너희가 흠이 없고 순전하여……세상에서 그들 가운데 빛들로
나타내며 생명의 말씀을 밝혀 _ 빌 2:15-16

1. 생명을 담겠습니다
만드는 책에 주님 주신 생명을 담겠습니다.
그 책으로 복음을 선포하겠습니다.

2. 말씀을 밝히겠습니다
생명의 근본은 말씀입니다.
말씀을 밝혀 성도와 교회의 성장을 돕겠습니다.

3. 빛이 되겠습니다
시대와 영혼의 어두움을 밝혀 주님 앞으로 이끄는
빛이 되는 책을 만들겠습니다.

4. 순전히 행하겠습니다
책을 만들고 전하는 일과 경영하는 일에 부끄러움이 없는
정직함으로 행하겠습니다.

5. 끝까지 전파하겠습니다
모든 사람에게, 땅 끝까지, 주님 오시는 그날까지
복음을 전하는 사명을 다하겠습니다.

서점 안내

광화문점　서울시 종로구 새문안로 69 구세군회관 1층
　　　　　02)737-2288 / 02)737-4623(F)

강남점　서울시 서초구 신반포로 177 반포쇼핑타운 3동 2층
　　　　　02)595-1211 / 02)595-3549(F)

구로점　서울시 동작구 사흥대로 602, 3층 302호
　　　　　02)858-8744 / 02)838-0653(F)

노원점　서울시 노원구 동일로 1366 삼봉빌딩 지하 1층
　　　　　02)938-7979 / 02)3391-6169(F)

분당점　경기도 성남시 분당구 황새울로 315 대현빌딩 3층
　　　　　031)707-5566 / 031)707-4999(F)

일산점　경기도 고양시 일산서구 중앙로 1391 레이크타운 지하 1층
　　　　　031)916-8787 / 031)916-8788(F)

의정부점　경기도 의정부시 청사로47번길 12 성산타워 3층
　　　　　031)845-0600 / 031) 852-6930(F)

인터넷서점　www.lifebook.co.kr